Jugendkultur und Popmusik

»but I like it«

Jugendkultur und Popmusik

Herausgegeben von
Peter Kemper, Thomas Langhoff
und Ulrich Sonnenschein

Philipp Reclam jun. Stuttgart

Universal-Bibliothek Nr. 9710
Alle Rechte vorbehalten
© für diese Ausgabe 1998 Philipp Reclam jun. GmbH & Co., Stuttgart
Copyrightvermerke für die Texte siehe Seite 429 ff.
Umschlaggestaltung: Helmut Kirsten, Waiblingen
Gesamtherstellung: Reclam, Ditzingen. Printed in Germany 1998
RECLAM und UNIVERSAL-BIBLIOTHEK sind eingetragene Marken
der Philipp Reclam jun. GmbH & Co., Stuttgart
ISBN 3-15-009710-X

Inhalt

1
Wege ins Nirvana

2
Spaß sofort und ohne Umweg

3
Love me gender

4

Macht kaputt, was euch kaputt macht

5

Völker leert die Regale!

6
Mensch bist du schön

7
Leere mit Zeichen angefüllt

Vorwort

»Punk ist politisch und Hardcore ist mehr Philosophie«, erklärt ein Jugendlicher voller Überzeugung in dem Film *Cross Culture* von 1997. Darin spiegelt sich die Vielfalt von Jugendszenen aus der Perspektive von Jugendlichen selbst. Trotz der Fragwürdigkeit einer solchen umstandslosen Verknüpfung von Musikstilen und gesellschaftlichem Kontext signalisiert das Statement doch, daß Heranwachsende ihre jeweiligen Musikvorlieben ganz grundsätzlich als kulturelle Orientierungsfelder begreifen. »Sag mir, welche Musik du hörst, und ich sage dir, wer du bist« – an der Zugehörigkeit zu bestimmten Musikszenen lassen sich längst bestimmte Identitätsentwürfe und Strategien der Selbstermächtigung ablesen. Dennoch wird es heute immer schwerer, sich im Dickicht jugendkultureller Szenen zurechtzufinden. Zu groß ist die Vielfalt musikalischer Stile und Moden, zu komplex sind die Zusammenhänge auf dem »Markt der Möglichkeiten« geworden. Kein Wunder, daß viele Erwachsene längst vor dieser Unübersichtlichkeit kapituliert haben. Auch der Blick der Medien vermag in der Regel wenig Orientierungshilfe zu bieten, konzentriert er sich doch mit Vorliebe auf die skandalösen Elemente von Jugendkultur wie Gewalt, Sex und Drogen.

Der Begriff »Jugendkultur« entpuppt sich in jedem Fall als ein Paradox: Einerseits versucht er die *alltägliche Lebenswelt* von Jugendlichen zu beschreiben, andererseits zielt er gerade auf *alternative Welten* innerhalb dieser Alltagswelt. Die Musik steht dabei als eine Welt aus Zeichen und Klängen noch immer an erster Stelle, gefolgt von der Mode und dem Fernsehen. Vielleicht rührt diese Sonderstellung der Musikkultur daher, daß sich im Glaubenszusammenhang von Musik für Jugendliche am leichtesten eine Alternative zum gesellschaftlichen Mainstream leben läßt. Ob Rock 'n' Roll, Beat, Punk, Grunge oder Techno – immer verkörperte der jeweilige Stil einen starken Eigen-Sinn. Mu-

sikszenen funktionieren als Indikatoren für Stimmungslagen
einer Jugend, die sich längst über die Teenager-Zeit ins Er-
wachsenenleben verlängert hat. Daß »Jugendkulturen« nur
im Plural existieren und »die Jugend« allein als soziologische
Kategorie noch Relevanz besitzt, ist heute unstrittig.

Im Schutzraum der verschiedenen Szenen – ob Punk,
HipHop, Heavy Metal oder Retro-Rock – entwickeln Jugendliche ihre Selbstwertgefühle, kombinieren Körperlichkeit, Künstlichkeit und Wahrhaftigkeit. In diesem ir-
ritierenden Zusammenspiel scheinbarer Gegensätze gilt
mittlerweile »Tanzen« als alleinseligmachende Aktivität
der Selbstverwirklichung. Die elektronische Mystik der
Techno-Bewegung verheißt ein Raum-Zeit-Erlebnis, das
sich gegen die »stinknormale« Alltagserfahrung abzuschot-
ten sucht. Letztlich gehorchten schon die Halbstarken-
Rituale während der Rock 'n' Roll-Abende in den Fünfzigern, die Mod-Attitüden während der Beat-Ära in den
Sechzigern und noch die offensive Untergangsstimmung
des Grunge in den Achtzigern derselben Maxime: Wir wollen alles, und zwar sofort! Rockmusiker waren immer die
Dolmetscher hungriger Herzen – von Elvis Presley bis
Beck. Sie machten den vagen Wunsch nach »Mehr« kommunizierbar. Der Beat – man erinnere sich der trostlosen Mer-
sey-Side von Liverpool – sollte den grauen Alltag transzendieren, sollte Klang eines Kommenden sein. Pop als symbolischer Akt, die tagtägliche Leere mit Lärm zu füllen,
entwickelte in seiner Geschichte immer neue Taktiken, »um
die Haare der Mütter ergrauen zu lassen« (Lévy-Strauss).
Von den ROLLING STONES bis zu NIRVANA inszenierten die
Bands einen kalkulierten Mißklang im Konzert der Medien.
Rock war einst Rebellion gegen die sanktionierte Ordnung.
Oder wie Steve Jones von den SEX PISTOLS einmal formulierte: »Das normale Leben ist so öde, daß ich mit meiner
Gitarre versuche, so viel wie möglich aus ihm herauszu-
hauen.« Musiker wie Hörer suchen in der Popmusik nach
Möglichkeiten der Selbstdarstellung. »Distinktionsgewinn

durch Dissidenz« lautet die Parole. In diesem Sinne entwik-
kelten sich Stilformen vom Rock 'n' Roll über Punk bis zum
Grunge auch zuallererst als Mitteilungssysteme, in denen
verschlüsselte Botschaften ausgetauscht wurden.

Im explosiven Zusammenschluß scheinbar nicht zueinan-
der passender Elemente – man denke an die Kombination
von Uniformjacken und langen Haare in den Endsechzi-
gern, oder an die von Sicherheitsnadeln, Ramschkleidung
und PVC im Punk – kam es zur symbolischen Weigerung,
den vorhandenen Kanon der Stile zu akzeptieren. Was sich
in der Kleidung, den Tänzen, den sprachlichen Codes als
absichtliche Verstörung artikulierte, hatte sein lautstarkes
Pendant im jeweiligen Musikstil. Dabei durchlief bisher
noch jeder Stil den vorgezeichneten Zyklus von Opposition
und Entschärfung, vom Widerstand gegen etablierte Spiel-
regeln zur Vereinnahmung: Aus »Gefühl und Härte« wurde
»Gewühl bei Hertie«. Die mobilisierende Aufbruchsstim-
mung eines jeden Stils (ob Hardrock, Soul, Rap oder
Drum 'n' Bass) mündet nach einer Phase seiner marktförmi-
gen Zurichtung in die neuerliche Langeweile alltäglicher
Normalität. Und doch besitzt die Popmusik mit ihren
Möglichkeiten der ästhetischen Zweckentfremdung herrschender Technologien (z. B. das »Scratchen« auf Plattenspielern) eine Schnelligkeit und taktische Beweglichkeit ihrer Mittel, die sie zumindest eine Zeitlang vor aller kultur-
industriellen Verharmlosung zu schützen scheint. In seinen
besten Momenten geht Pop deshalb nicht im bloßen Geschäft auf, weil sich sein Überschuß an Leidenschaft, an
Phantasie und Kreativität nicht in den Bilanzen der multinationalen Medienkonzerne verrechnen läßt. Der alte Rock-
Romantiker Bruce Springsteen hat es einmal pathetisch auf
den Begriff gebracht: »Große Rockmusik handelt immer
von dem Traum, die Realität aus den Angeln zu heben. Sie
ist ein Versprechen, ein Schwur.«

Weil Pop stets auch als »Politik der Gefühle« wirksam ist,
weil er neben allem Eskapismus und Verweigerung zugleich

eine Art Versuchslabor für alle Arten von Individualisierung bietet, kann seine Stilgeschichte zugleich als Men-
talitätsgeschichte der Jugend in der zweiten Hälfte des
20. Jahrhunderts entziffert werden. Pop bietet einen Leit-
faden durch das Labyrinth jugendkultureller Entwicklungen. Wenn beispielsweise die »12. Shell-Jugendstudie« belegt, daß das dominierende Thema bei Jugendlichen heute
die »Angst vor Arbeitslosigkeit und Umweltzerstörung«
ist, so findet dieser ernüchternde Befund seine empirische
Entsprechung seit langem in der »Raver«-Szene. Als ein soziales Netzwerk, das vom einzelnen anwählbar ist, bietet
die Szene einen Schutzraum vor den Anfeindungen der Alltagswelt. In der Umkehrung des Tag/Nacht-Verhältnisses
suchen ihre Mitglieder den Mechanismen sozialer Kontrolle
zu entkommen. Als »Fluchtbewegung auf Zeit« kann man
den Zumutungen der Woche am Wochenende entgehen und
in einem diffusen Kollektiv »auf die Reise gehen«. Der
scheinbar apolitische Charakter der Techno-Bewegung kor-
respondiert jenem schwindenden Vertrauen in traditionelle
politische Institutionen, das heute von allen Jugendfor-
schern belegt wird. Da ruft man die »Tugend der Orientierungslosigkeit« aus und kaschiert dabei doch nur die
»Schwäche der Unverbindlichkeit«. Die hohen moralischen
Standards, die Heranwachsende heute dennoch einfordern,
scheinen spiegelverkehrt jene ästhetisch kultivierte Ohnmacht zu beschreiben, die Jugendliche weltweit in der »Glo-
balisierungsfalle« ergriffen hat. Längst kann von Subkulturen im traditionellen Sinn nicht mehr die Rede sein, da sich
die einzelnen Szenen nicht mehr so explizit an soziale Ziele
binden. Vielmehr scheint die heranwachsende Generation
mehr und mehr nach den Gesetzen der Chaos- und Spiel-
theorie zu leben. Wie in der Popmusik der Sampler die
unterschiedlichsten Stil- und Spielformen des Pop kombi-
niert und als organisches Ganzes preist, können von Heranwachsenden unterschiedliche Persönlichkeitsbilder gesam-
pelt werden: heute bin ich ein Gruftie, morgen Hippie und

übermorgen Postrocker. Psychologen sprechen in diesem
Zusammenhang von »fragmentarischen Identitäten«, denen so etwas wie eine stabilisierende, kontinuierliche Geschichtserfahrung schon seit langem fehlt.

Die Trend-Scouts und Mythen-Manager der großen Mar-
ketingagenturen suchen immer hektischer nach neuen Eti-
kettierungen, um die wichtige Konsumentengruppe der Jugendlichen noch identifizierbar zu machen. Für Soziologen,
Psychologen, Medien- und Kulturforscher ist hierzulande
die »Jugendkultur« dagegen erst langsam in den Blick gekommen. Die wichtigsten Arbeiten zur Entschlüsselung des
widersprüchlichen Phänomens »Jugend« stammen noch
immer aus den anglo-amerikanischen Ländern. Hier ist die
Jugendforschung im Bereich der Kulturanalyse und Medienwissenschaft schon seit Jahrzehnten eine dominierende Disziplin. Bereits Mitte der siebziger Jahre hat z. B.
die sogenannte »Birmingham School« mit Autoren wie
John Clarke und Dick Hebdige am CCCS (Centre for Contemporary Cultural Studies) wegweisende Arbeiten zur
»Jugendkultur« hervorgebracht.

Mit dem Neuen Funkkolleg zum Thema »Jugendkultur
und Popmusik« will der Hessische Rundfunk, Frankfurt,
die Informationsdefizite ausgleichen, die hierzulande noch
immer in Bezug auf diese gesellschaftlich relevante Alltagskultur bestehen. In Anknüpfung an das bisherige Funkkol-
legmodell wird in Zusammenarbeit mit den Volkshochschulen ein Orientierungskurs angeboten, der jeweils dreißig
Kollegsendungen im Hörfunk (ab 4. Oktober 1998 auf
hr 1), Studienbegleitzirkel bei den Volkshochschulen und
Begleitmaterialien in Buchform umfaßt. Die Texte dieses
Buches versammeln die wichtigsten Positionen, die sich
in der Jugendkultur seit den fünfziger Jahren entwickelt
haben. Sozialwissenschaftler, Medienarbeiter, Journalisten,
Kritiker, Kulturanthropologen, Literaten, Musiker und
Fans deuten darin den Zusammenhang von Musik- und Le-

bensstilen aus ihrer je eigenen Perspektive. Dabei war es ein
Anliegen der Herausgeber, vor allem solche Texte miteinander zu kombinieren, die einen impliziten Dialog zwischen
unterschiedlichen Auffassungen ermöglichen. Im Idealfall
kann eine solche Wechselwirkung (vgl. z. B. die differenten Positionen zum Thema »Elvis«) der Vielschichtigkeit
der Phänomene gerecht werden. Viele Grundlagen-Texte
(z. B. die Basis-Beobachtungen von Andrew Goodwin zum
Thema »Sampling«) werden hier zum ersten Mal in deutscher Übersetzung zugänglich gemacht. Andere Beiträge
sind trotz ihrer Grundsätzlichkeit längst vom Buch- und
Zeitschriftenmarkt verschwunden. Allerdings wird der vorliegende »Reader« seine aufschließende Funktion in Bezug
auf das Thema »Jugendkultur und Popmusik« erst im medialen Zusammenspiel von Lesetext und Hörfunk-Feature
voll entfalten können. Denn nicht allein für Jugendliche
vollzieht sich gesellschaftliche Integration heute vor allem
vermittels der Macht der Medien.

P. K., Th. L., U. S.

Wege ins Nirvana

ARNE ANDERSEN

Arne Andersen ist Privatdozent in Bremen und Autor des Buches »Der Traum vom guten Leben« über die Jahre des Wirtschaftswunders. Jugendlichkeit wurde in den fünfziger Jahren zunehmend auch ein Ideal der Erwachsenen; Andersen sieht darin den Versuch, die durch die Kriegsjahre verlorene Unbeschwertheit nachzuholen. Die Jugend reagierte darauf mit Rock 'n' Roll und Abgrenzung.

»Elvis Presley gegen meinen Vater«

»Techno, Rave, Hip-Hop, Rap – das ist doch alles der gleiche Krach!« So äußerte sich kürzlich ein besorgter Vater über den differenzierten Musikgeschmack seines Sohnes. Wie schön, melodisch und musikalisch wertvoll seien doch demgegenüber die alten Stücke der BEATLES oder ROLLING STONES. Der alte Generationenkonflikt scheint sich immer zu wiederholen: Die Jugend sucht neue Wege, und die Alten, die in ihrer Jugend auch Neues ausprobiert haben, verstehen die Welt nicht mehr. Die Melodie bleibt gleich, nur der Takt ändert sich.

Im nachhinein erscheint auch die Jugend der 50er Jahre lediglich als Vorreiter neuer Werte, die langsam von der ganzen Gesellschaft zunächst akzeptiert und dann übernommen wurden. Heute gehört etwa Rock 'n' Roll zum Standardprogramm jener Einrichtung, die als Schule des guten Benehmens und Anstandes gilt: der Tanzschule.

Und dennoch, die Wirtschaftswunderkinder waren
mehr als nur wieder eine neue, junge Generation. Zwei
Umstände prägten diese Generation: die erzwungene
Selbständigkeit in den ersten Nachkriegsjahren und die
Erfahrungen mit der amerikanischen Besatzungsmacht.
Die in den letzten Vorkriegs- und Kriegsjahren Gebore-
nen hatten ihre Kindheit nur in den seltensten Fällen
durchgängig an einem Ort verbracht, sie waren ausge-
bombt oder evakuiert worden oder mußten fliehen. Viele
Väter fielen als Kriegsteilnehmer für das Familienleben
aus, und die Träume, die Kinder während des Rüstungs-
booms in der zweiten Hälfte der 30er Jahre entwickelt
hatten, waren zerstoben. War das eigene Überleben dank
der Evakuierung gesichert, machte man sich in der
Fremde Sorgen um das des Vaters, der Familie oder der
Freunde, die in den von Bombardierungen stärker gefährdeten Städten geblieben waren.

Doch trotz oder vielleicht auch wegen dieser miserablen
Lebensumstände stieg diese Generation als erste vorbehalt-
los in eine neue, konsumorientierte Welt ein. Ob Unter-
haltungselektronik, ob Motorroller oder Urlaub, immer gehörten die Jugendlichen zu den Vorreitern der neuen Wa-
renwelt, des neuen Lebensgefühls. Die Heranwachsenden
realisierten erstmalig in der Geschichte ihre Chancen auf
größere Eigenständigkeit und prägten so das Bild der jungen Bundesrepublik entscheidend mit.

»Gegenwärtig besitzen in Darmstadt mehr als ein Drittel
der Zehnjährigen und mehr als ein Viertel der Vierzehn-
jährigen kein eigenes Bett.« So faßte ein Untersuchungsbericht
1952 die Situation der Kinder und Jugendlichen in einer
deutschen Großstadt zusammen. Die meisten von ihnen
mußten sich das Bett mit jemandem teilen oder schliefen in
Behelfsbetten. Da die Eltern mit allen Mitteln die Versor-
gung der Familie sichern mußten, blieben die Kinder und
Jugendlichen sich zumeist selbst überlassen. [...]

Die unter diesen Umständen gewonnene Selbständigkeit prägte über den normalen Ablösungsprozeß hinaus die Auseinandersetzungen mit den Eltern in den 50er Jahren. Das beginnende Wirtschaftswunder belebte die konservativen Familienwerte.

Die Mütter kehrten zurück an Heim und Herd und versuchten, alte Erziehungswerte erneut zur Geltung zu bringen. Für viele Kinder und Jugendliche ging die Nachkriegsfreiheit dabei verloren. Die Eltern setzten als Maßstab der Familienbeziehungen auf die Regeln und Normen der Vorkriegsfamilie. Die Heranwachsenden hatten nun wieder genau Auskunft zu geben, wohin sie unterwegs waren und was sie taten. Der Kontakt zum anderen Geschlecht wurde unterbunden, nur in der Tanzstunde durfte man sich ihm – in aller Form natürlich – annähern.

Auch für die Eltern selbst änderten sich die gesellschaftlichen Vorgaben: Das »Schlüsselkind« galt nun als vernachlässigt: Die Mutter hatte das Kind nach der Schule zu versorgen, und Eltern, die es nicht schafften, sich diesem Schema zu fügen, mußten sich in der Öffentlichkeit pädagogische Fehlleistungen vorwerfen lassen. Dennoch konnten die Eltern die einmal erworbene Selbständigkeit der jungen Generation nicht mehr rückgängig machen. Es blieb die Ambivalenz von Rebellion und »50er-Jahre-Muff«.

Die Protesthaltung zeigte sich weniger im politischen Aufbegehren als vielmehr in einer betont jugendlich-konsumistischen Abgrenzung gegenüber der Elterngeneration. Kritischen Zeitgenossen galt die Jugend als angepaßt und unpolitisch. Nicht zu Unrecht: Die 21–25jährigen verzeichneten von allen Altersgruppen in den ersten beiden Bundestagswahlen die bei weitem schwächste Wahlbeteiligung. Lediglich in den völlig unerwarteten Rock 'n' Roll-Krawallen 1956 bis 1958 brach sich diese Auflehnung auch gewaltsam ihre Bahn. Ausgangspunkt waren fast immer Kinovorführungen. In Bremen z. B. zogen am 2. November 1956 nach der Uraufführung von Bill Haleys *Rock Around the Clock*,

der unter dem deutschen Titel *Außer Rand und Band* ange-
laufen war, mehrere Hundert Jugendliche – Haley-Lieder
singend – im Demonstrationszug durch die Stadt. Am nächsten Tag das gleiche Spiel, nur diesmal reagierte die Polizei
und löste die Kundgebung auf. Als Reaktion versammelten
sich am nächsten Tag wieder Jugendliche. Die »Freiheit«-
und »Rock'n' Roll«-Rufer versuchte die Polizei mit Wasser-
werfern zu entmutigen. Diese »Halbstarken-Krawalle«, die
ab Frühjahr 1956 zwei Jahre lang amerikanische Filme und
Rock-Konzerte begleiteten, verstärkten die Gleichsetzung
von Amerikanismus, Jugendlichen und Gewalt. Eine hilflose Erwachsenengeneration demonstrierte in den Leser-
briefspalten der Tageszeitungen ihr völliges Unverständnis.
So etwa im *Weser-Kurier*; ein Mediziner schlug für einen
»frechen Rüpel von 16 Jahren« Psychopharmaka vor: »Die
Drohung mit der ›Besserungsanstalt‹ und dem Jugendge-
fängnis kennt er zur Genüge, macht sich aber absolut nichts
draus. . . . Neuere Forschungen haben einwandfrei ergeben,
daß bei 70 Prozent derartig abnormer Kinder sich auch ab-
norme Gehirnwellen nachweisen lassen. Man ist daher dazu
übergegangen, diesen Kindern ähnliche Medikamente zu
verabreichen, wie sie auch Epileptikern mit Erfolg gegeben
werden. Nur eine Tablette täglich veränderte den Charakter
und ließ endlich mal liebenswürdigere Züge bei diesen un-
liebsamen Kindern erscheinen.«

Die Jugendrevolte verschwand jedoch so plötzlich wie sie
gekommen war und zeigte keinerlei langfristige Wirkungen.
Spätestens mit der Heirat paßten sich die meisten Jugendlichen den Normen der Elterngeneration, ihren Einstellun-
gen zu Familie, Beruf, Gesellschaft und Politik an. Der 1943
geborene Herr W. resümiert enttäuscht die Entwicklung seiner Cliquen-Mitglieder: »Und diese Übergänge, wo man
dann dieses Jugendleben abgelegt hat, haben sich bei den
meisten, wenn ich das so erinnere, damit auch verbunden,
daß sie eine andere Musikrichtung einschlugen, also vom
Rock'n' Roll zum modernen deutschen Schlager. Als Sta-

tussymbol kamen, wenn man eine Wohnung hatte ... ein Plastikspringbrunnen, farbige Fontäne und so 'ne Negerplastik irgendwo auf den Wohnzimmertisch.« Trotz der Ernüchterung über die Anpassung seiner Freunde übersah er, daß die Konsumorientierung seiner Generation – ob angepaßt oder rebellisch – zu einem der entscheidenden Werte geworden war. Egal, ob Kofferradio oder »Negerplastik«, es ging um demonstrativen Konsum. Das Sparsamkeitsideal hatte bei der 1940er Generation ausgedient. Anders als ihre Eltern hatte sie die Chance, sich von unmodischen Gegenständen zu trennen, obwohl diese noch einen Gebrauchswert besaßen.

Der konsumistische Aufbruch sollte zugleich als Abgrenzung von der Elterngeneration dienen. Entsprechende Vorbilder waren gefragt, und die Kinder und Jugendlichen fanden sie in den Amerikanern. Die US-Soldaten hatten ihr Image in den Besatzungsjahren durch Kaugummis, Süßigkeiten, Schokolade, Lebensmittel und Zigaretten geprägt, und ihre Kinderfreundlichkeit verbannte die nationalsozialistischen Tiraden vom gefährlichen, womöglich schwarzen Amerikaner schnell in das Reich der schlechten Propaganda. Bei der jungen Generation bildete sich in den ersten Nachkriegsjahren eine deutlich positive Haltung zu den USA heraus.

Daran hatten auch die vielen amerikanischen Jugendclubs in der Besatzungszone nicht unerheblichen Anteil, die mit Ausflügen, Tanzveranstaltungen und Sportkursen den deutschen Jugendlichen wieder ein umfangreiches Freizeitprogramm anboten. Nichts war mehr von oben verordnet, und die amerikanischen Beigaben bei Veranstaltungen wie Kakao und Schokolade erhöhten den Reiz der Mitgliedschaft in diesen Clubs beträchtlich. Wenn dann auch noch Jungen und Mädchen zusammenkommen konnten, waren die älteren Jugendlichen begeistert – im Gegensatz zu ihren Eltern. [...]

Um den eigenen Geschmack gegenüber den Eltern zu betonen, kam der Musik eine besondere Bedeutung zu, die sie gleichzeitig zum Hauptgrund für Auseinandersetzung im Elternhaus werden ließ: »Oft gehörter Satz meiner fünfziger Jahre: Mach das Radio leiser, Vati arbeitet. Elvis Presley gegen meinen Vater. Vordergründig gewann mein Vater. Aber die aufgekratzte, aufreizende, aufwühlende Musik schlich sich auch leise gestellt in meine Träume« (M. Kroymann).

Das Leisedrehen war jedoch eine schlechte Alternative. Ein eigenes Gerät war der große Wunsch, und für viele Jugendliche war das Radio das erste selbst gekaufte, größere Konsumgut. Anfang der 60er Jahre besaß weit mehr als die Hälfte der jungen Erwachsenen über 21 ein eigenes Radio. Sogar bei den 12- bis 16jährigen, die kaum über ein eigenes Einkommen verfügten und von den Taschengeldrationen der Eltern abhängig waren, konnte jeder sechste seinen persönlichen Transistorempfänger einschalten. Beim Radiohören im Jugendzimmer stand man noch immer unter elterlicher Kontrolle, deshalb erfreuten sich die aufkommenden Kofferradios besonderer Popularität. Sie erhöhten die Unabhängigkeit von den Eltern, und man konnte sich damit schon als 14jähriger eigene kulturelle Räume – und sei es nur im Schwimmbad – schaffen. Das Kofferradio war das erste Gerät, das fast ausschließlich für Jugendliche bestimmt war. [. . .]

Die amerikanischen Film- und Rock-Ikonen der 50er Jahre wie Bill Haley, Marlon Brando und besonders Elvis Presley sowie James Dean trugen neben ihrer Kunst auch durch ihr Äußeres zur ersten konsumorientierten Jugendmode in Deutschland bei. Die Elvis-Tolle, die Arbeitskleidung von James Dean (Blue Jeans und großkariertes Hemd) waren Ausweis der Zugehörigkeit zu dieser Kultur und Abgrenzungsmerkmal zur Elterngeneration.

Diese Amerikanisierung konnte von den Älteren nur als Bedrohung des eigenen Lebensstils verstanden werden, als therapiebedürftige Krankheit: »Rock 'n' Roll ist eine Epidemie, die man als Tanzwut bezeichnen kann … Der große Arzt Paracelsus empfahl gegen die zu seiner Zeit auftretenden Fälle von Massen-Tanzhysterie folgende Gegenmaßnahmen: ›Isolierung der Tanzwütigen, wodurch die Sache ihre Suggestionskraft verliert.‹ Weiter empfahl er die Anwendung von Prügeln und Güssen mit kaltem Wasser« (*Die Zeit*, 1958).

Doch Versuche, sich den Amerika-orientierten Vorlieben der Jugendlichen entgegenzustellen, blieben meist erfolglos. Die Jugendlichen waren erfinderisch: Wenn sich die Eltern weigerten, die Modewünsche zu erfüllen, griffen sie zur Selbsthilfe und verwandelten die von den Erwachsenen gekauften Kleidungsstücke selbst in jugendliches, amerikanisches Outfit: »In die Schule gingen wir gesittet. Während ich morgens zum Beispiel die Strickjacke brav vorn zugeknöpft hatte, trug ich sie nachmittags in der Eisdiele als Pullover, hinten zwei Knöpfe offen und eingeschlagen als Ausschnitt« – so die Erinnerung einer Frau an ihre Jugend in den 50er Jahren.

Die Politik hatte sich in jenen Jahren die USA als Gesellschaftsmodell auserkoren, an dem sich die junge deutsche Demokratie orientieren sollte. Diese politisch positive Grundhaltung gegenüber den USA blieb von den Jugendprotesten unbeeinflußt. Bis zur Studentenbewegung der späten 60er Jahre blieb die USA politischer und kultureller Bezugspunkt der Jugendlichen.

Nachdem sich viele Deutsche von ihrer alten Sparsamkeit verabschiedet hatten, entwickelten sich die Vereinigten Staaten in den späten 50er Jahren zum Konsumvorbild nicht nur der Jugendlichen, sondern breiter Bevölkerungskreise. Der amerikanische Straßenkreuzer war der Traum des deutschen Mannes, die Modelle einer vollautomatischen Küche ließen die deutschen Frauenherzen höher schlagen. Die traditionellen bürgerlichen Werte konnten dem Mythos der Überlegenheit der amerikanischen Lebensweise nicht mehr standhalten.

Auch die Kinder nahmen sich diese Welt des Kaugummis und der Coca-Cola zum Vorbild. Micky-Maus-Hefte erfreuten sich großer Beliebtheit, und der Besitzer solcher Hefte genoß bei seinen Freunden Ansehen – besonders, wenn er sich bereit erklärte, sie gelegentlich zu verleihen. Die Comics vermittelten den Kindern amerikanische Lebensart. Es war ohne weiteres möglich, einen Millionär (Onkel Dagobert) in der Familie zu haben, und selbst der eher arme Donald besaß ein eigenes Haus und ein Auto. Selbstverständlich hatten seine bei ihm wohnenden Neffen ein eigenes Zimmer. Auch bei den Spielen orientierte man sich am atlantischen Nachbarn. 1955 spielten die jungen West-Berliner am liebsten Cowboy und Indianer, im Osten war dieses Spiel auch populär, bloß hieß es dort Räuber und Polizei. [...]

Die Kinder und Jugendlichen setzten in den eigenen Familien Einkaufsmaßstäbe. Bei einer Umfrage des DIVO-Institutes erklärten 1960 rund 80 Prozent aller Jugendlichen, sie nähmen Einfluß auf die Kaufentscheidung ihrer Eltern. Der Ökonom Heinig, der diese Befragung auswertete, hatte zur Kontrolle Eltern befragt und kam zu dem Schluß, daß die Jugendlichen ihren Einfluß sogar noch unterschätzten: Fast alle Erwachsenen hätten ihre Kaufabsichten geändert, wenn ihre Kinder dieses oder jenes Kaufvorhaben als unmodern abgetan hätten.

Dabei beriet nicht nur die Tochter ihre Mutter in Modefragen. Die Eltern holten sich besonders den Rat beim Kauf technischer Geräte, die die Jugendlichen wesentlich selbstverständlicher handhabten als sie selber. Schon von Kindesbeinen an wurden sie an technische Systeme herangeführt. Die elektrische Eisenbahn war bei Jungen besonders beliebt und verkörperte den spielerischen Umgang der Kinder mit Technik und Elektrizität. Diese Selbstverständlichkeit konnte im Jugendalter problemlos auf andere Geräte übertragen werden. Gleichzeitig nutzten viele Väter diesen Weg, um sich eigene, unerfüllt gebliebene Kindheitsträume zu erfüllen. Als ich zu Weihnachten 1953 meine erste elektrische

Eisenbahn geschenkt bekam, durfte ich selbst zunächst gar nicht damit spielen. Nur der Vater durfte sie wegen der »Gefährlichkeit von Strom« bedienen. Immerhin – ein Jahr später war ich zum Stationsvorsteher aufgestiegen, durfte eine rote Mütze aufsetzen und die Trillerpfeife als Abfahrtsignal betätigen. Mein Vater blieb aber noch für Jahre der Herr über Lokomotiven und Trafo.

PAUL WILLIAMS

Paul Williams gründete als Teenie 1966 in New York die erste Rockzeitschrift »Crawdaddy!«, die er auch heute wieder herausgibt, und schrieb unter dem Titel »Forever Young« eine dreibändige Bob-Dylan-Studie. Er hat Woodstock erlebt, die Menschenmengen, den Regen, den Schlamm und die Musik, und er nahm staunend wahr, was man später als die Geburt einer Nation bezeichnen sollte.

Von hier aus können wir überall hingehen
Das Woodstock-Festival als erlebte Realität

Nichts ist mehr wie es war. Die Revolution geschieht täglich. »Ich glaube, wir sind hier, um zusammen zu sein.« Diese Worte wurden zu Woodstock geschrieben, aber ich glaube, sie haben für unser Dasein auf dem ganzen Planeten Bedeutung. Hier sein, um zusammen zu sein. Im August 1969 versammelten sich rund eine halbe Millionen Menschen im Matsch, Regen & Müll, um zusammen zu sein und um Musik zu hören. Die Welt wird nun, nach diesem Festival, nie wieder so sein wie zuvor.

Warum nicht? Nun, hier sind ein paar statistische Beispiele der geschichtlichen Entwicklung dieser Bewußtwerdung.

Mehr Leute waren auf LSD zusammen denn je zuvor.

Mehr Menschen erlebten und hörten zeitgleich zusammen die selbe Musik am selben Ort live – denn je zuvor.

Es lebten (lebten!) mehr Menschen zusammen in einer gemeinsamen ökologischen Nische, teilten Wasser, Essen, das Wetter & die gesamte Umwelt für drei volle Tage (und noch länger).

Geschichtlich gesehen, handelte es sich um die größte Stadt, die jemals ohne Regierung und ohne Kriminalität Bestand hatte.

Es gab keine Gewalt.

Keine Gesetze, keine von oben vorgegebene Ordnung.

Es war eine wahre politische Demonstration.

Na gut. Statistik. Was sagt die schon aus. Die Geschichte der Bewußtseins-Bewegung dreht sich um die Auswirkungen der Ereignisse. Eine halbe Million Menschen (und weitere Millionen an Schulen & Universitäten, die die Story erzählt bekamen) entdeckten, wie angenehm und gut es war, *zusammen* zu kommen. Was für eine erhebende Erfahrung! Sie wird nie vergessen werden. Nur allzugerne würden wir alle nochmal so etwas erleben.

»Ich kann die Energie sehen!« rief Nummer Zwanzig. Das war sein neuer Name: Nummer Zwanzig. Vor einer dreiviertel Stunde hatte er ihn von einem Typ mit Rattenschwänzen erhalten, zusammen mit einer orangefarbenen Pille. »Nimm die«, hatte der Typ gemeint, »du bist Nummer Zwanzig.« Der Name gefiel ihm und er konnte sich schon bald nicht mehr vorstellen, jemals wieder Peter heißen zu müssen. Das blonde Mädchen lächelte. »Ich sehe sie auch, man müßte ja blind sein, um das nicht zu sehen. Ist das nicht irre? Willst du ein paar Rosinen?« Sie konnte ihre Augen nicht mehr von ihm lassen. Ihren Mund brauchte sie nicht mehr zu öffnen, plötzlich hatten die beiden ihre telepathischen Möglichkeiten entdeckt.

Sie war zwar nicht auf Acid, aber das war egal. Diese Energie lag in der Luft – frei fließende Energie, die nicht von Transformatoren und Leitungen verwirrt wurde. Menschliche Energie, das natürlichste Gut der Jugend, ausgelöst durch etwas Chemie, menschliche Schönheit und Musik, verstärkt durch die sich wild und unendlich ausbreitenden Bewußtseinswellen. Die Luft war energieschwanger. So spielte es keine Rolle, ob Kathy, so hieß das blonde Mädel, nun selber LSD genommen hatte oder nicht. Sie surfte auf der selben Wellenlänge wie Nummer Zwanzig. Sie war auch ohne LSD auf Trip, war high vom einfachen Dabeisein.

SANTANA spielte auf der Bühne, aber diese war nicht das Zentrum des Universums. Das Zentrum, das fühlten beide, Nummer Zwanzig und Kathy, das Zentrum waren sie selber. Von ihnen ausgehend breitete sich die Welt um sie herum aus. Sie tanzten etwas, nicht zu viel, man mußte sich nicht viel bewegen. Auch war der Platz knapp und man mußte nichts beweisen so lange man sich nur gegenseitig tanzend sehen und fühlen konnte: Die Bewegung, die deine Freiheit zum Ausdruck bringt, muß nicht extravagant sein, wenn du dir der Freiheit sicher bist. Zurückhaltung ist ein Privileg der Seelen, die sich im Zentrum des Universums befinden ... Nummer Zwanzig und Kathy konnten einander mit Händen und Zungen in den Köpfen lesen, und die Band spielte dazu. [...]

In Monterey ging es um die Musik. Gute Musik. Der Welt wurden einige neue Gruppen vorgestellt: BIG BROTHER & THE HOLDING COMPANY (Janis Joplins Band), Jimi Hendrix, CANNED HEAT u. a. Einige der älteren Künstler (Otis Redding, THE WHO, Ravi Shankar) erregten neue Aufmerksamkeit. Die Musik und ihr Publikum veränderten sich rasch. Gerade war *Sergeant Pepper* erschienen. Eine Gruppe, die sich THE DOORS nannte, hatten mit »Light My Fire« einen Hit. Auf jedem Transistor-Radio lief JEFFERSON

AIRPLANE und Leute sprachen über die Stadt San Francisco und über die Menschen, die dort lebten und Musik machten. Underground Zeitungen erschienen, Piratensender, psychedelische Plakate und Buttons waren angesagt. Überall brach die Energie der Rockmusik hervor, und das Establishment und die Jugend Amerikas und der Westlichen Welt kamen kaum noch mit.

Au Mann! haben sich die Zeiten seitdem verändert.

In Woodstock war von Underground keine Spur, und obwohl man wegen der Musik gekommen war, stellte sich heraus, daß nicht die Musik das wirklich Wesentliche war. Es war auch nicht die Aufregung um die Musik, die die Aufmerksamkeit des Landes erregte; und die Leute brachten auch nicht die Erinnerung an die Musik mit nach Hause und die Sehnsucht danach. Neeee. Das Wesentliche waren die Menschen in Woodstock: die Hochstimmung der Energie dieser Menschen, das Gefühl und die Freiheit des Zusammenseins.

Es gibt noch mehr im Leben als Musik, und wir werden unser Leben so »high« gestalten, daß es auch der besten Rock Musik ebenbürtig ist. Wir sind frei!

DAS ist es, was sich seit 1967 verändert hat.

Im Flieger waren Freaks, sie turnten sich auf der Toilette an. Es stellte sich heraus, daß die Frau, die vor mir saß, eine Freundin von einer Freundin war. Morgens in New Yorks John F. Kennedy Flughafen erfuhr ich, daß bereits 70 000 Menschen auf den Feldern kampierten – das war am Freitag morgen – und ich schrieb in mein Notizbuch: »Es scheint sich hoher Energiedruck aufzubauen.« [...]

Die Treppe runter und nach draußen. Niemand kommt durch – die Straßen sind 15 Meilen in jede Richtung verstopft. Ein Alptraum »Wochenende«. Kein Zugang. Hubschrauber. Am Radio fordern sie die Leute auf umzukehren. Achtzig Leute sind wegen Drogen gebustet worden – jeder mit $ 20 000 Kautionsforderung belastet. Es gibt Gerüchte, das Wasser würde verkauft werden und Brot $ 1 pro Laib kosten ... das Festival hat einen Vorrat von 10 000 Gallonen Trinkwasser (diese Nachricht in der Luft umkreist mich), aber wie soll man es verteilen?

Gerinnung, Stockung. Wie konnte das passieren? Organisation ausgefallen? Oder keine Vorkehrungen für das, was alles passieren könnte? Mir taten die Veranstalter leid; stell Dir vor, Du wärst der kleine Junge, der den Finger aus dem Deich gezogen hätte.

Der erste Musiker, der von seinem Auftritt in Woodstock zurückkam, war Richie Havens. Er lächelte. »Das war ganz schön hart da draußen, Mann«, sagte Mark, der dort zusammen mit ihm gespielt hatte. »Aber alle sind ziemlich high und es ist eine tolle Szene.« Das war der erste Augenzeugenbericht, den ich von der Front erhielt. Die ersten wohlwollenden Worte. Ich beschloß, ihnen Glauben zu schenken.

Ich wollte hin. Jeder sah nur die eigenen Visionen von dem, was sich dort ereignen könnte. Jeder sinnierte, ob die eigenen Fantasien sich wohl mit der Realität vor Ort decken würden. Ich hatte Angst, aber diese wurde von dem unbändigen Wunsch, mich im Zentrum der Energie aufzuhalten, überstimmt. Nur das typische Dilemma des Fische-Zeitalters (Autos werden demnächst überflüssig werden) hielt mich noch auf: »Der Verkehr ist so dicht, da kommst du niemals durch!«

Das Holiday Inn hatte sich um mich herum zu einem Rockmusiker Kongresszentrum entwickelt. Alk floß & überall traf ich auf alte Bekannte. Eine lockere Szene, die beste Party seit Monaten. [...]

Die Musik litt. Das Publikum gar nicht. Es war gute Musik, mehr gute Musik auf einmal, als wir jemals zuvor erlebt hatten, ich will nicht meckern. Aber es ist einfach die Wahrheit, daß die Musik nicht wirklich lebte. Die Musiker hatten

ihre Motels, sie hatten ihr Zelt hinter der Bühne mit groß-
zügigem Nachschub an frischem Obst, Käse, Bier, Champa-
gner, guter Gesellschaft. Sie hatten ihre Garantien und
Leute, die sich um ihre Interessen kümmerten. Doch sie
verpaßten das Erlebnis des Jahrhunderts: Das Gemeinschaftsgefühl, das eine halbe Million Menschen vor der
Bühne vereinte. Diese Menschen teilten den Platz, die gleichen Freuden und die gleichen Härten. Sie zeigten Mut und
Vertrauen, waren reif für dieses dreitägige Lebensereignis.
Eine halbe Million Menschen auf der selben, starken Wel-
lenlänge. Und obwohl die Musik, die von der Bühne
schallte, zu diesem Gemeinschaftsgefühl beitrug, waren die
Musiker jedoch kein Teil dieser Gemeinschaft. Sie hatten
nicht Anteil am gemeinsamen Bewußtseinserlebnis. Die
Musiker haben Woodstock nicht erlebt und konnten dieses
Ereignis auch nicht in ihre Musik integrieren, durch sie ver-
arbeiten und ausdrücken. Es gab kein Geben und Nehmen.
Kein Feedback zwischen Bühne und Publikum. Die von der
Bühne herunter servierte Musik klang altbacken. Sie war
ein Teil der Vergangenheit, nicht der Gegenwart. Selbst die
GRATEFUL DEAD, die Jahrzehnte lang genau die Band für
solche Events war, weil sie die Fähigkeit besaßen, ein Teil
des Moments zu werden, und die die Energie des Publikums in Musik umzusetzen vermochten, auch sie schafften
es hier nicht.

Nichts von der ganzen Musikberieselung in Woodstock bewegte mich so tief wie jeder x-beliebige Moment des Daseins im Publikum. Ich erwartete ja nicht, daß die Musik
hätte besser sein sollen, als unsere Erfahrungen draußen.
Das hätte uns ja alle abhängig gemacht. Aber sie hätte genau
so gut sein können ... und das war sie selten. 1969 ist nicht
1967. Wenn Rock nicht den Mut besitzt, im Zentrum der
Energie zu bleiben, ist klar vorgezeichnet, daß er zur
Hintergrundmusik verkommt. »He who is not busy being
born ...«

Woodstock ist nichts weiter als die Summe aller dort ge-
machten individuellen Erfahrungen. Und was diese Summe
so fantastisch macht, ist daß der unglaubliche Energieschub
jede einzelne Erfahrung beeinflußte und jeden Einzelnen
erreichte ... ein Kreis, oder eine Spirale: Du kommst nach
Woodstock, und das Lächeln auf deinem Gesicht, zusammen mit tausender anderer Leute Lächeln, läßt einen anderen Menschen lächeln und sein Lächeln steckt weitere an
und das wiederum wirkt sich auf dein Glücksgefühl aus.
Ein Rückkoppelungseffekt. Die Doppelhelix, sie dreht sich
höher und höher in dem Maße, wie die Energie mehr Menschen sich weiter öffnen läßt, als sie sich normalerweise nach
außen zeigen würden. Von der Energiespirale mitgerissen,
verlierst Du Deine Paranoia und wirst immer großzügiger
und offener zu den Menschen, die Dich umgeben ... und
Du erkennst, daß die Feuer durch die Freude, und nicht
durch Wut entfacht werden. Es gab in Woodstock immer
ein besseres Ventil für die Energie, als Gewalt. Gewalt ist
nicht das Ergebnis ungünstiger Bedingungen, wie Regen
oder Hunger; es ist das Resultat der Frustration, und es gab
in Woodstock einfach permanent zu viel Befreiungsenergie,
um Frustration aufkommen zu lassen. Was ich hier aber
wirklich festhalten möchte, ist die Tatsache, daß sich in
Woodstock keiner im Vakuum oder in Isolation befand.
Jede Erfahrung wurde, da man ein Teil des Ganzen war, verändert (meist verschönert). Musik hören, ein Brot essen,
morgens wach werden – jeder Lebensausdruck wird bedeu-
tungsvoller, wenn Tausende um einen herum das selbe Leben leben und ein jeder weiß, daß man das selbe wie der
Nächste erlebt ... [...]

Endlich, am Freitag abend, kam ich auf dem Festivalge-
lände an. Es dauerte einige Stunden, obwohl wir Polizeibe-
gleitschutz hatten, der uns den Weg bahnte. Dort hinzu-
fahren war wie an einem Friedensmarsch teilzunehmen (er-
innerst du dich daran?), einem Civil Rights Marsch. Bloß

in einem Auto, statt zu Fuß. Stoppen und anfahren, nie
länger als eine oder zwei Minuten in Bewegung zu sein.
Menschen (Zuschauer), die auf beiden Seiten den Straßen-
rand säumen, entlang laufen, auf geparkten Wagen hocken,
picknicken. Hin und wieder hielten wir an, um jemandem aus dem Graben zu helfen. Zu vierzigt hievten wir
einen Mustang hoch, und setzten ihn wieder auf die Straße; schmutzige Arbeit, aber ein gemeinsames Vergnügen.
Tramper, die vorne auf der Haube, hinten auf dem Koffer-
raum oder oben auf dem Dach mitfuhren. Das Gefühl von
Gemeinschaft durch geteilte Konfusion. Eine lässige, lok-
kere Stimmung, vollkommen anders als die in der Rush-
Hour. Wir waren wegen einer irren Szene gekommen, und
hier war eine irre Szene. Völlig befriedigend, es sei denn,
Du hattest deinen letzten Pfennig ausgegeben, um Joan
Baez zu hören, und würdest jetzt nicht rechtzeitig hin-
kommen, um ihren Auftritt zu erleben. Aber was zum
Teufel ... Psychedelica flossen schon überall. Es war ein
warmer Abend. Nette Leute, mit denen man auf der Autobahn festsaß. Eine hübsche Autobahn war es, mit Feldern
und Wäldern. Eine Doppelreihe Autos, so weit das Auge
blickte. Vorne wie hinten einige verstreute und verlassene
Wagen abseits der Straße. All die Fußgänger, die von irgendwo herkamen; eine ganz lockere Szene. Später erzählte
mir mein Freund Lee eine Geschichte: Er war am Donnerstag oder Freitag abend von wo auch immer losge-
laufen. Mit dem Wagen konnte er nicht mehr weiterfahren,
so lief und lief er, endlos, fünf, zehn und mehr Kilometer,
bis er auf eine Gruppe traf, die aus der entgegengesetzten
Richtung kam. Die wußten auch nicht, wo das Festival
stattfand, waren sie doch auch schon fünf oder zehn Kilometer weit marschiert.

Jedenfalls kommt man allmählich näher. Keiner weiß wie
(obwohl ich gehört habe, daß es einige nicht schafften und
aufgaben, als sie den mächtigen Verkehr sahen. Sie kehrten
wieder um und fuhren nach Hause). Andere berichteten,

daß sie keine Tickets hatten und das Festival nicht stürmen wollten. Also schlugen sie sich einfach rechts oder links der Straße in die Felder und Wälder und kampierten dort in der Natur. (Irgendwo waren diese Leute ja auch Teilnehmer des Festivals.) Bevor man merkte, wie einem geschah, daß man angekommen war, befand man sich schon im Bauche des Wales. Ein angenehmes Gefühl, von so viel Fleisch umgeben zu sein, und nichts zu tun zu haben, als sich sanft durchatmend, locker zurückzulehnen.

Wir stießen dort, wo die Busse der Hog Farm einen Halbkreis bildeten, zur Festivalmeute. Der erste geografische Eindruck des Festivals ist mir noch sehr präsent. Ich war stoned und streifte ziellos umher. Es war inzwischen Nacht und plötzlich geschah etwas. Im Schutze des Halbkreises der Busse war eine kleine Bühne aufgebaut worden: die Free Stage. Eine Gruppe, die sich THE QUARRY nannte, spielte freie Musik, während um sie herum das Leben erblühte. Hinter uns war dunkler Wald. Ich stiefelte bergauf, an Hunderten von Zelten vorbei. Eine Art Stammestreffen der WestCoast Szene. Der Gipfel des Hügels war bewaldet, viele Wege dort wurden von einer Kette orangefarbener Lichter beleuchtet. Still und angemessen. Ich fragte jemanden nach dem Weg zur Bühne. »Folge mir«, war die Antwort.

Wir gingen los. Er kannte den Weg zwar auch nicht richtig, aber die Richtung stimmte. Ich war aufgeregt. Überall tauchten am Rande des Bewußtseins Menschen auf. Man konnte sie sehen und hören. Jemand lief vor einem her, oder kam einem entgegen. Überall Zelte mit Leuten davor oder darin, redend, essend. Es war eine Umgebung, die ebenso gut aus Menschen, wie aus Erde, Bäumen und Himmel bestand, und man war dadurch in seinem Trip ebensowenig gestört, wie durch die Erde. Alles erschien ganz natürlich. In keiner Weise wurde man erdrückt, wie man es von großen Menschenansammlungen her kennt. Nur direkt vor der Bühne ging es eng zu. Aber die Menschen dort waren so tief

in die Musikenergie eingetaucht, daß sie den Bewegungs-
mangel freiwillig in Kauf nahmen, ohne klaustrophobische
Anfälle zu erleiden. [. . .]

Freitag abend wurde es ziemlich kalt, Samstag morgen reg-
nete es. In der Frühe fing es zu nieseln an, dann goß es in
Strömen. Schlafsäcke samt Menschen wurden platschnaß,
ebenso wie die Erde. Tausende armseliger Musikliebhaber
versuchten sich ins Trockene zu bringen, wodurch der Boden immer matschiger wurde.

　　Der Regen brachte Transzendenz. In Ermangelung von
Unterschlupfen setzte man sich zu Fremden ins Zelt oder
Auto, und wenn man es finden konnte, sogar ins eigene. Im
Prinzip wurde man einfach naß und lernte, damit klar zu
kommen. Die Kinder Amerikas, ohne Regenhäute, versagten sich jeder Vernunft, gingen nicht heim, sondern setzten
sich dem Regen aus. Sie machten die Erfahrung, daß sie
nicht aus Zucker sind, denn sie schmolzen nicht dahin!

　　Der Regen brachte Transzendenz. Als sich die Sonne um
die Mittagszeit wieder endgültig durchkämpfte, waren wir
noch alle da. Und wir hatten gemeinsam etwas Elementares
erlebt. Allein im Regen zu stehen ist ein mitleiderregendes
Bild. Gemeinsam im Regen zu stehen ist ein Zeichen von
Mut, eine vereinende Erfahrung und ein großer Spaß dazu.
Eine Manifestation gesellschaftlicher Stärke. [. . .]

Am Hang war der Gestank ätzend, ein Großteil der Geschichte von Woodstock hat mit dieser Art Unbequemlich-
keiten, und dem dadurch gesteigerten Bewußtsein, das sich
dadurch einstellte, zu tun.

　　Man könnte den ganzen Müll als Zeichen der Nachlässig-
keit und des Mangels an Bewußtsein interpretieren, aber
ganz im Gegenteil dazu war Woodstock ein Lehrstück und
ein Meilenstein in der Bewußtseinsbildung der Müllfrage.
Es war eine Lebenserfahrung über das Schicksal des Menschen auf dem Planeten; er wirft den Abfall auf die Erde,

auf der er schläft, verbrennt den Müll in der Luft, die er atmet. In Woodstock muß vielen der Zusammenhang zwischen dem persönlichen Müll und der Umweltverschmutzung, unter der alle leiden, aufgegangen sein. Schließlich ist es Dein Abwasser, das im Fluß endet; Dein Licht, das von schädlichen Kraftwerken stammt. Diese Art Show kann nur damit enden (ich glaube an die Menschheit), daß für diese Probleme geniale Lösungen gesucht und gefunden werden. Lösungen, von denen wir heute vielleicht annehmen, daß sie nichts bringen oder uns nicht direkt betreffen.

Eben hast du deine Colaflasche ausgesüppelt, heute morgen bist du in eine Glasscherbe getreten, und nun weißt du nicht, wohin mit der leeren Flasche. Eine gute Gelegenheit, darüber nachzudenken. Der Müll von Woodstock wurde letztlich auf Kosten der Veranstalter weggeräumt. Unsere Bereitschaft, tagelang mitten im Müll zu leben, sagt weniger etwas über unseren Eigennutz aus, als über die Tatsache, wie wichtig jedem einzelnen das Ganze war. Jeder Augenblick wurde von uns, trotz Matsch und Brabbel, Regen, Gestank und Schlafentzug genossen. Und wenn wir aus der Müllfrage etwas gelernt haben, dann, daß wir alle zusammen darin stecken und daß es dafür keinen anderen Platz gibt als unsere Umwelt. Wir können unserem Müll nicht entrinnen, also werden wir ihn entgiften müssen. Und wenn das jemand dort gelernt hat, ist das mehr, als was alle in vielen Jahren des schleichenden Todes in New York gelernt haben.

Unbequemlichkeit – großartig, dramatisch, unentrinnbar – führt geradewegs auf eine höhere Bewußtseinsebene.

Und höheres Bewußtsein führt geradewegs zur Freiheit.

Wir gingen zur Feuerstelle hinunter. Unterwegs hielten wir an einem Steinaltar, der am selben Morgen spontan errichtet worden war. Wir passierten die wunderschöne, viel genutzte Schaukel am Wegesrand. Wo auch immer wir Lust hatten anzuhalten, um mitzuspielen, machten wir Pause. Ein herrlicher, fauler Erdennachmittag im Paradies. Ich und meine Freunde aus Florida und all unsere Freunde von überall auf der Welt.

Ich fühlte mich erheblich besser. Andrew erzählte mir von seinem Freund Michael Lang, der ›Veranstalter‹ des Festivals war. Er schilderte ihn als einen ›Erzengel Michael‹. Das leuchtete ein: Die Schilderungen von Andrew und auch den andern ließen in mir den Eindruck wachsen, daß es seine karmische Aufgabe war, die Verantwortung für das Ganze zu übernehmen. So stark war sein Vertrauen gewesen, daß er alle, vorab von anderen geäußerten Skrupel einfach zur Seite schob. Es zeugt vom Urvertrauen und Mut aller beteiligten Organisatoren des Woodstock Festivals, daß sie dieses nicht schon am Freitag abend oder gar früher abgesagt haben. Denn schon früh stand fest, daß es ein finanzieller Reinfall werden würde, und man mit massiven sanitären und gesundheitsgefährdenden und anderen Problemen rechnen mußte. Man kann mit Sicherheit davon ausgehen, daß angesichts dieser Lage jeder andere Veranstalter einen Bankrott in Kauf genommen, das Festival abgesagt und sich davongemacht hätte. Aber Michael Lang und sein Partner John Roberts schienen ein gutes intuitives Verständnis für die Energiepolitik des Augenblicks entwickelt zu haben. Sie lösten die auf sie zukommenden Probleme, indem sie ihre Sichtweise *erweiterten*, um sie der gegebenen Situation anzupassen, anstatt mit Repressalien und Sturheit an ihrem ursprünglichen Plan festzuhalten. Mit anderen Worten: Sie lernten schwimmen, nachdem sie ins Wasser geworfen wurden. Sie ließen sich weder von den potentiellen Unkosten, die auf sie zukamen, noch von Selbstzweifeln ob ihrer Fähigkeiten, das Ding zu schaukeln, abhalten. Ihnen blieb schlußendlich keine Wahl, und ich bewundere sie dafür, daß ihnen etwas klar wurde, was andere in dieser Situation nicht kapiert hätten.

Wir erreichten den Zeltplatz. Im Kopf schaltete ich den nächsthöheren Gang ein. Dies war der beeindruckendste Platz von allen, die ich bislang auf dem Festival erlebt hatte.

Die natürliche Überdachung durch ein Wäldchen hob diesen von allen anderen Zeltplätzen ab: Von der nahen Straße durch ein Gebüsch getrennt, mit einem ausgetretenen Trampelpfad zu den Prankster Bussen und einem Bataillon von Dixie Klos in geruchssicherer Entfernung. Vier oder fünf Zelte standen zusammen. Jedes für sich bildete eine private Einheit, innerhalb einer öffentlichen Einheit. Auf sich selbst gestellt, scheinen sich die Menschen schnell in Familiengruppen zusammenzufinden. Die einzelnen Großfamilien fallen wieder in zwei, drei Untergruppen auseinander. Ich habe nicht viel für Soziologie übrig. Aber hier in Woodstock konnte man verfolgen, wie sich die Lebenssituation vollkommen spontan bildete und erfolgreich entwickelte. Das beweist, daß Menschen die Fähigkeit haben, sich aus der Notwendigkeit heraus selbst zu organisieren, daß es funktioniert. Warum man Soziologie ablehnen sollte? Weil sie auf direktem Weg in die Planung führt. Das würgt jede Spontaneität im Ansatz ab und hinterläßt verunsicherte Menschen in ungesunden, unnatürlichen Situationen. Wie sollen sie in der ausweglosen Lage, in die sie die Planer hineinmanövriert haben, zurechtkommen? Ich würde es jederzeit vorziehen, in einer Balance zwischen Chaos und Ordnung zu leben, für das Woodstock das beste Beispiel war. Diese Situation, in einer Stadt mit 500 000 Menschen, in der es weder etwas Tiefgefrorenes, noch etwas Unerreichbares gibt. In der alle Problemlösungen aus dem Augenblick heraus geschehen und eine direkte Reaktion auf immanente Situationen sind. Wo Wissen nichts weiter ist, als das Bewußtsein, das man auf Grund eigener Erfahrungen erworben hat. Ich glaube, ich mag Leute nicht, die meinen, etwas erklären zu können, ohne Teil dessen zu sein. Jeder, der sein eigenes Leben planen möchte, hat dazu meinen Segen. Aber bitte laßt *mich* unvorhersehbar sein.

Aber dies soll kein Bericht zur Soziologie Woodstocks sein, zumal Woodstock kein Modell war. Es war ein Ereignis. Für die Planung kommender Ereignisse wird es nicht-

mal relevant sein, was hier geschah. Was auch immer als
nächstes geschieht, es wird zwangsweise völlig anders sein.
Die Energie ist offenbar vorhanden. Es wird geschehen . . .

Frances kochte das Abendessen über dem offenen Feuer.
Ich fühlte mich wie zu Hause und hörte Andrew zu. Der
erzählte, daß wir alle schlechtes Wasser getrunken hätten,
und daß das Wasser das Blut Christi sei. Das Blut habe uns
krank gemacht, aber auch geläutert. Ein guter Vortrag.
Woodstock war das Zusammentreffen Tausender Kulturen
und Hunderter von Jahren Geschichte an einem einzigen
Wochenende. Sicherlich war es ein guter Platz zur Mythen-
bildung und natürlich halfen die Wasserpfeifen und die Musik, die Verbindungen untereinander zu intensivieren. Um
einen Klan zu bilden gibt es nichts besseres, als dasselbe
Wasser zu trinken und denselben Energie-Input miteinander zu teilen. Dem Individuum wird bewußt, daß man von
all den andern Individuen verkörpert wird. In Woodstock
konnte man das Kollektive Unbewußte geradezu schmek-
ken. [. . .]

Janis Joplins Set beobachtete ich vom matschigen Hügel aus,
der sich für ca. 200 000, die dem Konzert lauschten, wie ein
Rang darbot. Viel sehen konnte man von da oben nicht, da
waren, vor allem nachts, die vielen Bühnengerüste und An-
lagenteile dazwischen. Aber der Sound war geil. Ich glaube,
auf dem Hügel klang alles besser, klarer und lauter, als auf
der Bühne selbst. Wer auch immer die Anlage zusammengestellt hat (es war Bill Hanley), machte das wirklich publi-
kumsgerecht.

Um mich herum liebten sich einige Paare in ihren Schlaf-
säcken. Manche warfen Speed ein, um den Auftritt von
JEFFERSON AIRPLANE nicht zu verpennen. Verstreut in der
Landschaft fackelten Müllfeuer, an denen sich Menschen
wärmten. Janis war ein ganzes Stück entfernt, aber ihre
Stimme schallte überall um uns herum. Sie und die Band
waren an jenem Abend nicht in Höchstform, manchmal so-

gar langweilig, aber wir alle waren ihnen dankbar, daß sie da
waren. Ihre Kraft und ihre Persönlichkeit strahlten durch.

Sly »took us higher!« Eine endlose Nacht zog sich hin.
Lange Sets hatten alle Zeitpläne über den Haufen geworfen,
den Haufen mit den Eintrittskarten, die niemand hatte. Die
geplanten Zäune wurden nie alle errichtet. Wen hätten sie
auch noch aufhalten sollen? Es war ein freies Konzert, ein
Free-Festival. Frei nicht nur hinsichtlich des Geldes, sondern auch außerhalb der Zeit. Als wir uns auf dieses Abenteuer einließen, katapultierten wir uns aus der Dollar-Öko-
nomie, dem puritanischen Kalendersystem (Rock & Roll
am *Sonntag*!?), der traditionellen Sozialstruktur hinaus. Wo
auch immer möglich, bogen wir die Gitterstäbe beiseite, gewannen etwas mehr Raum.

Die Nacht zog sich hin. Keiner wußte mehr, wo wir uns
befanden. Wir hätten uns an jedem beliebigen Zeitpunkt der
Geschichte befinden können. Sly weiß einfach, wie man ein
Publikum aufrüttelt und schon bald fing es an zu brodeln
. . . Während sich dein Nachbar in Fötusstellung im Schlafsack zusammenkringelt, tanzt du mit deinem Mädchen auf
und ab. Wir warfen unsere Arme auf Slys Kommando in die
Höhe, sangen und schrien mit den anderen, während die
Gruppe auf der Bühne Erstaunliches zuwege brachte: Die
Orgel, die Trommeln, die Gitarre, die Hörner. ›Get up! Get
up!‹ Energie schwirrt durch die Luft. Du bist schon seit gut
zwölf Stunden ununterbrochen, ohne Schlaf, auf den Beinen. Slys Musik ist locker, fast unzusammenhängend, aber
sie hängen sich so total rein und scheinen sich so glücklich
dabei zu fühlen, daß die Show immer wieder abhebt. Und
alle machen mit, tanzen so oder so. Der Typ im Schlafsack
öffnet ein Auge.

Eine kurze Durchsagepause. Slys Auftritt ist vorbei, der
Ansager brummelt irgend etwas, die Stimmung ist gemüt-
lich. Ich begebe mich hinter die Bühne. Bei den Musikern
herrscht noch immer Partystimmung. Es ist toll, so viele
Leute zu kennen! Freunde aus all meinen Lebensabschnit-

ten tauchen auf, als sei diese Party für mich veranstaltet
worden (und so fühlt sich hier jeder!). Man lächelt einen
Fremden an, und der grinst wissend zurück. Eine vibrierende Atmosphäre. So kann das nicht ewig währen, aber im
Augenblick scheint es keine andere Realität zu geben. Alle
fühlen sich easy ... Ich steige auf die Bühne, um einen guten Platz für den Auftritt der WHO zu erwischen. Da draußen sind viele wache Menschen.

> *I'm free – I'm free*
> *And freedom tastes of reality ...*

Auf der Bühne waren THE WHO hervorragend. Eindrucks-
volle, dramatische, fehlerfreie Musik. Einfach und eingän-
gig, mutig, sanft & wild schnitt sie durch die frühmorgend-
liche Luft direkt ins Bewußtsein, ins Rückenmark jedes
menschlichen Körpers im Publikum. Nur einige Töne, und
die Leute waren voll dabei. Nach ein paar Stücken passierte
etwas Merkwürdiges auf der Bühne. Abbie Hoffman (einer
der Chicago 8, die wegen einer aufmüpfigen Demonstration
in Chicago vor Gericht standen) hatte schon vorher lautstark im Publikum agiert, über die ›Verschwörung‹ gesprochen, und über den Fall Sinclair, der wegen Drogenbesitzes
eine harte Haftstrafe aufgebrummt bekommen hatte. Wobei
sein Urteil eigentlich über seinen Lebensstil, der irgendje-
mandem nicht paßte, gefällt wurde. Nun, Abbie hatte sich
plötzlich Pete Townshends Mikro geschnappt. Ein ›revolu-
tionärer Trick‹ aus dem Fillmore East in New York. »Ich
habe jetzt dieses Mikrophon, es ist das Mikro des Volkes
und wer traut sich wohl, mir das jetzt wegzunehmen? OK
ihr Ärsche, hört mal gut zu ...« Pete stand mit dem Rücken
zum Publikum und fummelte an seinem Verstärker herum.
Als er sich umdreht, um das nächste Lied anzustimmen,
sieht er da diesen Typen mit *seinem* Mikrophon. Mitten auf
der Bühne verkündet dieser Typ: »Yeah, amüsiert euch nur,
während Sinclair im Knast verrottet ...« Petes Bewegung
ist wie aus einem Guß. Er dreht sich um, hebt die Gitarre

hoch in die Luft, geht zum Mikro und haut Abbie seine Gitarre mit Wucht an den Hals. Abbie fällt, Pete murmelt »Wenn noch einer versucht, was mit meinem Mikro zu machen, bring ich ihn um!« und fängt das nächste Stück an. Das Publikum klatscht.

Ich war von den Socken. Das war Klasse. Es erschien wie ein Passionsspiel, ein Theaterstück, in dem die Kräfte des Bösen von den Kräften des Guten vernichtet werden. Pete, so rein wie seine Musik, nicht gewillt irgend einen Scheiß hinzunehmen. Er wirkt souverän und wehe dem, der sich ihm in den Weg stellt; der wird die Macht seines Schwertes zu spüren bekommen. Abbie Hoffman wirkt wie die pure Dekadenz, der Manipulator. »Du mußt mir zuhören, weil du vor mir Angst hast«, sagt der Politiko, der Vertreter traditioneller Macht und Angst. Abbie kommt rauf, Pete dreht sich um, Abbie fliegt runter, das Publikum applaudiert, die Show geht weiter. »Nothing gets in my way, not even locked doors.« Abbie sitzt am Bühnenrand und pflegt seinen Hals. Pete spielt Gitarre. Seine Musik klang herausfordernd. Er hatte seinen Platz auf der Bühne erkämpft und verteidigte ihn klanghaft. Den Zuhörern war es nur recht. Später ging Pete zu Abbie und legte ihm die Hand auf die Schulter. Eine versöhnliche Geste, die signalisieren sollte, ›nimm's nicht persönlich‹. Die Geste eines Siegers und zweifelsohne unwillkommen.

Die politischen Radikalen sind in Woodstock nicht auf ihre Kosten gekommen. Einige haben sich immerhin auch amüsiert, aber die Hardcore Frontler hatten nichts zu lachen. Es war sehr schwer, in Woodstock einen Feind auszumachen, den man hätte bekämpfen können. Es ist eine bekannte Eigenschaft von Politikern jedweder Couleur, insbesonders von selbsternannten Generälen, daß sie einen Feind brauchen, um ihn zu bekämpfen. Je mächtiger dieses Land geworden ist, um so mehr Kriege hat es angezettelt. Auf Amerikas junge Garde trifft das ebenso zu, wie auf ihre Gegenspieler im Pentagon. Führer müssen ihre Truppen beschäftigen, um ihre eigene Machtstellung zu erhalten. In Woodstock gelang es nur einigen, Teile der potentiellen Schock-Truppen zu beschäftigen – sie amüsierten sich, statt im Gleichschritt hinter ihren Führern herzudümpeln. Leute wie Abbie sahen ihre Felle davonschwimmen, und das machte ihnen Angst. Sie erwachten aus ihren persönlichen Machtphantasien (manche Führer wachen nie auf, und dann nennt man sie ›erfolgreich‹) und es war ein schmerzhaftes Erwachen. In Woodstock wurde es klar, daß du, wer auch immer du sein magst, für den Fortgang der Weltgeschichte nicht unbedingt gebraucht wirst. Das war allen völlig bewußt. Und so marschierte keine Woodstock-Armee, es wurde keine Woodstock Nation ausgerufen. Das Selbstbewußtsein der anwachsenden Schar einer Mann/Frau-Nation entwickelte sich rasant, ganz ohne Hilfe von Führern, Superstars, Regierungen, Verschwörungen oder Parteien. Ganz allein durch Freundschaften. Das genügte unseren Möchtegern-Anführern aber nicht. [...]

Über das ganze Wochenende gab es keine Gewalt und weit weniger Krankheiten und Todesfälle, als man es in einer Stadt dieser Größe erwarten würde. Wir haben das durchgezogen und das verdient, daß man mal darüber nachdenkt.

Gewaltlos. Das hat die Polizei geflippt. Die haben ja Erfahrungen mit großen Menschenansammlungen, wie Sportereignissen oder politischen Veranstaltungen. So wissen sie sehr wohl, was sie bei großen Menschenansammlungen zu erwarten haben. Sie schätzen den Job, vor Ort für Frieden sorgen zu müssen, nicht sonderlich. Dann werden sie nach Woodstock beordert, mit einer halben Million von diesen jugendlichen Ärgernissen, drei Tage gemeinsam im Gestank, der Hitze, der Ungemütlichkeit, überall Drogenkonsumenten, die sicher ein Rad abhaben ... tja, da kommen sie also nach Woodstock, und was finden sie dort vor?

Keine Veilchenaugen, keine gebrochenen Arme. Keine Keilereien. Keine Belästigung von jungen Frauen. Wo waren sie nur hingeraten? Man lächelte die Polizisten an. Jeder lächelte jeden an. Alle helfen mit, LKW's aus dem Morast zu heben, man bietet sich gegenseitig Essen und Trinken an, alles strotzt vor Hilfswilligkeit. Bullen unterhalten sich mit betrippten Kids, Hunderte sind auf Trip, und sie müssen feststellen, daß es keinen Grund zur Panik gibt. Eine unglaublich befreiende Tatsache: Wir fürchten uns nicht, brauchen keine Angst vor den Leuten auf LSD zu haben, die Menge der Jugendlichen braucht uns nicht zu schrecken, ... dies ist ein Rockfestival und das erleichtert uns die Arbeit ungemein ...

So wurde die Polizei angeturnt. Es waren vorwiegend New Yorker Bullen, die hier blaue Jeans und rote T-Shirts mit dem Aufdruck ›Peace‹ über der Brust trugen. Es waren etwa 300, und sie waren unbewaffnet. Es waren wirkliche Freunde und Helfer für die Öffentlichkeit, und sie halfen gut.

Es waren zum größten Teil nette Typen. Sie genossen eine gute Zeit und waren nicht zu streng. Sie schluckten auch mal eine Dose Bier, die ihnen von den Hippies geschenkt wurde. Auch die Bundespolizisten, die das Festival besuchten, waren recht freundlich. Samstag abend saß ich zusammen mit sechs anderen Leuten auf der Kühlerhaube eines geparkten Streifenwagens, um uns von da aus die Show anzusehen. Nach einer Weile kam ein Bulle raus, und bat uns, unsere Füße etwas hochzunehmen. »Ihr müßt nicht vom Wagen runter, ich fahre nicht weg. Aber ich will mal zwischendurch den Motor anlassen und will nicht, daß ihr euch die Füße verbrennt.«

Bullen und Hippies freundeten sich an. Na, warum auch nicht? Wir sitzen gemeinsam im selben Boot. Wenn du keinen Ärger machst, werde ich mich entsprechend revanchieren. Eine gute Szene ist eine gute Szene, und das spürt jeder, der erstmal, nachdem er sich an den Ronald Reagans und den Jerry Rubins, die uns um ihres eigenen politischen Vorteils willen gegeneinander aufhetzen wollen, vorbei gekommen ist, schließlich ankommt. Es war eine der besten Auswirkungen des Woodstock Festivals, daß es zu einer Versöhnung zwischen den wie hinterwäldlerische ›Rednecks‹ ausschauenden Polizisten und den verrückt aussehenden jungen Leuten kommen konnte. Es gibt eben doch noch Hoffnung für Amerika.

Die Bullen trugen weder Waffen, noch verhafteten sie irgend jemanden. Trotzdem dienten sie der Öffentlichkeit. Das entkrampfte sie.

Das Geheimnis hierfür war die totale Abwesenheit von Kontrolle. Die mangelnde Kontrolle bescherte uns schlechtes Trinkwasser, giftiges LSD und miserable Sanitäranlagen. Andererseits erlöste sie uns aus der Abhängigkeit, zwang (erlaubte) uns, Verantwortung für uns und unser Überleben zu übernehmen. Sie lehrte uns die Notwendigkeit effektiver Kommunikation und das Bewußtsein, daß diese Form der Regierung jedes existierende, politische System ersetzen wird. Keine Kontrolle? Was für ein Segen! Wenn alles unter Kontrolle bleibt, werden wir niemals lernen, auf und mit diesem Planeten zu leben.

Freiheit schließt auch immer die Freiheit, Fehler machen zu dürfen, um aus ihnen zu lernen, mit ein. Eltern und Regierungen: Horcht auf!

Typisch der Konflikt zwischen Badewasser und Trinkwasser. Wir wollen immer beides haben, und ich weiß nicht, wie das gehen soll. Aber wir haben doch gute Gehirne, und uns wird auch hierfür eine Lösung einfallen. Solange Menschen glauben, es gäbe keine Lösungen, werden sie auch keine Energie darauf verschwenden, nach Lösungen zu suchen. Das führt uns nirgendwo hin. Es sollte doch möglich sein, daß Menschen schwimmen *und* trinken können. Schwimmen verbieten ist eine einfache, aber keine befriedigende Lösung. Wir dürfen uns nicht mit einer mangelhaften Lösung zufrieden geben.

»Why wait any longer for the world to begin? (You can have your cake and eat it too«, Bob Dylan). Das ist der wahre Leitsatz von Woodstock. Ich saß am Ufer und schaute einem schüchternen Mädchen auf dem Weg zum Wasser zu. Sie hielt inne, als sie die anderen nackt herumplanschen sah. Man sah ihr den Wunsch an, es ihnen gleichzutun, aber sie zögerte eine Weile, bis sie sich auszog und reinsprang. Sie amüsierte sich köstlich. Freiheit ist nicht einfach, aber wenn man sie erstmal gekostet hat, ist sie auch wundervoll. Die Nachmittagssonne fühlte sich gut an.

Sonntag begann die Show mit Joe Cocker, es folgten Regen und Schallplatten, COUNTRY JOE & THE FISH, TEN YEARS AFTER, THE BAND, Johnny Winter, BLOOD, SWEAT & TEARS, Crosby, Stills, Nash & Young, Paul Butterfield, SHA NA NA und Jimi Hendrix. Hendrix hörte (mit »Star Spangled Banner« und »Hey Joe«) irgendwann Montag morgens um 10 Uhr auf. Das Festival war vorbei. Gleich am Montag morgen kam es auf der Straße zu Verhaftungen wegen Drogenbesitzes. Nach drei Tagen Woodstock fiel es verdammt schwer, sich wieder in die amerikanische Realität hineinzuversetzen. [...]

Was also soll ich dir von Woodstock erzählen? Es gibt nicht *die* Geschichte von Woodstock. Es handelte sich um einen politischen Kongreß des Wassermann-Zeitalters. Eine alternative Vision zu den Fische-Zeitalter-Kongressen (politischen Demonstrationen mit Gewaltpotential) anderswo. Woodstock enthielt alles, was man sich nur wünschen oder vorstellen konnte. Trotzdem hatte es etwas Spezifisches. Es waren drei Tage Frieden und Musik. Nach konservativen Schätzungen waren wir etwa vierhunderttausend Amerikaner. Eine gut besuchte Versammlung.

EGBERT SOUSÉ

Der Mythos »Woodstock« gründet nicht zuletzt auf dem knapp dreistündigen Film, den der damals achtundzwanzigjährige Michael Wadleigh über das bis dato größte Open-

*Air-Festival drehte. Auf dem Gelände eines Farmers im
amerikanischen Bundesstaat New York hatten sich unter
dem Motto »Drei Tage voll Musik, Liebe und Frieden«
rund vierhunderttausend Menschen versammelt. Der Journalist Egbert Sousé beschreibt in seinem Artikel aus der Zeitung »Berkeley Tribe« die kommerziellen Hintergründe des
enorm erfolgreichen »Woodstock«-Films und entmystifiziert
eine Hippie-Legende.*

Hollywoodstock

Cinemascope, Stereo, 400 000 Komparsen, Länge über drei
Stunden. Hört sich an wie die größte und teuerste Extravaganz, die sich Hollywood je geleistet hat. Es ist WOOD-
STOCK. Und es ist der wahrscheinlich beste Abzock, den
gewiefte Kapitalisten je zustande gebracht haben. Und das
verdient durchaus Aufmerksamkeit – allein, um zu zeigen,
wie weit es der Schweine-Kapitalismus gebracht hat.

Im Frühling 1969 entschied das damalige Management von
Warner Bros. (das sich gerade mal zwei Jahre zuvor bei Jack
Warner eingekauft hatte), daß man die Firma zu Genüge ge-
schröpft hätte und es Zeit wäre zu verkaufen. Nach Verhand-
lungen mit mehreren Interessenten (u. a. der Mafia) beschlossen sie, die Firma an Kinney National Service zu verkaufen.

*Als Elliot Hyman mit Hilfe einiger Freunde für 32 Millio-
nen Dollar Jack Warners Anteile kaufte und seinen Sohn
Ken zum obersten Produktionschef ernannte, machte der
Witz die Runde, Elliot Hyman hätte seinem Sohn ein Studio
zum Spielen gekauft. Während Ken damit spielte, Filme zu
produzieren, versuchte Elliot, so viel Geld wie nur möglich
beiseite zu schaffen. Nach ein paar Jahren stellte sich Kens
Ernennung zum Produktionschef als verheerender Fehler
heraus, und er sehnte sich danach, wieder zu den Indepen-
dent-Filmern zurückzukehren.*

Unterdessen hatte Elliot Warners Finanzsituation derart verschleiert, daß Kinney sich ziemlich über's Ohr gehauen fühlte, als er in Warners Finanzmorast herumstocherte. Als Papa Hyman seine Anteile für das Doppelte des von ihm einst gezahlten Preises weiterverkaufte, machte der Witz die Runde, daß Elliot seinem Sohn ein Studio zum Spielen gekauft hätte, dieser das Spielzeug aber leider hat runterfallen lassen, und daß es jetzt kaputt sei.

Kinney ist ein riesiges, in unterschiedlichsten Wirtschaftssektoren operierendes Unternehmen. Kinney gehören ein Haufen Parkhäuser, Bestattungsinstitute, Putzkolonnen und auch das Magazin *Mad*. Ein paar Monate vor dem Warner-Deal hatte Kinney Ashley Famous gekauft, eine der größten und wichtigsten Talentagenturen des Landes. Obwohl das Kartellamt Kinney dazu zwang, die Talentagentur wieder aufzugeben, machte Kinney Ted Ashley ganz einfach zum Präsidenten von Warner Bros. Neben ein paar alten Kumpels von Ashley Famous holte Ashley auch seinen alten Weggefährten Fred Weintraub ins Management. Weintraub ist Besitzer des New Yorker Bitter End Café und darf sich rühmen, Woody Allen und Bill Cosby entdeckt zu haben. Es war der bärtige Freddy Weintraub, der den Woodstock-Deal für den bärtigen Ted Ashley zusammengeschustert hat.

Während all der Jahre, in denen Hyman Herr über Warner Bros. war, durfte Jack Warner sein altes Büro behalten – obwohl er es kaum nutzte. Als jedoch Kinney die Firma übernahm, war der kleine Ted Ashley ganz scharf auf das Büro. (Ashley mißt gerade mal fünf Fuß.) Und die einzige Möglichkeit, Jack Warner rauszujagen, war eine große Abschiedsparty. Als Ashley das Büro schließlich übernahm, machte er sich sofort an die Renovierung. Jack Warner hatte ein riesiges Erkerfenster aus getöntem Glas; von diesem konnte er das Gelände überblicken. Und das gefiel Ashley nicht. Deshalb mußte renoviert werden. Kostenpunkt:

runde 200 000 Dollar. Dann ließ er den Raum dunkelrot streichen. Und jeden Tag, wenn die Sonne untergeht, schaut das Studio auf zu dem kleinen bärtigen Mann, wie er in seinem Büro auf und ab geht und sich fragt, ob wirklich alles so großartig geworden ist, wie er es sich vorgestellt hat.

Während zwei junge langhaarige Geschäftsmänner, Mike Lang und Artie Kornfeld, das Woodstock-Festival für ihr Unternehmen, Woodstock Ventures, organisierten, sicherten sich zwei junge langhaarige Filmemacher, Mike Wadleigh und Bob Maurice, die Filmrechte. Sie brauchten nur noch etwas Geld, um die Produktionskosten zu decken. Als Wadleigh und Maurice Weintraub besuchten, um ihn davon zu überzeugen, daß Warner doch den Film finanzieren solle, sah Weintraub seine Chance für den größten Film-Coup aller Zeiten gekommen.

Weintraub sicherte zu, daß Warner 20 Kamerateams für Wadleigh-Maurice finanzieren würde (was runde 150 000 Dollar kostet). Falls das Rohmaterial und das Festival selbst Weintraubs Vorstellungen entsprächen, würde Warner für die gesamte Postproduction aufkommen, mit Woodstock Ventures und den Musikern über die Rechte verhandeln und sowohl den Film als auch die Platte vertreiben.

Warner riskierte also nicht mehr als 150 000 Dollar. Und falls das Festival gut laufen würde, wäre Woodstock eine wahre Goldgrube. Und es lief gut. Und es war eine Goldgrube.

Zu Zeiten Jack Warners zählte Warner Bros. zu den letzten Familienunternehmen der Branche. Aber unter Kinney wurde Warner Teil eines riesigen Konglomerates, genauso wie Paramount und United Artists, die sich im Besitz von Gulf & Western beziehungsweise Transamerica befinden. Warner wurde zu einem kleinen Rädchen in einer großen Maschine, gesteuert von ehemaligen Agenten und Fleischhändlern.

Während die neue Führungsriege behauptete, zeitgenössische, junge Filme produzieren zu wollen, waren die ersten drei Filme: Woodstock, ein Film mit Jerry Lewis und einer mit John Wayne.

Letztendlich legen Banken das Geld vor, das Warner zum Produzieren braucht. Und wenn es Warner nicht gelingen sollte, »erfolgreiche« Filme zu drehen, könnten die Banker Warner als Risiko einstufen und künftig Kredite sperren. Bei steigenden Produktionskosten und eingeschränktem Kreditrahmen bedeutet das: »ambitionierte, aber risikoreiche« Projekte bleiben liegen, man verläßt sich lieber auf sichere Kassenschlager.

Nachdem das Festival zu Ende war und Woodstock zum Synonym für unsere Generation wurde, rundete Weintraub das Geschäft mit ein paar weiteren pfiffigen Schachzügen ab.

Zuerst kaufte er einfach für eine glatte Million Dollar Woodstock Ventures, was deren Verluste deckte. (Ihr müßt also kein Mitleid mit Artie Kornfeld und Mike Lang haben, auch wenn sie euch den ganzen Film lang erzählen, wieviel Geld sie gerade verlieren.)

Danach verhandelte Weintraub mit den Musikern und bot ihnen die Hälfte dessen, was sie für ihren Auftritt als Gage erhalten hatten. Einige der Gruppen wie CREEDENCE CLEARWATER REVIVAL, JEFFERSON AIRPLANE und THE BAND muckten auf. Aber was soll's. Weintraub hatte mehr als genug Filmmaterial und auch mehr Bands, als er überhaupt brauchte. Und er spürte, daß die Zuschauer des Events die wahren Stars waren. Wenn irgendwelche Bands also nicht im Film auftauchen wollten, wen kümmert's.

Kurz nach ihrer Ankunft in Hollywood wurden Leute von Wadleigh-Maurice gefragt, ob Ashley den Film schon gesehen hätte. »Klar, Ted hat ihn schon zweimal gesehen«, war die Antwort, »und jedesmal hat er sein eigenes Gras mitgebracht.«

Fast jeder Mann, der ins Filmgeschäft will, fängt als Bote an, genauso wie Frauen ihre Filmkarriere meistens als Stenoty-

pistinnen starten (und zumeist auch beenden). Weil es beruf-
lich nicht gerade besonders herausfordernd ist, Post herum-
zutragen, kamen Botenjungen immer wieder auf die Idee,
daß ein Joint zum Mittagessen den Arbeitstag schneller vor-
beigehen ließe.

Vor ein paar Jahren bemerkte dann auch das Manage-
ment, was los war, und ließ die Botenjungen auffliegen.
Seitdem wird bei Warners bedeutend weniger gekifft.

Man fragt sich nun, wie die neue, extracoole Führungs-
riege reagiert, falls das Interesse an Gras wieder steigen
sollte.

Nachdem die Arbeit am Film abgeschlossen war, beendete
Michael Wadleigh auch seine kurze Romanze mit Ashley.
Warner befand, daß der Film zu lang sei – würde man ihn
kürzen, so ihre Rechnung, könnte er gleich zweimal an einem Abend laufen, was natürlich 'ne Menge mehr Geld
bringen würde.

Tatsache ist, daß sie die Kürzungen schon beschlossen
hatten, als Wadleigh noch am Schneidetisch saß. Da Wadleigh das ganze Material aber in seinem eigenen Büro aufbe-
wahrte, wartete man bei Warner, bis man ein fertiges Produkt in den Händen hatte, bevor man Wadleigh über die
Kürzungen informierte.

Als Wadleigh versuchte, seinen Film aus den Warner-Stu-
dios zu holen, fand er sich ausgesperrt und die Masterbän-
der vom firmeneigenen Sicherheitsdienst bewacht.

Weil ein Großteil der Filmbeschäftigten Gewerkschaftsmit-
glieder sind, und weil die IATSE (International Alliance of
Theatrical Stage Employees and Moving Picture Machine
Operators of the United States and Canada) eine bekannt-
termaßen sexistische und rassistische Organisation ist, ist die
ganze Filmindustrie sexistisch und rassistisch.

Der weitaus größte Teil der weiblichen Angestellten ar-
beitet als Sekretärin. Ein paar wenige schaffen es vielleicht
zum Script Supervisor, aber das war's dann auch. Viele

Frauen sind kompetent genug, um andere Produktionsauf-
gaben zu übernehmen; die männlichen Produzenten schei-
nen sich allerdings sicherer zu fühlen, wenn hinter ihnen
eine Frau an der Schreibmaschine sitzt.

Vor ein paar Jahren hat sich die NAACP (National Asso-
ciation for the Advancement of Colored People) mit der
Filmindustrie wegen Diskriminierung von Schwarzen an-
gelegt. Warner hat sofort darauf reagiert – und ein paar
schwarze Botenjungen eingestellt.

Nur wenig später wagte eine mexikanisch-amerikanische
Organisation, die Diskriminierung von Mexikanern an-
zuprangern. Da es nicht gelang, einen Mexikaner als Bo-
tenjungen einzustellen (»Wir können ja nicht jeden neh-
men . . .«), stellte Warner eine Liste mit allen Mitarbeitern
zusammen, die einen spanischen Namen hatten.

Irgendwann beim Mittagessen sagte dann der Warner-
Typ, der für diese Sachen zuständig war, zu einem Abtei-
lungsleiter, dessen Name auch auf der Liste stand: »Sie sind
mein ganzer Stolz. Wenn sich wieder einer darüber be-
schwert, daß hier keine Mexikaner arbeiten, dann kann ich
auf Sie verweisen und sagen: ›Sieh' mal, wir haben sogar ei-
nen mexikanischen Abteilungsleiter.‹« Er hatte sich noch
nicht einmal die Mühe gemacht, herauszufinden, daß der
Abteilungsleiter gebürtiger Amerikaner und Sohn eines spa-
nischen Einwanderers war.

Wadleigh-Maurice sorgten noch für ein paar weitere Probleme, die aber künstlerischer, und nicht finanzieller Natur
waren. Damit konnte Warner fertigwerden: Man ließ Wadleigh-Maurice einige künstlerische Freiheiten (was ihnen ermöglichte, einen großartigen Film zu machen). Den einzigen Disput gab es wegen der Länge. Geschnitten wurde der
Film größtenteils in New York, nur zur letzten Film- und
Tonbearbeitung kam man nach Hollywood.

Es war ein echter Trip, zuzuschauen, wie all die spießigen
Studiotypen auf diese langhaarigen Freaks reagierten, die da

plötzlich auf dem Studiogelände herumliefen und – schlimmer noch – ihnen erzählten, wie man einen Film macht. Aber nach anfänglichen Verwirrungen kamen doch alle prima miteinander aus.

Was die rechtlich abgesicherte Interessenvertretung angeht, stehen die Gewerkschaften direkt nach dem Management an zweiter Stelle. Mit Ausnahme der Führungskräfte, der Produzenten und einiger Angestellter fallen alle Beschäftigten unter die Statuten der International Alliance of Theatrical and Stage Employees.

Die IATSE-Organisationen sind extrem isoliert und extrem streng; der überwiegende Teil ihrer Mitglieder ist weiß und männlich. Es ist sehr schwierig, in eine dieser Organisationen hereinzukommen. Aber wenn man mal drin ist, dann hat das Weiterkommen mehr etwas mit Ausdauer als mit Kompetenz zu tun.

Laszlo Kovacs, der großartige Kameramann von »Easy Rider« und anderen Low-Budget-Filmen, der Mitglied der TV-Gewerkschaft NABET war, versuchte einmal, der IATSE beizutreten: Produzenten und Regisseure wollten, daß er für sie arbeitet. Aber die IATSE hat ihre Gesetze, und die besagen, daß Kovacs erst ein paar Jahre als Kamera-Assistent arbeiten muß, bevor ihn die IATSE als Kameramann aufnehmen kann. Seine bisherige Arbeit zählte nicht.

Die Altersklausel ist ein weiteres repressives Instrument der Gewerkschaft. In der Filmindustrie sind, je nach Saison, zwischen 20 und 50 Prozent der Beschäftigten ohne Arbeit. Viele qualifizierte Kräfte bekommen keine Arbeit, weil die Gewerkschaften die Studios zwingen, ältere, oft weniger kompetente Mitarbeiter zu beschäftigen.

Als die keiner Gewerkschaft angehörenden Mitarbeiter von Wadleigh-Maurice ins Studio kamen, gab es Befürchtungen, daß es Ärger mit der IATSE geben könnte. Daß es keinen Ärger gab, zeigt, daß die IATSE Woodstock als Jungbrunnen für ein dahinsiechendes Hollywood ansah –

oder daß Geld geflossen ist, um die Gemüter zu beruhigen (oder beides).

Schlußendlich haben sich Warner und Wadleigh friedlich geeinigt, aber als Gegenleistung für die ihm gewährte künstlerische Freiheit erklärte sich Wadleigh einverstanden, finanziell so richtig abgezockt zu werden.

Wenn Produzenten in Hollywood ein Geschäft mit einem Studio abschließen, dann ist es üblich, daß nach Begleichung aller Kosten der Nettogewinn geteilt wird. Wadleigh-Maurice haben sich mit 10 Prozent zufriedengegeben, Warner kassiert den Rest.

Das ist kein Grund, Tränen für Wadleigh und Maurice zu vergießen. Von den erwarteten 30 Millionen Dollar (brutto) werden sie zwei Millionen kassieren. Warner hat gerade mal zwei Millionen Dollar für den Film ausgegeben – eine Million als Ablöse für Woodstock Ventures, eine halbe Million an Produktionskosten und eine halbe Million für die Musikrechte. Dafür wird man runde 20 Millionen (Nettogewinn) einstecken. Auch wird sich Warner seinen gesamten Filmvertrieb ein Jahr lang von Woodstock finanzieren lassen.

Und laßt uns dabei nicht die Platte vergessen, die über Cotillion vertrieben wird, einem Ableger von Atlantic, einem Ableger von Kinney. Eine Dreifach-LP für etwa 10 Dollar wird noch ein paar weitere Millionen in die Kassen fließen lassen.

Seit den Anfängen Hollywoods war Warner eines der führenden Studios, in den letzten Jahren jedoch schrumpften die Gewinne im Filmgeschäft. Nur mit Hilfe seiner Plattenfirmen und Vertriebe konnte sich Warner über Wasser halten.

Neben Warner und Reprise Records gehört auch Atlantic mit all seinen Verzweigungen zum Firmenimperium. Die Plattenfirmen haben sich in den letzten Jahren als erträgliches Geschäft etabliert, eben weil sie den »Jugendmarkt« bedienen.

Die Filmindustrie verwandelt sich zusehends in eine Affäre für alte Männer, weil all die jungen Männer, die Karriere im Showbusiness machen wollen, ins Musikgeschäft wollen. (Junge Frauen – das versteht sich von selbst – dürfen bei keinem der beiden Spiele mitmachen.)

Wenn du also eines Abends an einem Kino vorbeikommst, und du triffst Leute, die den Eingang versperren und behaupten, daß Woodstock ein großer Abzock sei, dann weißt du warum.

Die Rockstars haben ihr Geld bekommen. Die Filmemacher auch. Nur die 400 000 Komparsen, die Woodstock zur billigsten Extravaganz in der Geschichte Hollywoods gemacht haben, sind abgezockt worden.

Und außer den Film zu boykottieren, können diejenigen, die selbst dabei waren, nichts tun – außer vielleicht der Komparsen-Gewerkschaft eine Petition zu schicken, die Warner dazu bringen soll, den Komparsen ihre Gage auszuzahlen.

Let It Bleed

Die Rolling Stones in Altamont

Als »schwärzester Tag in der Geschichte des Rock 'n' Roll« ging der 6. Dezember 1969 in die Annalen ein. An diesem Tag beendeten die ROLLING STONES mit einem Free Concert auf dem »Altamont Speedway«-Gelände ihre Amerika-Tournee. Sam Cutler, Tourmanager und Festival-Organisator, hatte zum Preis von 500 Dollar in Bier die Hell's Angels als Ordnungskräfte angestellt. Vier Tote, zahlreiche Verletzte, Gewalt, Chaos und Massenhysterie waren das Ergebnis. In Altamont verendeten die Love & Peace-Träume, die vier Monate zuvor die »Woodstock-Nation« noch geeint hatten. Die Rockmusik hatte ihre Unschuld endgültig verloren. In dem von Siegfried Schober 1970 herausgegebenen Buch »Let It Bleed« ziehen Augenzeugen und Kommentatoren eine ernüchternde Bilanz.

Ich wußte nicht seinen Namen, ich wußte gar nichts, aber er stand direkt neben mir. Na ja, wir schauten beide Mick Jagger zu und einem Hell's Angel, dem dicken. Ich kenne nicht seinen Namen, nichts, er griff nach uns – er wollte uns nicht so nah haben, weißt du, wir konnten Mick Jagger zu gut sehen, oder sowas. Er war ganz einfach aggressiv. Er langte rüber und packte den Typ neben mir am Ohr und an den Haaren und zerrte daran, er fand das komisch, verstehst du, er fand ihn irgendwie zum Lachen. Na ja, der Typ schüttelte sich frei; er riß sich von ihm los.

Und der Typ, von dem du redest, ist das der schwarze Junge, der getötet wurde?

Yeah, richtig. Er schüttelte sich los und der Hell's Angel schlug ihn auf den Mund und er fiel zurück in die Menge und der Hell's Angel sprang von der Bühne runter und ging ihn an. Und er wollte sich davonmachen, weißt du, durch die Menge, von dem Hell's Angel weglaufen, und vier andere Hell's Angels sind auch noch auf ihn gesprungen. Sie fingen an, auf ihn einzuschlagen und . . .

Ist das jetzt, wo sie behaupten, er hätte die Pistole?

Nein, nein, er hatte die Pistole noch nicht gezogen. Und da fingen sie an, sie schlugen ihn zusammen, und dann rannte er los . . . er lief direkt in die Menge, na ja, er schob die Leute weg, so, um von den Hell's Angels wegzulaufen. [. . .]

Als der Typ ihn gepackt hat, was hat er da gesagt? Was hat dieser schwarze Junge gesagt?

Er warf ihm nur einen komischen Blick zu, einen etwas geringschätzigen Blick, und riß sich los. Er hat ihn überhaupt nicht mit Worten provoziert oder sowas. Also sie jag-

ten ihn durch die Menge. Und sie schlugen ihn und ein
Hell's Angel zog ein Messer und stach ihn in den Rücken.

Was für ein Messer?

Ich weiß es nicht. Ich habe nur das Blitzen der Klinge ge-
sehen. Es passierte alles zu schnell. Er schlug ihn in den
Rücken und da zog der seine Pistole und hielt sie so in die
Luft, verstehst du ... [...]

Yeah ... es war wirklich eine schicke Waffe ... glänzte
richtig ... Er hielt sie in die Luft, und er lief noch immer,
und die Leute sagten ihm – ich erinnere mich an so'n Mädchen, das schrie »Erschieß keinen«. Er hatte zu große Angst
zu schießen, weil er irgend jemand in der Menge hätte erschießen können. Darum schoß er nicht. Einer von den
Hell's Angels riß ihm die Waffe weg ... und stach ihn wieder in den Rücken.

*Sie rissen ihm die Waffe weg, und stachen ihn dann wie-
der in den Rücken?*

Yeah, yeah. [...]

Sie schlugen ihn ... ich konnte nicht sehen, ob es ein
Messer war oder nicht ... aber gegen die Schläfe. Und dann
ist er irgendwie gestolpert und fiel runter auf die Knie. Er
kam auf mich zu gelaufen. Ich faßte nach der Brüstung,
hielt mich am Gerüst fest, verstehst du, und dann kam er so
auf mich zu gelaufen und fiel dann runter auf die Knie, und
dann packte der Hell's Angel, der gleiche, von dem ich geredet habe, seine beiden Schultern und fing an, ihm ins Gesicht zu treten, etwa fünfmal oder so und da fiel er hin aufs
Gesicht. Er ließ los und der fiel aufs Gesicht. Und dann trat
ihm einer von denen in die Seite und er drehte sich herum,
und er murmelte einige Worte. Er sagte: »Ich habe dich
nicht erschießen wollen.« Das waren die letzten Worte, die
er stammelte.

Wie weit weg warst du von all dem?

Ungefähr einen Meter daneben.

*Du bist direkt bei ihnen geblieben. Du hättest verletzt
werden können.*

Ich bin so nah geblieben . . . na, ich wollte dazwischen gehen, aber ich konnte nicht, also bin ich da geblieben damit ich ihm helfen könnte, sobald sie ihn fertig verprügelt hatten.

Das ist hier die eigentliche Frage: warum sich 300 000 oder 299 900 Menschen von ein paar hundert Hell's Angels einschüchtern lassen?

Genau, nun ich konnte es auch nicht kapieren. Wenn irgendwelche anderen dazwischen gegangen wär'n, wäre ich auch dazwischen gegangen. Aber niemand ging dazwischen, und nachdem er gesagt hatte: »Ich habe dich nicht erschießen wollen«, sagte einer von den Hell's Angels: »Wozu hast du denn eine Pistole?« Er ließ ihm keine Zeit, etwas zu sagen. Er packte einen von den Abfalleimern, weißt du, einen von den Pappabfalleimern mit der Metallverstrebung und haute ihm damit über den Kopf, und dann hat er den Eimer aus dem Weg getreten und fing an, ihm den Kopf einzutreten. Fünf von ihnen haben ihm den Kopf eingetreten. Traten ihm überall hin. Und dann stellte sich der Typ, der das ganze angefangen hatte, der dicke, der stellte sich auf den Kopf für eine Minute und dann ging er weg. Und dann der, von dem ich geredet habe, den ich dir geschildert habe, der wollte uns nicht an ihn ranlassen, so für zwei oder drei Minuten. Sagte sowas wie: »Faßt ihn nicht an, er wird sowieso sterben, laßt ihn sterben, er ist am Sterben.« [...]

Drei andere waren gestorben (zwei in einem Unfall mit Fahrerflucht, ein anderer ertrank), unzählige weitere wurden im Verlauf dieses eintägigen »freien« Konzerts verletzt oder verwundet. Es war ein so böser Trip, er war beinah vollkommen. Es fehlte nur ein Massenaufruhr oder der Mord an einem oder mehreren Musikern. Das alles hätte bei nur etwas mehr Pech passieren können.

Es sah aus, als hätten die Organisatoren von Altamont einen Katastrophenschaltplan ausgearbeitet.

Etwa so:

1. Versprich ein freies Konzert mit einer beliebten Rock-
   gruppe, die in diesem Land selten auftritt. Gib den Ort
   nur vier Tage im voraus bekannt.
2. Wechsle den Ort 20 Stunden vor vor dem Konzert.
3. Der neue Ort für's Konzert sollte so nah wie möglich an
   einer Super-Autobahn sein.
4. Sorge dafür, daß das Gelände unbewachsen, ohne Bäume,
   verlassen ist.
5. Warne die benachbarten Landbesitzer nicht davor, daß
   Hunderttausende erwartet werden. Beachte ihre offene
   Feindseligkeit gegenüber langen Haaren und Rockmusik nicht.
6. Beschaffe nur ein Sechzigstel der erforderlichen Toilet-
   teneinrichtungen, um sicher zu gehen, daß die Leute na-
   hegelegene Felder, Autoseiten, usw. benutzen.
7. Die Bühne sollte an einer Stelle sein, die wahrscheinlich
   vollständig von Menschen und ihren Fahrzeugen einge-
   kreist werden würde.
8. Bau die Bühne niedrig genug, damit sie leicht bestiegen
   werden kann. Sorge nicht für ein freies Gebiet zwischen
   Bühne und Zuschauern.
9. Beschaffe eine unzuverlässige, kaum hörbare, ungetreue
   Verstärkeranlage.
10. Bitte die Hell's Angels, Sicherheits-Wächter zu spielen.

Das alles, und Schlimmeres ist passiert. Altamont war das
Ergebnis von teuflischem Egoismus, Angeberei, Unfähigkeit, Geldmanipulation, und vor allem einem grundsätzli-
chen Mangel an Gefühl für Menschlichkeit.

»Jagger war sehr, sehr erschüttert«, wie ein Bekannter der
STONES nach Altamont sagte. »Ich kann nicht genug betonen, wie niedergeschlagen und down er von dem war, was
daraus wurde. Sie hätten am liebsten einfach ihre Augen geschlossen und alles verschwinden lassen. Als sie von dem
Mord erfuhren – es hat sie erschüttert.«

Jagger war so scharf auf den Gig gewesen, daß er – als er

in Muscle Shoals erfuhr, daß seine Vertrauensleute in San Francisco Schwierigkeiten hatten, einen Ort zu finden, immer sagte: »Mann, wir spielen auf den Straßen, wenn es sein muß.« Er war fast so weit, eine Ecke der downtown Market Street in San Francisco auszusuchen und dort zu spielen.

Aber dann, nachdem Altamont auf die Beine gestellt worden war, die vielen Menschen da waren, die Gewalttätigkeiten anfingen und die Angels jeden in ihrer Nähe bedrohten und die Berichte im Huntington Hotel einliefen, wollten die STONES den Gig nicht mehr machen. Nun, das konnten sie nicht ... Da dachten sie daran, gleich rauszufahren, sofort zu spielen, und das Konzert sobald wie möglich zu beenden. Schließlich entschlossen sie sich, nach dem ursprünglichen Plan zu spielen.

Aber sie wußten früh am Tag, daß es ernst war und ernster wurde.

Mick Taylor, der neueste ROLLING STONE, war noch ganz entsetzt von dem, was passiert war, als man ihn in London kurz nach seiner Heimreise von Altamont befragte.

»Ich hatte echt Angst«, sagte er. »Ich fürchtete für uns alle und besonders für Mick, weil er sehr vorsichtig sein mußte mit dem, was er so sagte, sehr vorsichtig. Er mußte seine Worte genau suchen und wählen. Wenn du von so'ner großen Sache liest – 300 000 Leute, vier geboren, vier gestorben – stellst du dir's nicht so gewalttätig vor. Aber ich habe nur das gesehen: nichts als Gewalt. Ich habe immer von der unglaublichen Gewalt in Amerika gehört, aber ich hatte sie noch nie richtig gesehen. Die sind drüben so dran gewöhnt, es ist was ganz Alltägliches. Die können's leichter hinnehmen. Ich hatte sowas einfach noch nie gesehen.

Es war einfach total barbarisch, es gab da so viel Gewalt, daß es mir jeden Spaß verdorben hat ... es war unmöglich ... Spaß an der Musik zu haben oder überhaupt an allem, weil sich die meiste Gewalt direkt vor der Bühne abspielte, direkt vor unseren Augen; ich hatte sowas noch nie gesehen. Ich konnte es einfach nicht glauben.

Rund fünf Minuten nachdem wir ankamen, gleich nachdem wir aus dem Hubschrauber gestiegen sind, war ich bei Mick und einige Wächter waren bei uns, und ein Typ ist durchgebrochen und hat Mick ins Gesicht geschlagen. Das hat mir schon ein bißchen zugesetzt, aber selbst nachdem das passiert war, hab' ich die anderen Geschichten nicht erwartet.

Einmal wurde es so schlimm, daß wir einfach aufhören mußten, wir mußten immer mitten im Lied aufhören zu spielen. Mick tat sein bestes, die Leute runterzukühlen. Er hat alles, was in seiner Macht stand getan, um sie abzukühlen. Wir waren danach 'ne Weile sprachlos . . . Uns hat's keinen Spaß gemacht.

Ich glaube wir wär'n beinah einmal von der Bühne gegangen, aber das wär' eine Katastrophe geworden. Wir mußten einfach weitermachen und spielen, so gut wir konnten. Wir haben länger gespielt, als wir es sonst getan hätten, weil wir immer wieder aufhören mußten. Trotzdem haben wir ein ganzes Programm gespielt. Wir müssen so anderthalb Stunden auf der Bühne gewesen sein. Mir schien's eine Ewigkeit.

Die Hell's Angels hatten viel damit zu tun. Die Leute, die uns geholfen haben, das Konzert zusammenzubringen, hielten es für eine gute Idee, sie zur Absicherung zu haben. Aber ich hatte den Eindruck, daß die Angels das nur als Vorwand benutzten. Das sind einfach sehr, sehr gewalttätige Menschen.

Ich glaube, wir erwarteten wahrscheinlich sowas wie die Hell's Angels, die im Hyde Park unsere Wächter waren, aber die sind natürlich nicht die echten Hell's Angels, die sind völlig falsch. Diese Typen in Kalifornien sind die echten – sie sind sehr gewalttätig.

Ich hatte so'n nettes friedliches Konzert erwartet. Ich habe überhaupt sowas in San Francisco nicht erwartet, weil die da sonst immer so nette Sachen machen. Da haben die freien Konzerte angefangen, und ich dachte, eine Gesellschaft wie die in San Francisco könnte sowas viel besser hinkriegen.

Wir waren auf Tournee, als es organisiert wurde, wir war'n gar nicht beteiligt. Wir wären's gern gewesen. Vielleicht waren es nur die Hell's Angels, vor denen wir geschützt werden mußten.

Ich weiß wirklich nicht, woran es lag, aber es hat mich einfach deprimiert, weil es an dem Tag so schön hätte werden können.«

Keith Richard zufolge ist es ganz gut gelaufen. Bei seiner Ankunft in London sagte er einem United Press Reporter, Altamont »wurde grundsätzlich gut arrangiert, aber viele Menschen waren müde und einige verloren die Beherrschung«.

Es ist unmöglich, von der Musik zu sprechen, die geboten wurde, ohne sie in Beziehung zu der Gewalt, der Angst und den Befürchtungen zu setzen, die sich im Verlauf des Tages zu immer neuen und raffinierteren Höhepunkten steigerten.

Als SANTANA gerade ihre Anlage aufstellten, erzählte ein Mädchen vor der Bühne ihrem Alten: »Seltsam. Die haben die Astrologen befragt, bevor sie die Zeit für Woodstock festlegten, aber wegen heute können sie keinen Astrologen gefragt haben. Es ist doch klar, daß heute, wo der Mond im Skorpion steht, ein schlimmer Tag für das Konzert ist. Die Wahrscheinlichkeit von Gewalt und Chaos ist groß, und das hätte ihnen jeder Astrologe sagen können. Na ja, vielleicht wissen die STONES was, das ich nicht weiß.«

George Paul Csicsery

Wie tief der Schock von »Altamont« in der amerikanischen Gegenkultur saß, beschreibt der Journalist und Augenzeuge George Paul Csicsery. Für ihn kulminierte in diesem furchtbaren »Free Concert« zwangsläufig eine Entwicklung, die sich über ihre eigenen Illusionen bisher erfolgreich hinweggetäuscht hatte.

Schlußverkauf mit den Stones
Amerika auf dem Ramschtisch

Am Anfang war der Rock 'n' Roll. Die Beatles kamen und füllten ihn mit Liebe und schickten den Paradiesvogel auf die Reise. Aber als die Kinder ihre Gesichter der Sonne entgegenstrecken, windet sich ein Mick Jagger wie eine Schlange um den Baum der Sünde und preist sein süßes Häppchen Chaos an. Am Samstag haben die Kinder ihr Häppchen heruntergeschluckt – nachdem sie nun fast ein Jahrzehnt lang ihre Allianz mit dem Teufel haben kosten dürfen.

Bis Samstag hatte der Teufel noch keine Moral, er war ein Dämon, den man um seiner selbst willen anrief. Doch verdammt viele Menschen, die sich bisher für Kinder des Chaos hielten, beendeten am Samstag ihren zuckersüßen Trip, um direkt in das eigentliche Herz ihrer Religion zu reisen.

Wie das Massaker von My Lai, so setzte auch Altamont die Mythen von der Unschuld Amerikas in Brand. Amerika wird erwachsen, und es lernt nun, mit der eigenen Schuld umzugehen.

Die Medien haben Woodstock entworfen. Ein großes Ereignis, inszeniert von der jüngeren Generation, um ihre eigene Freiheit zu zelebrieren. Unendliche Staus, die eine technologische Zeit-Raum-Bewegung kreierten und in denen sich der ganze klägliche Alltag prima transzendieren ließ. Geburt, Tod, Dope, Gewalt und flott groovende Teenies – das ganze Leben, jetzt auch als Instantdröhnung. Schau dir nur diese tollen Hippies an, Amerika, wie sie grooven, während du dröge vor der Glotze hängst, weil du ganz einfach zu verklemmt bist. Die Medien brauchen Hippies dringender als je zuvor, um zu zeigen, daß es in Amerika noch immer Leute gibt, die was los machen können.

Aber diesmal hat's nicht geklappt. Die Hubschrauber konnten nicht spüren, daß da unten etwas mehr vor sich ging als nur ein Happening mit 300 000 Menschen. Altamont war Amerika. All die Jahre, in denen Dope, Haare, Musik und Politik das ganze Land überzogen, trafen plötzlich in einem Moment aufeinander, und in diesem Moment spiegelte sich nichts geringeres als – der ganze Trip.

Diejenigen, die erwartet hatten, daß die Illusion des Guten Menschen, der in ihnen lebt, ewig andauerte, hängen noch immer mitten im Freak Out. Die anderen, die sich nie allzu sehr um diese Rhetorik der kulturellen Revolution geschert haben, sagen jetzt, daß sie eine gute Zeit hatten. Das alles zusammen gibt den Pulsschlag Amerikas JETZT. Letztendlich machen wir nicht nur tolle Musik, tolle Liebe und tolle Halsbändlein; letztendlich bezahlen wir auch die Schweine, die die Black Panther ausrotten, wir rösten Vietnamesen auf ihrem eigenen Herd und wählen Spiro Agnew, unsere Leben zu regieren.

Altamont war eine Lehrstunde über eine Gesellschaft, die ohne jeglichen Halt auszukommen versucht. Einen Haufen Leute zusammenzubringen, das galt als cool. Irgendwelche Be-Ins, Woodstock, sogar das Begräbnis eines Hell's Angel waren kreative, gemeinschaftliche Ereignisse, weil ihr Zentrum überall zu finden war. Menschen spielten gemeinsam, sangen und teilten; und als sie nach Hause gingen, hatten sie das Gefühl, daß die Idee der Gemeinschaft einmal die grimmige Isolation ersetzen würde, die uns von der konkurrenzgeilen Elternkultur verordnet wird.

Aber in Altamont waren *wir* die Elternkultur. Die Heuschrecken kamen, um Krümel aus den Händen einer Unterhaltungsindustrie zu fressen, die ihre Existenz den Heu-

schrecken verdankt. Unsere Mikro-Gesellschaft für einen
Tag war den Todeswehen kapitalistischer Gier ausgeliefert.
Wir, die *freeway culture*, stellten das Publikum; eine Masse,
in der keiner in seiner vertrippten Isolation, vereinzelt und
von der Welt abgeschlossen, einfach nur privater Mensch
sein konnte. Die Masse kam aus einem Land, in dem alles
für einen getan wird, sie kam aus einem Wohlfahrtsstaat –
entspann dich, arbeite und bezahl deine Steuern. Wir kümmern uns schon um den Krieg in Vietnam – und den zu
Hause auch.

Yeah, aber keiner hat sich darum gekümmert, ob die Maschine auch in Altamont reibungslos läuft. 300 000 Menschen nuckeln an einer trockenen Warze, nur weil sie gerade
frei ist. Amerika konnte in Altamont nur eine gemeinsame
Antwort stammeln: Alle tanzten die Angst. Gemeinschaftli-
cher Terror faschistischer Repression. Der Rest war isoliert,
Menschen, die halfen, Menschen, die herumspazierten,
Menschen, die Schlange standen, um zu scheißen. Natürlich
waren auch die Revolutionäre dabei – sie rannten einfach
durch die Masse, nackt, stoned, unsere kleine und immer
kleiner werdende Privatsphäre zertrampelnd. Alle reagierten auf ausflippende Freaks wie unsere Elternkultur auf
Yippies reagiert.

Die Freaks fanden den richtigen Ausdruck für unseren eigenen Verlust der Kontrolle, unsere Sehnsucht nach Raum,
weil die Freiheit, aus unserem eigenen Körper zu existieren,
noch immer lebt. Aber die Masse hat mit blindem Haß reagiert, Paranoia befiel sie, nur weil sie ihren eigenen kleinen
Logenplatz mit unverstelltem Blick auf *His Satanic Majesty*
verteidigen wollte.

Aber es war nicht alles ausgefreaked. Ganz hinten, an den
Kurven der Rennbahn von Altamont, gaben sich Menschen
der Illusion hin, mehr Raum und besseres Dope zu besitzen
– genauso wie in den isolierten Vorstädten und Wäldern
Amerikas. Die Einzelgänger, die Pärchen und die kleinen
Grüppchen sahen nichts, hörten nichts und kümmerten sich

noch weniger um die Masse im Tal der Angst. Die meisten von ihnen sagen, sie hätten eine prima Zeit verbracht, aber nur wenigen ist es gelungen, den dunklen Schwingungen von unten zu entkommen.

Im direkten Umfeld der Bühne, im Epi-Zentrum, hatten die Hell's Angels die Kontrolle verloren. Ihre Gewalt vereinte die Masse unter dem Sternzeichen der Angst. Sogar Leute, die keine Angst vor den Angels hatten, wurden wegen der unterdrückten Panik, die sich ausbreitete, nervös. Die Leute hatten Panik, weil sie Angst hatten, totgetrampelt zu werden, eine Panik, die sich durch Schlägereien und ausflippende Freaks noch verstärkte. Die Angels waren die einzige Gruppe, die in der Lage war, ihre Gewalt gemeinsam zu organisieren – aus diesem Grund konzentrierte sich der Haß der Masse genau auf sie. Immer und immer wieder haben wir die Schweine für weniger verdammt und den Mythos vom rechtsgerichteten Anarchisten heiliggesprochen. Marlon Brando, noch so ein ungebunden seine Wege gehender Agent des Chaos, auch er seit Samstag ein gestürzter Held.

Die Angels haben Mick, ihren diabolischen Prinzen, beschützt, okay. Er entkam ohne ernsthafte Verletzung. Später haben die Angels ihr Verhalten im Sender KSAN damit verteidigt, daß man ihr Privateigentum angetastet habe: ». . . keiner tritt das Bike eines Angel, ohne daß er dafür bezahlt.« Die offizielle Lügenversion kam, wie wir es von Ronald Reagan gewohnt sind, diesmal geliefert vom STONES-Manager Sam Cutler. Auf die Frage nach den gewalttätigen Angels antwortete er nur: ». . . bedauerlich, aber wenn sie jetzt erwarten, daß ich die Angels verdamme . . .«

Alles war vorbei. Keine Erklärung nötig. Nur eine leise, schüchterne Bitte, daß irgend jemand in Amerika doch jetzt mal ein bißchen aufwischen müsse. All diese Aufregung um eine junge, aber wachsende Bewegung, die unsere Umwelt retten will. Der Job, Altamont – und Amerika – aufzuräu-

men, ist noch zu vergeben. Amerika schwelgt in der Hoffnung, daß irgend jemand, irgendwo, die Dinge wieder zu-
rechtrücken kann. Offensichtlich hat keiner mehr die Kontrolle. Nicht die Angels, nicht das Volk. Und auch Richard
Nixon nicht, und erst recht nicht seine Schweine. Niemand.
Amerika liegt nun auf dem Ramschtisch, dieses Amerika,
das langsam erstickt und sich gelegentlich einen faschistischen Arschtritt abholt, um noch einmal voller Lust zu
stöhnen.

F. C. Delius

*Friedrich Christian Delius, in Rom geboren, lebt als Schrift-
steller in Berlin. Er promovierte über den literarischen Helden und sein Wetter und schrieb zahlreiche Romane, darunter »Ein Held der inneren Sicherheit« und »Mogadischu
Fensterplatz«. Daß die Vergangenheit nie wirklich vorbei
ist, macht dieses Gedicht schmerzlich bewußt.*

Einsamkeit eines alternden Stones-Fans

Er latscht in den Diskshop und gleich
auf die Platte los, die er will, die neuen Stones.
Um ihn rum, Kopfhörer um die Ohren,
die 10 oder 15 Jahre jüngeren Typen,
die längst was andres hören.

Die reglosen Gesichter
regen ihn auf,
diese Einsamkeit unter den Kopfhörern!
Er nimmt die Platte und
fühlt sich nicht sehr einsam.
Er weiß nur, er überschaut
den Plattenmarkt nicht mehr –

Diplom-Physiker, da hab ich andre Sorgen –
und weiß nicht, was ihn noch verbindet
mit der, sagt er ironisch, nächsten Generation,
höchstens eine Demonstration, ein Joint,
etwas von dieser Mode.

Er sieht das Cover an:
gefällt mir eigentlich gar nicht, den Mick
solltest du wirklich langsam abschreiben,
aber sein Sound, den hat keiner mehr erreicht.
Und Mick sagts selber: Du wirst
irgendwann zu deiner eignen Parodie.
Dieser Satz geht ihm durch den Kopf
während der vier Schritte zur Kasse, irgendwann
wirst du zu deiner eignen Parodie.

Erinnerungen kommen hoch:
die Stones im Hyde-Park damals, da
war ich mittendrin, da hat sich was
bewegt mit uns. Jetzt
fühlt er sich beobachtet. Jetzt
fühlt er sich überlegen: die hängen hier rum,
bei dieser immer schlechteren Musik,
leiden vielleicht an ihren Trips oder
an Langeweile, aber ich,
und er zahlt, steckt den Bon ein,
was hab ich alles mitgemacht
und weiß jetzt, was zu tun ist, ich!
So ein Gedanke, er sieht sich noch mal um,
ist das nun die berühmte Erfahrung des Alterns?

Und geht aus dem Laden
und geht zum Arzt, die Rückenschmerzen,
und abends die neue Platte mit
neuen Enttäuschungen, die
Vergangenheit ist Vergangenheit –
und nicht vorbei.

Julian Cope

Julian Cope, Sänger und Gitarrist der englischen Postpunker
The Teardrop Explodes, *hat sich einen Joint gerollt, einen*
Stapel alter »Krautrock«-Platten durch die Gehörgänge wa-
bern lassen und schlußendlich seine transzendentalen Erfah-
rungen als Buch veröffentlicht. Mit der unbedingten Sub-
jektivität des Fans und bodenlosem Enthusiasmus hebt
Cope in seinem »KrautRockSampler« teutonische Gruppen
wie Can, Faust, Amon Düül *und* Kraftwerk *in den*
Himmel der »Großen Kosmischen Musik«. In dem folgen-
den Auszug legt Cope die Wurzeln des Krautrock frei.

Oh, du große kosmische Musik

Karlheinz Stockhausen steht im Zentrum der gesamten Geschichte des Krautrock. Und ein gewaltiges Werk, *Hymnen*
von 1966, bildet den Dreh- und Angelpunkt der gesamten
unbewußten Bewegung. Weil Stockhausen auch der wichtigste lebende Komponist ist und so viele verschiedene musikalische Bewegungen und Musiker inspirierte, wird diese
Tatsache leicht unterschätzt. Aber *Hymnen* fand Echos in
ganz Westdeutschland, nicht zuletzt in den Köpfen junger
Künstler. Es handelt sich um ein 113 Minuten langes Stück
mit dem Untertitel »Hymnen für elektronische und konkrete Klänge«. Es ist in vier LP-Seiten unterteilt, die die Titel »Region I«, »Region II«, »Region III« und »Region IV«
tragen. Aber warum war es so wichtig für die Deutschen?
Kurz gesagt, weil es »Deutschland, Deutschland über alles«
durch den Wolf drehte, festnagelte, über unheimliche elektronische Dingsbumse spielte, schrecklich verzerrte und
ihm überhaupt übel mitspielte. Der gesamten deutschen
Öffentlichkeit kam das kalte Grausen. Die Linken übersa-
hen die komische Seite des Ganzen und warfen ihm vor, an
die niedersten Instinkte der Deutschen zu appellieren, wäh-

rend die Rechte ihn haßte, weil er ihren ganzen Stolz in den Schmutz gezogen und sie zum Gespött Europas gemacht hatte. Stockhausen war gerade von einem sechsmonatigen Aufenthalt an der Universität von Kalifornien zurückgekehrt, wo er Vorlesungen über experimentelle Musik gehalten hatte.

Seine Veranstaltungen wurden von Jerry Garcia und Phil Lesh von GRATEFUL DEAD, Grace Slick von JEFFERSON AIRPLANE und vielen anderen psychedelischen Musikern besucht. Weit davon entfernt, über neue Musik die Nase zu rümpfen, wurde Stockhausen auf einem Konzert von JEFFERSON AIRPLANE im Fillmore West gesehen, und man zitierte ihn mit den Worten »This music really blows my mind«. Wenn die jungen deutschen Künstler Stockhausen schon dafür liebten, daß er sich ihre Rock 'n' Roll-Kultur zu eigen machte, liebten sie ihn um so mehr, weil er nach ihrer Meinung die Befreiung aller deutschen Symbole einleitete. Indem Stockhausen »Deutschland, Deutschland über alles« auf seine kürzestmögliche Länge reduzierte, hatte er es kodifiziert. Es hatte einen ganz ähnlichen Effekt, wie wenn man draußen den Wagen des Eismanns klingeln hört – es ruft irgendeine Reaktion hervor, ganz egal, ob man nun Eis will oder nicht. Unbewußt hatte Stockhausen ein Symbol der Unterdrückung verwischt und so dem Volk zurückgegeben.

Aber der neue Rock 'n' Roll in Westdeutschland war ganz und gar kein Rock 'n' Roll. Es war ein musikalischer Meltdown, der sich jeder Kategorisierung sperrte, außer dem Namen, den die westdeutschen Musiker ihm gaben – Kosmische Musik. Der Ausdruck mag von Edgar Froese stammen, aber 1969 redeten alle westdeutschen Musiker mit großer Ehrfurcht und großem Idealismus von kosmischer Musik, als wüßten sie, daß diese Musik ihr Weg zu den Sternen war. Beethoven, ihr tragischer Held, hatte gesagt, die Musik sei viel größer als die Philosophie, und die Kommunen und Kollektive erwachten in ganz Deutschland zum Leben, wild entschlossen, sich alle Erinnerungen an die jüngste abscheuliche Vergangenheit ihrer Eltern vom Hals zu schaffen – in dem großen Sturm und Drang auf die Neue Kosmische Musik von allen angestauten Gefühlen freizumachen.

Alle richtigen Musiker hatten AMON DÜÜL verlassen, um sich AMON DÜÜL II anzuschließen, ein Prozeß, der auch in späteren Jahren andauerte. Aber der Aderlaß bei AMON DÜÜL I war so extrem, daß sie zu einer klimpernden, klopfenden, schreienden männlich/weiblichen Masse schrumpften: die großartigste Session der PLASTIC ONO BAND, die es je gab.

Es war die Zeit der Gemeinschafts-Freakout-Alben, inspiriert vor allem von der '67er LP *Hapshash & The Coloured Coat*, einer fast ein Jahr alten Aufnahme aus London, die von den Designern Nigel Weymouth & Michael English und dem Produzenten Guy Stevens geleitet worden war. An einem extrem psychedelischen Wochenende spielten (oder vielmehr überspielten) AMON DÜÜL I eine gewaltige Session ein, die so lange dauerte, daß ihre ersten drei LPs, *Psychedelic Underground*, *Collapsing* und *Disaster*, daraus hervorgingen. Einige behaupten, sie hätten kurz nach der Session die Musik ganz aufgegeben, um rein politisch weiterzumachen, aber die Illusion durch scheinbar neue LPs für Jahre aufrechterhalten.

Die ersten AMON DÜÜL I-Platten sind außergewöhnliche Klassiker und klingen extrem rauh, wie bekiffte Waldschrate, die endlose Versionen von »Return Of The Monster Magnet« der MOTHERS und »L. A. Blues« der STOOGES spielen. Aber sie sind mit einer höheren Dosis Vibes versetzt als irgendeine andere Freakout-Platte – unbarmherzig, erbaulich und voll von den krudesten Gimmicks, die alle perfekt funktionieren. AMON DÜÜL I hielten nicht lange durch, aber mit ihrer Musik und einem bestimmten Song auf *Psychedelic Underground* markierten sie den Anfang des Krautrock. Der Titel des Songs ist »Mama Düül And Her Sauerkrautband Start Up!« Durch diesen Titel hatte die faule englische Presse endlich etwas, an das sie sich halten konnte. Aha, na dann nennen wir es doch Krautrock.

Jetzt war Westdeutschland voll von vermeintlichen Head-Gruppen. Aber viele von ihnen klangen nicht im entferntesten deutsch, sie versuchten sklavisch, Hard-Rock zu klopfen.

Andere, wie EMBRYO oder BIRTH CONTROL, mischten offensichtliche Teutonica zu erfolglosen Fusionen mit anglo-amerikanischem Rock zusammen. Aber in der Zwischenzeit hatte AMON DÜÜL II, die musikalische Hälfte der Kommune, eine unglaubliche, frei-fließende LP mit dem Titel *Phallus Dei* für das englische Liberty-Label aufgenommen. Das unverhohlen mysteriöse Plattencover stach mir zum ersten Mal ins Auge, als ich dreizehn Jahre alt war, und in einem Woolworth-Laden in Tarnworth stand. Mein walisischer Großvater war bei mir, und ich fragte ihn, was »Phallus Dei« bedeutet. »Verfluchte Scheiße, sag' bloß nichts zu deiner Mutter«, schnaubte er. »Das heißt: der Schwanz Gottes!« Und mit der Veröffentlichung des zwanzigminütigen Titelstücks hatten nun beide Abteilungen von AMON DÜÜL ihr Engagement für die neue kosmisch-politische Kommunen-Szene bewiesen. Diese Platte war sehr extrem; sowohl der helltönende Sound als auch die schwindelerregende, zweifarbige Hülle erinnerten an das texanische International-Artists-Label der 13TH FLOOR ELEVATORS. Und wieder etwas anderes regte sich in Köln. Die von Stockhausen und Psychedelik inspirierten CAN waren nun eine Fünfer-Gruppe, die auf Schloß Nörvenich, dem Wohnsitz ihres Mäzens Mani Löhe, Aufnahmen machte. Bis auf einen waren alle in den Dreißigern, und sie waren eine beängstigende Kombination aus Überschwang und großer Erfahrung. Hier handelte es sich um außergewöhnliche Menschen mit einer außergewöhnlichen musikalischen Vision; »eine

anarchistische Gemeinschaft«, sagte ihr Organist Irmin
Schmidt.

Obwohl die ersten Stücke von CAN eher Situationen im
Stil von Performance Art waren, trieb ihr neuer Sänger, ein
schwarzer, ehemaliger Lehrer namens Malcolm Mooney, sie
unentwegt in den knallhärtesten, restriktivsten Rock'n'Roll
– ». . . hin zu VELVET UNDERGROUND«, wie Holger Czukay
später sagte. Die Shows waren phantastisch, obwohl Malcolm Mooney immer in Gefahr lief, auszuflippen, zusam-
menzubrechen oder aufs Publikum loszugehen. Aber durch
die Veröffentlichung ihres ersten Albums wurde die gesamte Szene erschlossen. *Monster Movie* ist ein steinharter
Klassiker. Es gab immer noch keinen Visionär in einer großen Plattenfirma, der Geld in den neuen westdeutschen
Sound investieren wollte, aber als *Monster Movie* im August 1969 auf Music Factory Records veröffentlicht wurde,
war die winzige Auflage von 500 Stück augenblicklich aus-
verkauft und veränderte die gesamte westdeutsche Rockszene. Es war das erste Album aus der Szene, das so kraft-
voll und gut aufgenommen war wie die normalen amerikanischen und englischen Platten, und dennoch bewahrte es
den grüblerischen deutschen, von den VELVETS inspirierten
Sound. Ein Gefühl für die Haltung der Kosmische-Musik-
Brigade zu dieser Zeit vermittelt schon das bloße Lesen der
Credits: Irmin Schmidt – Adminaspace Co-Ordinator &
Organ Laser; Jaki Liebezeit – Propulsion Engineer & Mys-
tic Space Chart Reader; Holger Czukay – Hot From Vietnam: Technical Laboratory Chief & Red-Armed Bass; Michael Karoli – Sonar & Radared Guitar Pilot; Malcolm
Mooney – Linguistic Space Communicator.

In Berlin trennten sich PSY FREE. Klaus Schulze und Edgar Froese arbeiteten kurz als neue TANGERINE DREAM zusammen und schufen das ehrfurchtgebietende Freeform-
Acid-Bombardement der LP *Electronic Meditation*. Das
war wirklich die Kosmische Musik, von der sie geträumt
hatten. Wenn PINK FLOYDS *A Saucerful Of Secrets* von be-

dröhnten, vieldimensionalen Weltraum-Wesen eingespielt worden wäre, anstatt der entsetzlich faden Herren Waters, Wright, Gilmour und Mason, dann hätte sie sicherlich so wahr wie dies hier geklungen. Und *Electronic Meditation* erfuhr auch eine Vorzugsbehandlung. Irgendein Genie bei der großen westdeutschen Plattenfirma Metronome hatte endlich den neuen Sound kapiert. Sie beauftragten den Produzenten Peter Meisel, ein ganz besonderes Heavy-Label aufzubauen, das den Akzent auf deutsch-klingende Gruppen und spezielle Verpackung legte. Meisel nannte das Label Ohr, und beauftragte Reinhard Hippen, einen hochgelobten jungen Werbegrafiker, die ersten fünf Plattencover zu entwerfen – in einer Uniformität, die das Label sofort auf das Hier-und-Jetzt ausrichtete. Das Resultat war roh und krude, aber zu und zu reizend. Hippens Dauermotiv waren zerbrochene Puppenkörper, und das Cover von *Electronic Meditation* zeigt eine kopflose Puppe in den Drähten der patch-bay eines frühen Synthesizers gefangen.

Alle frühen Ohr-Platten waren interessant, und alle waren irre. FLOH DE COLOGNE spielten auf der LP *Fließbandbaby's Beatshow* eine undurchdringliche, langatmig strukturierte Garagen-Musik wie eine unbegabte Ausgabe der MOTHERS OF INVENTION, wie die FUGS im Bierkeller – viel Geschrei und dringende sozialistische Botschaften zerstörten den ohnehin schon baufälligen Sound. Viel besser und gelegentlich unvorstellbar waren GURU GURU, ein Heavy-Rock-Trio, dessen Herz für den Free-Rock schlug, den MC 5 nie auf Platte aufnehmen durften. Es gab keinen Gesang, nur gekünstelte »Ding«-Stimmen, beängstigend wiederholt und keineswegs häufig. Hauptsächlich nahmen sie riesige, epische Instrumentalstücke auf. LPs mit zwei oder drei Stücken pro Seite. Ihr Debütalbum *UFO* klingt heute wie eine weltraumige Menage A Trois aus JOY DIVISION, DEEP PURPLE und einer kosmischeren Version von Neil Youngs Feedback-Verzückung auf *Arc*. Sie konnten schneller als alle anderen spielen, aber die großartigsten Songs

waren Glenn-Branca-Symphonien acht Jahre ihrer Zeit vor-
aus. Und allein schon die Titel, Mann. Ach, du heilige
Scheiße! »Stone In«, »Der LSD-Marsch«, »Spaceship«,
»Oxymoron«, »Der Elektrolurch«.

Das Ohr-Experiment war ein ungeheurer Erfolg und ließ
auch die konservativeren Firmen etwas risikofreudiger werden. In einem Land von der Größe Westdeutschlands gab es
Platz für viele, viele Bands, und Polydor, Metronome,
BASF & Philips wagten sich an die neue Musik. Obwohl
die meisten frühen Versuche zahme britisch/amerikanische
Abklatsche waren, brachte es die Unsicherheit unter deutschen Geschäftsmännern, was genau den hippen neuen
Sound eigentlich ausmachte, mit sich, daß gewisse Expe-
rimentalisten unweigerlich durchschlüpften. Und eine der
bizarrsten Veröffentlichungen von Anfang 1970 war die
RCA-LP *Tonefloat* des Quintetts ORGANISATION. Sie wurde zwar in einem der typischen farbenfrohen »Heavy«-
Cover der Ära geliefert, aber darin erschöpften sich ORGA-
NISATIONS Gemeinsamkeiten mit zeitgenössischem Rock
auch schon. Geleitet von Ralf Hütter und Florian Schneider,
den späteren Leadern der international gigantisch erfolgreichen KRAFTWERK, lagen die Wurzeln der Band in der
Kunstakademie Remscheid, an der das Duo Karlheinz
Stockhausen studiert hatte. Mit flöten-lastigen Musikstük-
ken wie »Milk Rock«, »Rhythm Salad« und dem knarren-
den, perkussiven, baßlosen Titeltrack war *Tonefloat* vom
Moment seiner Veröffentlichung ein Majorlabel-Anachro-
nismus. Und wie bei der deutschen Plattenfirma Phillips,
die kurz darauf in aller Unschuld die ähnlich bizarre
CLUSTER-LP herausbrachte, dürfen wir vermuten, daß der
Vertrag mit ORGANISATION bei RCA schnell unter »Interessante geschäftliche Fehlentscheidungen« abgelegt wurde.
Kurz darauf wurden aus ORGANISATION KRAFTWERK, und
sie veröffentlichen ihre gleichnamige erste LP. Aber trotz
der Namensänderung und dem Wechsel zu Polygram war
die Band immer noch eine wacklige Experimentaleinheit,

bei der Flötenregister und Percussion die tragende Rolle spielten. Obwohl mit Wah-Wah-Gitarren und einem Schlagzeuger ausgerüstet, waren KRAFTWERK der bizarre und überwiegend erfolgreiche Versuch, eine völlig deutsche Platte zu machen. Auf »Ruckzuck«, dem ersten Stück des Albums, wurden KRAFTWERK nach Belieben schneller oder langsamer und spielten völlig ohne Groove. Auf dem letzten Track der Platte, einem zehnminütigen Freakout mit dem Titel »Vom Himmel hoch«, eiferten Synthesizer Bombenangriffen im Sturzflug nach, und Aufnahmen echter Explosionen zerrissen die Musik bis zur Unkenntlichkeit. Zu Recht trägt die Gruppe den sehr deutschen Namen KRAFTWERK, und ihre beiden Anführer, Ralf Hütter und Florian Schneider, waren beharrliche Experimentatoren von einzigartiger Vision. Unveröffentlichte Aufnahmen aus dieser Zeit zeigen, daß ihre Arbeit immer im Fluß war. *Kraftwerk 2* begann mit »Klingklang«, einem 17minütigen, sich ständig verändernden Experimental-Mantra mit einem von Stockhausen inspirierten Anfang. Und nach ihrem Hitalbum *Autobahn* von 1974 waren sie dann überhaupt nicht mehr wiederzuerkennen. KRAFTWERK kehrten jedoch immer wieder zu ihrer Fixierung auf das Fahren zurück, rauf- und runterschalten eingeschlossen. Vielleicht ist es die Autobahn-Psyche der Nachkriegsdeutschen – durch Tausende von Kilometern gerader, gut befahrbarer Straßen in unbewußter Verbindung zu den USA stehend. Ganz sicher hat sich die graue, dem immergleichen Takt folgende, geradeausfahrende Unveränderlichkeit der VELVET UNDERGROUND in den meisten westdeutschen Bands niedergeschlagen, obwohl von allen englischen Bands dieser Zeit vielleicht nur ROXY MUSIC eine echte Beeinflussung durch die VELVETS für sich in Anspruch nehmen könnten.

Die westdeutsche Mentalität des Fahrens wurde auf der Autobahn geprägt, die in weitem Bogen von der weit im Westen gelegenen Stadt Köln nach München im Süden führt, angeschlossen an die Städte Bonn, Koblenz, Frank-

furt, Mainz, Mannheim, Stuttgart, Ulm und Augsburg. Das
Verlangen nach Musik war allein auf dieser Strecke so groß
wie in der gesamten englischen Szene. Westdeutschland
ist der mit Abstand größte Markt in Europa. Aber die Autobahn war nur eins von drei Ballungszentren, das mit
Rock 'n' Roll-Auftritten bedient werden wollte, und es
wurde schnell klar, daß die westdeutsche Musik bestehen
konnte, ohne je wieder einen Blick an die internationale
Szene zu verschwenden. Aber genau da tauchte der spekta-
kulärste Protagonist der Krautrockszene auf . . .

Auf einen holländischen Journalisten, der bisher meist über
Folk geschrieben hatte, hatte die Szene am wenigsten gewartet. Aber Rolf-Ulrich Kaiser war in allem progressiv
und als Mann mit Mission berüchtigt. Er platzte bei Metro-
nome-Ohr rein und ging sofort jedem auf die Nerven. Er
stritt sich mit Edgar Froese über die Definition von Kosmischer Musik und behauptete, man könne sie auf alle Arten
von Musik anwenden. Und das Ungeheuerlichste war, daß
er den Beweis erbrachte. Als man R-U Kaiser mit der Leitung von Ohr betraute, nahm er sofort AMON DÜÜL I unter
Vertrag und verpaßte ihnen einen Head-Produzenten mit
dem wundersamen Namen Julius Schittenhelm. Die LP *Paradieswärts Düül* war ein unglaublich schönes Free-Folk-
Epos, irgendwo zwischen einer akustischen Fassung von
White Light / White Heat und teutonischen RED CRAYOLA
von 1968, die wie 13TH FLOOR ELEVATORS spielen. Die drei
langen, fuzz-akustischen Songs, »Love Is Peace«, »Snow
Your Thirst, Sun Your Open Mouth« und »Paramechani-
sche Welt«, waren der herrliche Schwanengesang von AMON
DÜÜL I, bevor sie heldenhaft in den Sonnenuntergang rit-
ten. Und der künstlerische Erfolg von *Paradieswärts Düül*
bestätigte Kaisers Verdacht, daß viele Arten Kosmischer
Musik da draußen waren und darauf warteten, entdeckt zu
werden. Er nahm die irren Straßenmusiker Witthüser &
Westrupp, und verwandelte sie in ein absolut inspirierendes

gotisches Kammer-Space-Folk-Gerät, als hätte man Neil Youngs *On The Beach*, die Platten auf Frank Zappas Straight-Label, Tim Buckleys Free-Form-Album *Starsailor* und auch dessen frühere LPs *Happy Sad* und *Goodbye And Hello* zusammengerührt. In Amerika wären sie sicher auf dem ESP-Label erschienen.

Von Kaisers Erfolg mit Ohr beeindruckt, beauftragte ihn der Industrie-Riese BASF, ihr hippes Sub-Label Pilz zu leiten. In echter Rolf-Ulrich-Kaiser-Manier behielt er die Leitung von Ohr, und annektierte Pilz als kosmisches Folk-Label. Das Logo der Plattenfirma war ein sagenhafter Pop-Art-Fliegenpilz, so kosmisch, kosmischer ging's gar nicht. Als symbolische Geste überwies Rolf-Ulrich Witthüser & Westrupp zu Pilz und fuhr fort, sein nächstes großes Ding zu signen und zu beeinflussen. Natürlich droppte er über Nacht alle anderen Künstler, um auf der großen Straße zum ultimativen Kosmischen Folk-Label voranzukommen.

Rolf-Ulrichs nächste fixe Idee waren POPOL VUH, eine Gruppe, so groß wie ihr Name. Das POPOL VUH ist das Totenbuch der Mayas, eine grausige mythologische Anthologie des prähistorischen mittelamerikanischen Volkes, das bis ins 9. Jahrhundert überlebte. Aber obwohl R-U Kaiser vielleicht seinen Einfluß in die Band einbringen konnte, lag die wirkliche Vision in Kopf und Händen ihres Bandleaders, des wundervollen Florian Fricke. Fricke hatte den Namen POPOL VUH nicht leichtfertig gewählt. Das erste Album wurde schon veröffentlicht, bevor Kaiser mitmischte. Und dieses erste Album, *Affenstunde*, erschütterte durch den Einsatz eines Moog-Synthesizers in einem nicht-klassischen Zusammenhang die gesamte Musikwelt.

1971 war das eine sensationelle Neuigkeit, und das Magazin *Sounds* wählte sie zum besten Newcomer des Jahres. POPOL VUH traten im Beat Club auf, und Fricke spielte als Gast seinen Moog-Synthesizer auf TANGERINE DREAMS kosmischem Klassiker-Doppel-Album *Zeit*. Aber trotz alledem sorgte das Treffen zwischen Florian Fricke und Rolf-

Ulrich Kaiser in der gesamten Kosmische-Musik-Szene für
Wirbel. Denn der Nachfolger von *Affenstunde* konnte mit
seinem Vorläufer den Boden aufwischen.

Alles an *In den Gärten Pharaos* fühlt sich richtig an. Es
ist Trance-Musik, und Florian Fricke war ein Meisterkom-
ponist und wirklich in der Lage, den Hörer in Dimension
zu führen, von denen die andere Kosmische Musik nichts
ahnte. Die gesamte zweite Seite auf *In den Gärten Pharaos*
gehörte der hohen Magie von »Vuh«. Und hohe Magie sage
ich nicht leichtfertig, denn »Vuh« stimmt den Hörer wie
kein anderes Stück, das ich kenne, auf den Himmel ein. Es
hält den Hörer auf unglaubliche Weise gefesselt, die Intensität des Stücks ist so stark, daß man es sich in der falschen
seelischen Verfassung nur auf eigene Gefahr anhören kann,
und wie verwirrend ist die Freiheit der Gefühle, die die
Musik garantiert. Florian Fricke, der neue Wunderknabe
von R-U Kaiser, war auf dem Weg zu einer langen und in-
spirierenden Karriere ...

Aber in der Mitte des Jahres 1971 machte Rolf-Ulrich Kaiser seine Angestellten wahnsinnig. Er sah ihnen über die
Schultern, während sie arbeiteten. Er stürmte in ihre Büros
und stauchte sie zusammen, während sie mit ihren Bands
sprachen, trieb alle Beteiligten zur Raserei. Sein Trip hatte
es in sich, aber er mußte auf deiner Seite stehen. Zwei A &
R-Männer, Bruno Wendel und Günther Körber, konnten es
nicht länger aushalten und machten ihre eigene Plattenfirma
auf. Wendel und Körber nahmen GURU GURU von Ohr mit
und signten augenblicklich die extrem experimentellen
CLUSTER. Das Duo war eine schizophrene Mischung, die
eine bizarre LP für die armen Phillips Records aufgenommen hatte. Früher hatten sie sich als noch weirderes Trio
KLUSTER genannt, und ihr drittes Mitglied war Conrad
Schnitzler, der Held-im-Exil von TANGERINE DREAMS *Electronic Meditation*. Jetzt hatte Schnitzler die Gruppe verlassen, um eine Karriere als besessener Workaholic zu starten,

und CLUSTER bestand nur noch aus dem poetisch Moebius und Roedelius genannten Duo. CLUSTER waren (und sind noch) ein unvergleichliches Team. Wie eine bizarre Ehegemeinschaft schürten sie ihren maschinengeborenen Genius, und gewöhnlich saßen sie davor wie vor einem Kaminfeuer und spielten, bis es seinen Reiz verlor. Die frühe Musik von CLUSTER hat einen rasenden, wütenden Frieden in sich, ein riesiges, pulsierendes Herz, groß wie ein Planet und ehrfurchtgebietend. Aber in einen mageren Körper gekleidet, der einen davon abhielt, die ganze unirdische Macht herauszuhören.

Moebius und Roedelius wurden auf *Cluster 2*, ihrem ersten Album für Brain, durch den Produzenten Conrad Plank verstärkt. Plank war als Tontechniker zwar auch an der früheren LP für Phillips beteiligt gewesen, aber hier schrieb er Teile der Musik und produzierte das ganze Ding und schuf damit eine nicht enden wollende Nachtlandschaft: ein Hubschrauberflug kilometerweit über ländliches Gebiet, und doch bleiben die Lichter der Stadt immer gegenwärtig, und manchmal führt der Flug sogar mitten in die Stadt, um ein Haar im grellen Schein verglühend. Zusammen mit Dieter Dierks war Plank die Säule des Krautrock auf Platte. Im Lauf der Jahre waren die beiden Techniker allein für den Sound von TANGERINE DREAM, NEU!, GURU GURU und ASH RA TEMPEL zuständig. Ein ganz schönes Gewicht, das da auf ihren Schultern lastete.

Wie alle anderen Heavy-Label hatte Brain auch seinen Anteil an furchtbarem, aufgesetztem Abklatsch britisch/amerikanischer Vorbilder, wie JANE und SCORPIONS. Es erlebte auch den Tod von GURU GURU. Vom Free-Rock zum Freejazz zum Freiexemplar, das man noch nicht einmal geschenkt haben will. Eine der besten Veröffentlichungen auf Brain war unbestreitbar Nummer 1004, die schon bald legendär gewordenen NEU! Aber das ist eine ganz andere Dose Würmer.

GÜNTHER JACOB

Günther Jacob gilt als »linker Dogmatiker« des deutschen Musikjournalismus. Er schreibt u. a. für »konkret«; als Essayist analysiert er regelmäßig popkulturelle Phänomene im Hinblick auf ihren politischen Gehalt. In »Let's Talk About Sex and Violence« nimmt Jacob sich der oft gewaltverherrlichenden Texte des Gangsta Rap an. Im Gegensatz zu vielen Kritikern, die in der Ikonografie des Gangsta Rap semiotische Brechungen vermuten, lassen sich nach Jacob Gangsta-Texte als – oft zutiefst reaktionäre – politische Stellungnahmen lesen.

Let's Talk About Sex and Violence

> »Glauben wir nicht, daß man zur Macht Nein sagt, wenn man zum Sex Ja sagt.«
>
> MICHEL FOUCAULT,
> *Sexualität und Wahrheit*

Was die erotische Unterhaltung in der Popmusik betrifft, so reicht die Skala von der einladenden Pose über die naturalistische Schilderung und die Dramatisierung von Emotionen und Begierden bis hin zum mehr oder weniger provokativen Bruch gültiger Normen. Der Gestus der erotischen Rebellion fällt jedoch nach Mick Jaggers »I Can't Get No Satisfaction« und James Browns »Sex Machine« zunehmend matter aus. Nachdem sich von Jim Morrison bis Madonna alle Künstler von Rang wenigstens einmal öffentlich zwischen die Beine gefaßt hatten, schien es, als seien die Mittel dieser bescheidenen Symbolik erschöpft.

Man hatte nicht mit den Rappern gerechnet. Die derben Reime, die heute zum Markenzeichen vieler HipHop-Gruppen geworden sind, schockieren, weil sie oft an Gemeinheit noch vieles in den Schatten stellen, was Sozialarbeiter in ausgewiesenen Problemvierteln kennenlernen: »Der Unterschied zwischen Ost- und Westküste ist doch, daß sie im Osten sagen, ›Ich habe eine Uzi – aber stop the violence! Follow the leader!‹ – an der Westküste heißt es dagegen, ›Ich habe eine Uzi, und weil das so ist, wird mir die Schlampe mit den großen Titten einen blasen, denn ich bin der Pimp!‹« (Die Rapper von 7 A 3 in einem Interview.)

Es kommt selten vor, daß ein deutscher Zuhälter oder Hustler in der Veröffentlichung einer Schallplatte eine realistische Karrierealternative sieht oder gar die künstlerischen Fähigkeiten dazu hätte. Wo jedoch Millionen Menschen »rassifiziert« werden, liegen solche Alternativen oft näher beisammen: Der Zugang zu einem halbwegs hedonistischen Lebensstil war Afroamerikanern lange Zeit nur (und so ist es für viele noch heute) über dunkle Geschäfte im Dunstkreis des Vergnügungs-Milieus möglich. Nah beieinander liegen die Alternativen etwa bei den GETO BOYS. Das Cover zu ihrem Album *We Can't Be Stopped* zeigt, wie das GETO BOYS-Mitglied Bushwick von den beiden anderen fürsorglich durch einen Krankenhausflur geschoben wird – ein körperbehinderter, bestenfalls 130 Zentimeter großer Mann mit einem herausquellenden Auge. Es wurde ihm, so heißt es, während eines Drogentrips ausgeschossen – von einer Freundin, die er überreden wollte, ihn zu erschießen. Darüber, was sich die GETO BOYS dachten, als sie dieses Foto veröffentlichten, lassen sich nur Vermutungen anstellen. Ich würde es als eine Selbststilisierung im Kontext subproletarischer Hustlerethik interpretieren: »Wir sind so und wir sind stolz darauf.« Andere lesen aus dem Foto jene popkulturelle Provokationstechnik heraus, die sie aus ihren eigenen Kontexten kennen. Doch die These von der provokativen Intention kann das Phänomen GETO BOYS nicht restlos erklären. Nur zu gerne beschränkt sich die deutsche HipHop-Rezeption auf eine verständnistriefende Interpretation des Gangsta Raps als eine in aufrüttelnder Absicht abgefaßte

»Ghettoliteratur«. Was aber, wenn die GETO BOYS nicht simulieren, sondern genauso denken und handeln, wie sie rappen? Wenn sie, mit anderen Worten, eine Vergewaltigung beschreiben, weil sie sexuelle Gewalt für völlig legitim halten? Wenn also der Musikjournalismus ganz umsonst in den rätselhaften Tiefen der afroamerikanischen »oral history« nach Antworten sucht, weil ihm die »naheliegenden« einfach nicht passen? Etwa die, daß dort, wo die Lebensbedingungen hart und die Perspektiven deprimierend sind, Menschen, je nachdem, fromm, links oder kriminell werden. Wenn die GETO BOYS in dem Titel »Mind Of A Lunatic« detailliert die einzelnen Phasen einer Vergewaltigung schildern, betreiben sie keine verschlüsselte Gesellschaftskritik und wollen auch keinen Beitrag zu Baudrillards Theorie der »Transparenz des Bösen« leisten, sondern sie idealisieren schlicht sexuelle Gewalt. Die GETO BOYS entwickeln das Gemeinschaftsgefühl einer Familie, halten sich gleichzeitig an jenen schadlos, die sie glauben treten zu können, und reproduzieren so die Verhältnisse, die sie nur in Nebensätzen benennen können.

Die Brutalisierung der Sprache im amerikanischen (nicht im britischen) HipHop spiegelt die Brutalisierung des Alltags in den »schwarzen« Vierteln. Die Rapper, die sich da als die letzten chauvinistischen Idole präsentieren und damit so gut in den weltweiten Trend einer Renaissance »männlicher« Werte passen, sind nicht die Botschafter einer neuen libertären Sexualität, deren privilegierte Zügellosigkeit verbotene kollektive Wünsche auf sich ziehen könnte. Ihre sexistischen Beschwörungsformeln sind vielmehr Teil des neokonservativen Rollbacks gegen den sexuellen Pluralismus.

Im europäischen und amerikanischen Rock existierte als verdünnter und oft dümmlicher Nachklang der Studentenbewegungen noch die Vorstellungen von der aufklärerischen, antitraditionalistischen Provokation. Der rabiate Gestus vieler Rapper, vor allem ihr aufgeblasener Männlichkeitskult, hat auch damit nichts zu tun. Ihnen geht es

nicht darum, durch gezielten Tabu-Bruch die Doppelmoral
von Spießern bloßzustellen. In den Bekenntnissen vieler
HipHopper (und auch in der Dramatik vieler HipHop-
Konzerte) schwingt heute ein stillschweigendes Einver-
ständnis mit jenen Hierarchien und autoritären Wertevor-
stellungen mit, deren Kritik im Grunde der Ausgangspunkt
jedweder Rebellion sein müßte. Auch die Kritik am Rassismus bleibt letztlich hohl, wenn ihr der individuelle Ausgangspunkt fehlt. Da gibt es den jungen Muslim, der in der
Koranschule schwer geprügelt wurde, die Afroamerikane-
rin, die keine Berufsausbildung hat, weil die Eltern sie nur
verheiraten wollten, den jungen Mann, der vom angepaßten
Vater Schläge bezieht, wenn er sich mit der rassistischen Polizei anlegt. Wo die antiautoritäre Auflehnung gegen reaktionäre Traditionen und das Philistertum ausbleibt und einer abstrakten Solidarität mit der »Community« geopfert
wird, verkommt die politische Parole zum Einverstanden-
Sein mit jenen Strukturen, die den Rassismus hervorbringen. Es läßt sich nun mal nicht erfolgreich gegen rassistisch
begründete Ausgrenzung angehen, wenn man selbst andere kleinhält oder kleinhalten möchte. Nicht nur der
»schwarze« Zuhälter reproduziert die Logik eines Systems,
das ihn ins Ghetto abdrängte.
  Sexualität und Herrschaft fallen in den Slackness-Tex-
ten des Rap in der Regel ohne weitere Zwischentöne und
ohne den Versuch einer Reflexion zusammen. Während im
Ghetto »Nutte« und »Frau« zu Synonymen werden, disku-
tiert man anderswo nach den Regeln der political correct-
ness die feministische Kritik, werden an amerikanischen
Universitäten Sexismen in Sprache, Gestik und Lehrbü-
chern penibel aufgespürt und in einer leidenschaftlichen
hate speech-Kontroverse erörtert, wie man verbale frauen-
und schwulenfeindliche sowie rassistische Attacken unterdrücken kann, ohne den Staat anzurufen und ohne einen
unpolitischen Benimmkodex zu befördern, der über die
schlechten Realitäten nur hinwegtäuscht.

Die Sprache des Rap polarisiert hemmungslos und ohne jeden aufklärerischen Unterton. »A Bitch Is A Bitch« (Ice Cube). Der Tonfall von Zuhältern und Pushern ist ja gerade deshalb besonders widerlich, weil er in einem Aktionsfeld gedeiht, wo Macht nicht gefestigt, sondern latent instabil ist. Die Menschenverachtung des Pimps wird von seiner eigenen Gehetztheit auf die Spitze getrieben. Die Ordnung im Zuhältermilieu transformiert die Prinzipien bürgerlicher Herrschaft in unmittelbare Gangsterherrschaft und setzt doch die bürgerliche fort. Die Ankündigung: »Ich habe eine 38er im Ärmel, die in den Krieg ziehen will« (NWA) hat nichts mit antistaatlicher Rebellion zu tun, sondern mit dem Willen zur Durchsetzung in den vorgefundenen Verhältnissen. Es ist wie in der Detroiter Trilogie von Donald Goines, wo sich der »schwarze« Gangster Prince der Rhetorik des Aufstandes bedient, um seine kriminellen Ziele durchzusetzen.

»Das Ghetto ist zum modernen Äquivalent jener archaischen Gesellschaftsstrukturen geworden, die anthropologisch zur Bildung einer männlichen Kriegerklasse führten. Wie damals wird auch heute die Stellung des einzelnen innerhalb der Kriegerkaste durch physischen Kampf und sexuelle Eroberungen entschieden. Durch die staatliche Sozialhilfe für alleinerziehende Mütter muß der Ghettokrieger nicht mehr für den Erhalt der Familie sorgen.«

Worte des erzkonservativen Politologie-Professors James Q. Williams von der Universität von Los Angeles.

Williams hat hier in erster Linie einen ideologischen Überbau zu den kommunalen Kostendämpfungsprogrammen formuliert, die sich seit 1980 nicht zuletzt gegen die als »welfare queens« diskriminierten Frauen richten.

Die Vorstellungen davon, was ein »richtiger« Mann leisten muß, sind weltweit ziemlich einheitlich. Je härter allerdings die Umweltbedingungen sind, um so nachdrücklicher werden Männlichkeitsideale als Inspiration und Ziel betont. Müßten die Ghettokrieger auch noch die von ihnen geschwängerten Frauen unterstützen, so würde der Männlich-keitskult noch aberwitzigere Blüten treiben: Drive-By-Shootings ums Kindergeld sozusagen.

David Toop

Mit »Rap Attack« hat David Toop das Standardwerk über die Geschichte des HipHop geschrieben. In dem folgenden Auszug skizziert Toop die HipHop-Landschaft Ende der achtziger Jahre und feiert Public Enemy *als richtungswei-senden Act. Dabei blickt Toop auch auf die frühen Zeiten des Electro-Rap zurück und beschreibt gleichzeitig Leben und Sterben im Los Angeles der Gangsta-Rapper. Im Gegensatz zu Jacob beschreibt Toop die Ikonografie des Gangsta-Rap als offenen Text, der verschiedene Lesarten zuläßt.*

Bring the Noise
Gangster, Moslems und Politiker

1990 erschien ein Bericht im *New England Journal Of Medicine*, aus dem hervorging, daß ein schwarzer Mann heute in Harlem eine geringere Chance hat, sein 65stes Le-bensjahr zu erreichen als ein Mann aus Bangladesh. Louis Sullivan, Gesundheits- und Sozialminister, stellte fest: »Ich glaube, es ist keine Übertreibung zu sagen, daß der junge, schwarze, amerikanische Mann eine bedrohte Spezies ist.«

Die Spannung läßt sich in manchen amerikanischen Städ-ten mit Händen greifen. Man kann diese Intensität in Southcentral L. A., Overtown Miami, Cabrini Green in Chicago, Nord-Philadelphia, Südost-Washington, D. C. und diversen Gegenden von New York City und Detroit spüren, aber wenn man die Wahl hat, macht man sich dünne. Diejenigen, die diese Wahl nicht haben, die gefährdete Spezies, hören sich derweil nicht New Age Musik an, um sich zu beruhigen, sondern Ice Cube und PUBLIC ENEMY. Sie brauchen Raps über das Leben auf der Straße, schwarzen Stolz und Schußwaffen. Sie haben eine an Paranoia grenzende Angst, daß Frauen es nur auf ihr Geld abgesehen haben. Sie wollen eine Musik, die dicht, unordentlich, scharf, diskontinuierlich, halluzinogen, hypnotisch, in ständiger Bewegung ist und einer Unruhe aus Schreien, Kreischen und dem Schlachtruf: »Fuck The Police« besteht.

Innerhalb dieser Musik mischen sich Bruchstücke einer gesetzteren Vergangenheit (ein Geräuschmuseum mit digitalen Samples von alten Singles) mit einer zerfetzten Zukunft. Schoolly D hat sie B-Filme genannt. Diese Nummern auf den 12inches – auch dieses Format ist eine bedrohte Spezies: CDs und Tapes greifen von beiden Seiten an –, die aus dicken Schichten bestehen, fast nur noch archäologisch wahrnehmbaren Ecken und Krusten von Ideen und musikalischen Entwicklungen, die sich zu kleinen, pulsierenden, pochenden Kapseln von gewalttätiger Energie verdichten.

Immer wieder muß die Rap-Bewegung sich anhören, ihre Musik sei amoralisch in ihrem Feiern des Verbrechens, der Schußwaffen, in ihrer Frauenfeindlichkeit, Aggressivität und in ihrem Lärm. Dabei hat sich die Umgebung, aus der Rap entsteht ins Extreme und Surreale gewandelt: ihr Verfall, ihr Desinteresse an menschlicher Würde und menschlichem Leben. Sogenannte Mole People (Maulwurf-Menschen) leben in den Tunneln der nicht mehr benutzten Eisenbahn in Manhattan wie in Jack Womacks Science Fiction Roman *Ambient*, und manch großstädtischer Bezirk sieht wesentlich schlimmer aus als das Chaos der Filme, die nach der Apokalypse spielen. Mike Davis schrieb in seiner schillernden Studie über Los Angeles *City Of Quartz*: »Die Pop-Apokalypsen und blutigen Science-Fiction-Szenarios aus Hollywood waren äußerst realistisch und politisch in ihrer Darstellung der programmierten Verschärfung der städtischen Oberfläche unter den Bedingungen der gesellschaftlichen Polarisierungen der Reagan-Ära. Die Bilder von Innenstädten als Gefängnissen (*Die Klapperschlange*, *Running Man*), der Polizei als hochtechnisierter Todesschwadron (*Blade Runner*), fühlenden Gebäuden (*Stirb Langsam*), städtischen Bantu-Gebieten (*They Live!*) und Straßenkämpfen nach Vietnam-Vorbild (*Colors*) führen nur ein wenig weiter, was überall an existierenden Trends zu beobachten ist.« Die vierte Welt der amerikanischen Städte hat aus Science-Fiction Science-Fakten werden lassen. Was zu einer Beantwortung von Vernon Reids Frage führt, warum es keine Schwarzen in Science-Fiction-Filmen gibt.

Kinder tragen automatische Waffen, etwa Uzis, und verkaufen Crack auf der Straße. Babies werden mit Aids geboren und Teenager erschossen, um ihnen ihre Schuhe wegzunehmen. Musik ist vielleicht sehr mächtig, aber keine Musik ist stark genug, diesen sozialen Verfall zu verursachen. Raps sind Fiktionen und ob diese Fiktionen ihre Grundlage in der Wirklichkeit haben oder in überladenen Einbildungen – die Welt, die sie widerspiegeln, gerät sehr schnell außer Kontrolle, so schnell, daß man selbst mit einer Rap-Platte nicht mehr auskommt, wenn man sich darin zurechtfinden will. Um PUBLIC ENEMY zu zitieren: »Black to the bone my home is your home, so welcome to the Terrordome« [Schwarz bis auf die Knochen, meine Heimat ist deine Heimat, willkommen im Schreckenspalast].

Die brutalste Musik der mittleren 80er stammte von Schoolly D und DJ Code Money. Auf »I Don't Like Rock 'n' Roll« meint er: »Rock 'n' Roll livin' is uh thing of the past so all you long haired faggots can kiss my ass« [Das Rock 'n' Roll-Leben ist eine Sache der Vergangenheit und die ganzen langhaarigen Rock-Schwuchteln können mich mal]. Seine erste LP hatte keinen Titel und kam auf Schoolly-D-Records heraus, deren Telefonnummer prakti-

scherweise auf das Label geschrieben war. Darauf fanden
sich all die Arm/Reich-Gegensätze des schwarzen Straßen-
lebens, die sich anschickten, die Zeitungen der späten 80er
zu füllen, als in Washington DC die Mordquote auf Einen-
alle-16-Stunden stieg und die Drogenhändler sich goldbe-
schlagene Radkappen an ihre Autos anpassen ließen. Einerseits Zeilen wie »Put Your Filas On« und »Gucci Time«,
andrerseits »Sucker ass nigger I shoot you dead«. Glamour
oder Schnauze voll? Genau wie die Einwohner von Beverly
Hills und das Personal von Jackie-Collins-Romanen, fingen
nun auch die schwarzen Homeboys an, Markennamen wie
»Gucci« mit Abstrakta wie »Zeit« zusammenzubringen.
Wie alle anderen genossen auch sie das Ineinanderblenden
von Phantasie und Realität.

Man war sich allgemein nicht sicher, ob Schoolly D wirklich so hart drauf war, wie er tat oder ob er vielleicht eher
die musikalische Entsprechung zu einem Kriminalautor der
harten Schule darstellte. Alles an der Machart und Präsentation seiner Platten verriet einen feinen Sinn für Ironie.
Hätte man diese abgezogen, wäre seine Musik vor allem
grimmig, schwerfällig und nihilistisch gewesen, überflutet von stotternd zusammenkrachenden Becken, tranigen
Trommeln und Schoollys scheinbar gefühllos unbewegten
Reden. Der Extremismus dieser Musik machte sie natürlich
aufregend. Nachdem dann Schoolly jedem, der es hören
wollte, gesteckt hatte, er sei einst ein Mitglied einer Gang
namens P. S. K. (= Parkside Killers) gewesen, scheiterte er
daran, seinem selbst gefertigten asozialen Image zu entsprechen.

Mike D von den Beastie Boys bringt die allgemeine Be-
stürzung zum Ausdruck: »Ich war enttäuscht von Schoolly
D. Ich hätte so gern gehabt, daß er wirklich abgedreht ist,
nicht im selben Flugzeug sitzt wie der Rest der Menschheit.
Eben ein Typ mit einem violetten Isaac-Hayes-*Shaft*-An-
zug und einem wirklich großen Kragen, aber Fehlanzeige:
er ist ein echt netter Kerl« (aus *Hip-Hop* von Nick Smash).

Ein ähnliches Gefühl konnte man auch bei den BEASTIE BOYS selbst empfinden.

Nach einem wenig versprechenden Anfang mit »Egg Raid On Mojo« und »Cookie Puss« wurden die BEASTIE BOYS Pop-Stars. Es half dabei, daß sie weiß waren. Rap zog immer mehr weiße Jugendliche an und brachte ihnen schwarze Musik nahe. Seine Heftigkeit, seine Propaganda für einen exklusiven, wenn auch nicht gehobenen Lebensstil erreichte sie mehr und mehr. Bob Sipchen, ein Autor der *Los Angeles Times*, legt es so dar: »In der letzten Zeit haben junge Leute, die absolut nicht in der Gefahr sind, sich einer Gang anzuschließen, angefangen, das Benehmen von Gangs zu imitieren. Das mag, wie Sozialarbeiter vermuten, mit dem Film *Colors* zu tun haben und seiner deutlichen Darstellung des Lebens von Innenstadt-Gangs. Ein anderer Grund aber, so sagen sie, sei die wachsende Popularität von Rap-Musik« (*Los Angeles Times, Call Of The Wild*, 25. Juni 1989). Diese »jungen Leute« sind die weißen Söhne der wohlhabenden Bürger von Agoura Hills und Westlake Village, die ihr gutes Geld dafür ausgeben, Bloods und Crips gar nicht erst in ihre Gegend kommen zu lassen. Über die Mode, genau wie die Drogenhändler in den Gangs, Piepser mit sich herumzuschleppen, meint der Hilfssheriff von L. A. County, John Cater: »Die werden doch nur angepiepst, wenn ihre Mutter sie zum Abendessen ruft.«

Dennoch war das eine Herausforderung der Apartheid auf musikalischem Gebiet und auf dem der Haltungen, wenn nicht sogar auf geographischem. Die BEASTIE BOYS waren mehr als irgend jemand anderes Vorreiter dieser Herausforderung gewesen. Michael Diamond (Mike D), Adam Yauch (MCA) und Adam Horowitz (AdRock) wuchsen in New York auf. Ihre Eltern waren u. a. Innenarchitekten, Architekten, Schulleiter und Theaterautor (Israel Horowitz), sie waren beileibe keine Ghetto-Kids, noch konnte man sie mit den Rappern aus Hollis, Queens, RUN-D.M.C. und L. L. Cool J, vergleichen. Sie waren kleine Bohemiens,

die getürkte Gangster-Musik machten, die so kalkuliert an-
stößig war, daß jeder liberale Wert und jeder rechtsradikale
Horror sich angegriffen fühlen mußte. [...]

Viele der Rock/Dance-Kreuzungen der frühen 90er lassen sich auf die Einflüsse von Def Jam und RUN-D. M. C.
zurückführen. Innerhalb der großen Plattenfirmen wurden
die schwarzen Künstler als Tanzmusiker oder R & B geführt, während die weißen im Prinzip machen konnten, was
sie wollten. In den späten 80ern begannen sich diese Kategorien aufzulösen. Und auch, wenn davon eher weiße Rapper und Tanzmusik-Combos profitiert haben als schwarze
Rockbands, war der Trend dennoch insgesamt eher eine positive Erscheinung. [...]

Daß Rap 1987 eine zentrale Richtung fehlte, war vermutlich unvermeidbar gewesen. Texte, die sich in endlosen
Selbstbeweihräucherungen oder Beschimpfungen anderer
verloren, wie Just-Ices schreckliches »Cold Gettin' Dumb«
(»So try to convince me to believe of all your stupid non-
sense« – Na, dann versuch mich doch mal von all deinem
dummen Unsinn zu überzeugen) oder die endlose Parade
der Antwort-Platten, wie sie von »Roxanne Roxanne« in
Gang gesetzt worden war, entsprachen nur zu sehr Barry
Michael Coopers Beschreibungen von der Klaustrophobie
einer Generation. Die Beleidigungen und Beschimpfungen
streckten sich wie ein langer dunkler Tunnel und verhinderten jede kreative, sprachliche Entwicklung, verhinderten
den Blick auf die größeren Zusammenhänge, in denen Rap
spielte.

Jenseits der inneren musikalischen Entwicklungen war
das Rap-Publikum aber auch gewachsen und hatte sich auf-
gesplittert. Es gab jetzt diverse lokale Varianten, nicht nur
in den Städten des Nordens, sondern auch in den sonnigen
Regionen von Miami und Los Angeles; die meisten waren
eher von RUN-D. M. C. als von den Innovatoren der Old
School beeinflußt worden. Aber auch die afro-amerikanischen und die hispano-amerikanischen Fans hatten sich ge-

spalten. Die Hispanics blieben dem alten Electro-Sound von *Planet Rock* treu, dem sie etwas Latin Percussion und Teenager-Romantik hinzufügten. Sie interessierten sich nun mehr für junge Sängerinnen und zeitweilig hatten Girl Groups wie EXPOSE oder THE COVER GIRLS Hits mit Mischungen aus HipHop, Pop, Disco und Salsa. Die Elektro-Epoche des HipHop trug auch zur Geburt des neuen House Sounds bei, der in Chicago entstand, und an dessen Wiege New Yorker Tracks wie »Set It Off« von STRAFE standen. Ähnliches gilt für die Techno-Musik aus Detroit und den Einfluß von CYBOTRON und für die Miami Bass Musik und MAGGATRON. Mit anderen Worten: es gab jetzt Pop-Rap, Hardcore-Rap, Reggae-Rap, Soul-Rap, schwarzen Rap, weißen Rap, regionalen Rap, multinationalen Rap, Latin HipHop und die diversen Mutationen von Disco. Der Markt hatte sich aufgespalten und der Rap vorübergehend die Orientierung verloren: sei es nun die Suche nach einer Marktnische, der Versuch der Verbindung, des Crossover in dem von RUN-D. M. C. geöffneten Feld, sei es die Rückkehr in den Underground, um sich ernsthafterer Dinge anzunehmen und die Süßstoffe aus der Küche zu verbannen. [...]

Die Gruppe, die Rap 1987 eine Richtung und Orientierung zurückgab, war PUBLIC ENEMY. Sie boten eine Vision an, die viel weiter ging als irgendwelche Ambitionen innerhalb der Musikindustrie. Ihre LP *Yo! Bum Rush The Show* erschien zwar wieder auf Def Jam, wurde aber von einem Team zusammengestellt, zu dem Bill Stephney, Hank Shocklee, Chuck D und Eric »Vietnam« Sadler gehörten und kein Rick Rubin. Stephney und Shocklee und ein Design- und Kommunikationswissenschafts-Student namens Carlton Ridenhour (Chuck D) begegneten einander an der Adelphi-Universität in Long Island, wo sie ihre Talente zusammenschmissen, um eine Rap-Gruppe in die Welt zu setzen, die die sie umgebenden Alpträume aus Materialismus und richtungsloser Feindseligkeit durch Agitation und Propaganda zu einem Funky Beat verschmelzen sollte.

In einer Zeit als die anderen Rapper unter dem Gewicht ihrer Goldketten schon gebückt gingen, setzten PUBLIC ENEMY dem Trend einfache und billige Kleidung entgegen. Was die Gruppe vom Rest der Szene unterschied, war die Militanz in Image wie in ihren Botschaften, verbunden mit einem wilden, dicht und voll beladenen Sound, dominiert von bewegten Beats und geloopten, digitalen Samples von 70er Jahre Funk, Rock-Riffs und archaischem Synthesizer-Quietschen. In dem Bandnamen PUBLIC ENEMY verband sich eine Reverenz an James Browns Anti-Heroin Song »Public Enemy #1« und die Vorstellung von jungen Schwarzen als Staatsfeinden, die sich im Fadenkreuz der Präzisionswaffen befinden.

Manchmal sah es so aus, als könnte aus dem Image der Band unangenehme Wirklichkeit werden. Im Jahre 1989 wurden die beiden Rapper Chuck D. und Flavor Flav, DJ Terminator X und der inzwischen gefeuerte, so genannte Informationsminister Professor Griff von Protesten jüdischer Organisationen überschüttet, von panischen Großhändlern gewarnt, sie würden sich weigern, PUBLIC ENEMY-Material auszuliefern, von CBS zensiert und sogar mit dem Tod bedroht und einmal von einem Heckenschützen angegriffen. Dem Szenario war ein Interview mit der *Washington Times* vorangegangen, in dem Griff die Juden für die Mehrzahl der Übel dieser Welt verantwortlich macht. Nachdem er wegen dieses Interviews schließlich gefeuert wurde, erzählt er seine Version von der Entstehung der Gruppe:

»Chuck und Flav machten ein College-Radioprogramm auf WBAU, wo der Mann von der Straße sein Tape einschicken konnte, das dann auch gespielt wurde. Auf diese Weise waren sie in der Lage, junge Talente zu begutachten. Die Idee zu PUBLIC ENEMY kam von Hank Shocklee. Sie wollten etwas grundsätzlich anderes in der Musikindustrie veranstalten. Er war mein Partner. Wir hatten eine mobile DJ-Ausrüstung, mit der wir umherzogen und in Clubs, bei

Parties, Banketten und Bar Mitzvahs auftraten, in Schulen und bei Block Parties, in Roosevelt, Hampstead, Freeport, Long Island. Wir nannten uns Strong Island. Hank und ich waren Partner und Chuck und Flav waren Partner. Terminator war ein DJ aus der Gegend. Wie ich schon sagte, kam die Idee für PUBLIC ENEMY von Hank und Chuck. Man hatte Chuck einen Deal mit Def Jam angeboten, den er zweimal abgelehnt hatte, weil er keine »Hier-komm-ich«-Platten machen wollte. Ich schätze ihn dafür. Als wir uns auf ein Konzept einigten, meinte er, das Konzept werde länger halten als die Individuen, die daran beteiligt waren. Und das scheint sich zu bewahrheiten, denn PUBLIC ENEMY ist größer als Griff. Verstehst du, auch größer als Chuck. Mittlerweile ist es eine Institution der Black Community.«

Auf der einen Seite regten PUBLIC ENEMY eine neue Welle von schwarzem Nationalismus und Afrozentrismus an, zum anderen stürzte die Gruppe aber auch viele Beobachter (schwarzer, weißer und anderer Hautfarben) in tiefe Abgründe der Verwirrung, Unsicherheit und Ablehnung: manches entstand bei der mikroskopischen Exegese von Chucks Texten, manches aus dem offensichtlichen Antisemitismus von Griff, manches war eine Reaktion auf die Wiederbelebung des Black-Panther-Stils, den die Gruppe betrieb, mit allem was dazugehört: Barette, Tarnanzüge und militärische Exerzierschritte auf der Bühne, die die sogenannte Security of The First World aufführte.

Waren Stücke wie »Miuzi Weighs a Ton« gewaltverherrlichend, war »Sophisticated Bitch« frauenfeindlich? Wenn man sie aus dem Zusammenhang riß, konnten viele PUBLIC ENEMY-Raps als Beweis für innere Widersprüche gewertet werden, aber diese entstanden nicht aus Inkohärenz, sondern aus dem Flirt mit gefährlichen Nebenbedeutungen. Man kann auch ihre Musik auf verschiedene Weise anschneiden. Die dröhnenden Loops, die Schreie und Wortfetzen der zweiten LP *It Takes A Nation Of Millions To Hold Us Back* brachten die Kunst des Rap auf ein Niveau,

das im gleichen Maße abschreckend wie verführerisch war.
Das Gewebe aus Lärm, vieldeutigen labyrinthischen Bild-
welten war unbarmherzig. Ständige Bewegung, Sirenen,
Slang, immer an der Grenze des Surrealen, Wut, Verwirrt-
heit und Paranoia, rückwärts laufende Tapes und hohe,
kreischende Altsaxophone, Bruchstücke von Platten der
METERS, James Brown, der JBs, KOOL AND THE GANG und
was sonst das Funk-Archiv zu bieten hatte; Party-Konver-
sation und revolutionäre Rhetorik wurden zu einem ver-
wickelten Sound-Netz verwoben, dessen Absicht darin bestand, aufzurütteln, zu erziehen, aufzuwecken, mit Energie
zu versorgen, kathartische Effekte zu erzielen oder einfach
nur zu sprechen.

Wer weiß schon, wovon Flavor Flav redet: »Live lyrics
from the bank of reality, I kick da flyest dope manouver
technicality, To a dope track, yo wanna hike git out ya
backpack, Um in my Flav-mobile cole lampin, I took dis G
upstate cole campin, to a poke-a-nose, we call da hide-a-
ways, A pack of franks and a big bag of frito lays.« Etwa
dieselben Zeilen tauchen wieder auf, als Chuck D und Fla-
vour Flav als Gäste bei George Clintons »Tweakin« auftreten. »Hey yo Chuck!« sagt Flav: »They don't know what
I'm sayin, you know what I'm saying.« Eine Transkription
wäre vielleicht möglich, aber wie Chuck D gemeinsam mit
»Media Assassin« und Griff-Nachfolger Harry Allen in
Spin schreibt: »Mir geht es auf den Nerv, daß viele Schwarze
und erst recht die weißen Liberalen so verdammt *schriftlich*
drauf sind, daß sie gar nicht mehr den Weg zur Praxis finden« (*Spin, Black II Black*, 10/90).

Dieses Thema kehrt wieder, nochmal auf »Tweakin«, wo
es heißt: »Remember the livin', Remember the dead, Speak-
in' in drum, Drummin' it into a tweak, drowning out the
voices in my head. Follow follow, (do you) follow follow«
[Gedenke der Lebenden, gedenke der Toten, rede in Trommeln, trommel bis es zwickt, trockne die Stimmen in meinem Kopf aus. Folgen, folgen (kannst du) folgen, folgen].

PUBLIC ENEMY machen eine Musik, die wie solche Stimmen im Kopf ist, vielfache Persönlichkeiten, die nicht verschmelzen, werden Sprache, die sich nicht beruhigt, ein schreiender Wahnsinn. [...]

Als William Burroughs 1964 in *Nova Express* über seinen Charakter Subliminal Kid schrieb, er bringe »Straßenlärm, -Gerede, -Musik zurück und überschütte damit seine Phalanx von Aufnahmegeräten, um Wellen und Wirbel und Tornados von Klang und Geräusch durch alle Straßen und bis an die Flüsse der Sprache zu jagen – Wortstaub trieb durch Straßen zerbrochener Musik, Autohupen und Preßlufthämmer. Das Wort, zerbrochen, zerstampft, zerbarst in Rauch ...« mag er etwas in seinem Inneren gehört haben, das wie PUBLIC ENEMYS *Fear Of A Black Planet*, Ice Cubes *AmeriKKKa's Most Wanted* oder sogar die ANTHRAX/Chuck D.-Trash-Metal-Version von »Bring The Noise« klang. Burroughs sah eine Zukunft voraus, in der sich Bilder verbreiteten und vervielfältigten wie Viren, sich Sprachen mischten, Bilder von der Wirklichkeit mit der Wirklichkeit verschmolzen, während die Spaltungen eskalierten, die die Propaganda und die Gegen-Propaganda in die Welt setzten.

Als ein Phänomen von Propaganda-Rückkoppelung waren N. W. A. unschlagbar. Hier waren Leute aus Compton, einem Viertel von L. A., die die Meinung vertraten, daß in den späten 80ern Vietnam auf den Straßen von Los Angeles ausgetragen wird, um dann dem Rest von Amerika via gewalttätiger, atmosphärischer Berichterstattung zurückgeschickt zu werden. »Wir sind wie Reporter«, hat Ice Cube gesagt, und die erste Platte, die Rapper Eazy-E und Produzent Dr. Dre 1986 auf Ruthless rausbrachten, war wie ein Boulevard-Blatt, das man durch einen Reißwolf gejagt hatte. Die zerhackten Vignetten aus dem Leben der Gangster und Vergewaltiger auf ihrer ersten Single »Boyz-N-The-Hood« schwammen auf der Welle, die Schoolly D ausgelöst hatte: »Take him up the street to call a truce, the silly motherfucker pulls out a deuce deuce, little did he know I

had a loaded twelve gauge, one sucker dead L. A. Times
front page« [Bringe ihn auf die Straße, um einen Waffen-
stillstand zu vereinbaren, da zieht der Idiot eine 22er, der
wußte aber nicht, daß ich eine geladene 12er dabei hatte.
Wieder ein toter Trottel, Titelseite für die L. A. Times]. [. . .]

Die moralistische Panik, die N. W. A. entzündeten, mag
auch damit zu tun haben, daß es nun möglich war, daß
große Mengen von Teenagern sich Platten anhörten, die von
einer kleinen unabhängigen schwarzen Firma rausgebracht
wurden, ohne daß Plattenindustrie oder Radio daran mitgewirkt hatten. Am Anfang waren N. W. A. ein Underground-
und Mundpropaganda-Erfolg. Die LP *Straight Outta
Compton* wurde nach sechs Wochen vergoldet, aber nicht
durch den Einsatz des ängstlichen schwarzen Radios noch
durch MTVs Zensur. Unvermeidlich aber, daß die ganze
Auseinandersetzung den Verkauf förderte und die allgemeine Ahnung von dem Zusammenhang zwischen Rap und
Gewalt anzuheben schien.

N. W. A. haben ein paar aufregende Platten gemacht.
Aber so wie man ihre kleinen autobiographischen Geschichten aus der Welt des Drogenhandels, Autodiebstahls
und Massen-Vergewaltigung glauben konnte, waren ihre
Beweggründe so söldnerhaft wie bei normalen Reportern.
Mit Rap konnte man mittlerweile eine hübsche Stange Geld
verdienen, was einem auch erlaubte, die Klischees von
Härte hinter sich zu lassen. Ruthless Records sammelten
hocherfreut alle Skandalberichte über N. W. A. und veröffentlichten derweil Platten des kokett-niedlichen Pop/Hip-
Hop-Frauentrios J. J. FAD.

N. W. A.s Stück »Fuck The Police« wurde gar von einem
Protestbrief durch Milt Aehrlich, dem Direktor der Öffent-
lichkeitsarbeit des F. B. I. beantwortet, der der Gruppe vor-
warf, »Gewalt und Respektlosigkeit gegenüber der Polizei«
zu fördern. Polizeireviere im ganzen Lande schickten sich
Faxe, um sich gegenseitig vor bevorstehenden Besuchen von
N. W. A. zu warnen. Doch auch hier half neue Technologie,

das von den Medien übertriebene Thema zurechtzurücken. Als ein Zufallsbeobachter, der seine neue Videokamera testete, filmte, wie vier weiße Polizisten den 25jährigen schwarzen Verkehrssünder Rodney King nach einer Verfolgungsjagd brutal verprügelten, wurden die Bilder wiederholt im Fernsehen gezeigt. Dagegen waren N. W. A.-Videos nun wirklich zahm. Für ihr nächstes Album, *Efil4zaggin*, mußten N. W. A. daher noch kontroverseres Material auffahren, was ihnen mit davoneilenden Verkaufszahlen gedankt wurde und in England zur Beschlagnahmung der gesamten Auflage führte. Zensur von Rap ist immer noch ein Thema.

Das talentierteste Mitglied der Gruppe, Ice Cube, verließ die Band nach finanziellen Unstimmigkeiten mit Manager Jerry Heller. Wenn man von seiner Solo-LP *AmeriKKKa's Most Wanted* ausgeht, geht seine Einschätzung der fernsehhaften Qualitäten des postmodernen Lebens wesentlich weiter als bei N. W. A. An der Ostküste und mit der Hilfe der Bomb Squad aus Long Island (Hank Shocklee, Keith Shocklee, Chuck D. und Eric »Vietnam« Sadler) produzierte er eine LP voller Spannung und Intensität, eine Art *Naked City* der 90er: Tapes mit Radio-DJs, die sich weigern, Rap zu spielen, weißen Rassisten, die pöbeln: »Du Goldzähne und Goldketten tragender Hühner- und Biskuit-Fresser«, Polizei-Razzien, Höreranrufe, Nachrichtensprecher, Drive-By-Shootings, Fetzen aus *Familie Feuerstein*, eine Kurzgeschichte über ein Treffen mit der Freundin in einem Crack-House, ein häßlicher Streit zwischen Mann und Frau, Songtitel wie »The Nigga Ya Love To Hate« und »Endangered Species (Tales From The Darkside)«. Manche Stücke verpuffen unerwartet in Explosionen oder wechseln die Musik, lösen sich in Rauschen auf, als säße Ice Cube auf der Couch mit der Fernbedienung. Dies war Fernseh-Musik, sowohl von der Boulevard-Präsentation von Nachrichten im Fernsehen geprägt wie von der ständigen Unterbrechung durch Werbeeinspielungen. [...]

Sicher, die Klischees bleiben erhalten, aber man sollte Ice-Ts Raps über Gangster, Zuhälter und Drogen nicht mit Ice-T dem Menschen verwechseln: ein artikulierter, geistreicher und ehrgeiziger Geschäftsmann. Einem Rap-Video-Magazin erzählte er: »Ich habe ein Telefon, Anrufbeantworter, Fernseher, Computer, Handgranaten – alles, was man zum Leben in Los Angeles braucht.«

Viele Hollywood-Geschäftsleute würden möglicherweise die Unverzichtbarkeit von Handgranaten leugnen, solange sie mit einem Vertrag viel mehr ausrichten können. Filme wie *Lethal Weapon* oder *Stirb Langsam* häufen sich und auch im Rap gibt es etwas, das die Zeitschrift *The Source* eine »musikalische Verbrechenswelle« nennt, wozu sie Too Short, Mob Style, Compton's Most Wanted, Kool G Rap & DJ Polo, King Tee, Poison Clan, Above The Law und als prominentestes Beispiel Boo-Yah T. R. I. B. E. nennen.

Los Angeles ist irreführend. Die Sonne scheint, und vor der Dämmerung können die Schlachtfelder aussehen wie der Traum von der amerikanischen Vorstadt. In Carson, einem ruhigen, von Compton durch den Artesia Freeway abgetrennten Viertel, lebt der furchteinflößende samoanische Funk/Rap-Clan Boo-Yah T. R. I. B. E. und ihr Keller ist voller Waffen, ihr Alltag fast ein einziger Alarm-Zustand. Fast alle von ihnen gehörten Gangs an, ihre Raps sind in einer Hardcore-Gefängnis-Sprache geschrieben, in denen Freude und Genuß, Identität und Stärke in Metaphern des Todes, der Gewalt, Einkerkerung, Angst und Verletzung ausgedrückt werden.

Wie die Nebenbedeutungen, mit denen Public Enemy flirten, sind auch diese Bilder häufig fehlgedeutet worden. »Wir können nicht einfach über Mädchen reden«, sagt eines der Boo-Yah T. R. I. B. E.-Mitglieder zu mir, als wir vor ihrem Haus sitzen und beobachten, wie die Dämmerung sich senkt und die Weihnachtsbeleuchtung Carson in ein Disneyland verwandelt. »Wir können nicht über glückliche

Dinge reden. Unser Leben war nie glücklich. Eigentlich war
es nur Enttäuschung. Wir haben auf der Schattenseite gelebt. Das ist verrückt. Wir wollen nicht, daß unsere Kinder
so leben wie wir.«

ULF POSCHARDT

Ulf Poschardt, Chefredakteur des SZ-Magazins, hat mit
»DJ Culture« eines der populärsten Bücher über das DJ-
Phänomen geschrieben. In »Word Up« beschreibt er die
schwarze Tradition des »Signifying« und ihre Bedeutung für
den Rap. Poschardt sieht im Gestus der Rap-Texte den Ver-
such, die Sprache von weißen Herrschaftsansprüchen zu be-
freien.

Word Up
Was kann die Sprache für den DJ?

»Word« ist im afroamerikanischen Slang eine Interjektion,
ein Aus- und Zwischenruf, der absolute Zustimmung ausdrücken soll. »Word« wird so zum Synonym von Wahrheit.
Im »word« steckt die Wahrheit. Die Zustimmung ist perfekt, wenn der andere beim Wort genommen wird und man
eben diesem Wort – gemeint ist: dieser Rede – zustimmen
kann. Wahrheit ereignet sich damit jedesmal aufs neue,
wenn der Ausruf »word« den Konsens zwischen den Kom-
munizierenden verkündet. Bei Hip-Hop-Konzerten sind
das Momente größter Einigkeit und Euphorie, wenn der DJ
rappt und im Publikum mit »word« oder »word up« zugestimmt wird.

Damit Sprache als Rede so konsens- und wahrheitsfähig
wird, müssen alle Hegemonien des Herrschaftsdiskurses

ausgeschaltet werden. Dieses Ausschalten ist Zentralmotiv afroamerikanischer Sprachkunst, die vorwiegend keine Schrift-, sondern eine Redekultur ist. [...]

Klassenkampf ist ein altes Wort und damit selbst ein ideologisches Zeichen, das fast untergegangen scheint. Heutzutage kann es nicht mehr unschuldig benutzt werden. Die Klassen bekämpfen sich noch, aber aus dem Klassenkampf sind kleine, partikularistische Scharmützel zwischen gesellschaftlichen Fraktionen und Minderheiten geworden. Sprache in der Popmusik, insbesondere im Rap, ist Produkt dieser Konflikte und muß auf die Spuren dieser Konflikte hin untersucht werden. »Real rap comes from the soul and the mind, from the inner self«, erklärte Chuck D. von PUBLIC ENEMY und meinte vor allem das Bewußtsein der schwarzen Minderheit in Amerika, die sich mit Rap in noch nie dagewesener Heftigkeit ins breite öffentliche Bewußtsein des weiß regierten Amerika einschrieb. Aufgrund der medialen Verbreitung von Rap-Musik gefährdeten die Raps auch die Sprachhoheit des weißen Amerika.

Ein Merkmal der Sprachgewalt durch die herrschende Klasse ist das Bemühen – so Volosinov –, »dem ideologischen Zeichen einen über den Klassen stehenden, ewigen Charakter zu verleihen, den in ihm stattfindenden Kampf der gesellschaftlichen Wertungen zu unterdrücken oder nach innen zu verlagern, es eindeutig zu machen«. Der schwarze Umgang mit Sprache ist von Anfang an bestrebt, diesen ewigen Charakter zu unterminieren und die Sprache zum Schwingen zu bringen. »Signifying« wird im Wörterbuch mit »Wortgeplänkel« übersetzt. Das schwarze »Signifying« versucht, Sprache aus der Eindeutigkeit der weißen Herrschaft zu reißen und die Wörter in einen neuen Kontext zu werfen, um zu sehen, was dann noch überlebt. Signifying ist Spiel und gleichzeitig Selbstsetzung, die über den Gewinn einer eigenen Sprache Selbstbewußtsein verschafft. Der Signifying Monkey ist eine »Folklorefigur« (Diederichsen) und taucht in einem Mythos auf, der die

Fremdheit des Schwarzen im weißen Sprachkörper »Englisch« repräsentiert. Der nachäffende Affe ignoriert mit Sprachverdrehungen, Wiederholungen und Spielereien die Bedeutung der Wörter und benutzt die Signifikanten der Wörter als Spielmaterial. Heraus kommt – so Diederichsen – eine Rede »der Fremdheit, Gespaltenheit und Zerrissenheit, deren Subjekte ›gerade nicht das meinen, was sie sagen‹.« Aus dieser Fremdheit heraus entwickelte sich eine rege Sprachkultur, die sich mit einer Form semantischer Dissidenz Unabhängigkeit und Eigenständigkeit sicherte. [...]

David Toop hat in *Rap Attack* eine Geschichte schwarzer Sprachverdrehung und Sprachschöpfung in der Popmusik nachgezeichnet. Hip-Hop führt diese Poesie der Straße und der Popmusik neu zusammen und bündelt sie zu neuer Kraft. Ohne ein echtes Verständnis dieser Sprachpraxis sind Mißverständnisse zwangsläufig. Ice-T führt die größten Fehlinterpretationen des Rap auf die Unverstehbarkeit des »shit talkin'« zurück. Rap ist die Kunst des Shit talkin'. Shit talkin' findet sich für Ice-T »in the ghetto talk and machismo, even in the basic body language«. Die Geschichte des Rap als Shit talkin' reiche von den Stagolee-Erzählungen bis zu den Schriften von H. Rap Brown, dem ehemaligen Justizminister der Black Panther. Zusammengefaßt sind diese Raps »nothing more than straight-up black bravado«. Als ein typisches Beispiel für diese machistische, heterosexuelle Prahlerei führt Ice-T den Spruch »I'll take my dick and wrap it around this room three times and fuck yo' mama« an. Daß der Mann sein Geschlechtsteil nicht dreimal um den Raum wickeln könne, läge ebenso auf der Hand wie die Tatsache, daß er nicht sonderlich daran interessiert sein kann, mit der Mutter des Angerappten Geschlechtsverkehr zu haben. Und doch spricht der Getto-Schwarze so. »It's a black thang. It's machismo. It doesn't mean anything.«

Gerade die feministische Kritik an den Raps verwundert Ice-T. Für ihn sind die Übertreibungen, und deren gibt es

im Hip-Hop unglaubliche, Hinweise darauf, daß sich das
Shit talkin' nicht mit der herkömmlichen (weißen) Art,
Sprache zu verwenden, deckt. Von Nicht-Getto-Bewoh-
nern, die die Referenzsemantik nicht kennen, muß das Shit
talkin' als Kunstsprache verstanden werden. Auf keinen
Fall darf sie im wörtlichen Sinne (des mit den Codes nicht
Vertrauten) ernst genommen werden.

Das Beharren auf den Bedeutungen, die in der herrschenden symbolischen Ordnung fixiert worden sind, bedeutet
beim »Lesen« und Verstehen afroamerikanischen Slangs
selbst einen imperialen Akt. Black-talk ist Sprache, die lebt
und eben nicht – auf schriftgeprägte Weise – fixiert ist. [...]
Die unmittelbare soziale Situation und das soziale Milieu
im weiteren Sinne bestimmen – sozusagen von innen – die
Struktur der Äußerung« (Volosinov). Und das ist genau die
Tatsache, die Ice-T meint, wenn er auf die Besonderheit des
Shit talkin' verweist. »Rapping is just something you pick
up growing up in the ghetto. I knew how to write rhymes,
because I used to recite rhymes for the gangs.«

Die Erwiderung auf die augenscheinlich frauenfeindlichen
Äußerungen rappender Männer kann nur von rappenden
Frauen kommen. Dann wird dem Machismo weibliche
Stärke entgegengesetzt. »Shit talkin' doesn't piss off ghetto
women, 'cause anything I can issue to a ghetto girl she's got
an answer for. They'll answer all the shit we talk with a ›Fuck
you, Ice‹. And that's it. They don't say ›You're sexist‹. They
respond with their own rap.« Alle anderen Bemerkungen
zum Shit talkin' geraten ungewollt selbst zum Shit talkin'.

Signifying ist das Arbeiten an der Sprache als lebendem
Organismus. Die Unterdrückung durch Sprache wird im
Spiel mit der Sprache relativiert. [...]

Schwarze Sprachbeherrschung richtet sich gegen die Sprache
der Herrschenden. PUBLIC ENEMY erklärten in »Fight the
Power« ihre Reime programmatisch zur Arena eines Min-
derheitenkampfes:

As the rhythm's designed to bounce
What count's is that the rhyme's
Designed to fill your mind
Now that you've realized the pride's arrived
We got to pump the stuff to make us tough
From the heart
It's a star, a work of art
To revolutionize, make a change, nothin' strange.

Sprache wird von beiden Seiten benutzt. Von den Herrschenden als Mittel des Herrschens, von den Unterdrückten als Mittel der Auflehnung. [...] Die überwiegende Mehrzahl der Rap-Reime ist Ausdruck einer sozialen Krise. Die Brechung des Seins im Wort ist im Rap zu einer Ästhetik geworden.

Signifying ist der Ausdruck der Lust an der Brechung. Der Gesellschaftsvertrag über die Einheit der Sprache und ihrer Benutzung wird in einem Akt schöpferischer Selbstsetzung aufgekündigt. Der schwarze Sprechakt versteht sich als autonom. Sprachgewalt ist wie physikalische Gewalt der Ursprung von Stolz. In einem der ersten Rap-Songs, »Rapper's Delight« von der SUGAR HILL GANG, wird dies deutlich:

So when the sucker M. C.s try to chump my style
I let them know that I'm versatile
I got style, finesse, and a little black book
That's filled with rhymes and I know you wonna look
But the thing that separates you from me
And that's called originality.

Die Brechung wird zum kreativen Akt und zum Ausdruck von Kreativität. Dadurch, daß die Rap-Reime in einem rhythmischen Kontext funktionieren müssen, entfernen sie sich noch weiter von den alten (Herrschafts-)Kontexten der Sprache. Die Sprache wird uneinheitlich heterogen und damit schwer beherrschbar. Burroughs betrachtete Sprache als einen außerirdischen Virus. Das Signifying dagegen sieht es als seine Aufgabe, die Sprache anzustecken mit Doppel- und Vieldeutigkeiten und Sprache als einheitliches Machtsystem zu schwächen. Dieser Einsatz der Sprache als Zerstörer von imperialen Eindeutigkeiten ist aber nur ein Übergangsstadium.

Die schwarze Sprachpoesie sucht nun nach einer neuen Einheit: einer einheitlichen Sprache schwarzer Macht. Rap ist Zeuge und Hauptaktivist dieses Übergangs vom Signifying zum Truthtelling, wie es sich die neue schwarze Geschichtsschreibung vorgenommen hat. KRS One ist Kopf der Hip-Hop-Band BOOGIE DOWN PRODUCTIONS und zusammen mit BAMBAATAA und PUBLIC ENEMY einer der Vordenker schwarzen Bewußtseins. Wie viele Rapper spürt auch er die Kraft, Wahrheiten auszusprechen:

> *So all the racist codes I'll decode, explode (. . .)*
> *My words are subliminal*
> *Sometimes metaphysical*
> *I teach, not preach (. . .)*
> *Rap needed a teacher, so I became it*
> *Rough and ready, the beats are very steady*
> *With lyrics sharp as a machete.*

KRS One versteht sich nicht nur als »rap missionary«, als »walking dictionary« oder als »truly legendary«, sondern als einen »black revolutionary«, der die intellektuelle Avantgarde des schwarzen Aufstandes verkörpert. Rap ist Kunst und Politik, die erste Front für den Umsturz ist die Sprache. Das Wahrsprechen soll als erster Schritt zu einer neuen Welt dienen.

ANDREW GOODWIN

Andrew Goodwin ist Redakteur von »Media, Culture & Society«, lehrt Medientheorie an der Universität von San Francisco und hat mit Simon Frith den Pop-Reader »On Record« herausgegeben. In »Sample and Hold« beschreibt er das Sampling als nur oberflächlich »postmodernes« Phänomen. Tatsächlich gehorche auch diese noch relativ neue Technik den alten Gesetzen der romantischen Ästhetik, da die beiden Instanzen der klassischen Moderne – Autor und Aura – alles Plündern und Zitieren überlebt hätten.

Sample and Hold
Popmusik im Zeitalter ihrer digitalen Reproduktion

> »Science-fiction und Nostalgie sind eins geworden.«
>
> T BONE BURNETT

Wer Ende 1987 den Stand der Popmusik resümiert, der wird allen Anhängern der Postmoderne und Verehrern Walter Benjamins verzeihen, daß sie sich gegenseitig beglückwünschen und fleißig die prophetische Weisheit dieser beiden Schulen wiederkäuen. Peter Wollen hat vor zwei Jahren im *Critical Quarterly* die Verbindung zwischen Postmoderne und Benjamin wie folgt beschrieben:

»Die von Benjamin aufgedeckten Entwicklungen setzen sich heutzutage in verstärktem Maße fort, schließlich hat das ›Zeitalter der elektronischen Reproduktion‹ das Benjaminsche ›Zeitalter der Reproduktion‹ verdrängt. Reproduktion, Pastiche und Zitat – eigenlich parasitäre Textelemente – avancieren zu konstitutiven Elementen der Textproduktion.«

Die digitale Technik scheint die Langlebigkeit der Benjaminschen Thesen zu unterstützen, sowohl in der Produktions- als auch in der Konsumptionssphäre. Der Einsatz digitaler Produktions- und Reproduktionsinstrumente in der heutigen Popmusik verleiht Benjamins These vom »Ende der Aura« neue Glaubwürdigkeit. Nach Benjamin hat das Originale eines Textes im Zeitalter der Massenproduktion seine Bedeutung verloren. Digitale Reproduktionsmechanismen entmystifizieren die »Aura« noch weiter, da nun *jeder Konsument* ein »Original« erstehen kann. Und dies ist wirklich etwas Neues: Die Massenproduktion der »Aura«.

Die technologische Entwicklung geht Hand in Hand (manchmal aber auch nur nebeneinander) mit der sich verändernden Haltung zur Pop-Geschichte. Musik vergangener Dekaden wird als »neu« veröffentlicht – in neuen medialen Formen wie Musikvideo und CD –, und so plündert Pop mit postmodernem Spaß seine eigenen Archive und feiert eine Orgie des Pastiche.

»Als würde man nochmals durch die 50er Jahre reisen«, mit diesem Spruch preist Mickey Mouse die neueste Disney-Attraktion »*Blast to the Past*« an. »*Shake, Rattle and Roll back the Years*«, so der Slogan, und weiter: »Im *Blast to the Past* wird die Welt von damals zur Welt von heute, Tag für Tag.« Das Interessante an diesem Werbespot ist, daß nur Teenager mit Mickey und Donald in die Vergangenheit reisen. Niemand, der sich tatsächlich an die 50er Jahre erinnern könnte, ist in Sicht – außer natürlich Mickey und Donald. Das Ganze wirkt in keinster Weise nostalgisch, sondern eher postmodern; ein Zeichen dafür, daß, sobald die Zukunft begonnen hat, die Pop-Teleologie zum Stillstand kommt. Selbst die Zukunftsvisionen versprechen keinen Fortschritt mehr. Genau wie Disneys einst futuristisches »Monorail« heutzutage wie die vergilbte Kopie eines Science-Fiction-Groschenheftes wirkt, so sehen die Rockbands im »Tomorrowland« mit ihren silbern glitzernden Space-Anzügen und ihren Elektro-Instrumenten aus wie eine komplett altmodische Version dessen, was man vor langer Zeit mal für die Pop-Zukunft gehalten hat.

Ich möchte in diesem Aufsatz darlegen, wie all die gloriose Technologie, die so oft im Mittelpunkt postmoderner Theorien steht, auch ganz unerwartete Resultate zeitigt. Ohne Zweifel ist der Sampler das »postmoderne« Musikinstrument schlechthin. Ich werde jedoch zeigen, daß sein Gebrauch und seine Bedeutung oft ästhetischen Schulen der Vergangenheit verhaftet bleibt.

Digitale Sampler sind relativ neue Computer, die jeden Sound digital speichern und ohne jeglichen Qualitätsverlust manipulieren und reproduzieren können. Die Kombination des Samplers mit dem Sequencer hat nicht nur alle Unterschiede zwischen Original und Kopie verwischt, sondern auch von Menschen gemachte und maschinell programmierte Musik ununterscheidbar gemacht. Auf beiden Ebenen – der Ebene der »Originalität« und der des »Gefühls« – stellt die digitale Technologie Kulturtheoretiker vor neue Interpretationsprobleme. Diese haben die Krise des Kreativen und des Authentischen ausgerufen – nicht nur wegen der Lust am »Stehlen«, sondern auch wegen der zunehmend automatisierten Produktionsmechanismen.

Diebstahl und *Automatisierung* stellen die grundsätzlich romantische Ästhetik der Popmusik in Frage. Seltsamerweise aber geht es bei der bisherigen kulturtheoretischen Debatte nie um die Musik selbst. Ich werde im folgenden versuchen, den Fokus auf dieses vernachlässigte Feld zu richten, indem ich untersuchen werde, wie die neuen Technologien Rhythmus und Timbre beeinflussen.

Das Auffälligste ist zunächst, daß computerproduzierte Musik – und auch Musik, die so *klingt*, als sei sie computerproduziert – uns nicht in die Gefilde des Elektro- oder Art-Pops geführt hat, sondern direkt auf die Tanzfläche – *dance music* ist das bedeutendste Produkt der neuen Technologie. Synthesizer, *drum machines* und digitale Sampler werden

weniger mit modernen Komponisten wie Brian Eno assoziiert, sondern eher mit den Genres des Dancefloor – Disco,
HipHop, Hi-NRG und House. Mit anderen Worten: Während Kulturtheoretiker wie Simon Frith die Trennung von
Technologie einerseits und »Gemeinschaft/Natur« andererseits diskutieren, haben sich Popmusiker und Fans mittlerweile daran gewöhnt, synthetische Sounds mit der *Natürlichkeit des tanzenden Körpers* und der *Gemeinschaftlich-
keit der Tanzfläche* zu kombinieren. Wir haben uns daran
gewöhnt, Computer mit *funkiness* gleichzusetzen.

Dies alles will Simon Frith's Thesen nicht grundsätzlich
in Frage stellen, da auch er weiß, daß Theorien über das Au-
thentische nur sehr schwer von der Literaturkritik auf die
Musikkritik übertragen werden können. Ich möchte hier
nur Frith's Argumente durch eine *musikologische* Kritik er-
gänzen. In Frage gestellt werden allerdings die Thesen der
Postmodernisten, deren Theorien über die Rolle der neuen
Technologien in der Postmoderne sich noch keiner empi-
rischen Analyse haben unterziehen müssen. Die ganzen
High-Tech-Hexereien à la *Blade Runner* oder Sigue Sigue
Sputnik sind tatsächlich nicht viel mehr als eine Fortsetzung der altbekannten Science-Fiction-Ikonographie (also
kein sonderlich postmodernes Phänomen). Der mittlerweile
routinierte Einsatz der neuen Technologien hingegen hat
sich grundsätzlich *naturalisiert* – durch Vertrautheit mit der
Aura und durch Pop-Ideologien, die sich jenseits der tech-
nologischen Infrastruktur herausgebildet haben (z. B. in der
Musikkritik und an Kunsthochschulen).

Die Innovationen auf der Produktionsebene haben dazu
geführt, daß alle immanenten Kriterien für eine Unterscheidung zwischen mensch- und computerproduzierter Musik
verschwunden sind. Natürlich geht damit auch eine Krise
des Autorentums einher. Aber diese Krise wurde meistens
nur in den Bereichen des Copyrights und des geistigen Ei-
gentums ausgefochten. Ich hingegen will mich auf die musikalischen Manifestationen konzentrieren.

Die Ununterscheidbarkeit zwischen mensch- und computerproduzierter Musik ist auf folgende vier Produktionsspezifika zurückzuführen.

(1) Die Möglichkeiten, Musik-Computer zu programmieren, werden zunehmend komplexer. Computer imitieren mittlerweile genau das, was »Realzeit«-Musiker sich über eine lange Zeit an Techniken angeeignet haben. Dazu gehören das elastische Positionieren des Beats (immer ein wenig *neben* der mathematisch exakten Position), um »Gefühl« zu implizieren. Außerdem: subtile Veränderungen von Lautstärke und Geschwindigkeit, um »lebensechte« Dynamik zu erzielen, und auch bewußte Tempowechsel, mit dem Ziel, das Beschleunigen und Verlangsamen so zu imitieren, wie es dem Menschen eigen ist. Chris Lowe von den PET SHOP BOYS prahlt damit, daß seine Tambourines »aus dem Takt« seien, obwohl er sie mit einem Computer und/oder einer *drum machine* programmiert hat. Mit anderen Worten: Der Musiker von heute ist eigentlich ein Techniker, der gelernt hat, seine »Instrumente« mit dem gleichen Können zu programmieren, welches sich Musiker früherer Generationen (bis zur Punk-Generation) angeeignet haben.

(2) Die heutigen Technologien erlauben es dem Musiker, innerhalb seines Computerprogramms zu »spielen« – dafür gibt es *drum pads* und Keyboards. Auf diese Weise registriert der Hörer feinste Abweichungen vom »perfekten« Timing; gleichzeitig aktiviert dieses »Spielen« digital gespeicherte Fetzen »echter« Sounds (Samples), die sich nicht vom Original unterscheiden. Das Resultat: Das Computerprogramm kann all die Informationen abrufen, die auch Bestandteil »echten« Spielens sind.

(3) Digital gespeicherte Schlagzeug- und Keyboard-Sounds können von analogen Aufnahmen abgerufen werden. Das heißt: Die Aufnahme eines »echten« Schlagzeugers, der ein »echtes« Schlagzeug spielt, kann dazu benutzt werden, jeden beliebigen digital gespeicherten Sound abzurufen, auch andere Schlagzeug- oder Percussion-Sounds. In

diesem Fall klingt ein »echter« Schlagzeuger mit all seiner
menschlichen Imperfektion wie ein Computer – eben durch
die Timbre-Verschiebungen der Samples. Diese Technik ist
mittlerweile sogar unter dem Namen *The Human Clock* als
Hardware erhältlich – mit Hilfe der *Human Clock* kann ein
Schlagzeuger nun alle anderen digitalen Instrumente syn-
chron steuern, und das alles mit einem »menschlich« varia-
blen Tempo.

(4) Letztendlich ist noch der Loop zu erwähnen. Ein paar
Takte Musik (eine Schlagzeug-Sequenz, ein Gitarren-Riff
oder auch eine ganze Rhythmus-Sektion) werden in Realzeit aufgenommen und dann als Rhythmus-Track eines ganzen Songs wiederholt. Das Ergebnis ist eine Mischung aus
menschlichem Gefühl (innerhalb des Loops) und absoluter
rhythmischer Konsistenz (des gesamten Tracks).

Diese Überschneidungen zwischen mensch- und compu-
terproduzierten Rhythmen finden sich auch beim Timbre.
In diesem Fall liegt der Hauptunterschied zwischen Sounds,
die natürlich klingen, und Sounds, die synthetisch klingen.
Sowohl bei der Produktion als auch bei der Rezeption stellt
man immer wieder fest, daß analoge Aufnahmen »wärmer«
klingen.

Der Grundstein für diese Entwicklung wurde in den 80er
Jahren gelegt, als eine neue Pop-Generation heranwuchs,
die mit dem Sound elektronischer Synthesizer aufgewachsen war. Genau die Technologie (der Synthesizer), die in
den 70er Jahren durch ihre »Kälte« jegliche menschliche In-
tervention und auch jeglichen emotiven Aspekt aus der Musik verbannen sollte, avancierte nun zum Träger von »Gefühl« und »Wärme«. Mitte der 80er Jahre konnten THE HU-
MAN LEAGUE den Einsatz analoger Synthesizer als Schritt
zurück zu ihren »authentischen« Wurzeln feiern.

Für die Überschneidung zwischen natürlichem und syn-
thetischem Sound ist der Einsatz des *handclaps* (das rhythmische In-die-Hände-Schlagen) beispielhaft. Der beliebteste
handclap kam von der analogen Roland TR-808 *drum*

machine. Als Roland anfing, digitale Nachfolgemodelle zu entwickeln (wie die TR-707), klang der alte *handclap* der TR-808 so natürlich, daß Musiker begannen, ihre eigene TR-808-Simulation statt eines »echten« *handclaps* zu sampeln.

Zunächst erscheint das alles wie ein perfektes Beispiel postmoderner Ästhetik. Unser akustisches Bewußtsein ist derart überflutet von synthetischen Zeichen, daß wir eine elektronische Simulation des *handclap* für echt halten. Wenn wir allerdings die Annahme verwerfen, daß musikalische Repräsentation ein *mimetischer* Prozeß sei, und statt dessen ihre Bedeutungsproduktion als Funktion individueller »Geisteszustände« betrachten, können wir auch zu dem Ergebnis kommen, daß der elektronische *handclap* echt *ist.* Denn er evoziert *tatsächlich* ganz bestimmte physiologische Effekte, wenn man zu ihm tanzt.

Ein Zeitalter, in dem Original und Kopie verschmelzen und man Mensch und Maschine nicht auseinanderhalten kann, ist nicht gerade ideal für *Autor* und *Aura.* Trotz des scheinbar postmodernen Charakters der zeitgenössischen Popmusik bleibt die Frage nach Kreativität und Originalität dennoch von zentraler Bedeutung. Ich möchte nun kurz die Rolle des Autors in der Pop-Ästhetik betrachten, um mich dann der Bedeutung der Aura in der digitalen Popmusik zuzuwenden. Das folgende Zitat von Tim Simenon, dem Produzenten des Sample-Hits »Beat Dis«, ist hierbei hilfreich:

»Wir besorgten uns die Platten und haben einen gemeinsamen Beat gefunden – irgendwo zwischen 108 und 118 Schläge pro Minute – , den wir dann auf 114 festgelegt haben. Wir haben dann die einzelnen Tracks, die wir verwenden wollten, auf diese Beatzahl beschleunigt oder verlangsamt. Der Gitarrensound, der sich wie »Shaft« anhört, ist allerdings überhaupt nicht von »Shaft«. Wir haben einfach nur eine Note Wah-Wah-Gitarre abgespeichert und sie dann digital rekonstruiert. Und du wirst diese Gitarre auf keiner anderen Platte der Welt finden.«

Im Jahr 1988 hat sich das Konzept von »Kreativität« soweit von den Goldenen Tagen der Rockmusik entfernt, daß Tim Simenon schon allein durch die Tatsache, daß er *nicht gestohlen* hat, Kreativität für sich beanspruchen kann – in den 70er Jahren versuchten Musiker noch, neue musikalische Formen zu finden.

Diese Praxis und ihre Ideologie (das Zeitalter des Plünderns) dient den Postmodernisten als Beweis für unsere absolute Vereinnahmung durch das »Reich der Zeichen«. Das ist allerdings etwas einfach gedacht: Simenon bezieht sich ganz eindeutig auf tatsächliche »Kreativität«.

Ein wiederkehrendes Phänomen der Pop-Geschichte legt die Mängel des postmodernen Authentizitätskonzeptes offen: All die Gruppen, die sich offensiv als Hype vermarktet haben, sind auf lange Sicht gescheitert. Sigue Sigue Sputnik sind das beste Beispiel; und selbst solch scheinbar erfolgreiche Projekte wie Frankie Goes To Hollywood haben es nicht geschafft, ihren Erfolg über längere Zeit aufrechtzuerhalten. Keine dieser Bands konnte ihr Image als postmoderne Scharlatane überleben, weil sie sich selbst jeder Möglichkeit beraubten, Autorenschaft zu vermarkten. Ihre Strategie implizierte, daß sie nur Puppen seien – ein Image, das *wirkliche* Puppen wie die Monkees unbedingt vermeiden wollten. Der demonstrative Hype ist zum Scheitern verurteilt, gerade weil seine postmoderne Grundannahme – das Publikum interessiere sich nicht mehr für Wahrheit oder Kreativität – die fundamental romantische Ästhetik der Popmusik mißachtet.

Andere Gruppen, wie ABC oder die Pet Shop Boys, sind diesem Problem ausgewichen, indem sie sich selbst als Autoren ihres eigenen *Images* verkaufen. Das klassische Konzept der Wahrheit und Authentizität wird wohl von niemandem expliziter herausgefordert als von den Pet Shop Boys. Neil Tennant proklamierte kürzlich bei den

American Music Awards ganz bewußt das Inauthentische, indem er mit der Unfähigkeit der PET SHOP BOYS prahlte, live zu spielen oder auch nur zu singen:

»Live zu spielen, ist heutzutage eine Angelegenheit für Machos. Mir macht's Spaß, zu beweisen, daß wir *nicht* live spielen können. Wir sind eine Pop-Gruppe, und keine Rock 'n' Roller.«

Die PET SHOP BOYS können es sich leisten, einige Diskurse des Authentischen zu ignorieren, weil sie andere evozieren – wie zum Beispiel Autorenschaft am Image oder sogar ein eigenes Konzept von »Wahrheit«, das ihrer expliziten Kritik an der Rockmusik zugrunde liegt.

Ich möchte mich nun abschließend den Fragen des Realismus und der Historizität zuwenden, die vom zeitgenössischen Pop aufgeworfen werden. Ich unterscheide zwischen drei Schulen des digitalen Samplings:

(1) Zunächst möchte ich das »versteckte« Sampling erwähnen. Ein Computer wie die Linn *drum machine* wird eingesetzt, um den Sound eines echten Schlagzeugs zu reproduzieren, oder – in Kombination mit einem Fairlight oder Synklavier – um einen Sound zu stehlen. Dieser Gebrauch des Samplers ist eher auf ökonomische als auf ästhetische Motivationen zurückzuführen – ein Computer produziert »gute« Sounds billiger als Studiomusiker. Bei dieser Schule setzt der Produzent die Technik ein, um einen realistischen Effekt zu erzielen – das Imitieren einer »realen« Produktion –, ohne die Technologie selbst zum Thema zu machen. Dieser Einsatz des Samplings ist mittlerweile dermaßen alltäglich, daß wir ihn kaum noch wahrnehmen. Die meisten Songs, die wir im Radio hören, werden zumindest teilweise mit dem Sampler produziert.

(2) Die zweite Schule des Samplings operiert expliziter. Einige Produzenten haben Platten und Remixe aufgenommen, die ihre eigene Verspieltheit feiern, oft durch eine fast barock zu nennende Selbstverliebtheit. Hier sind zu nen-

nen: Trevor Horn (ABC, FRANKIE GOES TO HOLLYWOOD, Malcom McLaren), Arthur Baker (AFRIKA BAMBAATAA, Cyndi Lauper, NEW ORDER), Bill Lasswell (MATERIAL, Sly & Robbie), Daniel Miller (DEPECHE MODE) und Rick Rubin (BEASTIE BOYS, THE CULT). Diese Produzenten arbeiten auf dem schmalen Grat zwischen Pop-Realismus und der manchmal selbst-bewußten Zurschaustellung ihres eigenen Könnens.

In den 80er Jahren hat sich ein Massenmarkt für *extended versions* als 12-Inch-Remix etabliert, der von zentraler Bedeutung für diese Schule des Samplings war. Sampler werden sehr oft auf diesen Remixen eingesetzt, weil sie ein paar Takte Musik und auch verschiedene Sounds speichern können. Auf diese Weise können sie Tracks dehnen, verändern, und gleichzeitig die *Struktur* eines Songs beibehalten; auch können sie Textur, Arrangement und Timbre beeinflussen. Da diese Praxis sehr oft den »Originaltext« – die 7-Inch-Single – dekonstruiert, wurde der *Produzent* Arthur Baker schon einmal zum *Rockkritiker* des Jahres gewählt.

Diese Produzentengarde vertritt den für mich interessantesten Ansatz, mit neuen Technologien umzugehen: Ihre ästhetische Radikalität betrifft ein Feld, das wir einst Mainstream genannt haben – die Charts. Wer sich anhört, wie Arthur Baker zum Beispiel Mainstream-Bands wie FLEETWOOD MAC in modernistische Avantgarde verwandelt hat (mit seinem »Big Love«-Remix), der spürt eine absolute Verweigerung, sich den leichten Genüssen des formelhaften Originals zu ergeben. Das Entscheidende hierbei liegt in der Tatsache, daß dieser Remix nicht im Geringsten postmodern klingt – er ist modernistisch, mit einem Tanzbeat. FLEETWOOD MAC wird hier von Adorno mißhandelt – und nicht von Benjamin gefeiert. (Zudem ist anzumerken, daß der Autor auf dem Remix-Markt allgegenwärtig ist – er heißt nur Produzent.)

(3) Schließlich sind noch jene DJs, Musiker und Techniker zu erwähnen, die eine eigene Ästhetik des Samplings

entwickelt haben – und manchmal auch eine *Politik* des Stehlens. Einige zählen eher zur Dancefloor und HipHop-Szene, andere werden dem Punk und seinem Nachbeben zugeordnet. M/A/R/R/S, COLDCUT, STEINSKI und MANTRONIX gehören zur ersten Gruppe. Für diese Schule des Samplings ist das Stehlen integrativer Bestandteil der Bedeutungsproduktion des »neuen« Textes. Die Musikpresse hat diese Strömung »Zeitalter des Plünderns« getauft.

Zu meiner zweiten Kategorie, den Punk-Collagisten, zählen CABARET VOLTAIRE, BIG AUDIO DYNAMITE und die JUSTIFIED ANCIENTS OF MU MU.

Den Theoretikern der Postmoderne bereitet diese Schule einige Probleme. Zunächst scheinen viele Produzenten mit einem ziemlich traditionellen Konzept von »Kreatitivät« und »Autorenschaft« zu arbeiten. M/A/R/R/S setzte seine »postmoderne« Hitproduktion mit einem Disput innerhalb des Projektes fort – wobei es darum ging, wer von ihnen denn nun die *eigentliche* Quelle der Kreativität sei.

Ein noch größeres Problem liegt in der Tatsache, daß das Zeitalter des Plünderns Pop-Geschichte in keinster Weise verleugnet, sondern wiederaufleben läßt. Dies wird in den vielen Statements deutlich, in denen Collagisten und Scratcher behaupten, ihrem Publikum die Geschichte des Pop näherbringen zu wollen. Tim Simenon: »Sieh dir mal James Brown an, all seine Platten sind wiederveröffentlicht worden. Ohne HipHop hätten die 18- und 19jährigen nie etwas von James Brown gehört.«

Die Argumente zu Themen wie Authentizität, Autorenschaft und Aura im zeitgenössischen Pop bilden ein extrem komplexes Netzwerk; ich möchte nicht behaupten, mit diesem Aufsatz die ganze Wahrheit verkündet zu haben. Aber es ist meines Erachtens eindeutig, daß die postmodernen und auch die Benjaminschen Positionen, wie sie von Peter Wollen angeführt werden, viel zu oberflächlich sind – eben weil sie zu abstrakt sind. Zunächst ist es offensichtlich, daß

der Genuß, Pop-Aura im Zeitalter ihrer Massenproduktion
zu konsumieren, mitnichten verschwunden ist. Die Tatsache, daß Aura nun massenhaft angefertigt wird, hat zu keiner Demystifikation geführt. Ich habe vielmehr gezeigt, daß
alle Versuche, die Vermarktung der Star-Aura bewußt zu inszenieren, zum Scheitern verurteilt sind, weil die Diskurse
der Autorenschaft dominant bleiben – und auch weil große
Teile des Publikums sich weigern, selbst-bewußt zu konsumieren. Pop-Fans scheinen sich ihre Stars noch immer als
leder-, jeans- oder latexumhüllte Ikonen vorzustellen. Ironische Anführungsstriche sind unerwünscht.

All die Versuche zeitgenössischer Pop-Musiker, das Ver-
gangene ins Heute zu holen, können auch ganz einfach als
neu erwachtes Interesse an der Pop-Geschichte interpretiert
werden. Die Bedeutung der Kreativität, die noch immer tief
in einer grundsätzlich romantischen Ästhetik verwurzelt ist,
die Dominanz »realistischer« und tanzorientierter Schulen
des Samplings und die Naturalisierung der Technologie – all
das wirft große Probleme auf, will man Sampling als postmodernes Phänomen deuten. Vielleicht stimmt es ja, daß Pop
dabei ist, sich selbst zu verschlingen – auf der Speisekarte
sind allerdings noch immer die alten Ideologien und Ästhetiken zu finden.

GINA ARNOLD

*Gina Arnold war dick und häßlich und dachte, daß alles
wirklich Wichtige schon passiert sei – bis sie Johnny Rotten
hörte. »Good to Go« verfolgt den Weg einer Teenagerin von
der sozialen Null zur Punk- und Grunge-Verehrerin. Dieser
Auszug aus Arnolds Buch »On the Road to Nirvana« zeigt,
wie Jugendliche ein paar herausgeschleuderte Sprachfetzen
und noch weniger Akkorde in Strategien der Selbstermächtigung übersetzen können.*

Good to Go
(Bin ich froh, daß ich nicht tot bin)

>»Don't doubt yourself.«
MADONNA

Ich bin in dem Bewußtsein aufgewachsen, daß alles schon passiert ist. Die BEATLES, die BEACH BOYS, Beethoven, BREAD. Elvis hat McCarthy verjagt, die BEATLES JFK an die Macht gebracht, und die ROLLING STONES waren verantwortlich für Aufstieg und Fall von Robert Kennedy. Danach beendeten die DOORS ganz allein den Vietnamkrieg. Ich bin in dem Bewußtsein aufgewachsen, daß Rockmusik den Lauf der Welt beeinflußt – aber auch, daß alles Hörenswerte schon in Vinyl gepreßt ist, daß die goldenen Tage längst vorbei sind. Gehüllt in schrecklich schlabbrige Klamotten in Beige und Baby-Blau, würde es meiner Generation bestenfalls erlaubt sein – falls wir lieb sind und viel Glück haben –, als Chronisten die Geschichte der Rockmusik zu protokollieren. Wir würden die kleine Schwester mimen, voller Verehrung, schüchterne Imitate unserer Vorfahren, unser Bewußtsein von der Kraft des Faktischen – das heißt: vom *Classic Rock Radio* – zu einer Art kollektivem Homer verformt, diesen beschissenen »Teach Your Children«-Text von Generation zu Generation weiterreichend ... Kurz: Ich bin in dem Bewußtsein aufgewachsen, zu spät geboren zu sein.

Und dann sah ich eines Tages die SEX PISTOLS, und ich wußte, daß ich mich komplett vertan hatte. Ich bin überhaupt nicht zu spät geboren. Es war genau andersherum: Alle anderen waren einfach nur frühreif, dazu verdammt, die Brut für bessere Tage in die Welt zu setzen. Ich war damals noch ein Kind, ein tonnenförmiges, unsicheres, weißes Vorstadtbalg, aber als ich die SEX PISTOLS sah, bin ich total ausgeflippt. Plötzlich gähnte vor mir ein Abgrund voller neuer Möglichkeiten, ein Canyon voller Hoffnung, den es zuvor nicht gab. Und dann bin ich gesprungen, meine Freunde. Ich bin hinuntergesprungen.

Punk hat für mich einiges bedeutet – Freiheit, Gewalt – und gleichzeitig meinem Nicht-Einverstandensein mit der Welt Ausdruck verliehen; Punk ließ dich spüren, in welch entfremdeter Welt du lebst, und bot dir gleichzeitig als Alternative eine neue und bessere Gemeinschaft der Ausgestoßenen. Eines versprach Punk nie: ein echter Mainstream-Hit zu werden. Es war schon schwer okay, Ende der 70er Jahre Songs wie »Because the Night« und »Psycho Killer« auf Mittelwelle zu hören. Aber um wirklich erfolgreich zu sein – ich meine: nach den eigenen verdammten Regeln erfolgreich –, dazu mußte Punk erst einmal die ganze ökonomische Struktur der Musikindustrie umkrempeln. Punk mußte ein absolut neues Netzwerk schaffen: ein Netz aus Labels, Künstlern, Unternehmern, Radiostationen, Plattenläden, Clubs . . . ein neues Netz für eine neue Gemeinschaft, für all die hart schuftenden Aktivisten.

Dann, wenn diese Leute nur hart genug gearbeitet hätten, dann – und nur dann – würde der Rest der Welt aufwachen. Und er tat es.

Ich ärgere mich immer wieder, wenn ich höre, daß NIR-VANA nur ein lauwarmer Aufguß voller negativer Vibes sei und komplett depressiv und vergammelt klingen würde: Dieselben Leute würden es nie wagen, die Bedeutung der BEATLES anzuzweifeln, oder die beschwörende Energie der Motown-Platten. In der Musik von NIRVANA spiegelt sich eine Zeit – meine Zeit. Und meine Zeit hat ihre eigene Geschichte, ihre eigenen Helden, ihre eigenen Regeln. Klar, ich hör im Radio lieber gute Musik als schlechte, aber darum geht's nicht: Ich glaube, daß Leute, die gute Musik hören, bessere Zeiten ankündigen. Es ist halt besser, einen guten Präsidenten zu haben als einen schlechten. Nichts wird sich sofort ändern, aber immerhin haben die Menschen sich für bessere Prinzipien entschieden. NIRVANA im Radio, das heißt für mich: Meine Werte sind auf dem Vormarsch. Ich bin nicht länger Opposition.

Das alles wußte ich, als ich in jener Nacht NIRVANA auf Hawaii sah, wie sie sich von der Bühne in die Wogen menschlicher Körper stürzten, zornige, wilde Wogen wie die am Strand von Halewa. Ich wußte es auch zwei Monate vorher, als NIRVANA zu Sylvester vor 16 000 kreischenden Fans im Cow Palace von San Francisco spielten: *Nevermind* hatte gerade die Spitze der Billboard-Charts erklommen, und NIRVANAS Manager machte gerade hinter der Bühne irgend jemanden an, weil er sich ein paar Bier zuviel genommen hatte. Ich schaute ihn ungläubig an: »Aber John! Ihr seid doch jetzt Millionäre!« Er schlug sich nur mit der Faust gegen die Stirn.

NIRVANA war damals seit Juni pausenlos auf Tour, Amerika, Australien, Japan und jetzt noch zwei Auftritte in Honolulu. Dann vier Monate Urlaub. Es war nun fast ein Jahr seit *Nevermind*, zehn Monate, seitdem ich sie zum ersten Mal getroffen habe, und acht Monate, seitdem sie so pleite waren, daß sie ihre Verstärker ins Leihhaus bringen mußten, um Zugtickets nach Seattle zu kaufen.

Damals lernte Kurt auch Courtney Love kennen, die er am Tag nach der Honolulu-Show heiraten würde. Er hatte sich mittlerweile von allen entfremdet, angefangen bei den Bandmitgliedern über die Leser des *Rolling Stone* bis hin zum Wirrkopf Al Yankovic (»Ich kann den Text nicht finden, wie ging er noch, wie ging er noch, macht auch nichts, ich weiß nicht, ich weiß nicht . . .«). Kurt hatte, wie es im Musikgeschäft so schön heißt, die *world domination* an sich gerissen. Als ich ein paar Wochen nach der Hawaii-Show nach Europa flog, gab es keinen Bauzaun von Kopenhagen bis Madrid ohne Nirvana-Poster. An jeder Ecke sah man Kurt, Chris und Dave, wie sie in flüssigem Blau tauchten und triumphierend grinsten.

Zwischen ihrer Veröffentlichung im September 91 und Sylvester desselben Jahres wurde *Nevermind* 3,5 Millionen

mal verkauft. Dieser Erfolg war nicht zuletzt MTV geschul-
det, das »Smells Like Teen Spirit« bis zum Abwinken
spielte – ein in Sepia getauchtes High-School-Szenario, in
dem Zorn der einzige Ausweg aus dem rostigbraunen Elend
des Klassenzimmers ist. Aber obwohl MTV und Geffen,
NIRVANAS Plattenfirma, den Erfolg von *Nevermind* gern
für sich reklamieren, verkaufte sich die Platte tatsächlich
von der ersten Stunde an bestens, und das verdientermaßen.
Nevermind komprimierte den Zeitgeist der frühen 90er
Jahre, und es schien, als würde *Nevermind* die Straßen von
selbst erobern, den wahren Willen des Publikums – und
nicht die Interessen der Radiostationen oder der Musikindustrie – widerspiegelnd. *Nevermind* erinnerte die Hörer
daran, daß auch das Leben in pastellfarbenen Shopping-
Passagen gefährlich sein kann, und daß Apathie und dump-
fes Rumhängen gleichbedeutend mit Kapitulation sind.
Und für Kapitulation war die Zeit noch nicht gekommen.

Aber jenseits des Super-Hypes, den Cobain initiierte, inspirierten seine Songs zu einer trotzigen Verweigerungshal-
tung; die akuten Normen und Regeln des Wahljahres 92
wurden dem Spott preisgegeben. Als ich hörte, daß *Nevermind* in der ersten Woche des Jahres 1992 zur Nummer 1
der Charts aufstieg, war mein erster Gedanke: »Bush wird
nicht wiedergewählt.« Schließlich lautet die erste Zeile des
Albums: »Pack haufenweise Drogen ein und bring ein paar
Freunde mit.«

Als das Interesse an *Nevermind* dann für einen kurzen
Augenblick schwand, starrte uns überall diese dürre Ruine
mit Augen wie Flipperkugeln an – bei »Headbanger's Ball«
erschien Cobain in gelber Abendrobe, bei »Saturday Night
Live« in durchlöchertem Pullover und auf dem Cover des
Rolling Stone in handbemaltem T-Shirt mit der Aufschrift
»Corporate Magazines Still Suck«. Auf diese Art verwarf er
ein für allemal den schrecklichsten aller Lebensentwürfe
(vor dem Wir-als-Erwachsene uns immer gefürchtet haben)
– das Leben als Fortsetzung der High-School, mit densel-

ben Typen, die auch früher schon immer allen anderen beim
Mittagessen mit ihren blöden Bemerkungen auf den Nerv
gingen.

Als NIRVANA sich auf diese Art mit der Gesellschaft an-
legte und dann auch noch in die Spitze der Charts vorstieß,
knallten einige Zeitgenossen durch. »Marketingstrategie
oder Glück?« fragte die *New York Times* bestürzt. Der
Rolling Stone schickte einen Reporter nach Aberdeen,
Washington (wo Cobain aufgewachsen ist), um in Bars
rumzuhängen und Rednecks auszufragen. Dann fing der
underground an, rumzunörgeln, und die Mainstream-Presse
begann – nervös geworden durch Gerüchte über Heroin
und Noch-Schlimmeres –, die NIRVANA-Musiker zu nationalen Witzfiguren zu demontieren.

All diese Leute haben überhaupt nichts kapiert. Die einzige, die es irgendwie verstanden und zu Papier gebracht
hat, ist Juliana Hatfield, die Sängerin der BLAKE BABIES. Sie
hat einen Song darüber geschrieben. »Hier kommt der
Song, den ich so sehr liebe . . . Jetzt, wo Nirvana in meinem
Kopf ist, bin ich froh, daß ich nicht tot bin.«

THOMAS WINKLER

Thomas Winkler, »taz«-Autor und bekennender MUD-
HONEY-*Fan, rekapituliert in »Grunge – Die letzten Überle-
benden« die frühen Tage des Grunge. Von den Anfängen
des legendären SubPop-Labels in Seattle über* NIRVANAS
»Nevermind« bis zum Post-Cobain-Grunge von MUD-
HONEY *verfolgt Winkler den inoffiziellen Werdegang einer
Musik, die sich rühmen darf, den ersten MTV-Tod insze-
niert zu haben.*

Grunge
Die letzten Überlebenden

Also, meine Herren, was bitte schön ist denn nun Grunge:
»Jede Band aus Seattle, die als Grunge-Band bezeichnet
wird, ist eine Grunge-Band.« Netterweise haben sie nicht
laut aufgestöhnt bei der Frage, aber man bekommt dafür
die Antworten, die man verdient hat. Keine musikalische
Definition von Grunge möglich? »Leute haben es versucht,
aber es gibt nicht die geringsten musikalischen Gemeinsamkeiten zwischen uns und Pearl Jam, uns und Soundgarden, zwischen Pearl Jam und Soundgarden oder zwischen den Screaming Trees und Alice in Chains. Eine
laute, nervige Band aus Seattle ist Grunge.« Punkt.

Mudhoney aber haben sich ein Spielchen draus gemacht,
daß »jede der von uns erwähnten Bands es hassen würde,
Grunge genannt zu werden«. Während alle Welt sich wehrt,
hat ihre Plattenfirma statt dessen nichts Besseres zu tun, als
auf dem Waschzettel zur neuen CD *My Brother The Cow* die
vier netten Herren als »The Lazy Grandpappies of Grunge«
zu outen. Es stört sie nicht weiter: »Wir sind die einzigen, die
es zugeben. Oder zumindest akzeptieren. Außerdem ist es
immer noch besser, Grunge-Band genannt zu werden als
Heavy-Metal-Band.« Womit wir immer noch nicht viel weiter wären bei der Frage, was Grunge eigentlich ist.

Der Langenscheidt gibt auch nicht viel her, da findet sich
»to grunt«, was »grunzen« bedeutet, und »grudge«, das mit
»Groll« übersetzt wird, aber kein Grunge weit und breit.
Doch im Spezial-Wörterbuch »American English« wird
man fündig: »Dreck« soll es heißen. Bleibt bloß noch zu
klären, wie es kam, daß dieses Wort zum Synonym für
langhaarigen Rock werden konnte.

Die Legende geht so: Bruce Pavitt und John Poneman, was
die Gründer und Besitzer eines kleinen Independent-Labels
in Seattle namens SubPop sind, saßen eines Tages zusam-

men zwecks Austüftelung einer Marketingstrategie. Pavitt und Poneman waren auf der Suche nach einer Schublade, mit der sie die Bands, die sie unter Vertrag hatten, auch außerhalb von Seattle verkaufen konnten. Das stand in krassem Gegensatz zu sonstigen Indie-Strategien: Bands und Labels legten damals, Ende der 80er, Wert auf ihre Einzigartigkeit und Unvergleichlichkeit, Einordnungen waren ihnen verhaßt. Weil nun keine der gängigen Bezeichnungen alle ihre Bands unter einen Hut bringen wollte, dachten sich die beiden einfach eine aus – Grunge war geboren.

Dieser von Pavitt und Poneman kolportierten Version widersprechen MUDHONEY allerdings: »Die haben das Wort nicht erfunden, aber sie haben sich die Rechte daran gesichert, bevor es jemand anders tat. Tatsächlich haben sie den Namen von zwei kleinen Langweilern aus Seattle gestohlen, die sich heute noch streiten, wer von den beiden ihn nun eigentlich erfunden hat.«

So oder so, die offensive Strategie war nach außen ein Erfolg. Ein relativ einheitliches Artwork für Plakate und Cover tat ein übriges, die genialste Idee aber waren die Promotion-Fotos. Es waren ausschließlich Aufnahmen von Auftritten, meist grobkörnig, oft noch mit Publikum drauf. Auch das einzigartig damals.

So trug jedes Foto jeder Band des »Grunge«-Labels Sub-Pop, egal wie sie nun tatsächlich klang, tausendfach gedruckt in Fanzines und Magazinen zu einem ganzheitlichen Image bei, das signalisierte: Authentizität, wild, ungebändigt, Rock 'n' Roll, Dreck eben. Grunge war ein Markenzeichen, und SubPop garantierte die Qualität.

MUDHONEY waren die konsequenteste Inkarnation dieser Kopfgeburt. Ihre erste Single hieß »Touch Me, I'm Sick« – perfekt. Sie waren jung, langhaarig, mochten die STOOGES und liebten Neil Young abgöttisch – noch perfekter. Sie rissen ihre Verzerrer auf und nannten ihre erste EP *Superfuzz Bigmuff*, auf dem Cover nur noch Haare – superduperperfekt. Sie waren everybody's darling und das Ticket von

SubPop in die große weite Welt. In ihrem Fahrwasser traten auch die SCREAMING TREES, SOUNDGARDEN, DWARVES, SISTER DOUBLE HAPPINESS, die AFGHAN WHIGS oder LOVE BATTERY landesweite US-Tourneen an, manche schafften es sogar bis ins ferne Europa.

Das Klima war günstig: Der HipHop hatte Metal entdeckt, und die schweren 70er Jahre hatte das Label SST aus der Versenkung geholt und rehabilitiert. Man durfte auf Parties wieder BLACK SABBATH auflegen, und SubPop war Hauptthema an allen Theken aller Clubs dies- und jenseits des Atlantiks. Trotzdem schuldeten Pavitt und Poneman allen ihren Bands Geld und standen kurz vor der Pleite. Dann verscheuerten sie ein eher mediokres Trio, dessen Debut-Platte *Bleach* bleischwer in den Regalen lag, an die Major-Plattenfirma Geffen, sicherten sich aber vertraglich eine Beteiligung am Gewinn.

Der Rest ist bekannt: »Smells Like Teen Spirit« wurde von MTV bis zum Erbrechen abgenudelt, und die CD *Nevermind* dürfte bis heute weltweit über 10 Millionen mal verkauft worden sein. »NIRVANA hat die Ärsche von Poneman und Peters gerettet«, sagen Turner und Peters.

Die Karriere von Cobain & Co. war eigentlich MUDHONEY prophezeit worden. *Spex* meinte sogar, NIRVANA könnten »next year's Mudhoney« werden – und sah damit immerhin noch klarer als die anderen. Wie fühlt es sich an, auf dem Seitenstreifen hängengeblieben zu sein? »Wir sind nicht reich und berühmt, aber wir sind ausreichend reich und berühmt. Das Coole an unserer Situation ist, daß wir beobachten konnten, wie einige unserer Freunde zu gigantischen Rockstars wurden, und die Schattenseiten mitbekamen. Massenhaft Geld ist natürlich nett, aber ich lauf lieber die Straße lang, ohne daß Menschen mit dem Finger auf mich zeigen.«

Die benutzen tatsächlich noch das Wort »cool« – mein Gott, man darf das, wenn man Urgestein ist. An der Geschichte von MUDHONEY ließe sich sogar ganz vorzüglich die Geschichte des Grunge, den es eigentlich ja niemals gegeben hat, nachzeichnen.

Es war einmal eine Band aus Seattle, die nannte sich GREEN RIVER – nach dem Song von CREEDENCE CLEARWATER REVIVAL. Als GREEN RIVER sich auflösten, entstand aus der einen Hälfte MUDHONEY, aus der anderen auf Umwegen PEARL JAM, was sich im nachhinein wunderhübsch macht: PEARL JAM als gnadenlose Ernstnehmer der 70er Jahre, MUDHONEY als Protagonisten des Punkrock-Weges. Zwischen diesen beiden Polen bewegte sich auch das, was man als Grunge bezeichnen könnte, wenn es ihn denn gegeben hätte.

2
─── Spaß sofort und ohne Umweg ───

Begegnung im D-Zug

Im D-Zug. Zwei junge Leute sind schon einige Stunden miteinander gefahren. Sie haben sich gut unterhalten und einander verstanden. Beide haben die gleiche Lebensauffassung. Die ersten Lichter des Bahnhofs Hannover werden sichtbar. Er schickt sich an, das Abteil zu verlassen. »Darf ich Ihnen einmal schreiben, Fräulein?« »Sind Sie katholisch?« lautet die Gegenfrage. Er sieht sie verwundert an. »Ja«, kam es dann mit aller Entschiedenheit heraus. Doch das Mädchen war noch nicht zufrieden. »Sind Sie ledig?« Auch darauf konnte er ein klares »Ja« geben. »Gut, dann würde ich mich freuen«, war nun die verantwortungsbewußte Antwort des Mädchens.

Dieser Text wurde zuerst 1950 in der katholischen Wochenzeitschrift des Bistums Paderborn »Der Dom« veröffentlicht.

Dieter Jaenicke

Dreißig Jahre später erinnert sich der Autor Dieter Jaenicke in seinem Buch »Bewegungen« an die ersten Petting-Erfahrungen und die vielen kleinen Sensationen, die für einen Heranwachsenden mit solchen tastenden Versuchen verbunden sind – Wegmarken sexueller Befreiung.

Parkbankpetting

Nur das Parkbankpetting an kühlen Samstagnachmittagen – das lange Drucksen und Schlucken und 50mal alles im Kopf durchgespielt, bis du dich endlich traust, die Hand sich durch unendliche Labyrinthe von Jacken und Bluse und Knöpfe und Hemdchen windet. – Du kugelst dir fast den Arm aus in diesen abenteuerlichen Verrenkungen – verlegen lässiges Lächeln – und dann spürst du die Wärme ihres Bauches, die Tausende kleiner Körperhärchen, die wie ein weiches Kissen über der Haut schweben. Wenn du dann weiter hoch rutschst, hält sie dir den Arm für einen Moment lang fest – nachgiebig augengeschlossener Widerstand, der dir die Hand endlich doch unter den BH führt, und das ist weich, herrlich weich, und mit den Fingern spürst du die kleinen Brustwarzen, wie sie größer und fester werden unter deinen schweißnassen Händen. Mit dem freien Arm um die Schulter drückst du sie noch näher an dich heran, die Zunge tut schon weh vom vielen Küssen, wenn du die Hand in ihren Rockbund zwängst – sie zieht den Bauch ein, aber es geht nicht, und der verdammte Knopf geht nicht auf – aber irgendwann schaffst du es doch, und die Finger zittern fast, wie du da unter den Slip tastest, die Schamhaare fühlst, über den kleinen Hügel gleitest, den du noch nie von nahem gesehen hast, spürst, wie sich das teilt und feucht und heiß wird. Jetzt ist es leises Stöhnen und Drücken und Reiben und Verrenken in dieser irren Umklammerung von lästigen Klamotten und harten Bänken. Und dir platzt fast die Hose, wie du da den Finger vorsichtig reinschiebst – ein Stückchen nur, wegen dem Jungfernhäutchen, und vielleicht hat sie sogar einen Orgasmus – was weißt du schon davon. Wenn du Glück hast, legt sie dir sogar die Hand auf die Hose und streichelt und drückt ein bißchen.

TOM SCHROEDER / MANFRED MILLER

*Der tägliche Kampf um die Haarlänge – in den frühen
Sechzigern war die Frisur ein willkommenes Mittel der Provokation. Nach der glattgescheitelten Adenauer-Ära wirkte
dieser kalkulierte Regelverstoß (»Haare so lang wie ein
Mädchen«) auf die meisten Erwachsenen wie ein Schock
und hat zu so manchem Zerwürfnis im Elternhaus geführt.
Indem sie das Geld beim Friseur sparten und es lieber für
Schallplatten ausgaben, konnten Jugendliche einen wichtigen Distinktionsgewinn verbuchen. Tom Schroeder, Main-
zer Journalist und verdienter Festivalveranstalter (Burg
Waldeck, Essener Songtage, Open-Ohr), erläutert zusammen mit dem Poparchivar und Rundfunkredakteur Manfred Miller die Symbolkraft langer Haare.*

Haare auf die Szenen

Udo Lindenberg singt: »Und 63 waren die Beatles da / das
war damals ein Skandal mit dem langen Haar / und Paul
sang wie ein Mädchen / das kam unheimlich an . . .«

Wie meistens war alles etwas anders.

1963 präsentierten sich die BEATLES so: auf dem Cover
ihrer ersten LP *Please Please Me* zeigt sich Ringo mit einer
Rock 'n' Roll-Tolle nach Art von Elvis oder Jimmy Dean
(Ohren: unbedeckt); Paul trägt, was man damals Fasson-
Schnitt nannte (Ohren: allemal unbedeckt); George und
John führen bereits andeutungsweise das künftige Marken-
zeichen der Gruppe vor, den Pilzkopf – dem kühnen John
wachsen die Haare schon übers halbe Ohr. Alle vier tragen
Schlipse und einheitliche Anzüge, deren Kragen hinten mit
Samt (Künstler!) abgesetzt sind. Das zweite Album, *With
the Beatles*, ebenfalls 1963, führt dann das Markenzeichen
radikal vor: Schwarzes Theater für vier Köpfe (und nur
Köpfe!) im einheitlichen Styling. Der Pilzkopf sieht aus, als

sei Prinz Eisenherz einem Haarkünstler in die Hände gefallen, der an Stirnfreiheit nicht mehr interessiert ist, dafür aber Ohren und Nacken nach wie vor bloßlegt; für John ein Rück-Schnitt. 1966 hat der Musiker und Grafiker Klaus Voormann einen haarigen Traum: für das *Revolver*-Cover läßt er lianenartige Kopf-Vegetationen, in denen kleine BEATLES ihr Nest bauen, den Ohr-Wald überwuchern. 1967, auf der Titelseite von *Sgt. Pepper's Lonely Hearts Club Band*, stellen sich die BEATLES umrahmt von anderen Persönlichkeiten des öffentlichen Lebens vor, und zwar in zweifacher Ausfertigung: am Rande als die 63er Pilzköpfe mit dunklem Anzug, Schlips oder Pullover; zentral als Phantasie-Kapelle mit Operetten-Uniformen. Die Haarlänge erfüllt nunmehr Voormanns Prognose, und auch im Gesicht sprießt es – alle vier tragen Schnurrbart.

1969, auf dem Umschlag zur LP *Hey Jude*, ist das einheitliche Styling endgültig hin. John hat sein Gesicht zuwachsen lassen wie ein indischer Guru, George trägt Mähne und Bart wie einst Buffalo Bill, Ringo hat sich zum Langhaar einen knapp geschorenen Backenbart nebst Moustache zugelegt, und selbst dem glattgesichtigen Paul fallen im Nacken die Haare bis über den Kragen seines braven blauen Zweireihers. Ein Jahr später haben sich die BEATLES aufgelöst.

Richard Zoosmanns *Zitatenschatz der Weltliteratur* meint: »Langes Haar, kurzer Sinn.«

Wie meistens war alles etwas anders.

Zumindest auf dem *männlichen* Kopf finden die vier Jahreszeiten statt: Frühling, Sommer, Herbst und Glatze. Dem individuellen Haar-Schicksal übergeordnet sind Modesaison und Sittengeschichte. »Eine Unmasse von Zeugnissen aus alter und neuer Zeit und aus allen Weltgegenden zeigt uns, daß das H. als ›Sitz des Lebens, der Seele, der Kraft‹ betrachtet wurde und noch wird«, vermerkt das *Handwörterbuch des deutschen Aberglaubens*, Berlin und Leipzig

1930/31, unter dem Stichwort »Haar«. Die alt-fränkischen Könige beispielsweise durften ihr Haar von Kindheit an überhaupt nicht schneiden, ebensowenig die Krieger der Germanen. Samson, berichtet die Bibel, verlor seine außergewöhnliche Stärke, nachdem Delila ihm den Kopf geschoren hatte. »Wo Haar isch, isch auch Freud«, sagt eine Tübinger Marktfrau 1985. Ihre Kollegin im Mittelalter hätte ihr von Herzen zugestimmt. Damals nämlich garantierte eine gut bewachsene Kinn- und Backenpartie, daß der ganze Kerl gesund war und nicht etwa die Syphilis hatte, beim Barte des Propheten! Beim Schopfe des Professors Erhard Meueler: »Ob ein Struwwelpeter oder eine Hecke gestutzt werden soll, beide sollen auf ein Maß festgelegt werden, im Gleichschnitt marsch.«

Häufig mußten Strafgefangene und Soldaten hierzulande ›Haare lassen‹ wie Sklaven der Antike. Gerade sie hätten allen Grund gehabt, den alten Griechen gleich zum Zeichen der Trauer sich die ›Haare zu raufen‹. Mönche und Nonnen schnitten sich die Haare, wenn sie sich Höherem weihten. Der brave preußische Bürger demonstrierte Untertanengeist auch mit seiner »Läuse-Allee«. Dieser Ausdruck wurde bis in unsere fünfziger Jahre überliefert, genauso wie der Haarschnitt, den er bezeichnete: seitlich bis in Schläfenhöhe und den Nacken hinauf gnadenlos geschoren; und genauso wie das darin manifestierte Selbst- und Staatsbewußtsein. Ein Volk, ein Reich, ein Frisör. Preußisch-Kurzhaar mit kahlen Schläfen prägte die Köpfe in Wehrmacht und Arbeitsdienst, in der Rüstungs- und Bewußtseins-Industrie, in Justiz, Verwaltung und Schule.

Solch schwarz-brauner Haselnuß-Schädel galt auch nach der angeblichen Stunde Null als sichtbarer Ausweis alles ordentlich Deutschen, haargenaues Abbild der kalt-kriegerischen »Backe-Backe-Eierkuchen-Kultur in der Adenauer Ära« (Martin Degenhardt). Dem notorischen Nicht-Preußen Konrad Adenauer, der sich gern »der Alte« nennen ließ, fiel zur Haartracht im Westen nichts Neues ein.

Quer-Köpfe gab's freilich immer – draußen vor der Tür der staatstragenden Kräfte stand nicht nur Wolfgang Borchert mit seinem demonstrativen Langhaar. Aus-Wüchse gegen Preußen ff. reichen von der BEATLES-Antizipation eines Heinrich Heine und dem Löwenhaupt eines Karl Marx über Einsteins Gelehrtenkopf und Tucholskys Künstlermähne bis zu Bertolt Brechts Cäsar-Schnitt, der in der Bundesrepublik als Visitenkarte des Intellektuellen eine Zeitlang mit der traditionelleren Künstlermähne in Konkurrenz geriet. Oder war hier (für die Jüngeren zumindest) Marlon Brandos Cäsar-Kopf das Vorbild, also ein amerikanischer Import wie der Bürstenhaarschnitt »Mecki« und die halbstarken Schmalztollen und »Entenärsche« der Rock 'n' Roller?

So heftig (ver)stießen die Haartrachten solcher kleinen radikalen Minderheiten gegen die genormten Köpfe, daß selbst der relativ kurze Pilzschnitt die BEATLES 1963 als »langhaarige Affen« qualifizierte.

Sieben Jahre später, nach der durchschnittlichen Lebensdauer eines Haares, war aus dem Ärgernis eine Mode geworden. »Was für süße Haare!«, diesen Satz – gehaucht von der 70jährigen Mutter der Queen Elizabeth nach einem Tanz mit dem Studenten Dick Titchen – schrieb die *Süddeutsche Zeitung* über einen Silvester-Artikel zum »Thema des Jahres 1970: Der veränderte Mann«.

Thomas Ziehe

Thomas Ziehe, Sozialpsychologe, geht von der Erfahrung aus, daß wir unseren Körper längst nicht mehr als Naturtatsache begreifen, sondern als ein Zeichen, das formbar und aufschlußreich ist. Das Leitbild »Jugendlichkeit« dominiert diese Machbarkeitsansprüche. Es steht für Schönheit, Sinnlichkeit und Glück.

Jugendlichkeit und Körperbilder

Zunächst hat das Leitbild der Jugendlichkeit seinen direktesten Ausdruck in einem Schönheitsverständnis gefunden, das man als Harmonie-gerichtet bezeichnen könnte. Das Glatte, Ebenmäßige, Ätherische fasziniert. Der Knabe Tadzio in Viscontis Verfilmung des *Tod in Venedig* – atemberaubend, wie ein Bild! Das Abgründige ist visuell nicht anwesend, muß aus dem Kontrast zur Reinheit der Oberfläche erst imaginiert werden. – Auch die irgendwie naive Androgynität, die viele Musikgruppen der siebziger Jahre inszenierten, würde ich hier zuordnen, bis hin zu süßlich-spießigen Varianten, wie der Nymphenästhetik in den Mädchenfotos von David Hamilton. Ich vermute, mit den Jahren hat sich der abgründige Gehalt hinter der Oberflächen-Reinheit verschlissen. Das Glatte, Bildhaft-Schöne rutscht immer mehr in Trivialästhetik ab, überlebt aber natürlich publikumswirksam weiter, wie man aus dem barbiepuppenhaften Styling der *Denver*-Schauspieler ersehen kann.

Die ambitionierteren Schönheitsmuster gehen inzwischen ein ganzes Stück weiter. Das Bildhafte ist dynamisiert worden; die Glätte ist damit nicht notwendig verschwunden, aber sie soll gesteigert werden: Bewegung, Ausdruck, Eigenwilligkeit ›Charakter‹ sollen hinzukommen. (Tadzio wirkt denn auch, wenn man ihn heute noch einmal auf der Leinwand sieht, seltsam blaß und hingestellt, was seinem früheren Reiz durchaus abträglich ist.) Die dynamisierte neue Version wäre beispielsweise Michael Jackson, der seinen durchtrainierten Körper nicht als Statue darbietet, sondern in der wirbelnden Schärfe (und sicheren Professionalität) seiner Tanzeinlagen. – Die Dynamisierung des Schönheitsbildes kann auch zu einer sinnlich-›dunklen‹ Intensität führen, wie in den geballten Ausbrüchen der Carmen-Darstellerin in Sauras Verfilmung; oder zu den düster-abweisend stilisierten Blicken der Models eines Karl Lagerfeld, die dem Blick des Betrachters mit äußerster Offensivität be-

gegnen, ohne ihm Beachtung zu schenken. – Bei diesen
Versionen des Schönheitsbildes ist, im Kontrast zum erst-
genannten, das Moment der Ausdrucksstärke hinzuge-
kommen; an die Stelle der Glattheit sind (überaus unterschiedliche) Symbolisierungen von Intensität getreten.

Und noch einmal schiebt sich über diese Entwicklungs-
tendenz eine weitere, eine dritte Ebene. (Und auch sie setzt
die vorherige keineswegs einfach außer Kraft.) Ich meine
die Ästhetik des Artifiziellen, die gerade dadurch Raffinement auszudrücken sucht, daß sie als Botschaft nicht enthält, was sie zeigt, sondern eine Berechnung der Bedeutung
inszeniert. Da werden Stilzitate ›postmodern‹ collagiert:
Kleider, Anzüge, Hüte von Art Deco über die fünfziger
Jahre bis zur jüngsten Modevergangenheit. Da wird der
schlechte Geschmack ästhetizistisch gesteigert mit extrem
toupierten Haartollen zum Beispiel. Da wird die hedonistische Weichheit der Körpersprache kontrastiert von der Ro-
botermotorik des kleinen Break dancers bis zur schlaksig-
irrwitzigen Behendigkeit, mit der David Byrne von den
TALKING HEADS auf der Bühne agiert. Das Glatte, Harmo-
nische ist hier vollends destruiert (es sei denn, es ist bereits
wieder zitatfähig . . .), auch die Intensität ist nur insoweit
zugelassen, als sie durch Metazeichen ihre eigene Brechung
gleich mitinszeniert (statt gigantomanisch zu schuften, wie
Mick Jagger in seinen späten Stadionshows, läuft David
Byrne in *Stop Making Sense* gleich einen konsequenten
Dauerlauf schmucklos um die Bühnenmaschinerie herum).
– Zweierlei liegt in der Logik dieses Stilgebrauchs – reflexiv
gebrochene Groteske oder minimalistisches understatement
in der Verwendung von Zitaten, Da-Da-Da von TRIO und
ein supra-normales Aussehen. Die optische Identität mit
dem Normalbürger ist dann der folgerichtige Gipfel der Ar-
tifizialität (die Szenenfremde dann auch nicht mehr deco-
dieren können).

Das Schrille läßt sich ästhetisch-reflexiv nur noch durch
Zitieren des Normalen überbieten. Die beschriebenen Leit-

motive der Schönheitsbilder – Glätte, Intensität, Brechung –
sind in einer ›historischen‹ Abfolge aufgetreten. Gleichwohl
lösen sie sich nicht einfach ab, sondern überlagern sich.
Diese Reihenfolge beziehe ich auf strukturale Bedeutungs-
verschiebungen, sie deckt sich nicht unbedingt mit der
hermeneutischen Ebene des jeweiligen Selbstverständnisses
der Akteure und Rezipienten. So kann, was im Stil der
Brechung begonnen hat, soweit inflationiert werden, daß
es zu neuer Glätte verkommt und subjektiv ganz harmoni-
stisch-ungebrochen verwendet wird; ich denke etwa an die
Mickey-Maus-Ästhetik der ›New Wave‹-Accessoires, die
längst als kitschiger Nippes ihre Abnehmer finden.

Ich richte meine Argumente hier bewußt auf offensiv in-
szenierte Schönheitsbilder und vernachlässige damit die
zahlreichen kulturellen Gegentrends, die sich vom neu entwickelten ästhetischen Zeitgeist abgrenzen und ein defensi-
ves Selbstverständnis impliziter ›Schönheit‹ dagegensetzen
bzw. aufrechterhalten wollen. Zumindest will ich einige solcher Gegentrends und ihre symbolischen Ausdrucksinten-
tionen kurz nennen: Ein konsumkritischer Gegentrend –
das Praktisch-Zeitlose der eigenen Ausstattung; ein aske-
tischer Gegentrend – das Antiästhetisch-Schmucklose; ein
moralisch-politischer Gegentrend – das Unauffällig-Nicht-
exhibitionistische; und ein quasi historischer Gegentrend –
an der ursprünglichen biografischen Bedeutungskonnotie-
rung wird festgehalten, etwa am Hippielook, fließenden indischen Stoffen und langen Haaren, die als ›ungezwungen‹
erscheinen sollen, auch wenn sich der Zeichenkontext kulturell längst verschoben hat.

Doch zurück zu den drei ästhetischen Stiltrends, zur leitmotivischen Überlagerung von Glätte, Intensität und Brechung. Man könnte sagen, daß auch diese Entwicklung eine
Folge von Absetzbewegungen darstellt. Das Rezeptions-
klima des ersten Schönheitsbegriffes lebte vom konnotati-
ven Zusammenhang Jugend – Natürlichkeit – Befreiung –
Zukunft, der im Horizont von sexueller Liberalisierung,

Musikbewegungen, Hippies und früher Studentenrevolte möglich geworden war. Das ›Zeigen des Natürlichen‹ – des nackten Körpers oder langer Haare etwa – war unschwer entlang der Perspektive eines emanzipativen Fortschrittsverständnisses einzuordnen. Das Natürliche holte sich, im Lichte dieses Zeitgeistes, sein lange vorenthaltenes Recht zurück. Das hatte Sprengkraft und die Aura, nach vorne zu weisen.

Im Verlaufe der siebziger Jahre ist diese Konnotation entzaubert worden. Welcher Mann wollte heute noch ekstatisch mit freiem Oberkörper auf einer Fete tanzen (die Frauen waren dem gegenüber von jeher skeptischer) – er wäre Gegenstand befremdeter Mißbilligung oder des Mitleids ob solchen stilistischen Fehlgriffs geworden. Bloß zu ›zeigen‹, ›Natürlichkeit‹ nur zu reklamieren, gilt nicht mehr. Die Erwartungen, auch die Schönheitserwartungen sind da komplexer geworden. Der bloße Körper ist, außer bei seiner völligen Profanierung im Massen-FKK, wieder privatisiert worden. Die ästhetischen Erwartungen richten sich nicht mehr an den ›natürlichen‹ Körper, sondern an den gestalteten, d. h. an das Ganze des Outfits. Die ehedem hedonistischen Erwartungen sind hier ästhetisiert worden, während sie in den anderen, oben genannten Gegenbewegungen eher moralisiert wurden. Der geschichtsoptimistische Glanz des Natürlichen ist dahin. Als Problem sind ästhetische Öde und Vitalitätsmangel evident geworden. Dies sind die neuen Gefahren kultureller Verarmung. Deshalb die auffallende Bedeutungssteigerung von Intensität und artifizieller Brechung in den Schönheitsvorstellungen.

Was – unterhalb dieser leitmotivischen Verschiebungen – erhalten blieb, ist die Vorherrschaft der Visualität. Auch der Hunger nach Intensität, auch der Reiz der Brechungen wird weitgehend im Medium des ›Blicks‹ realisiert. Taktilität ist da wenig gefragt, die Berührungs- und Anfaßscheu nimmt zu. Ob der kalte abschätzende Blick primär ästhetischer Stil ist oder primär Produkt neuer heimlicher Schamhaftigkeit,

läßt sich auf keiner Fete und in keiner Disko mehr genau
ausmachen. Dessen ungeachtet, geht der Trend zu äußerlich
dargestelltem Selbstbewußtsein und stilistischer Offensivität weiter. Er gibt das neueste Anspruchsniveau des Bildes
für Jugendlichkeit vor: Jung sein und zeigen, daß man es
weiß.

Jung sein und zeigen, daß man es weiß – das ist der Gehalt
des vorläufig letzten Schönheitsbildes. Es macht selbstverständlich nicht das alltägliche Lebensgefühl der realen Jugendlichen aus (wiewohl auch sie Michael Jackson attraktiv
finden können, aber gerade weil er ›anders‹ ist als sie). Die Jugendlichen wissen durchaus, ›wie‹ sie sind, und das macht es
für sie nicht leichter. Was sie an Ursprünglichkeit (noch) haben mögen, das fehlt ihnen (noch) an Souveränität: Jugend,
so wie sie in diesem Bild erscheint, ist ihnen nicht verfügbar.
A priori, nur aufgrund des geringeren Lebensalters, sind sie
nicht beweglicher, nicht spontaner, nicht sinnlicher, nicht
erotischer, nicht ästhetischer als die Erwachsenen auch. Erst
durch die ›Selbstaneignung‹ des Jungseins lassen sich diese
Qualitäten durchgestalten und gegebenenfalls auch genießen
– eben dann ist man aber nicht mehr jung. Das Selbstbewußtsein und die Wertschätzung des Jungseins entsteht an der
Schwelle seiner Überschreitung. – Und damit bin ich wieder
beim Thema ›Jugendlichkeit‹, als einem Bild, das sich diejenigen für sich machen, die nicht mehr jung sind.
   Damit aus dem Bezug zur Jugend der Faszinationsgehalt
von Jugendlichkeit werden kann, bedarf es projektiver Auf-
ladungen –, in den Gegenstand des Interesses muß etwas
›hineingesehen‹ werden, das dieser Gegenstand ›so‹ nicht zu
bieten hat (und auch gar nicht bieten will). Die Projektion
verändert imaginär den anderen und sie verändert imaginär
mich selbst. Der andere wird in eine symbolische Verwei-
sungskette eingebunden: ein schöner Körper steht für vitale
Sinnlichkeit, und Sinnlichkeit steht für glückhafte Lebensform. Scheinbare Evidenz bekommt dies dadurch, daß die

Vorherrschaft der Visualität das Sichtbare zum Beweis erhebt und Schönheit als sichtbare Qualität damit ungeheuer an Geltung gewinnt. – Darüber hinaus kann sich auch das Ich imaginär verändern, indem es das Bild des anderen zunächst jener Idealisierung unterwirft, um sodann mit diesem Bild zu verschmelzen. Der Glanz fällt vom Bild des anderen auf das euphorisch ästhetisierte Selbstbild. [...]

Das Bild der Jugend stellt einen ganz eigentümlichen Schwebezustand des Zeithorizonts dar, den Schwebezustand zweier Intensitäten, könnte man sagen. Einmal der Intensität des Ursprünglichen, des Noch-nicht. Sie wird als die Intensität erinnert, die durch ›Unerfahrenheit‹ möglich ist. Zum anderen der Intensität der zukünftigen Reife, des Bereits-schon. Sie wird als Intensität der Abgründigkeit imaginiert. Beide Intensitäten – das Noch-nicht und das Bereits-schon – werden auf Jugend projiziert, und diese Projektion richtet sich auf drei unterschiedliche Schichten: auf den Körper – in der Intensität des Noch-nicht ist er glatt, zart und straff; in der Intensität des Bereits-schon zeigt er erste Spuren der Reifung. (Meisterhaft hat Vladimir Nabokov diesen Schwebezustand anhand der *Lolita* poetisiert.)

Auf die Sinnlichkeit: – in der Intensität des Noch-nicht ist alles Erleben bestürzend, alles ist ›das-erste-Mal‹; in der Intensität des Bereits-schon kann der rauschhafte Genuß angeeignet werden, er ›passiert‹ nicht einfach.

Auf die Lebensform: Im Lichte des Noch-nicht ist sie offen, entgrenzt, verflüssigt; im Lichte des Bereits-schon selbstbewußt und dezidiert.

Das Noch-nicht der ursprünglichen Intensität lädt sich – vor dem Verschwinden – auf zum Gerade-noch, das Bereits-schon der Reifeintensität – vor der Ausbreitung – zum Gerade-erst. Dieser Schwebezustand ist das Versprechen, mit dem Jugend belehnt wird.

Problematisch ist es, wenn aus der Belehnung eine Fixierung, aus dem changierenden Bild ein Klischee wird: Das Mißverständnis kann dann naturalistisch in zweifachem

Sinne sein – man hält sich selbst für wirklich in die Jugend zurückgekehrt oder man hält die Jugend für wirklich so, wie sie im belehnten Bild erscheint. – Das Versprechen, das das Jugendbild impliziert, kann gleichwohl überlegene Erinnerung sein und richtet sich so gegen ein Vergessen des eigenen ›Geheimnis‹. Denn wie die Fetischisierung von Jugendlichkeit das eine Negativextrem ist, so wäre das Vergessen des Jugendlichen ›in mir‹ das andere: dies wäre der Zwang zur Reife, das Verbot des Rückgriffs auf meine erinnerte Vergangenheit und deren auratische Kraft für die Gegenwart. Nicht für den Mittelweg zwischen diesen Extremen ist dies ein Plädoyer, sondern dafür, die beiden Intensitäten ineinander zu spiegeln.

Die Intensität des Ursprünglichen wird erst ›überlegen‹ genießbar, wenn ich sie wählen kann, das heißt, wenn ich eine Souveränität habe, die erst dem Erwachsenen eigen ist. Erst dann ›bewohne‹ ich meinen Körper, erst dann kann ich Sinnlichkeit und Lebensform modellieren. Die Intensität des Reifen-Souveränen wiederum muß sich ihren archaischen Unterbau vergegenwärtigen können, um nicht in der Berechenbarkeit des selbstdisziplinierten Erwachsenenlebens starr und ausgetrocknet zu werden. Jugendlichkeit ist ein Versprechen, das der Erwachsene sich selbst gibt. Aber es gibt keine Rückkehr: ›Enthüllt würde der Gegenstand unendlich unscheinbar sich erweisen.‹ Wenn das Versprechen sich erfüllte, gäbe es kein Versprechen mehr.

JÜRGEN LAARMANN

Jürgen Laarmann, ehemaliger Chef des Techno-Magazins »Frontpage« und Großmogul unter Deutschlands Techno-Industriellen, hat mit seinem 1994 erschienenen Artikel »The Raving Society« das Grundsatzmanifest einer gesamtgesell-

schaftlichen Love Parade geschrieben. Techno als ganzheit-
liche Therapie wird – so Laarmann – nicht nur das Arbeits-
und Liebesleben, sondern – mindestens und sowieso – das
ganze System umkrempeln.

The Raving Society

Techno – nichts ist mehr, wie es war, und nichts bleibt, wie
es ist. Kurz vor dem fünften Geburtstag von *Frontpage* deshalb ein Statement zur Lage der Techno-House-Nation.

Als wir 1989 antraten, *Frontpage* zu machen, geschah das
aus Fanzine-Beweggründen. Wir mochten diese Musik und
wollten andere davon überzeugen, sie auch zu hören, und
die »Fans« qualifiziert informieren. Das gelang. Techno
wurde zunächst Modetrend mit allen Begleiterscheinungen.
Und es wurde mehr. *Frontpage* war das erste Magazin, das
erkannte, daß House und Techno weit über die Musik hinaus eine Lebenskultur ist, vielleicht sogar der Lifestyle dieser Generation. *Frontpage* hat mitgewirkt, ein Bewußtsein
dafür zu schaffen. Die Ziele, die wir um 1991 hatten, sind
heute fast alle erreicht, alles, wofür wir einst gekämpft hatten, ist einigermaßen Wirklichkeit geworden. Der Erfolg
der Musik- und Kulturbewegung, die wir featuren, gibt uns
neue Aufgaben. Es ist an der Zeit, den State of Art – so wie
er bei uns gesehen wird! – neu zu definieren.

Wir haben dazu schon oft Definitionen geliefert, anfangs
von der rein »technischen Musik, die mit Computern erzeugt wird und sich auch so anhört« bis zu »Soundtrack zu
unserem Leben«. Techno als Lifestyle und Kulturtechnik
geht über die Musik hinaus. Techno kommt von Technologie. Technik wurde immer eingesetzt, um schneller zum
Ziel zu kommen und sich dem zu widmen, was die Essenz
ist. Flugzeuge statt Kutschen, Appletoshs statt DOSpro-
grams. Technologien haben immer Hindernisse beseitigt,

Zeit gespart, das Tempo angehoben, Umwege umgangen. Und jetzt gehen wir das Ganze mal universell an, à la: Was ist der Sinn des Lebens? (Wer hat sich die Frage dienstagmorgens noch nicht gestellt, oder auch freitagabends?)

Natürlich können und wollen wir hier keine Antwort geben, aber es sei festgestellt, daß alle Menschen eine Gemeinsamkeit haben: Jeder will glücklich werden. Ausnahmslos. Den Weg kann jeder einzelne bestimmen. Techno(logie) kann Glück steuerbar machen, ein bißchen wenigstens. Es gibt mehrere Ebenen, über die jeder selbst bestimmt: seine Gesundheit, seine Beziehungen zu seinen Mitmenschen, Partnerschaften inklusive, sein materielles Auskommen. Das gilt für alle Menschen, die gesamte bürgerliche Gesellschaft inklusive. Für uns gibt es noch eine weitere Ebene, die kulturelle, die noch ein paar Gedanken mehr erfordert. Wir leben hier und heute, und deswegen interessieren wir uns für den aktuellen Stand der Technologien und dafür, die Mittel der Gegenwart für uns zu nutzen, um glücklich zu werden. Man mag uns genußsüchtig nennen, wir finden, daß das kein Schimpfwort ist. Was haben andere davon, daß sie sich totschuften und keinen Spaß im Leben haben? Wenn sie sich dann noch als Moralapostel aufspielen, haben sie sich in unseren Augen lächerlich gemacht.

Wir wollen unseren Spaß sofort und ohne Umweg. Wir wollen mehr erleben, die Farben riechen, den Sound schmecken, die Dinge fühlen, die Wahrheit sehen, die Lügen nicht glauben und das tun, was uns wirklich interessiert. Toleranz, Offenheit, Inspiration, Humor (natürlich auch ein gewisser Zynismus gegenüber denen, die uns nicht verstehen), Freude am Neuen und tiefe, inbrünstige Liebe zu dem und denen, die wir gut finden, sind unsere Charakterzüge. Wir setzen die zur Verfügung stehende Technik so ein, daß sie uns am meisten nützt. Sehr ökonomisch: z. B. um die Musik zu machen, die wir lieben, um schnell und direkt zu kommunizieren, um schnell mehr zu wissen und weiter zu denken, nicht zuletzt, um unser Heft zu machen. Und wir wundern uns die ganze Zeit, warum es nicht noch viel mehr Leute so machen. Für uns hört Raven (im Sinne von zu Techno leben) nicht bei der Afterhour auf, wir tun es die ganze Woche, vielleicht unser ganzes Leben.

Zu abgehoben? Zu abstrakt? Oder zu unwirklich? *Frontpage* und seine Freunde gelten manchen Zeitgenossen bereits als gefährliche Sonderlinge mit Sektencharakter, worüber wir nur lachen können. Überhaupt lachen wir den ganzen Tag. Über den Haß, den wir und unsere Aktivitäten von »etablierten« Medien ernten, können wir nur lachen. Ist es der Neid?

Ein Credo von *Frontpage* war immer und zu allen Zeiten: Raven ist geil und macht Spaß. Das Falscheste ist es, jemanden ausschließen zu wollen, bloß weil man sich, und sei es auch nur aufgrund von Wohnort und Alter, schon ein bißchen länger für Techno interessiert. Arroganz und Borniertheit sind dumm. Und schlimmer als die peinlichste Zipfelmütze der Welt. Jeder aus der 1. und 2. Generation hat die Aufgabe, Wissen zu vermitteln und den Newcomern die Roots aufzudecken. Denn eins wollte Techno niemals sein: eine abgeschlossene, traurige Subkultur.

Denn es geht um Veränderungen in der Gesellschaft, die überhaupt nicht abzusehen sind. Während Techno für manche lediglich Ablenkungsfaktor ist, ist die Aufgabe weit größer. Freizeit-Exzeß als Kompensation zum gebeutelten Leben eines gestreßten Arbeitsknechts in Ehren, aber das ist nur die Loser-Stufe von Techno, die wir als bloße Begleiterscheinung sehen. All dieser »Seele aus dem Leib tanzen, weil's Leben so stressig ist«-Scheiß kam uns immer wie eine lausige Fehlinterpretation vor.

Wir sehen in der Zukunft die ravende Gesellschaft, die Gesellschaft, die begreift, was wir heute sagen. Die gesellschaftlichen Folgen sind unabsehbar und werden mindestens so groß sein wie der gesellschaftliche Impact der Hippies auf die späten sechziger und siebziger Jahre. »Stell Dir vor, Montag ist Arbeitstag, und keiner geht hin«, so ein lustiger Spruch, der auch für *Frontpage* gilt (dafür wird Dienstag und am Wochenende alles nachgeholt oder auch nicht, wenn vier Tage zum Arbeiten reichen). Die ravende Gesellschaft mit lauter glücklichen Leuten, die mit ihrer Identität und Funktion zufrieden sind, genügend Spaß, gute Laune, Sex, gesundes Urteilsvermögen, hohes Selbstbewußtsein etc. haben, ist unser Ideal, dem wir näherkommen. »Do what you want to do« ist ein Ideal der achtziger Jahre, das erst jetzt verwirklicht wird. Einige werden sich noch sehr wundern, wenn das passiert, was passieren muß und wird.

Wir als *Frontpage* sind froh darüber, hier eine Avantgarde-Funktion einzunehmen, und wir sind bereit, jede Chance zu nutzen, diejenigen, die es wollen, von unserer Mission zu überzeugen. Man mag über Marusha und ähnliche Techno Major Acts denken, was man will, aber sie haben ihre Funktion erfüllt, indem sie viele Menschen das erste Mal Techno hören ließen. Techno kann das Leben verändern, unseres auf alle Fälle. Techno ist nicht unfehlbar, insbesondere das Scheitern vieler Groß-Raves entfacht z. B. in *Frontpage* eine rege Diskussion.

Techno ist keine Religion, weil unsere »Götter« nicht vorgegeben sind. Aber die Formen und Strukturen kann sich jeder selbst zu eigen machen. Und Techno (im Sinn von Technologie) kann jedem helfen, klar über sich und sein Tun, seinen Weg und sein Ziel zu urteilen und zu entscheiden.

RALF NIEMCZYK

Ralf Niemczyk, langjähriger »Spex«-Autor, beschreibt die Kommerzialisierung der einstigen Avantgarde-Enklave Techno. Vom Resistenz-Beat des Detroiter Undergrounds zur VIP-Loge beim Mayday: Techno-Raves seien längst

zum Tummelplatz ratloser Marketingmenschen und kon-
sumgeiler Teenies mutiert. In seiner Ausformung als Sound-
track für Mega-Raves, so Niemczyk, habe Techno jegliche
innovative Kraft eingebüßt.

Längst über den Regenbogen
Kommerz im Rave-Land

Wer will schon was gegen Mädchen-Mode sagen? Da liegt
sie, irgendwo hingeschmiegt im Video überm Regenbogen,
und zwirbelt sich die Korkenzieher-Locken. Mit keckem
Kopfputz und geringeltem Bauchnabel-frei-Shirt hampelt
sie durch eine Kinderzimmer-Landschaft. Sonderlich subversiv oder gar avantgardistisch ist das sicherlich nicht,
schon eher ein Teenie-Image alter Schule. Vom Technics
1200 in den Kosmetikteil von *Bravo-Girl*: »Mach Dir eine
Marusha-Frisur!« Sollte daran vielleicht etwas falsch sein?

Zum Komplex »Kommerzialisierung« im Techno fallen –
zur ungefähren Eingrenzung des Themas – jeweils Stichworte wie »Marusha« oder »Low Spirit«: Liegt ja auf der
Hand, von wegen Charts und Goldenen Schallplatten, knal-
liger Mainstream-Bauweise plus cleverer Vermarktung. Marusha als vorläufiger Endpunkt einer rasanten Entwicklung
von der angeblich verschworenen Subkultur bis hin zur
Etablierung einer Pop-Ikone, wie man sie aus den siebziger
oder achtziger Jahren kennt. Doch genausowenig wie Nena
»schuld« am frühzeitigen Ausbrennen der Neuen Deutschen Welle war, ist mit Marusha das Ende irgendeiner Ära
erreicht. Nach fünf Jahren hat Techno die Breitenwirkung
erreicht und die Versatzstücke aufgetürmt, auf der simple,
aber zündende Pop-Konzerte gedeihen können. Ihre Sets
als DJ-Queen zwischen den Hartbrett-Kollegen sind mir
immer einigermaßen kurzweilig und unterhaltend vorgekommen. Ein freundliches Licht in der Mega-Rave-Belie-
bigkeit; nicht mehr und nicht weniger. Es spielt eigentlich

keine große Rolle, ob sich das Fräuleinwunder Marusha sta-
bilisieren läßt. Das Prinzip »Pop-Produktion mit Techno-
Geschmack« ist längst dem sozialen Umfeld und der Ge-
schicklichkeit entrissen, welche die Hitfabrik Low Spirit
zweifellos zu bieten hat. Nachdem die Blaupause für den
cleveren Erfolg einmal ausgelegt war, ist ein Ding auf unbestimmte Zeit in Serie gegangen. Hans und Franz mischen
mit; ob Fidel-Folk, Alpenblödsinn oder Spaß-Mexikaner –
alles funktioniert mit Video und entsprechender Bpm-Zahl.
Zum Feindbild taugt das Zeug allerdings nicht. *Bravo*-
Thema gleich Kulturverfall – das wäre ein wenig zu billig.
Wie gesagt, wer will schon auf Teenager schießen?

Es sollte zumindest eine latent kritische Betrachtung werden – in der Kommerz weiterhin qualitativer Abstieg bedeutet und geschäftlicher Erfolg demnach nur unter Aufgabe bestimmter Werte zu erreichen ist. Spiel mir das Lied
vom Ausverkauf ... Für die Arbeitsweise einiger Elektro-
tüftler und Klanginnovatoren mag das durchaus stimmig
sein, doch im Hinblick auf eine allgemeinere Betrachtung
des Phänomens bringt diese polarisierte Sichtweise nicht
viel. Der aus der fortgeschrittenen Rockmusik übernommene Dualismus von Underground und Overground ist
eine ästhetische Konstruktion für einen Bewertungs- und
Diskussionsrahmen, die unter völlig anderen Vorausset-
zungen entstanden ist. Solange der Aufführungsort Club heißt
und wir von Tanzmusik reden, gelten andere Gesetze.
Techno hat nie etwas versprochen, außer vielleicht Auf-
bruchstimmung und Innovation auf dem Tanzboden. Und
was als 1500er-White Label angelegt ist, hat strukturell
durchaus das Zeug zum Welthit. Es gibt keine formulierte
Grenze zwischen »unten« und »oben«. Die frühen Innovatoren von Detroit wollten musikalischen Fortschritt. Sie definierten sich jedoch nicht über Kapitalismus-Kritik oder
über grundsätzliche Bildungsbürgerprobleme mit Erfolg
und Kohle. Sie bastelten – in Abgrenzung zur Hinterlassen-
schaft von Motown – am R 'n' B des Jahres 2000 und streb-

ten in langer Tradition der schwarzen Musik-Community –
von unten kommend – nach dem Licht. Die Erfinder des Raves wiederum entwickelten schlicht und einfach das Modell
»Disco« und damit die Kultur des Eskapismus weiter. [...]

Die 1989 als Schnapsidee gestartete Love Parade war 1991
bereits ein internationales Rave-Touristenziel, und mit der
Erfindung des Mayday im gleichen Jahr waren die Markenzeichen geschaffen, die in den weiteren Jahren nach allen
Regeln der Unterhaltungsindustrie ausgebaut und verwertet
werden konnten. »Die Riesenparty ist eine Konzession an
alle«, sagte Mayday-Organisator Jürgen Laarmann damals,
»die sich engagieren und mitfeiern wollen. Da kommen halt
viele zusammen. Von außen sieht das vielleicht nach einem
Rip-Off aus ...« Nach dem Prinzip »Halb zog es sie hin,
halb sanken sie hinab« wurde gerade Mayday von der Halle Weißensee (6000 Raver) über das Kölner Eisstadion
(10 000) zum Markenartikel und zur Zielscheibe gleichzeitig. Bei der Pressekonferenz des ersten »Unternehmens
Westfalenhalle« (16 000) warteten DJ Dick und Laarmann
im Kölner »Warehouse« geradezu auf Beschimpfungen und
unangenehme Fragen. Sie hatten die – gerade in ihrer Berliner Homebase nicht unerhebliche – Kritik regelrecht ver-
innerlicht. Sponsorengelder, die nichts mit Platten- oder
Eintrittsumsätzen zu tun hatten, waren längst Teil des Ge-
schäfts. Mittlerweile bewegte sich die »Szene« in Dimen-
sionen, die mit dem weiterhin propagierten Familien-Ding
kaum mehr etwas zu tun hatte. Die von überall her strö-
menden Neu-Raver, mal als »Rave-Hooligans«, mal als
»Bundeswehr-Prolls« bezeichnet, wurden zwar nicht gezielt ausgegrenzt, doch die Organisationsprinzipien waren
im wesentlichen die gleichen wie bei jedem anderen Veran-
staltungszirkus auch: In der Halle Weißensee trafen sich
Stars und Sponsoren im VIP-Bereich, und beim ersten
Dortmunder Mega-Mayday gab es gar exklusive Logen für
Firmen zu mieten – wie in den Stadien von Werder Bremen

oder des PSV Eindhoven. Techno geht – zumindest zwei-
mal jährlich – im Showbusiness auf, und dort macht die
»Kommerzialisierung« auch gleichzeitig die Faszination
aus. Es scheinen gerade der Massenauftrieb und seine orga-
nisatorischen Strategien zu sein, die den Thrill ausmachen:
Die tausendfach rudernden Arme, die Anreise wie zum
Auswärtsspiel, der Laser- und Animations-Bombast, ein
Phantasieland für die Generation von 1970.

Um so verwunderter war die Reaktion von Dick und
Laarmann, als man sich hauptsächlich für logistische und
technische Fragen interessierte. 1993 stand der »Feind«
nämlich längst woanders. Auch Mayday schien kopierbar,
und unzählige besser oder schlechter organisierte/besetzte
Plagiate bepflasterten Stadt und Land. Ein Veranstaltungs-
Overkill, der sich gegenseitig aufzuheben schien.

»Raver sind inzwischen zu einer ganz eigenen Klasse in der
Gesellschaft aufgestiegen«, heißt es im hochglänzenden
Info-Heftchen zum letzten Berliner Doppel-Mayday.
Klasse? Im marxistischen Sinne? Oder eher anglo-amerika-
nisch, von wegen »the class of . . .«? Wem soll hier erzählt
werden, daß die 1 500 000 Leute, die sich angeblich »allein
in Deutschland für House und Techno interessieren«, irgendwas gemeinsam haben? Außer vielleicht, daß sie sich
am Wochenende (oder so) mal gerne die Kante geben. Hat
man das nötig? Muß die Behauptung herhalten, wo der Sinn
flötengegangen ist? Nicht der Konsumaspekt selbst, sprich
die Label-Klamotten, die Pillen und Eintrittsgelder, nervt,
sondern der quasitheoretische Überbau. Niemand käme auf
die Idee, dem Sommerschlußverkauf oder Marius Müller-
Westernhagen eine Philosophie zu verpassen. So blöd moralisch das klingen mag, doch anstatt »die ganze Welt zu
verändern«, schließt die »Raving Society« erst einmal die-
nigen aus, die schlichtweg nicht genug verdienen, um beim
Dauertanz der Eitelkeiten mithalten zu können. Der Gedanke, daß die (postulierte) »allergeilste Form der Demo-

kratie« letztlich eine Ware ist, beinhaltet (unfreiwillig) schon wieder einen Schuß Weisheit. Ansonsten läßt sich die bodenlos größenwahnsinnige Rhetorik nur von ihrer amüsanten Seite her ertragen. »Nicht nur alles ist anders, sondern wir sind anders.« Tjaja, Techno heute, das ist die frappante Umkehr der Situation vor 1990: Es gibt nichts mehr durchzusetzen. Statt dessen erfinden Reynolds Tobacco und andere rund um Techno mit Love Parade-Plagiaten und Charter-Pauschal-Tourismus (»Airrave«) eigene künstliche Events. Die Raver verkommen zur Staffage.

Während ein cool gestylter Maurer dem *Spiegel-TV*-Reporter verrät, daß er nach der Maloche-Woche am besten zu Tekkno abspannen kann, rümpfen Feuilleton und Sozialwissenschaft immer noch die Nasen. Mal ist man Bürgerschreck, mal der beste Freund der Industrie. Den neuerlichen Maßnahmen seitens der Drogenfahndung (z. B. im Kölner »Warehouse« oder auf dem Hamburger Kiez) stehen Strategien entgegen, wie sie Sven Väth und sein Harthouse/Eye Q-Label verfolgen. Über das Montreux-Jazz-Festival und Spoken-Trance-CDs mit dem Schriftsteller Rainald Goetz sucht man – quasi als Gegenpol zur Party-Party-Aura des Frankfurter »Omen« – nach neuen, alten Wegen zur kulturellen Anerkennung. Sven Väth, so meldete jüngst ein Rundschreiben, gab im österreichischen Linz gar eine Soiree mit dem Piano-Virtuosen Friedrich Gulda.

Der Prozeß der »Kommerzialisierung« hat zu einer breiten Ausdifferenzierung geführt, die eigentlich nur zu einer »ravenden Nation« zusammengeredet werden muß, wenn mal wieder ein marodierender Schlaumeier nichtsahnende Sponsoren von überdimensionalen Geschäftsideen überzeugen will. Die immer wieder postulierte Andersartigkeit gegenüber den Rock-'n'-Roll-Strukturen ist gerade bei den Mega-Events kaum noch zu halten. Außerdem wird House/Techno längst im Austausch mit allen möglichen anderen Stilen gehört; ob man das nun als »Sieg« feiern

möchte oder nicht. Und daß selbst eine ehemals eher anar-
chische Veranstaltung wie die Love Parade zu einer 1-A-
Spießer-Schneewittchen-Kitsch-Blaupause taugt, zeigt das
entsprechende »Love Song«-Video von Marc Oh. Erst jetzt,
wo die Welt der Plattheiten auch im Techno einmal ausgelo-
tet scheint, wird sich zeigen, wie groß das damals in Detroit
postulierte Erneuerungspotential wirklich ist. Werbe- und
Tonträgerindustrie haben ihre Claims im Techno abge-
steckt. Solange sich Kohle damit machen läßt, kann das
Ding noch Jahre weiterlaufen. Wer damit zufrieden ist, einer »Bewegung« anzugehören, die planbar ist wie *Cats* oder
Starlight Express, gehe hin in Frieden. Alle anderen verab-
schieden sich gefälligst von dem Gedanken, daß zuckende
Bewegungen unter dem Strobo noch irgend etwas mit Fortschritt oder gar ewiger Jugend zu tun haben. Die Zeit für
neue Allianzen ist überfällig.

PATRICK WALDER

Patrick Walder, Mitherausgeber des ebenso umfassenden
wie klugen Readers »Techno«, resümiert in seinem Essay
»Technodrogen«: »Just say know« sei dem von Bundesge-
sundheitsministern und Klinsmännern propagierten »Just
say no« überlegen. Walder beschreibt den Drogenkonsum in
der Technoszene als vollkommen unprätentiöse Verabrei-
chung spaßmachender Substanzen – frei von jeglicher Ver-
heißung oder Bewußtseinserweiterung. Da der Topseller un-
ter den Technodrogen, Ecstasy, genauso fit und froh mache,
wie sich Arbeitgeber ihre abhängig Beschäftigten vorstell-
ten, fielen die staatlichen Anti-Drogen-Attacken erstaunlich
dezent aus.

Just Say Know
Technodrogen

Technoparties, sagte kürzlich ein Freund, würden organisiert, um den Ecstasy-Trips einen idealen Rahmen zu geben. Viel zu erwidern hatte ich ihm nicht, auch wenn mir seine Sichtweise etwas gewagt schien. Es ist die alte Frage vom Huhn und vom Ei – was war zuerst: Raves oder XTC? – und letztlich eine Frage des Geschmacks. Offensichtlich ist, daß die Phänomene Techno und Drogen aufs engste miteinander verquickt sind. Der Giftschrank der Technoszene ist jedenfalls gut bestückt: Wer sich an Raves umschaut, wird feststellen können, daß dort mehr Cannabisprodukte verraucht werden als an einem Reggae- und einem Heavy-Metal-Konzert zusammen. Getan wird das ohne allzu große Heimlichkeit und ohne großes Aufheben darum zu machen. Es wird eben gekifft. Rechtzeitig zum fünfzigjährigen Jubiläum seiner Entdeckung hat die Technoszene auch dem LSD ein Revival beschert. Auch diese psychedelische Droge wird konsumiert, ohne daß man dabei jene Sensationen erreicht, von denen jeweils in den buntesten Farben berichtet wurde: Raver auf LSD führen keine Diskussionen mit Gott & Marx und erleben auch keine phantastischen Abenteuer mit Alice im Wunderland. Raver auf LSD tanzen. Leicht angegraute Beobachter rätseln, ob wohl der Stoff anders ist, oder die Dosis, oder vielleicht doch die Rave-Generation. Von der Club- und Dance-Szene quasi geerbt hat Techno die Drogen Kokain und Speed; je nach Kaufkraft und Angebot ist die eine oder andere Substanz etwas mehr oder weniger verbreitet, ihr Konsum ist aber kein besonders typisches Merkmal der Rave-Szene. Verbreitet sind – natürlich – die Drogen Nikotin und Alkohol, letzterer allerdings deutlich weniger als an jeder Betriebsfeier, was einen einfachen Grund hat: Der Raver liebstes Spielzeug in ihrem breiten Sortiment ist eindeutig Ecstasy – und dieses verträgt sich schlecht mit Alkohol.

Das Produkt der illegalen Pharmaindustrie ist Marktleader in der Technoszene, und es gibt keinerlei Hinweise, daß sich das in absehbarer Zeit ändern wird, einmal abgesehen von natürlich auftretenden Fluktuationen etwa mit den Jahreszeiten (Herbst: Pilzzeit!) oder nach musikalischen Vorlieben – Speed zu Gabber, Cannabis zu Jungle, LSD an der Goa-Party . . .

Die Technoszene – man kommt nicht darum herum, es festzustellen – ist eine veritable Drogenszene. Wie in jeder anderen Drogenszene sind die Drogen selbst Gesprächsthema: Am einfachsten mit einer Raverin oder einem Raver ins Gespräch kommen läßt sich mit Fragen wie: Wie geht es dir? Auf was bist du drauf? Weißt du, wer Pillen verkauft? Wie sind sie? Ein Einstieg ist gefunden (falls er oder sie die Fragen im Lärm verstanden hat und sie trotz Dröhnung nachvollziehen kann), nun könnte man sich im Chillout-Raum einer Vertiefung des Themas hingeben und zum Beispiel einflechten, wie touchy einen die Pille macht, die man gerade eingebaut hat. Das klingt alles ziemlich stupid und beschränkt, und das ist es leider auch oft. Aber es kann auch ganz schön sein. Und niemand soll behaupten, Partytalk anderer Couleur sei irgendwie intelligenter. Immerhin haben die Ekstase-Kids ein beachtlich kreatives Potential entwickelt. So wie die Eskimos ungefähr hundert Begriffe für Schnee kennen, ist in der Rave-Szene ein ganzer Sprachschatz rund um Drogen gewachsen: Pillen einwerfen, einbauen, einklinken, spicken, reinpfeifen – um nur ein paar wenige Beispiele für den zentralen Vorgang zu nennen. Man kennt sich aus und ist versiert im Umgang mit vielfachem Drogenkonsum und dem geeigneten Setting. Die Technoszene ist, das wird deutlich, ihren Konsumgütern eng verpflichtet. Was verbindet sie mehr als die Vorliebe für elektronische Musik und synthetische Drogen? Außer in der Wahl der Genußmittel unterscheiden sich die Raver kaum vom Rest der Gesellschaft. Die vielbeschworene Raving Society ist so gesehen nicht viel mehr als eine Konsumgemeinschaft in der Konsumgesellschaft.

In zwei nicht unwesentlichen Punkten unterscheidet sich die Rave-Szene aber doch von unserer Hau-rein-den-Schrott-Society. Erstens sind die Drogen ihrer Wahl illegal, und zweitens ist das Ziel des Konsums von Drogen, Beats und Strobo ein exzessiver Rauschzustand, der bekanntlich mit den tragenden Stützen unserer Gesellschaft zu kollidieren droht: Arbeit, Disziplin und Nüchternheit zählen nicht gerade zu den Grundfesten der Raving Society.

Dafür, daß ihre bevorzugten Drogen verboten sind, können die Raver nun wirklich nichts. Aber eine Revolution läßt sich damit heute auch nicht mehr machen. Hatten 1968 Pilzköpfe und Mushrooms noch für schockierte Kleinbürger gesorgt (und damit auch für provokative Lebensentwürfe und berauschte Illusionen auf seiten der Pilzköpfe), so gehören illegale Drogen heute nun mal zur erweiterten Produktepalette der modernen Gesellschaft. Die einen nehmen ihr Valium oder Prozac, wie sollten sie sich da ernsthaft über die XTC-Pillen der anderen entrüsten können? Tun sie aber doch. Allerdings mit immer weniger Überzeugung und Erfolg. Die Drogenprohibition hat nicht nur deswegen versagt, weil sie kein taugliches Konzept darstellt, irgend jemanden am Konsum einer Droge zu hindern, sondern auch, weil die Konsumgesellschaft jedes moralische Recht dazu längst verramscht hat. Die Tatsache nervt, daß einem permanent jeder mögliche und unmögliche Konsumschrott angeboten wird und einem gleichzeitig ein paar wenige Stoffe auf Tod und Teufel vorenthalten bleiben.

Daß Drogen nicht mehr ernsthaft verteufelt werden können, bedeutet auch, daß ihnen keine großen Verheißungen mehr zugeschrieben werden. Fertig, aus mit Spiritualität, Schluß mit Bewußtseinserweiterung, die Pforten der Wahrnehmung bleiben dicht. Aber auch der Nimbus der Rebellion, der die Drogen umgab und den sie nicht zuletzt ihrer Illegalität verdanken, hat sich im Kaufrausch ausgeleiert.

Jugendkultur ist oder war immer etwas Aufrührerisches: rebellisch und widerständig oder zumindest widerspenstig und sperrig. Jugendlich zu sein bedeutet, vor dem Eintritt in die Gesellschaft, in die Maschine von Arbeit und Leistung zu stehen. Man ist noch draußen, mit dem Fuß in der Tür und dem Herzen in der Prärie der Jugendträume. Lieber als sich an die Verhältnisse anpassen will man die Verhältnisse zum Tanzen bringen. Weil das nicht so einfach geht oder gar immer schwieriger wurde und weil keine Lehre oder Idee mehr garantieren kann, daß sie die Verhältnisse tatsächlich zum Tanzen bringt, bleibt nur noch ein Ausweg offen: sich selber tanzen lassen, sich der Scheinwelt einer Subkultur hingeben – zwischen Tür und Angel in Trance fallen.

Da befindet sich Jugendkultur heute: Wenn schon nicht Freiheit und Abenteuer, dann wenigstens Freizeit und etwas Abenteuer. Aus Widerspenstigen sind Party-Junkies geworden. Wem sich nicht die Eroberung der Welt anbietet, dem bleibt immer noch die Erkundung des Inner Space, die Abfahrt, der Rückzug ins Dunkle. Und dazu gehören Drogen. So sind nicht Revolutionäre oder Outlaws die Helden der Raving Society, sondern der DJ als Schamane und der Dealer als Medizinmann – die zentralen Figuren entstammen anderen Gefilden. Die Technoszene bildet Stämme – Tribes: Diese grenzen sich gegen die entfremdete und trübe Außenwelt als sinnstiftende und verschworene Familie ab – und können sich der Außenwelt doch nicht entziehen. Schließlich ist die Gefahr, von der Gesellschaft verstoßen und am Rand – als drittes Drittel – liegengelassen zu werden, für Jugendliche heute größer denn je.

So unterwirft sich die Jugend auch in ihrer Freizeit den unvermeidlichen Gesetzen: Die Beschleunigung durch Drogen und Beats entspricht der Beschleunigung der Gesellschaft. Der knappen Freizeit und den engen Freiräumen muß das Letzte an Ereignis und Attraktion abgerungen werden: immer schneller, immer mehr! Diese Leistung ist ohne Doping nicht zu schaffen.

Die Jugend und das Marketing waren wieder einmal schneller. Die Raver machen kaum Aufhebens um die Tatsache des illegalen Drogenkonsums. Bei den unvermeidlichen Konfrontationen mit dem Staat wiederholen sich in der Szene zwar hin und wieder gebetsmühlenartig die Distanzierungen von Drogen – es gehe auch ohne usw. –, aber meist siegt dann auch bei selbsternannten Rave-Gurus, und vor allem bei kalkulierenden Veranstaltern und nüchternen DJs, die Einsicht, daß die Raves ohne Drogen spätestens um sechs Uhr morgens zu Ende wären. Und das sind sie offensichtlich nicht. Ohne Drogen keine Marathonfeier. Niemand will indes behaupten, daß jeweils alle an Parties auf einer Droge sind und man nur zugedröhnt auf Techno abtanzen könne; das ist so falsch und schwachsinnig wie die Sprüche »stay out of drugs« oder »just say no«. Ecstasy ist nicht Voraussetzung, aber es ist stilprägend für diese Kultur; so wie Woodstock ohne LSD kaum denkbar war, wären Raves ohne XTC bloß Veranstaltungen zur körperlichen Ertüchtigung. Ausgefeiert! Viele Veranstalter wissen längst, wie sich die Faszination der Droge gewinnbringend umsetzen läßt. Etwas erstaunlich ist höchstens noch, wie unverfroren die kommerziellen Anbieter dabei agieren: Mit Namen wie User Rave, Overdose, Planet E, E-Nergetic oder E-Power werben zum Beispiel Schweizer Partyorganisationen für ihre Raves und Clubs.

Beim Spiel mit der Faszination am (illegalen) Konsumgut wollen natürlich auch die kapitalkräftigeren Profis der Freizeit- und Genußmittelindustrie nicht zurückstehen. Großfirmen haben die konsumfreudige Gemeinschaft längst entdeckt, an Manager-Seminaren erforscht und sind mit wehenden Fahnen (und Ohrenstöpseln) in der Szene eingezogen. »Da besteht ein sehr ausgeprägtes Markenbewußtsein«, konstatiert die schon legendäre Camel-Frau, Elke Schwellenbach von Reynolds Tobacco: »Das sind junge, aufgeschlossene Leute, die ihren eigenen Lebensstil haben, die Technologie und Musik als Medium nutzen, um ihre

Freizeit erlebnisorientiert zu gestalten.« Camel fühlt sich
wohl in der Technoszene (»Akzeptanz total!« schwärmt
Schwellenbach), ein altes Getränk wird mit dem neuen Slogan »Schweppestacy« beworben, und ein Energy-Drink aus
Österreich heißt heute XTC. Im Raving Drugstore fehlt
keine Firma der Freizeit- und Suchtmittelindustrie mit
Werbung, Sponsoring, Product Placement usw. Bemerkens-
wert ist immerhin, daß auch die Schweizer Banken – beispielsweise via Billettvorverkauf – aktiv in dieser Drogenszene mittun.

Auffallend ist, daß die Raver und ihre Drogen bis dato
eine gewisse gesellschaftliche Akzeptanz finden, während
etwa die Junkies in allen europäischen Städten von der
Straße gejagt werden. Während letztere nur noch für Elend
und Absturz stehen, machen die Raver neugierig: Ihr
»Love, Peace, Unity«-Ding freut nicht nur das Marketing,
sondern dürfte auch besorgte Eltern und Politiker beruhigen. Zwar wird da und dort eine kleine Jagd auf Pillen-
schlucker eröffnet, eine Razzia durchgeführt oder von
Unverständigen von Kanzeln herunter und aus Redaktions-
stuben gegen die Todespillen gedonnert, aber die Ecstasy-
Kinder kann man weder richtig »verteufeln noch in ihrer
ganzen jugendlichen Frische zu totalen Drogenopfern erklären«, wie Diedrich Diederichsen schreibt (*Die Beute*,
Winter 1994/95). ». . . groß ist das potentielle Verständnis«,
so Diederichsen weiter, »das diese Gesellschaft der Erleb-
nishungrigen und manischen Mittelständler für Leute auf-
bringen könnte, die sich besondere und extreme Kicks bei-
bringen wollen.« In diesem Sinne können sich die Pillenkids
durchaus als gesellschaftliche Vorreiter sehen: Sie schaffen
Akzeptanz für einen modernen Staat der Polytoxikomanen,
der es allen erlaubt, für jedes beliebige Bedürfnis ein ent-
sprechendes Gebräu einzupfeifen. Technodrogen heißt auch
das: Die Möglichkeit, dank neuer Technologien immer neue
Drogen zu entwerfen und nach Wunsch auf eine ganz bestimmte Wirkung hin zu designen. Ein Alptraum. Aber so-

weit sind wir noch nicht. Noch gilt Rausch als staatszersetzend und Nüchternheit als hehrer Grundsatz sowie Voraussetzung für die Funktionsfähigkeit in der Maschine »Gesellschaft«. Das Engagement von Werbung und Genußmittelindustrie in der Technoszene bedeutet nicht unbedingt, daß in diesen Kreisen grundsätzlich eine wachsende Akzeptanz gegenüber Drogen oder gar eine Hinwendung zu einer liberalen Haltung in der Drogenfrage festzustellen wäre. Aber sowenig sich die Raver durch die Illegalität gestört fühlen, sowenig beeindruckt ist die Industrie davon. Die einen sind ganz ihren Profiten, die anderen ganz und gar ihrem Rausch verpflichtet.

Raves und Drogen erlauben einen flüchtigen Blick aufs »andere Leben«, Rausch ist ein legitimes Austreten aus der Maschine und im besten Fall ein Ausschauhalten nach anderen Perspektiven. Drogen nehmen kann heißen, sich wenigstens für einmal kurz befreit zu fühlen – wenn auch bloß chemisch induziert. Der Ausblick auf ein anderes Leben ist wohltuend, und er ist da subversiv, wo sich auch reale Perspektiven auftun – die aber sind dicht und düster.

Weil dem Konsum illegaler Drogen keine – auch noch so entfernte – heroische Geste (die Welt zu erobern) mehr abgewonnen werden kann, bleibt zur Erfüllung des ungestillten Hungers (sich die Welt einzuverleiben) nur noch das dumpfe Mehr: immer mehr! Mit der idealistischen Phrase, die früher Cannabis, LSD und selbst Heroin noch umgab, ist auch das Bezugssystem verlorengegangen, das den Konsum wertete und begrenzte: Konsum mißt sich nur noch an sich selbst – ist maßlos.

Und das führt sichtlich zu Crashlandungen. Viel zu viele haben den Konsum nicht im Griff, werfen Pillen nach bis zum Delirium, dröhnen sich zu, bis die Kiefer wackeln und die Zähne klappern. Dabei ist nicht primär die Droge das Problem. Abhängig macht nicht sie, sondern das ganze Ereignis aus Musik, Licht, Leuten – und Drogen. Die Nähe zu anderen, die starken Gefühle beim Tanzen, diese Intensität, die im Alltag fehlt, macht süchtig. Die alltägliche Lebenswelt kann gegenüber der Rave-Inszenierung einfach nicht mithalten. Viele scheinen Intensität bald nur noch mit Beat, Strobo und dem Griff in den Giftschrank erleben zu können. Raver suchen immer wieder ihre Grenzen, tanzen auf dem Vulkan: eine Trance am Rande des Abgrundes. Es ist absehbar, daß die physische und die psychische Kraft für den Schritt vom Rave zurück in den Alltag irgendwann einmal nicht mehr reichen wird. Abstürze sind programmiert: Einige werden an der Grenze hängenbleiben, andere werden sich, nicht zuletzt wegen der gesellschaftlichen Selektion über die Prohibition, am Ende im ausgestoßenen Drittel wiederfinden.

Auf die neu und ausgiebig gefeierten Rauschzustände reagierte die Gesellschaft zuerst ratlos, aus Unkenntnis und Ignoranz. Und schließlich mit Repression und Kommerzialisierung – ausschließen und vereinnahmen. Die Guten ins Töpfchen, die Schlechten ins Kröpfchen. Eine Konfrontation zwischen Rave-Szene und Restgesellschaft verläuft entlang von Rausch und Nüchternheit. Die Auseinandersetzung ist noch nicht ausgestanden. Vermutlich wird es an deren Ende ein paar neue »Drogenopfer« geben und ein neues gesellschaftliches Angebot von Rausch »light« und Verzükkung nach Vorgabe.

Statt sich die Szene einzukaufen, sollen Werber und Manager die Finger davon lassen. Schön wär's. Business hat noch jeder Subkultur geholfen, das Leben auszuhauchen. Die Kommerzialisierung entfremdet Freiräume und raubt der Szene das letzte kreative Potential. Aber die Kommerzialisierung einer Drogenszene ist mehr als unheilvoll – sie macht Konsum zum Zwang.

Statt Pillenkids zu jagen, soll man sie beraten, wenn sie danach fragen. Statt Drogen zu beschlagnahmen, soll man Informationen über die Risiken des Konsums bereitstellen.

Das Gefährliche am Drogenkonsum ist bekanntlich weniger die Droge selbst als das Unwissen der Konsumenten und das Risiko durch die Illegalität. Niemand weiß zum Beispiel, was in einer Pille enthalten ist, die als Ecstasy angeboten wird. Einzelne Behörden in England (Lifeline, Manchester) und Holland (Safe House, Amsterdam) haben ein paar vernünftige Erfahrungen mit der Politik der »harm reduction« (Schadensbegrenzung) gemacht. Hiesigen Politikern und Drogenfachleuten sei ein Blick dahin freundlich angeraten – bevor sie ein definitives Schlamassel anrichten.

Statt sich einzulullen und sich was vorzumachen – »Drogen? Ich doch nicht.« »Absturz? Ich hab' alles im Griff.« –, könnte sich die Szene zur Abwechslung mal ihren eigenen Konsum als Thema vornehmen. An Parties auf Freundinnen und Freunde achten, soziale Netze knüpfen, die auch ohne Pille happy machen, sich in der Szene austauschen, von Erfahrungen anderer lernen: Dem »just say no« ist das »just say know« allemal überlegen.

3
Love me gender

INGEBORG SCHOBER

*In ihrem 1980 veröffentlichten Text zur Geschlechterproble-
matik in der Rockmusik entdeckt die Münchener Journalistin eine irritierende Gleichzeitigkeit von Reaktion und
Fortschritt: In Abgrenzung zur machohaften Attitüde der
Rock-Tradition wird es spätestens seit New Wave möglich,
mit Identitäts- und Geschlechtsmerkmalen zu spielen.
Patchwork-Figuren haben jetzt Konjunktur.*

Maskulin/Feminin
Ein Gefühlsausbruch Anfang der 80er Jahre

Nirgends wird so freizügig über Sex gesprochen, nirgendwo wird er so offen gezeigt wie in der Rockmusik. Die
Befreiung von Tabus ging Hand in Hand mit der Rockmusik und scheinbar auch die Emanzipation. Niemand scheint
die Gleichberechtigung so wörtlich zu nehmen und verwirklichen zu wollen wie Rockmusiker und deren Gefolg-
schaft – zumindest, wenn man von ihrem Vokabular ausgeht. Doch nirgendwo wurde gleichzeitig die alte, bestehende Ordnung so geschickt und konstant aufrechterhalten,
wurden überlieferte Rituale verteidigt und unter dem Män-
telchen des Fortschritts unters Volk geschmuggelt. Hie der
Aufruf zur Befreiung, da die Verherrlichung des Traditionellen – ein Widerspruch? Ja und nein. Denn wie keine andere »Kunst«- und »Kulturform« spiegelt die Rockmusik
die schizophrene und doppelmoralische Situation der Ge-

sellschaft wider: einerseits als vorausgreifende, kritische
Avantgarde, andererseits als unbeirrbare, stagnierende Reaktionäre.

Von übertriebenen Endzeit-Visionen bis zu pseudo-roman-
tischer Nostalgie ist hier alles möglich, solange es unter ein-
und demselben Namen als zeitgemäße Ausdrucksform der
Jugendbewegung läuft. Und wer nicht aufpaßt, analysiert
und selektiert, sondern nur konsumiert, der wird leicht hin-
ters Licht geführt. Der Rockfan sollte sich vorsehen, insbesondere der weibliche. Der ist, wie überall, das leichteste
und beliebteste Opfer einer Taktik, die auf Emotionen ab-
zielt. Es gibt da Rituale, die sich eingebürgert haben, die
man als selbstverständlich, ja gottgegeben hinnimmt, die
sehr nachdenklich machen sollten. Denn, wie Marianne
Faithfull sehr richtig sagte: »Die Rockmusik ist eine der
letzten Bastionen des Chauvinismus.«
   Ich will mich nicht über die chauvinistischen, männlich-
keitsbesessenen Texte der meisten Rockmusiker auslassen.
Da können mich nur noch vereinzelte Fälle von Ausschreitungen besonderer Geschmacklosigkeit, emotionaler Un-
reife oder Größenwahns erschrecken. Mir geht es um die
optische Präsentation, um Posen, Gehabe, Attitüden – die
Show. Und da macht sich ein zunehmendes Unbehagen
breit, wenn der Typus Rockmusiker in Erscheinung tritt,
der sich nur in der Aufmachung, nicht aber in der Auffassung vom nicht aufgeklärten Erdenbürger unterscheidet.
Der Anti-Typ, in diesem Fall widersprüchlicherweise dem
Normalbürger erstaunlich ähnlich, was das Äußere anbe-
langt, hatte gar keine Chance, im Ego-Zirkus all dieser
künstlich aufgebauten Supermänner Aufmerksamkeit zu erregen. Da konnte nur noch einer auffallen, wenn er als
Monster, Kuriosum, Absurdität für Sensation und Skandal
sorgte. Ihn konnte man erst wieder durch die neuentstan-
dene Sensibilität entdecken, die nichts mit der Aggression
und Gewalt von Punk zu tun hatte, aber von ihr die Tür ge-

öffnet bekam. Denn Punk verkörperte bei aller Radikalität und Härte nur elementare Gefühle, unkaschiert, ohne Klischees. Frauenfeindliche Texte wie die der STRANGLERS, menschenfeindliche Texte überhaupt, waren wenigstens nicht eingepackt in Zuckerwatte, sie waren klar, deutlich, eindeutig, unmißverständlich. Das half dem Zuhörer, entweder begeistert oder ablehnend zu reagieren, aber er konnte nicht einfach konform mit dem Kopf nicken. Und damit passierte ein wichtiger Schritt zur Neuorientierung. Wie zu Beginn der Flower-Power-Ära anno 68, wo sich eine äußere Geschlechteranpassung vollzog – damals feminin: lange Haare, Schmuck, weich, verspielt –, egalisierte sich die New-Wave-Jugend äußerlich auf ein maskulin orientiertes Bild: kurze Haare, sachliche Kleidung, burschikose Gesten. So wurde nicht nur die Musik, sondern auch das optische Erscheinungsbild radikal verändert. Es kam zu einer Trendwende, die mehr als eine Mode war. Denn im Gegensatz zu den geläufigen, kurzfristigen Modetrends wurde hier ein neuer Schritt auf die Emanzipation des Menschen hin versucht. Traditionelles Rollenverhalten und männliche Dominanz wurden mittels Karikatur, Verwandlung, Irritation, Phantasie korrigiert. Auch die elektronische Musik, dank New Wave kein Tempel mehr für Technokraten, ist so sachlich und emotional wertfrei, daß die Ausführenden zwangsläufig wie sexuelle Neutren erscheinen. Eine neue Ästhetik, aus Deformation, Häßlichkeit und Resignation gewachsen – der graphische Trümmerlook – verleiht den neuen Gruppen ein Charisma der Anonymität. Dadurch wird der Zuschauer weder bedrängt noch frustriert. Es wird ihm lediglich ein Angebot gemacht, das mitunter sehr inspirierend sein kann, weil es der Phantasie freien Raum läßt, weil keine autoritären Muster vorgegeben werden. Die Realität wird neu entdeckt (lange genug verdrängt!) und persönlich interpretiert, die Reproduktion von Industrie, Wissenschaft, Technik als Metropolis-Horror der Cyborgs, Androiden, Clonen, der Mensch-Maschinen und lebenden Roboter.

Solche Impressionen können nur durch ein statisches, neutrales und klares Auftreten der Musiker vermittelt werden. Das mag ein Grund für das plötzlich sehr homogene Gruppenbild sein, wo sich Musiker und Musikerinnen hinter Phantasienamen verstecken, solistische Ego-Trips und offensichtliche Führer ablehnen. Diese scheinbare Anpassung ist nur Ausdruck einer neuen, unterschwellig antiautoritären Verhaltensweise. Es ist ein weiterer Versuch, die Rockmusik wirklich zu demokratisieren, etwas, was in den 60er Jahren fehlgeschlagen ist. Denn dort wurde der Drang nach unverwechselbarer Individualität so krankhaft, daß er Riten und Normen Tür und Tor öffnete. Der Druck der Unfreiheit wurde durch den Druck der Freiheit ersetzt. Diese mißverstandene Toleranz trieb seltsame Blüten, als die Rockmusik gesellschaftsfähig und damit satt und bequem wurde. Mich erinnert die Mentalität dieser Musiker, ob Sanso-weich gefönt oder auf schwitzende Urmenschen getrimmt, fatal an Hochleistungssportler, die nur das Resultat ihres Trainings verkörpern: einseitige Entwicklung und Virtuosität engstirniger Fachidioten, deren geistige und emotionale Entwicklung in der Pubertät steckengeblieben ist und nur als Routine gelebt wird. Du sollst keine anderen Götter neben mir haben! fordern ihre absolutistischen Gebärden. [...]

Womit wir beim »new kind of men«, dem *20th century man*, dem neuen Mann, der neuen Frau, dem neuen Menschen wären. Gibt es den überhaupt? Die Ansätze sind da, wie sie schon oft da waren und wieder verschüttet wurden, und nur mit äußeren Attributen als modisches Beiwerk weiterlebten. Aber erst mal macht so ein neues Menschenbild, vornehmlich auf der Bühne, enormen Spaß, weil es irritiert. Da kann ich die Musik genießen, ohne daß meine kleine Stimme im Hinterkopf schon wieder Katastrophenalarm gibt: Vorsicht, Falle! Ich werde bei diesem neuen Menschen nicht vom Musikgeschehen abgelenkt durch falsche, aufgesetzte Gefühlstheatralik: Herz, Schmerz, Blut

und Wut! Es entsteht so etwas wie eine platonische Kon-
zertatmosphäre ohne große Gefühlssensationen. Erstaunli-
cherweise kommt auch da, Anfang der 80er Jahre, wieder
ein alter Wert der 60er Jahre zur Geltung, der damals bald
in schlechten Ruf gekommen war: die Bewußtseinserweiterung. Mm, was ist eine Bewußtseinserweiterung? Das
schmeckt nach Drogen. Und diese Art der Bewußtseinserweiterung, die meist in der Vernebelung endet, wie wir ja
feststellen konnten, meine ich nicht. Eine ganze Reihe junger Bands zielt nicht mehr auf den schnellen, plakativen Effekt ab, sondern auf nachhaltige Wirkung im Kopf. Dazu
muß man seinen Kopf natürlich mit einsetzen, und das
scheint vielen Rockfans schon wieder zuviel verlangt, das
riecht nach Leistungsdruck. Schließlich hat man unserer
neuen Jugend wieder eingebleut: Schule ist Schule, Arbeit ist
Arbeit, Freizeit ist Freizeit und das heißt Vergnügen, und
Vergnügen hat nichts mit denken zu tun. Folglich lehnen sie
diese Art von Musik als intellektuell, anstrengend = ermü-
dend ab. Im Gegensatz zu den sichtbar schwitzenden,
stampfenden und schwerarbeitenden Hard-Rock-Bands
und Muskelprotzen erscheinen die New-Wave-Figuren geradezu traurig, grau, ernst und kraftlos. Sie sind Versager.
Ich kann mich erinnern, daß die Rockmusik mal den Versager, den Outlaw, die am Rande der Gesellschaft stehende
Null vergötterte. Das hat sich wohl geändert. Heute muß
der Rockmusiker genausogut funktionieren, gesellschafts-
fördernd und profitabel sein wie ein Facharbeiter. Und nun
kommen diese New-Wave-Typen und drehen den Spieß
um, indem sie nämlich das Funktionelle ad absurdum führen. Da stehen sie diszipliniert, mit hochkonzentrierten Gesichtern, fast unbeweglich und erinnern an unsere Umwelt,
an den grauen Alltag. Nur daß dieser ja mittlerweile archi-
tektonisch geschickt auf bunt und fröhlich geschminkt ist.
Doch diese Herrschaften wagen es, nackt und ungetarnt als
eine graue Mauer, als der Mensch von heute, auf die Bühne
zu gehen! Wer von Entfremdung, Paranoia und Destruk-

tion singt, wer sich derart reduziert und damit die bereits reglementierte Abenteuerlust auf die Schippe nimmt, kann nicht erwarten, von aller Welt geliebt zu werden. Der psychologische Mikrokosmos, die Weltuntergangsstimmung, der düstere, aber ironische Totengesang dieser langweiligen, blasierten Reagenzglas-Kinder aus dem 15. Stockwerk eines Hochhauses verlangt eine ziemlich deutliche Von-Angesicht-zu-Angesicht-Einstellung zu unserer Gesellschaft. Da haben Illusionen keinen Platz mehr, und der Mensch wird sauer, wenn man ihm seine Illusionen wegnimmt. Letztlich ist es sogar zynisch, wenn Ian Dury mit seinem *Sex & Drugs & Rock 'n' Roll* das ganze Rockgeschehen auf einen Nenner bringt. Doch dieser Zynismus wird weniger geschluckt als der menschenverachtende vieler ältlicher Rockmusiker, die nur noch sich selbst kennen. Nun, Gott sei Dank ist ja New Wave nicht ganz so farblos, seriös und akademisch wie es den Anschein hat. Als krasses Pendant zu den Menschen in Grau und Schwarz, von DEVO, HUMAN LEAGUE, WIRE, bietet sich Burleskes an, das ebenfalls mal eine Stärke der Rockmusik war, bevor man den verhängnisvollen Schritt zum kitschigen Rocktheater machte. New-Wave-Musiker bedienen sich der Medien, nehmen Anleihen bei Film, Fernsehen, Video, der Malerei, bei Karikatur und Slapstick. Besonders die Frauen haben sich auf diesem Gebiet hervorgetan. Da gibt es eine ganze Anzahl, die nicht mehr Hure oder Heilige spielen wollen, die aber auch nicht feminin/maskulin-neutral antanzen, sondern mit einem unglaublichen Selbstbewußtsein verunsichern. Diese bunten, schrillen, schrägen, exotischen Wesen, diese fröhlich-albernen Mischungen aus naivem Kinder-Vamp und weiser Hexe, Schlampe und Intellektueller erscheinen als gefährliche Dämonen, Teufel und sind mit Sicherheit verdorben und damit auch jugendgefährdend. Da wird mit Dramatik, Theatralik und erschreckend maskenhafter Ernsthaftigkeit übertriebene Oper gespielt, bizarre Rollen entworfen. Die Suche nach der eigenen Identität während der Pubertät wird zum Spiel mit der Identität, wie es auch Kinder gerne tun. Das Rollenspiel, die Verwandlung, die Lust am Verkleiden hat bei diesen Rockmädchen nichts mit Mode und Schönheitskult zu tun. Da laufen unerbittlich realistische Sirenen herum, Patch-Work-Figuren und komische Pinup-Verschnitte, die in kein Schema, kein Schönheitsideal, in keine Modewelle passen. Das ist pure Abenteuerlust und Phantasie. Und das wiederum macht es dem Publikum schwer, sich damit zu identifizieren oder gar nachzuahmen. Das Idol ist kein ideales Muster für Abziehbildchen. Wer will schon im Privatleben wie Nina Hagen oder Lene Lovich oder Siouxsie oder THE SLITS herumlaufen? Und wer will schon, mal ehrlich eingestanden, eine Freundin, die so aussieht? Provokation ist heute, dank unserer immer konformistischer werdenden Rockmusikerelite, die lieber im Maßanzug oder bewußt eingesetzten Bühnendress auftritt, nicht mehr besonders »in«. »In« ist aber auch nicht der blöde Second-Hand-Anzug oder unauffällige Konfirmandenlook unserer New-Wave-Bürokraten. Beide geben keine klaren Anhaltspunkte für eine Massenvermarktung ab, für eine neue Verhaltensweise. Dabei sind die beiden Extreme wesentliche Bestandteile eines jeden Menschen: die graue Uniform als Alltags- und Arbeitskleidung, das Kostüm als Faschingsmaskerade, als Freizeitbekleidung, als Traum der Selbstverwirklichung. Was das alles mit Sex zu tun hat? John Foxx:

»My sex is a fragile acrobat / sometimes I'm an overcame shock / sometimes I'm an automat / My sex is often solo / sometimes it short circuits / then sometimes it's a golden glow . . . / My sex is savage, tender / it wears no future faces owns just randow gender / My sex is a wanting wardrobe / I still explore / Of all the bodies I knew / And those I want to know . . .«

KLAUS FARIN / EBERHARD SEIDEL-PIELEN

Klaus Farin und Eberhard Seidel-Pielen, freie Journalisten aus Berlin, erregten 1991 mit ihrer Reportage »Krieg in den Städten. Jugendgangs in Deutschland« Aufsehen. Für ihre Recherchen bewegten sie sich mehrere Jahre in der Skinhead-Szene.

»Eigentlich ein Männerding«
Gespräche mit Skins

»Bei uns spielt die Musik.«
Richy (23), seit vier Jahren SHARP-Skin

Was bedeutet das für Dich: Skinhead-Sein?
Richy: Skinhead-Sein bedeutet: kurze Haare haben, dicke Stiefel tragen, Jeans, Hosenträger, also eine bestimmte Art von Kleidung, Ska, Reggae und Oi!-Musik hören, mit Kumpels abends was trinken gehen, ein gewisses Gefühl von Gemeinschaft. Mehr erst mal eigentlich nicht.
Politik spielt keine Rolle?
Richy: Eigentlich spielt Politik keine Rolle. Ich bin nie Nazi gewesen, ich hab' mit Kommunisten nichts am Hut, es ist mir eigentlich ziemlich egal. Ein richtiger Skinhead will gute Parties. Politisch hat Skinhead erst in den letzten Jahren eine Ausrichtung bekommen, was mir auch nicht paßt, seit man uns gezwungen hat, uns abzugrenzen gegen das Image des schlagenden rechten Skinheads, der Ausländer verprügelt. Ursprünglich waren Skinheads Leute, die schwarz waren, weiß waren, gelb waren, die sich geprügelt haben wie jede andere Jugendbewegung auch, wie Rocker, wie Mods, mit dem Unterschied, daß wir eben ein bestimmtes eigenes Image haben. Skinhead ist für mich das schönste Image von allen. Das ist der Grund, weshalb ich irgendwann mal Skinhead geworden bin. Und dann wirst du

ständig von Leuten gefragt: »Bist du Nazi?« – »Du bist
doch Nazi!« – »Sag schon Sieg Heil« – »Du hast doch was
gegen Ausländer« … Ich hab' aber gar nichts gegen Ausländer. Ich hab' was gegen Leute, die meinen, nur weil ich
kurze Haare hab', hätte ich was gegen Ausländer. Und ich
hab' was gegen feine Pinkel. Das ist wahrscheinlich auch ein
Grund, warum ich Skinhead geworden bin.

Du hast eben vom Skinhead-Image gesprochen. Danach
sind alle Skins rechtsradikal und …

Richy: Dieses Image haben die Medien gemacht. Das hat
mit der Wirklichkeit wenig zu tun. Das Problem ist, daß
durch unser sehr auffälliges Äußeres, das natürlich auch so
ein bißchen Ordnung und Sauberkeit bedeutet, von uns hat
keiner knallrot gefärbte Haare und Schleppscheiße an den
Beinen, leicht der Eindruck entsteht, wir wären rechts.
Dann kommt hinzu, daß es für einen Fotografen offensichtlich unheimlich interessant ist, prügelnde Skinheads abzu-
lichten, wo er genauso gut prügelnde Schnauzbärte, prügelnde Bäckermeister, die Unmengen von Männern, die in
Deutschland ihre Frauen schlagen, fotografieren könnte.
Aber so eine Gruppe Glatzen, das wirkt doch, das macht
was aus. Gleichzeitig ist es ja mittlerweile in Deutschland so
weit, daß bei jedem Überfall auf ein Ausländerheim es immer Skinheads gewesen sind, selbst wenn auf den Fotos gar
keine zu sehen sind. Und wir werden auf der Straße wieder
angepöbelt. […]

Du bist heute bei SHARP aktiv. Was versprichst Du Dir
davon?

Richy: SHARP ist ein Versuch, Vorbild zu sein, ein Beispiel zu geben für jüngere Kids, die sich gerade die Haare
kurzschneiden lassen. Das heißt, ich sag' zu denen: Bei uns
spielt die Musik, nicht bei den Boneheads. Wir gehen
abends einen trinken, wir tanzen, wir haben die besseren
Bands und die geileren Parties. Wir prügeln uns auch mal,
aber wir rennen nicht irgendwelchen Politfritzen hinterher.
SHARP ist auch ein Versuch, das, was Skinhead mal war,

wieder in Erinnerung zu bringen. SHARP haben Glatzen in den USA gegründet, die genauso wie ich keine Lust hatten, von jedem Trottel gefragt zu werden, ob sie ein Nazi sind, weil sie nie Nazis waren. Da sind traditionsbewußte Skins drin, traditionsbewußt insofern, daß sie noch wissen, daß sie als Kiddies mal in Gangs rumgerannt sind, wo es keine Rolle gespielt hat, ob einer Jugoslawe, Engländer, Franzose, Italiener oder sonstwas gewesen ist, sondern wo es wichtig war, daß er Skinhead gewesen ist, daß er auf die richtigen Konzerte gegangen ist, Ahnung gehabt hat, was denn so läuft in der Szene. Das war eine sehr schöne Zeit, und die haben uns die Nazis kaputtgemacht. [...]

»Dann hab' ich ihr gut eins auf die Nase gegeben.«
   Ulla, Heike und Sandra

Ein Gespräch mit Ulla (20), Apothekenhelferin in Hamburg, Heike (19), Studentin, und Sandra (19), Schneiderinnen-Auszubildende, beide aus Frankfurt.
   Fangen wir wie üblich an: Seit wann seid Ihr in der Szene?
   Ulla: Seit zwei bis drei Jahren so richtig.
   Und vorher?
   Ulla: Na, vorher mal so ein bißchen hier und da probiert, halt so 'ne Art Gruft-Punk-Gemisch, ja.
   Und wieso bist Du überhaupt Skin geworden?
   Heike: Die dümmste Frage aller Zeiten.
   Ulla: Naja, warum? Weil mich prinzipiell halt das Aussehen fasziniert hatte. Dann war ich halt mit 'nem Fascho auch mal zusammen, dann hab' ich aber gedacht, daß das nicht so das Gelbe vom Ei ist. Ich hab' irgendwie immer gewartet, daß sowas kommt, daß man Skin sein kann, sich aber nicht irgendwie als Rechtsradikale auszeichnen muß. Und so bin ich langsam in die Sache rein. Bei den Skins hat's mir halt gefallen, auch die ganze Ideologie, die drumherum hängt, und die Musik, alles halt. [...]

Und wie war's bei Dir?

Sandra: Bei mir sind das jetzt auch so zwei Jahre und, naja, ich hab' halt auch Leute kennengelernt und das dann so mitgekriegt und fand das auch so ganz gut. Das waren gleich SHARP-Glatzen. Voher war ich drei Jahre lang gruftimäßig drauf und bin dann kurze Zeit so ein bißchen psychomäßig abgefahren, aber da hab' ich gleich gemerkt, daß das nicht mein Ding ist.

Heike: Ich bin seit drei Jahren dabei und war auch vorher Grufti. Ich hab eine Möglichkeit gesehen, anders als das zum Beispiel bei den Psychos oder sonstwo ist, daß man sich bei den Skins eben nicht auf die Frauenrolle abstempeln lassen und kleiden muß. Das war so, schätz' ich mal, mein Ding. Und im übrigen glaube ich, daß Skinhead-Sein die absolute Veredelung meiner Existenz ist.

Wie war denn so die Reaktion von den Leuten drumherum, Freunde, Eltern und so?

Ulla: Meine Eltern fanden's gut, daß ich nur so skinheadmäßig abfahr'. Was ich vorher alles frisurentechnisch probiert hatte, das fanden sie weniger gut. Vor allem hörten die zerrissenen Hosen auf etc. Das fanden sie schon ein bißchen angenehmer, obwohl sie dann doch dachten: Skinhead – rechts, das fanden sie dann nicht so doll. Sie sind halt mehr so die SPDler. Aber nachdem ich ihnen ein bißchen verklickert habe, wie es eigentlich läuft, daß wir halt nicht rassistisch sind, dann fanden sie es eigentlich okay. Zu Anfang hatten sie noch ein bißchen Skrupel gehabt, mit den Leuten zu reden, aber nachher war's echt okay, fanden sie ganz witzig eigentlich. Und so der Freundeskreis, das war völlig okay. Die ham's halt gepeilt oder wenn nicht, dann ham sie's halt gelassen. [. . .]

Die Szene gilt ja eigentlich auch als Männerszene. War es schwieriger für Euch, Euch da durchzusetzen?

Ulla: Ich denke, für Frauen ist es prinzipiell schwieriger, sich in einer Gesellschaft einzufügen, egal in welcher, weil die meisten sowieso als »Freundin von« laufen. Und sich allein zu etablieren in irgendeiner Gruppe, das ist als Frau echt ein bißchen schwieriger. Da muß man bei den meisten halt gut aussehen oder besonderen Intellekt haben oder sonst herausragende Fähigkeiten oder Eigenschaften. Aber ich denk' mal, das ist bei den Skins nicht ganz so extrem. Eigentlich überhaupt nicht. Jedenfalls bei uns. Ich kann jetzt hauptsächlich nur von den Hamburgern sprechen, da ist es überhaupt nicht so. Da wirst du halt als Mensch angenommen oder als Kollegin oder so, aber nicht als Männlein oder Weiblein, das ist eigentlich ziemlich nebensächlich in der Szene.

Sandra: Aber ist es nicht bei uns auch so, daß viele Frauen bei uns in der Clique drin sind und dann von einem Typ zum anderen wechseln, und wenn dann wirklich alle durchgemacht sind, dann sind sie doch out, oder? Dann können sie sich verpissen. Es ist doch teilweise auch so, nicht? Sind ja nur die dummen Fickhennen sozusagen.

Ulla: Aber ich denke, das ist in jeder Szene, in jeder Art von Gruppe so, ist also kein reines Problem bei den Skinheads. Deshalb ist es nicht 'ne Männerszene. Das ist eher das Problem der Frauen, wenn sie meinen, sie werden anders nicht akzeptiert und müssen sich so irgendwie bekannt machen in der Gruppe.

Aber so Männlichkeitsrituale sind doch in der Skinszene besonders ausgeprägt?

Ulla: Ich weiß nicht. Zum Beispiel gibt's viele, die auch auf Soul abfahren, und das find' ich so witzig. Wenn die Typen dann zu Soul tanzen – das ist doch 'ne sehr weiche Angelegenheit, 'ne sehr weibliche eigentlich, und das ist doch irgendwie auch schon Emanzipierung der Typen, wenn die das machen. So die ganz Harten würden das natürlich nicht machen.

Heike: Es gibt auch hier immer wieder Frauen, die alles mit sich machen lassen und das sogar vielleicht noch gut finden, und das läßt sich in der Ursache zurückverfolgen darauf, daß Frau heute eben in die Männerwelt hineingebo-

ren wird und nicht von Anfang an beigebracht bekommt,
sich durchzusetzen. Es sei denn, man hat 'ne dominante
Mutter oder irgendwelche Eltern, die das fördern, was bei
mir auch nicht der Fall war, ganz im Gegenteil. Und so
kommt es zustande, daß das mehrheitlich dumme Elsen
oder Vorzeigestücke werden. Abgesehen davon gibt's auch
ein paar Macherinnen in der Szene, die Fanzines herausge-
ben oder in ihrer Umgebung die Hauptfigur machen, eben
die Parties organisieren und die ganze Sache aufziehn, das
gibt's auch.

*Schon das Outfit ist männlich, viele Rituale gelten als
männlich, Trinken bis zum Koma-Saufen ...*

Ulla: Wer bestimmt denn, daß Saufen ein Männlichkeits-
symbol ist?!

Heike: Ich glaube, daß die meisten Typen, die sowas machen, das auch 'n bißchen als Parodie machen. Man lebt
ja mit der Vorstellung, die die Leute von einem haben, und
das ist eben die Vorstellung: brutal sein, prollig sein, dumm
sein, Koma-Saufen. Du reflektierst eben diese Einstellung
auch dadurch, daß du oft so parodiemäßig irgendwas
bringst. Also zum Beispiel, daß wir manchmal in so 'nem
Prollton irgendwelche ausländerfeindlichen Witze erzählen,
das kriegen Leute oft in den falschen Hals. Aber ich seh' das
als Parodie auf das Bild, das die Menschheit von einem hat.
Man kann da eigentlich auch nicht von los. Man weiß, wenn
man in der U-Bahn sitzt oder wo auch immer, daß die
Leute einen entweder hassen oder die Hosen voll haben
oder ich weiß nicht was. [...]

*Gibt's überhaupt Verzahnungen zwischen Skinszene und
linker Szene? Antifa, antirassistische Initiativen ...*

Ulla: Mit der Antifa hatte ich zum Beispiel das Problem
– ich war ziemlich lange dabei, aber als ich mit dem Outfit
kam, mußte ich mich erstmal tagelang rechtfertigen, warum,
wieso, weshalb, das Auftreten wär' doch schon an sich fa-
schistoid. Dann hatte ich irgendwann keine Lust mehr, und
das war's dann mit mir und der Antifa. Es gibt einzelne

Leute, mit denen ich klarkomme, aber ich kann nicht sagen, ich pflege prinzipiell Kontakte zur Antifa. Das finde ich auch blöde, nur weil's Antifa heißt, muß es nicht gleich gut sein. Da such' ich mir halt Leute raus, die 'ne vernünftige Einstellung haben. Oder die suchen sich mich aus, weil ich in deren Augen 'ne vernünftige Einstellung habe. Also ich hab' da kein Problem, mit Punks loszuziehen oder Grufts oder sonstwas. Ich bin nicht auf dem Standpunkt, daß Skinheads nur unter sich bleiben müssen, und Grufties müssen geklatscht werden und Hippies sowieso. Es kommt halt immer auf die Leute an. [...]

Seid Ihr also auch »unpolitisch«, wie's neunzig Prozent aller Skins von sich behaupten?

Ulla: Nö, unpolitisch absolut nicht. Man kann nicht unpolitisch sein, sobald man für Tempo dreißig ist, da fängt man schon an, politisch zu sein. Aber organisieren oder engagieren in irgendwelchen Gruppen ...? Das einzige, was ich noch machen würde, wäre Greenpeace. Aber ansonsten seh ich in politischen Organisationen keinen Sinn drin.

Wie würdest Du denn Deine politische Einstellung beschreiben?

Ulla: Prinzipiell schon mal als antirassistisch. Allerdings heißt das nicht, daß ich nun jeden Ausländer, egal was er macht, mit offenen Armen empfange. Wenn das halt ein Arschloch ist, ist das ein Arschloch. Das hat nichts mit der Landeszugehörigkeit zu tun, ist logisch. Alles andere kommt halt immer auf die Situation an. Aber auf jeden Fall antirassistisch. [...]

Was ist für Dich das wichtigste Thema zur Zeit, worüber denkst Du am meisten nach?

Heike: Fremdenfeindlichkeit ist ja momentan eigentlich *das* Thema. Das beschäftigt einen natürlich. Und Frauenpolitik. Allerdings kann ich nicht sagen, daß ich jetzt inside dieser ganzen Frauensache bin. Also ich hab' mir solche Frauen mal angeschaut, fand sie alle ganz nett und sehr ge-

mütlich und sehr töpfer- und strickkursmäßig – das hat
mich dementsprechend ein bißchen befremdlich gestimmt.
Ansonsten ist für mich von der Gesetzgebung und von gesellschaftlichen Zielen her momentan so das Wichtigste, daß
Frauen mehr Rechte bekommen und sich selbst stark machen für ihre Sache. Es ist 'n Thema, das mich beschäftigt,
aber ich kann mich da im Moment nirgendwo zuordnen.
Man liest sich so das an, was man darüber wissen muß, und
dann schaut man mal. [...]

Wann hast Du Dich zuletzt geprügelt?

Ulla: In Potsdam beim SHARP-Festival. Naja, war insgesamt schon 'ne leicht aggressive Stimmung, weil wir zwei
Langhaarige mithatten. Die wurden halt von einigen Leuten ziemlich angegiftet – was die Hippies denn hier wollen
und so – und darum hatten wir uns einige Leute sowieso
schon ausgeguckt. Aber es kam halt nicht so dazu. Und
dann kam auf einmal eine an und meinte, dahinte wär 'ne
Berliner Faschotante, und der müßten wir doch mal gemeinsam sagen, daß sie hier recht unerwünscht ist. Naja,
dann haben wir uns erstmal so an die rangeschlichen in der
tanzenden Menge, sie hat wohl gepeilt, daß wir sie 'n bißchen ins Auge nehmen wollten – und dann hat sie mir halt
'n Kick gegeben. Ich war auch gut angeheitert, es kam eigentlich auch hauptsächlich deshalb, sonst hätte ich's gar
nicht gemacht. Ich bin halt hin zu ihr, hab' ihr gesagt, sie
soll sich verpissen, weil wir hier mit Faschos nichts zu tun
haben wollen, sie soll doch bitte auf ihren FAP-Parteitag
gehen und so Sachen halt. Dann ist sie auch gleich abgezogen, und draußen hab ich ihr nochmal gut eins auf die Nase
gegeben und ihr gesagt, sie soll zusehn, daß sie Land gewinnt.

Heike: Genauer gesagt hast du sie erstmal einen Kilometer die Straße runtergejagt ...

Ulla: Ja, weil die nicht rennen wollte, die dumme Sau.

Sandra: Fand ich ja frech.

Heike: Hast ihr bei jedem Schritt in Arsch getreten oder

auf 'n Kopf gehaun. Dann hast du gefragt, wo ihr Auto steht, da meinte sie, in die andere Richtung, und dann meintest du: »Du dumme Sau, warum läufst du dann hier lang« – dann ging das Spielchen in die andere Richtung los.

Ulla: Dann wollten sich natürlich auch Typen einmischen. Die wurden aber vom Frauenmob, der sich mittlerweile dahinter angesammelt hatte, arg zurückgehalten.

Heike: Du hast bewundernde Worte und Blicke gekriegt von vielen …

Ulla: Oh Gott, wie peinlich.

Heike: Und ich war selbst so prollig drauf, daß ich am liebsten … Ich muß dazu sagen, ich weiß nicht mehr, wann ich mich das letzte Mal geprügelt hab', bestimmt nicht in der Skinszene.

Ulla: Das war bei mir auch das erste Mal seit ewigen Zeiten.

Tagen?

Ulla: Nee nee, also bestimmt seit anderthalb Jahren. Wenn man mal 'ne Ohrfeige nicht dazuzählt, die einem mal so rausrutscht. Aber daß ich bewußt auf einen zugehe und dem echt eins vor den Latz knalle, das passiert höchst selten. Eigentlich nur zur Verteidigung.

Du pflegst eine sehr offensive Verteidigung?

Ulla: Sehr offensiv, ja.

Heike: Es gibt verschiedene Anlässe und Ursachen für Gewalt. Anlässe sind, daß man sich verteidigen muß, daß man Faschos, die sich so dreist auf so ein Konzert begeben, entgegentreten muß, um denen klarzumachen, daß sie unerwünscht sind. Fand ich auch gut, fand ich völlig korrekt. Und dann gibt's sinnlose Gewalt, also eben Frust, Drogeneinfluß, eingeübtes Gewaltverhalten – natürlich ein Männerding, daß kleine Jungs sich prügeln oder lernen müssen, sich zu prügeln.

Ulla: Profilierung in der Gruppe.

Und Spaß gemacht hat es Euch auch?

Ulla: In dem Fall war's okay. Ich mein', jetzt denk' ich auch 'n bißchen differenzierter darüber, klar.

Aber so'n bißchen Hooliganismus ab und zu ist schon ganz gut?

Heike: Nö, hat nichts damit zu tun, überhaupt nichts. Ich muß auch sagen, als die Frau da am Auto stand und Ulla ihr eine reingedrückt hat, da wollte ich ihr wirklich auch eine reinschlagen, hatte aber – ich weiß nicht, ob das auch mit eingeübtem Verhalten zu tun hat – Skrupel. Man versetzt sich sofort in die Situation von der Frau. Ich hab' gedacht, die fühlt sich jetzt obermies. Also ich konnte mich nicht so richtig überwinden, und dann ist die auch weggelaufen. Ich glaube, daß Frauen weniger gewalttätig sind, ist ein Erziehungsding, auf jeden Fall. Man sollte sich nicht prügeln, das ist immer unangenehm aufgefallen – bei Jungs eigentlich nie, es sei denn, es war extrem.

Ulla: Mir war dann unangenehm, daß so viele Leute aus Neugier hinterherlatschen, und weil's auch noch hieß, da könnten Faschotypen auftauchen und die arme Frauen blabla. Hätt' ich das gewußt in dem Moment, dann hätte ich das wahrscheinlich nicht gemacht, das war mir einfach zu peinlich gewesen. Es war für mich klar, es ist jetzt ein Ding zwischen der Frau und mir, die kriegt jetzt eins auf's Auge, und damit hat sich das. Ich hab' mich nun auch nicht unbedingt umgedreht, war natürlich auch ein bißchen aufgeregt, ist ja logisch in so einer Situation. War mir hinterher ziemlich unangenehm, zumal man da auch gleich so ein Image aufgedrückt kriegt: Wenn 'ne Frau sowas schon macht, weil's ja eigentlich ein Männerding ist, dann muß das ja die absolute Schlägerfrau sein. So ein Image möchte ich überhaupt nicht haben, das ist mir richtig unangenehm. [...]

Wann hast Du Dich das letzte Mal geprügelt?

Sandra: Da war ich in der sechsten Klasse. Ich bin bis jetzt eigentlich nie in so 'ne Situation gekommen. Obwohl ich mein Maul immer so weit aufreiße.

Ulla: Ich hab' auf jeden Fall deutlich mehr kassiert, als ich jemals in meinem Leben ausgeteilt habe, weil ich in so 'ner üblen Fascho-Gegend wohnte. Da ist es halt des öfteren vorgekommen, daß mal so fünf nette Leutchen einen gut zusammengestiefelt haben. Da hab' ich auch nichts entgegengesetzt, weil ich einfach Schiß hatte, daß die mich sonst tot machen. Das war einfach klüger, nichts zu tun, wenn man alleine gegen fünf steht – ist ein Ding der Unmöglichkeit. Aber was ich auch in so einer Situation niemals machen würde, ist, irgendwie um Hilfe schreien. Da standen genug Leute drum rum, haben's gesehen, das war direkt vor so 'nem Billard-Café – keiner hat mir geholfen. Dann ruf ich auch nicht um Hilfe, weil ich genau weiß, die helfen mir sowieso nicht. Und so 'n bißchen Stolz hat man ja irgendwie auch noch.

Was mich noch interessieren würde, ist Eure Einschätzung zu SHARP. Die Anfangseuphorie scheint mir da so ein bißchen raus, und es gibt immer weniger Leute, die SHARP noch gut finden.

Ulla: Prinzipiell ist SHARP 'ne gute Sache, weil das 'ne ganz klare Aussage ist, mit der ich eigentlich auch übereinstimme. Aber daß irgendwelche Punks dann mit Aufnähern rumrannten, das war nicht unbedingt Sinn der Sache, das haben die wohl ein bißchen falsch verstanden oder die konnten irgendwie nicht so gut Englisch – daß sie das Wort »Skinhead« nicht so ganz deuten konnten, ich weiß es nicht. Und es wurde auch durch irgendwelche übereifrigen Antifaschisten zu sehr auf links gepolt. Das find' ich eigentlich auch schade, weil Leute, die sich nicht unbedingt mit kommunistischen Ideologien auseinandersetzen wollten, aber trotzdem Antirassisten sind und sich mit SHARP identifiziert haben, die hatten so keine Chance mehr, 'n Aufnäher zu tragen, weil erwartet wurde, daß die dann auch gleich links sind. Aber ich laufe trotzdem noch mit 'nem SHARP-Aufnäher rum, weil für mich klar ist, was ich damit sagen will.

Heike: Ein Punk, der so 'nen Aufnäher trägt, der disqualifiziert sich selbst – also lächerlich.

Die Rechten werfen SHARP vor, die Skinszene zu spalten. SHARP behauptet das gleiche von den Boneheads. Recht haben beide: die Szene spaltet sich immer mehr, oder?

Heike: Ja, das spaltet sich alles in Grüppchen auf. Ich seh' überall so interne Konflikte und Sticheleien. Aber ich glaub', das hängt damit zusammen, es gibt ja eigentlich sowieso unheimlich viele Jungs, behaupte ich mal, die durch Skinhead-Sein ihre Minderwertigkeitskomplexe einfach fett übertünchen, ja, gibt's massig. Bei Männern häufiger als bei Frauen, aber hoppla, echt. Und daraus entstehen auf einmal Feindschaften. Da merkt man zum Beispiel: ich hab' was gegen Ugly und der ist ja eher links, dann bin ich jetzt mal eher so ein bißchen rechts. Um 'ne Opposition darzustellen. Und was die Minderwertigkeitskomplexe bei Typen angeht, das ist vielleicht auch der Grund, weshalb es soviel mehr Männer gibt, weil es einfach so ein geeignetes Ding ist. Bettnässer, die einfach mit ihrem eigenen Kack nicht klarkommen, daß sie vielleicht nie so der Chef waren – und dann bist du auf einmal Skin und dann bist du irgendwas.

CHARLOTTE GREIG

Die in London lebende Journalistin und Künstlerin Charlotte Greig beschreibt den entscheidenden Paradigmenwechsel, der Ende der Siebziger im Bereich weiblicher Popmusik einsetzte. Anders als die Mädchenbands der fünfziger und sechziger Jahre inszenieren sich die Frauen jetzt mit ironischer Cleverness. Sexistische Machtverhältnisse werden so unterlaufen, feministische Positionen melden sich auch im Showbiz zu Wort.

Marry Me (If You Really Love Me)
Punk, Funk und Hip Hop

Zu Beginn der Achtziger erlebte die Popsingle ein triumphales Comeback. Hierfür war vor allem Michael Jackson verantwortlich, Mitte der achtziger Jahre folgten ihm Künstler wie Prince und Madonna. Madonna eroberte den Mädchen wieder einen Platz in der Popwelt und sorgte dafür, daß dies niemandem entging und jeder die Ohren spitzte. Sie war die erste Solosängerin, die zum echten Superstar wurde. So konnte sie beispielsweise 1985 mit ihren Singles mehr Wochen in den englischen Charts für sich verbuchen als irgendein weiblicher Star seit Ruby Murray 1955.

Wie die Girl Groups der Sechziger und Siebziger, mit denen sie den positiven Dance-Sound und die optimistische Ausstrahlung gemeinsam hatte, gefiel sie zuerst einmal und überwiegend jungen Mädchen und Frauen. Sie war die Verkörperung des direkten, einfachen, unschuldigen, Good-to-be-alive-Pop. Doch sie strahlte auch eine völlig neue Mischung aus Ironie, Witz und Raffinement aus. Und sie war so clever, sich durch diese Ironie und den Witz zu schützen: Hier stand eine junge Frau mit einem starken sexuellen Charisma und Lust an der Selbstpräsentation, der mehr an ihrem eigenen Vergnügen als am Verlangen und am Beifall der Männerwelt gelegen war. Madonna bedrohte das männliche Ego mehr, als daß sie ihm schmeichelte, denn trotz ihres Zappelns und Schmollens genoß sie doch ganz offensichtlich die Macht ihrer Rolle. Sie war und ist eine Narzißtin, eher sexuell selbstbewußt als ein Lustobjekt. Und tausende junger Frauen, die sich in ihr wiedererkannten, bewunderten mit ihrem Idol zugleich die eigene Schönheit. Die Männer blieben ausgeschlossen oder wurden bestenfalls dazu aufgefordert, auch Madonna zu huldigen. Die wenigen Auserkorenen konnten sich glücklich schätzen, wenn sie zum finanziellen Unterhalt der Göttin beitragen durften. Wenn es um Männer ging, wurde Madonnas Material Girl schnell zu einem egoistischen, eingebildeten Balg mit einer Goldgräbermentalität. Für Frauen war sie eine Quelle der Inspiration, ein Beweis der Möglichkeit, als Frau Sexualität in vollen Zügen ausleben zu können. Madonna führte exemplarisch die Eroberung traditionell männlicher Privilegien vor, ohne sich um die Folgekosten zu kümmern.

Madonnas selbstbewußte, ironische und unverfroren verführerische Haltung wurde zum Markenzeichen des Girl-Pop in den Achtzigern. Während jedoch Madonna auf dem schmalen Grat zwischen selbstbewußtem Ausdruck der eigenen Sexualität und der Gefahr, zum bloßen Lustobjekt zu werden, souverän lavierte, bewältigten viele ihrer Nachfolgerinnen diesen delikaten Balanceakt nicht. Ganze Scharen von Mädchenstars verwechselten Madonnas jugendlichen Enthusiasmus und ironischen Pragmatismus mit einer entsetzlich dümmlichen Heiterkeit, die mit einer nur noch zynischen Neigung zum Kommerziellen gekoppelt war. Diese schreckliche Mischung erwies sich besonders bei der Kinder- und Teenagerkundschaft als erfolgreich, die wie am Fließband mit jungen Starlets wie Tiffany, Debbie Gibson und Kylie Minogue versorgt wurde. In Großbritannien überschüttete die Industrie die Boulevardzeitungen für Erwachsene mit einem leicht variierten Angebot: Pin-up-Girls wie Sam Fox, Sabrina und Sinitta bevölkerten die Titelseiten der Magazine. Außerdem gab es noch so offensichtliche Madonna-Imitate wie Elisa Fiorillo und Taylor Dayne. Trotz dieser Flut von Image-Mutationen hatte Madonnas durchschlagender Erfolg eine positive Wirkung: Er ebnete zahlreichen Künstlerinnen den Weg, die nun, zum erstenmal in der Geschichte der Popmusik, begannen, die Charts zu dominieren.

Zwar führte Madonnas Einfluß fast zwangsläufig zu einer Zunahme von weiblichen Pop-Solo-Acts, doch auch die Mädchenbands der achtziger Jahre, deren Zahl mit der neuen Welle von Hip Hop Girl Crews zuzunehmen scheint, verbindet ihre Extravaganz und Unabhängigkeit mit Madonna. Auch sie stehen in der Tradition von Schulmädchen-Freundschaften und der »Dancefloor Solidarity«, die sie von den Mädchenbands der früheren Jahrzehnte ererbt haben.

Das Comeback der selbstbewußten, raffinierten Popmusik bemerkte die breite Öffentlichkeit beim Erscheinen von BLONDIE Mitte der siebziger Jahre, also lange vor Madonnas Erfolg. BLONDIES Star, Debbie Harry, hatte als Kellnerin im »Max's Kansas City« angefangen, dem Treffpunkt der New Yorker Avantgardeszene, wo im Sommer 1970 die legendären VELVET UNDERGROUND spielten. Sie waren damals zwar bereits auf dem absteigenden Ast, aber sie galten immer noch als musikalische Exponenten von Andy Warhols Clique. Andy Warhol definierte die ›Pop-Idee‹ in Victor Bockris' und Gerard Malangas Buch *Uptight: the Velvet Underground Story* als: »that anybody could do anything«. Warhols Stärke lag in der Verbindung von einem an Verehrung grenzenden Respekt für die kommerziellen Artefakte Amerikas, auch für die Popmusik (Andys Lieblingsplatte soll »Sally Go Round the Roses« von den JAYNETTES gewesen sein), und seinen esoterischen und kontroversen Äußerungen zur Kunst. Daneben lebte die Exzentrik von VELVET UNDERGROUND von Lou Reeds Begeisterung für die verrückten Doo Wop-Gruppen der Fünfziger. Sie bezogen sich nicht auf die von Intellektuellen geschätzten Blues-Sänger, die von den neuen Rockidolen wie den ROLLING STONES so verehrt wurden. Lou Reed erklärte Bockris und Malanga:
»Wir lieben zum Beispiel die Musik der Eldorados oder der Harpchords, all diese wirklich sehr schönen, alten Platten. Die El Chords, die Starlighters, ›Valerie‹, Alicia and the Rockaways, Buster Brown, Bo Diddley. Jeder macht heute so ein Theater um die alten Bluesmusiker, aber man vergißt all die Gruppen wie die Spaniels, all diese Leute. Platten wie

›Smoke From Your Cigarette‹ und ›I Need A Sunday Kind of Love‹, ›The Wind‹ von den Chesters, ›Later for You, Baby‹ von den Solitaires. All diese wilden Platten, die scheinbar niemand mehr hört, stecken hinter all dem, was wir spielen.«

Anders als die etwas dümmlichen und emotional unehrlichen Rock-Supergruppen der Sechziger und frühen Siebziger, die sich ob ihrer Love-and-Peace-Gesänge dem simplen Teenager-Rock 'n' Roll meilenweit überlegen wähnten, beharrten VELVET UNDERGROUND hartnäckig auf der Wildheit, der Unbegreiflichkeit und der Verrücktheit des frühen Rock 'n' Roll der Fünfziger. VELVET UNDERGROUND irritierten damit das selbstgefällige Feingefühl ihrer eigenen, der Love Generation.

Hatten VELVET UNDERGROUND in den Sechzigern versucht, den Rock 'n' Roll vom Müllhaufen der Geschichte zurückzuholen, so schufen BLONDIE in den Siebzigern Qualitätspop, indem sie die frühen Girl Groups und die britischen Beatgruppen ›rehabilitierten‹. Waren VELVET UNDERGROUND das musikalische Äquivalent zu Warhols endlosen Kunstfilmen, die nur eine Kultgemeinde anzogen, so verhielt es sich mit BLONDIE wie mit der Campbell-Suppendose, die jeder sofort erkannte und verstand.

Während ihrer Zeit im »Max's« hatte Debbie Harry ihre eigene Gruppe gegründet, die STILETTOS. Obwohl die STILETTOS nie eine Platte machten, traten sie oft auf und wurden durch ihre Songs bekannt. »I Want To Be A Platinum Blonde« war zum Beispiel eine Ode ans Wasserstoffperoxyd und das Glamourleben, das man nach dessen erfolgreichem Gebrauch führen konnte. Als sich Debbie mit Chris Stein und anderen zusammentat, um BLONDIE zu gründen, erschien das Stück, wie auch eine Coverversion von »Out In The Streets« von den SHANGRI-LAS auf ihrem ersten Demo. Das Band machte die übliche Runde bei den New Yorker Plattenfirmen und wurde von verschiedenen Produzenten und A & R-Leuten abgelehnt. Wie andere auch, fand Ellie Greenwich die Gruppe schwach. »Sie waren wirklich nicht sehr gut, und ich suchte nach einer besseren Stimme«, sagt Ellie heute, »aber ich lag völlig falsch!« BLONDIE fanden schließlich selbst einen Produzenten, Richard Gottehrer, der Mann, der hinter dem ANGELS-Hit »My Boyfriend's Back« in den Sechzigern gesteckt hatte. Ihre erste Single war »Denis«, eine Coverversion des Sixties-Songs von RANDY AND THE RAINBOWS, und der Rest ist, wie man sagt, Geschichte.

Als pompöse Rockalben en vogue waren und die Discowelle im Niedergang begriffen war, schufen BLONDIE intelligente, knappe und enorm erfolgreiche Popsingles.

Aber, wie der Bassist Gary Valentine dem *Sounds*-Reporter Richard Cromelin im April 1977 erklärte, war der Sound von BLONDIE nicht ein bloßer Rückschritt in die glorreichen Zeiten der Sixties-Girl Groups:

»Es ist kein Nostalgie-Trip. Wir spielen unsere eigenen Sachen. Wir sagen nicht wie Sha Na Na: ›Hey, erinnert ihr euch an dies Stück?‹ Wir sagen: ›Erinnert ihr euch daran, als die Musik noch so klang, als die Songs noch wie Songs klangen, und als man das Radio anstellen und zehn gute Stücke hintereinander hören konnte?‹«

Von BLONDIE hieß es, daß sie »wie ein akademisches Seminar über zeitgenössische Kultur« sprachen, aber sie waren klug genug zu erkennen, daß diese Diskussion nicht erfolgreich auf Platte zu bannen war. Sie arbeiteten mit den Charakteristika der Popsingle und übertrugen sie auf ihre eigenen modernen Stücke. Sie versuchten nicht, wie so viele andere Gruppen, dieses Medium so zurechtzubiegen, daß es komplexeren Themen dienen konnte. Die Popsingle war nicht erfunden worden, um sich so ernsthaften Dingen zu widmen. Bekanntlich entstanden aus solchen Experimenten nur banale Slogans.

BLONDIES Musik war ganz klar das Produkt eines feineren Gespürs für Popmusik. Und das gleiche gilt für das Image der Gruppe. Während sich die Jungen wie eine Beat-

gruppe der sechziger Jahre kleideten, übernahm Debbie
Harry die klassische Rolle der blonden Sexbombe, allerdings mit der wichtigen Besonderheit, daß sie diese Rolle
nicht hundertprozentig perfekt spielte. Die Schäbigkeit ihres gebleichten Haares mit dem dunklen Ansatz, ihre billigen Minikleider und ihre große Sonnenbrille spielten ironisch auf die Sexgöttinnen der Sechziger an. Ein Journalist
nannte sie »Brigitte Bardot auf Speed«. Dank ihrer außeror-
dentlichen Schönheit kam sie mit dieser kitschigen Gla-
mour-Nummer durch. Sie war sich ihrer Rolle als Sex-Häs-
chen bei BLONDIE ganz und gar bewußt. Als sie einmal in
einem *Melody Maker*-Interview danach gefragt wurde, antwortete sie: »Ja, es ist ein billiger Trick, nicht wahr?«

Da Debbie sehr genau wußte, was sie tat, schien der Sexismus der kindischen Journalisten, die ständig über sie gei-
ferten, wirkungslos an ihr abzuprallen. Der *New Musical
Express* veröffentlichte im April 1977 eine Doppelseite mit
dem Titel »Male Chauvinist Pigs' Corner«, auf der Debbie
als eine »aufreizende Blondine« beschrieben wurde, die
»verzweifelte junge Buben mit rapide schwindendem Au-
genlicht dazu treibt, sich für Stunden im Badezimmer ein-
zuschließen«. Zum Ausgleich fand sich noch ein Artikel
über die »yum yum slurp knusprige Ronnie Spector« auf
der gegenüberliegenden Seite. »Mouthwatering« Debbie
setzte sich mit charakteristischer Coolness über diese Schul-
jungenwitze hinweg, während Ronnie, die Ex-Mrs. Spector,
die gerade verzweifelt ein Comeback versuchte, nicht so gut
abschnitt. »Hände weg – mein Herz gehört Marshall
McCluhan« war der Text zu Debbies Bild. Bei Ronnie
stand nur: »Mmmmmm. 88 solide Klassepfunde im Angebot für all die schweren Jungs da draußen.« Das Spiel war
das gleiche geblieben, aber die Regeln hatten sich geändert.
Debbie beherrschte sie, und Ronnie nicht.

Diese komplizierten Spielchen um Sex und Selbstinszenierung wurden in den nächsten Jahren öffentlich in Großbritannien weitergeführt, wo der Punk-Rock bald die

Schlagzeilen bestimmte. BLONDIE wurden wohl mehr aufgrund des sozialen Milieus, aus dem sie stammten, als wegen ihrer Musik den Punks zugerechnet. Aber, wie der Girl Group-Experte und kurzzeitige BLONDIE-Produzent Alan Batrock mir erklärte, als ich ihn in New York besuchte, bezeichnete der Ausdruck »Punk« in den Vereinigten Staaten eigentlich nur eine sehr kleine und abgeschlossene Clique:

»Es gab eine Punkszene hier in New York. Das ›Max's Kansas City‹ war seit den späten Sechzigern heruntergekommen, aber dann tauchten Gruppen wie die New York Dolls auf und belebten die Live-Musikszene, etwa im ›Mercer Arts Center‹ und dem ›CBGB‹, wieder. Es gab Independent-Labels und Magazine, und einige interessante Bands tourten umher. Es war zwar alles recht lebendig, aber es war nicht das, was man eine Bewegung nennen würde. Es war nichts im Vergleich zu dem, was in England geschah.«

Malcolm McLaren, der die NEW YORK DOLLS gemanagt hatte, brachte die New Yorker Kunst- und Rockszene herüber nach Großbritannien. Wie Warhol, war er einer der großen Stil-Begründer seiner Zeit. Zusammen mit seiner Partnerin Vivienne Westwood unterhielt McLaren auf der New Kings Road eine Boutique, die wechselnde Namen trug: »Let It Rock«, »Too Fast to Live, Too Young to Die«, »Sex« und »Seditionaries«. Dieser Laden wurde bald zum Mekka der noch winzigen Punk-Bewegung. Aber der britische Punk war nicht nur eine Frage des Styling. Zwar versammelten sich Horden von Teenagern in McLarens Shop, um die von der New Yorker Szene inspirierten T-Shirts zu kaufen, aber sie wollten auch irgend etwas tun. »Punk Rock«, ein Ausdruck, der ursprünglich die zahllosen Garagenbands beschrieb, die in Amerika in der Folge der britischen Invasion aufkamen, entstand durch ein zunehmendes Interesse an Do-it-yourself-Live-Musik. Die britischen Teenager fanden nun so eine Möglichkeit, den Rock 'n' Roll zu seinen Wurzeln zurückzuführen. Die New Yorker Punk-Szene erging sich als elitäre Künstlerclique in gebildeten

Anspielungen auf das amerikanische Rock 'n' Roll-Erbe, die britische Szene war das genaue Gegenteil. Die britischen Teenager wußten nichts über den amerikanischen Rock 'n' Roll der Fünfziger und Sechziger, oder er interessierte sie nicht. Alles, was sie sahen, waren monströse, bombastische Supergruppen auf beiden Seiten des Atlantik, die ihren Schatten über die ganze Musikwelt warfen.

In den Mitsiebzigern kultivierten Gruppen wie YES, EMERSON, LAKE AND PALMER und PINK FLOYD fleißig die Idee, daß Rock eine Sache von enormem intellektuellen Tiefgang, außergewöhnlichen technischen Fähigkeiten und großen Lautsprechern sei. Rock war zu einer Musik geworden, die nur elektronische Tausendsassas spielen konnten und die Berge über Berge von komplizierten elektronischen Gerätschaften erforderte. Die Supergruppen spielten in riesigen Stadien, und die Konzerte dauerten endlos. Tanzen kam natürlich überhaupt nicht in Frage, und sich bis unter die Schädeldecke mit Drogen vollzupumpen, um sich nicht zu Tode zu langweilen, wurde mehr zur unbedingten Notwendigkeit als zum Freizeitvergnügen. Auch wenn die unverbesserlichen Fans es nie zugegeben hätten, war Rock zu einer aufgeblasenen, angeberischen Phrase verkommen, die von reichen, trägen Kindern, die sich als die Messiasse einer Gegenkultur aufführten, ausposaunt wurde.

Punk war die Antwort auf diese bedauernswerten Zustände, zugleich ein empörter Aufschrei gegen die Gepflogenheiten des etablierten Hippietums, wie auch eine gewalttätige Reaktion auf »das System«. Die Punkbewegung war ein völlig unerwarteter Ausbruch von Optimismus, Begeisterung und Enthusiasmus vor dem grauen Hintergrund einer gemäßigten Politik des breiten Konsenses und einer miserablen britischen Wirtschaftslage. Anstatt die Mittelmäßigkeit des täglichen Lebens zu leugnen, wie es die Hippies getan hatten, verwandelte Punk die eigene Apathie und den eigenen Stumpfsinn in ein Do-it-yourself-Drama voller Glamour und Gewalt. Obwohl der Punk sich selbst als dumm und holzköpfig präsentierte, hauptsächlich um Leute zu schockieren, bot er in seinen besten Augenblicken eine außergewöhnliche Subtilität, Humor und Ironie auf, von denen die Helden des Mainstream-Rock in den Bastionen des Establishments nicht einmal träumen konnten. [...]

Natürlich hatten die Punks am Sex ebensoviel Interesse wie jeder andere; aber die Tatsache, daß man mit dieser Haltung nicht nur das Establishment, sondern genausogut die Überbleibsel der Gegenkultur schockieren konnte, zeigte, wie satt und selbstgefällig der Liberalismus der Sechziger geworden war. Aber die Punks bekundeten nicht nur ihre Geringschätzung des Sex, sie hatten sogar die Nerven, ihn lächerlich zu machen. Mädchen wie die berüchtigte Jordan, die in McLarens Laden arbeitete, sorgten für einiges Aufsehen, wenn sie, bekleidet mit Strumpfhaltern, Gummikleidern, durchsichtigen Regenmänteln, einer Phantasiefrisur und reichlich gespenstischem Make-up im Pendlerzug nach London fuhren. Punk hielt der konventionellen Unmoral einen Spiegel vor und machte sich darüber lustig. Die Accessoires des kommerziellen Sex, wie Peitschen, Gummikleider und Schulmädchenuniformen, wurden nun dazu benutzt, Männer in der Öffentlichkeit anzugreifen. Punk machte es Frauen möglich, sich zu schützen, indem sie ihre Sexualität in einer ausgesprochen aggressiven und verwirrenden Weise präsentierten, eine Methode, die Madonna in den Achtzigern zielsicher weiterkultivierte.

In den Sechzigern hatten die BEATLES Hunderte von Nachahmern inspiriert, unter ihnen waren allerdings erstaunlich wenig Mädchenbands. Die wenigen, wie die britischen LIVERBIRDS oder die amerikanischen GOLDIE AND THE GINGERBREADS, blieben eine etwas seltsame Ausnahme. Mit dem Punk änderte sich das. Verschiedene wichtige Girl Groups entstanden, wie die SLITS, die RAINCOATS, die MODETTES und die DOLLY MIXTURES. Noch bedeutender war Siouxsie Sioux, deren erster öffentlicher Auftritt eine Version des »Vater Unser« enthielt, die von Bruchstükken der einzigen anderen Partystücke, die sie kannte – »Twist and Shout« und »Knocking on Heaven's Door« – unterbrochen wurde. Ihr Auftritt brachte ihr die sofortige Verehrung ihrer Fans und die entschiedene Ablehnung aller A & R-Leute ein. Aber letztlich gelang es ihr, die Plattenfirmen zu überzeugen, und sie wurde zu einem der größten weiblichen Stars der Punk-Ära.

Der erste Ansturm des Punk ließ schnell nach. 1981 waren die wichtigsten Gruppen der Szene, wie die BUZZCOCKS, die SLITS und die ADVERTS, ganz zu schweigen von den SEX PISTOLS, längst wieder verschwunden. Es kam jedoch bald eine neue Welle von Bands auf, die von der Do-it-yourself-Philosophie des Punk beeinflußt worden waren, deren musikalische Interessen aber sehr unterschiedlich ausgeprägt waren. »New Wave« reichte vom Skinhead Ska der SPECIALS bis zu den gefühlvollen Songs von EVERYTHING BUT THE GIRL, vom ironischen, glitzernden Pop von ABC und HUMAN LEAGUE bis zum Nostalgie-Rock der STRAYCATS. Unter den erfolgreichsten dieser neuen Gruppen war ein etwas schäbiges Mädchentrio, das im Sommer 1981 zum erstenmal mit einem Einstückrepertoire, dessen Backingtrack noch dazu vom Band kam, in den Clubs des Londoner West End auftrat. Es hätte niemanden überrascht, wenn es die Gruppe nach weniger als acht Monaten nicht mehr gegeben hätte. Aber acht Jahre später sind sie immer noch nahezu ständig in den britischen Charts vertreten. Ihr Name ist: BANANARAMA. [...]

In vielerlei Hinsicht verkörpern BANANARAMA das extrovertierte, selbstbewußte, natürliche und einfache Mädchen, das seinen Spaß haben will, wie es im Mittelpunkt der Girl Groups der frühen Sechziger gestanden hatte. Aber in ihrer Kritik an [dem Produzenten-Team Stock, Aitken und Waterman] SAW gibt Keren fast schon zu, daß die Musik der Gruppe diesem Anspruch nicht immer gerecht geworden ist. BANANARAMAS Versuche, ihr Image als jugendlich-optimistische und naive Mädchen zurückzugewinnen, wirken etwas müde, um nicht zu sagen, zynisch, angesichts der SAW-Fließbandproduktion für ein Massenpublikum. Vielleicht liegt das Problem auch darin, daß die Mädchen selbst gerne eine Seite ihres ohne Zweifel vorhandenen Reizes in den Vordergrund stellen, die gar nicht so vorteilhaft ist. Sie mögen das Image der drei herumalbernden Mädchen, die ihren Spaß haben, aufrechterhalten, aber sie sollen nicht ständig den Eindruck erwecken, sie seien unfähige Amateure. Nach acht Jahren funktionieren die Witze darüber, daß man nicht wirklich singen oder tanzen könne und über die Besäufnisse in irgendwelchen Clubs nicht mehr so gut wie früher. Denn für Frauen hat sich in der Popmusik einiges geändert. Madonna hat bewiesen, daß es möglich ist, sich wie ein vergnügungssüchtiger Teenager aufzuführen, und gleichzeitig sowohl von der Industrie als auch vom Publikum als Profi anerkannt zu werden. [...]

Nach der Punk-Bewegung in den späten Siebzigern und Madonnas Erscheinen in den Achtzigern kommen heute Mädchen in der Popmusik, deren Produzenten und Songwriter nicht mehr an bestimmten feministischen Themen vorbei, wenn sie von der überwiegend weiblichen Fangemeinde ernstgenommen werden wollen. Bereits lange vor diesen Entwicklungen in der Popszene hatten schwarze amerikanische Mädchenbands einem ausgeprägten Selbstbewußtsein und einer ungezwungenen Sexualität Ausdruck verliehen. Diese Einstellung brachte Madonna später dann einem Mainstream-Pop-Publikum nahe. Die mutigsten Vorstöße neuer Girl Groups ereignen sich gegenwärtig ausgerechnet in den Macho-Hochburgen von Funk und Hip Hop.

Seit den Sechzigern hatte es Mädchenbands im Funk und R & B gegeben, aber sie spielten meist eine untergeordnete Rolle, etwa als Back-Up-Sängerinnen, deren Produzenten nur gelegentlich ein Stück von ihnen veröffentlichten. Nach dem Vorbild von Ray Charles' RAELETTES hatten Ike and Tina Turners IKETTES in den Sechzigern zwei eigene große

Hits. »I'm Blue« (auch bekannt als der »Gong Gong Song«) und »Peaches 'n' Cream«, beides Nummern, die mehr dem sex- und schweißtriefenden Dancefloor-Stil als der jugendlichen Konfektschachtel-Romantik entsprachen. In den späten Siebzigern veröffentlichte der Sonderling George Clinton Alben für ein seltsames Duo namens THE BRIDES OF FUNKENSTEIN, die gleichzeitig Back-Up-Sängerinnen seiner eigenen Band FUNKADELIC waren. Ebenso engagierte er sich für PARLET, die Sängerinnen seiner zweiten Band PARLIAMENT. George Clintons Protégées hatten in den Pop-Charts jedoch keinen besonderen Erfolg, und sie blieben eine kleinere Nebenattraktion des Clinton-Zirkus. Erst in den Achtzigern stellte eine neue Generation von schwarzen Produzenten aus der Funksparte Girl Groups mit einem unverwechselbaren Image zusammen.

In den frühen Achtzigern lancierte Motowns Wonderboy und Jungstar Rick James, ein hochtalentierter und innovativer Künstler, der eine neue Musikrichtung initiierte, die er »Punk-Funk« nannte, eine Mädchenband, die MARY JANE GIRLS. Die MARY JANE GIRLS setzten sich in den Black Charts durch. 1983 hatten sie sogar zwei Hitsingles in den britischen Pop-Charts, »Candy Man« und »All Night Long«. Rick James erzählte dem *Blues and Soul*-Magazin im Juli 1984:

»Ich bin sehr glücklich über den Erfolg der Gruppe. Wissen Sie, ich bin wirklich ein alter Fan der Shirelles und Ronettes, und ich fand, daß wir seit den Sechzigern keine wirklich gute Mädchenband mehr hatten. Ich wußte, daß die Zeit für eine Gruppe von Frauen gekommen war, die die Darstellung unserer heutigen Wirklichkeit und unsere Auffassung von Sexualität verbinden.«

In mancher Hinsicht hatte sich an der grundlegenden Situation, daß ein männlicher Produzent eine Mädchenband benutzt, um seine persönlichen musikalischen Ziele zu verfolgen, seit den Sechzigern nichts geändert. Bei Rick James war wohl der Wunsch, einen poppigeren Funk zu entwikkeln, treibendes Motiv für sein Engagement. Es schien, als stünden nicht Candi, Cheri, Jojo und Maxi, also die Gruppenmitglieder, im Mittelpunkt der MARY JANE GIRLS, sondern Rick James. Gleichzeitig war jedoch ganz deutlich, daß die Gruppe nicht nur zur Selbstverwirklichung ihres Produzenten diente. Entgegen allem Anschein waren männliche Produzenten nie in der Lage gewesen, Girl Groups ganz und gar nach ihrem Wunsch zu formen. Die Zeiten hatten sich seit den ersten Mädchenbands in den frühen Sechzigern geändert, und James war sich sehr wohl darüber im klaren, daß die Sexualität der erwachsenen Frau zu einem wichtigen Thema geworden war. Wie die männlichen Girl Group-Produzenten der Vergangenheit versuchte James, für ein weibliches Publikum zu schreiben, und um das zu tun, mußte er die veränderten neuen Meinungen und Wunschträume der Frauen begreifen. James erkannte, daß, um wirklich zeitgenössisch zu sein, die MARY JANE GIRLS sich nicht nur mit den sexuellen Wünschen der Frauen beschäftigen mußten, sondern auch mit der Frage, wie diese erfüllt werden könnten. [...]

Die Newcomer des Girl Group-Pop der achtziger Jahre waren die Mädchencrews der Hip Hop-Szene. Ihr messerscharfer, schlagfertiger Protz-und-Prahl-Stil führte zwar eine gänzlich neue Dimension in die Musik der Mädchenbands ein, zu deren Tradition sie aber zweifellos gehören. Mit dem Hip Hop schließt sich ein historischer Kreis. Im modernen Rapstil der Straße finden sich Spuren des Doo Wop, jener Teenager-Straßenecken-Hysterie der Fünfziger, die die ersten Girl Groups wie die CHANTELS hervorgebracht hatte. Wie dieser Vorläufer ist auch Hip Hop im Kern sehr simpel. So wie die Doo Wop-Gruppen a cappella sangen, erfordert auch der Rap, der wichtigste Vokalstil des Hip Hop, in der einfachsten Form nicht mehr als die menschliche Stimme. Und wie die Doo Wopper einfach alles, vom alten Spiritual bis zur neuesten Tin Pan Alley-Melodie, sangen, so mixen die Hip Hopper von heute Reime aus der schwarzen Folklore mit Melodien, die vom Werbejingle bis zum Rock 'n' Roll-Standard reichen. Ebenso wie die CHANTELS in den Fünfzigern in die Männerwelt der Straßeneckengruppen eingebrochen waren, haben sich in den Achtzigern die Mädchenbands des Hip Hop, wie SALT 'N PEPA, einen Platz in dieser nahezu rein männlichen Domäne erobert. Ja, SALT 'N PEPA gelang es sogar, wie den SHIRELLES und den SUPREMES, mit ihrer Musik noch weiter, bis in den Mainstream Pop, vorzudringen.

SALT 'N PEPAS Rapstil kommt aus einer nahezu verschütteten Kulturtradition der schwarzen Männer, die erst in letzter Zeit Bestandteil unseres musikalischen Alltags geworden ist. Die Hip Hop-Kultur stammt aus den frühen Siebzigern, als New Yorker DJs in Discos, bei Straßenfesten und Open Air-Veranstaltungen neue Techniken entwickelten, Platten zu spielen. Die Standardausrüstung eines DJs bestand aus zwei Plattenspielern, einem Mischpult und einem Mikrophon, über das der DJ zur Menge sprechen konnte. Anstatt den Tänzern gelegentlich mit Schreien wie »to the beat y'all, ya don't stop, that that that body rock« einzuheizen, entwickelten die DJs mit der Zeit ein schnelles Geplapper, das aus bekannten oder gerade erfundenen Versen zusammengesetzt war. Manchmal wurde das Mikrophon jemandem im Publikum für einen spontanen Auftritt in die Hand gedrückt. Um das Instrumentalbreak einer Platte so zu verlängern, daß man darüber »rappen« konnte, legte der DJ zweimal die gleiche Platte auf seine beiden Plattenspieler und »cuttete« mit dem Fader des Mischpults zwischen den beiden Platten hin und her. So konnte er den kurzen Instrumentalteil des Liedes unendlich ausdehnen. Es stellte sich bald heraus, daß die meisten Leute natürlich den Schwierigkeiten nicht gewachsen waren, die es bereitete, zwischen den Plattenspielern hin und her zu »cutten« und gleichzeitig amüsante Bemerkungen in Reimform über das Mikrophon zu machen. Deshalb wurden die Funktionen des DJs und des Rappers oder des MCs, wie er damals genannt wurde, bald auf zwei Leute verteilt. Dadurch bekam der DJ einen noch größeren Freiraum, um zu experimentieren. Durch das schnelle Vor- und Zurückbewegen der Platte mit der Hand entstanden erstaunliche Geräusche: Rhythmische Variationen und die zunehmend komplexer werdenden Reime des MCs ergaben virtuose Vorstellungen voller Einfallsreichtum und technischer Brillanz. [...]

Verwandt wurden zunächst Versatzstücke aus Abzählreimen, die Kinder bei verschiedenen Spielen verwendeten. Dabei vermischte man oft Bruchstücke von alten Redewendungen und lustige Plaudereien mit sich ständig ändernden Reimfetzen aus dem Fernsehen, aus Popsongs oder der Werbung. Solche Abzählreime kennt jedes Kind, aber in jeder Kultur gibt es historische und lokale Variationen. In der schwarzen Kultur gehören dazu zwei Spiele, »Signifying« und »The Dozens«, die auf dem Spielplatz entstehen und im Teenager- und Erwachsenenalter an Treffpunkten wie Billardhallen und Bars raffinierter und perfektioniert werden. »Signifying« geht auf den Brauch zurück, die folkloristische Fabel »The Signifying Monkey« persönlich gefärbt nach- und neu zu erzählen. Der Erzähler liefert eine Kostprobe seines Einfallsreichtums. Es ist die Geschichte eines cleveren und findigen Affen, der im Dschungel seinen Schabernack mit einem starken, aber meist etwas dümmlichen Löwen treibt. Bei »The Dozens« beschimpfen sich zwei Männer, und da jeder versucht, seinen Gegner auszustechen, steigern sie sich zu einem wahren Crescendo, indem sie gewöhnlich immer komplizertere und ausgefallenere Sticheleien gegen die weiblichen Angehörigen des anderen ausstoßen.

Solche Wortgefechte gediehen in rein männlichen Umgebungen, besonders in Gefängnissen und der Armee als Möglichkeit, die Zeit totzuschlagen. 1976 sammelten Dennis Wepman, Ronald B. Newman und Murray B. Binderman viele dieser Gedichte und Verse in einem Buch mit dem Titel *The Life*. Sie zeigten, daß sich die traditionellen

»Toasts« besonders auf den Untergrund im schwarzen Gettoleben bezogen. Diese Subkultur war allgemein als »The Life« bekannt, und die Autoren charakterisieren sie so:

»Die Menschen des ›Life‹ haben mit kleineren Diebstählen wie Ladendiebstahl zu tun, oder mit Verbrechen, bei denen es in gewisser Weise keine Opfer gibt. Verbrechen, die die Leidenschaften der Menschen ausnutzen, bei denen man an den Kriminellen herantritt, um von ihm ein illegales Produkt oder einen Dienst zu erbeten: Sex, Narkotika, Glücksspiel ... Diese Eigenschaften charakterisieren das ›Pimping‹, das Lieblingsspiel des ›Life‹.« [...]

Als Hip Hop von einer neuen Generation schwarzer amerikanischer Teenager aufgegriffen wurde, muteten viele Klischees des »Life«, die in den Raps der neuen Musik verwandt worden waren, schon anachronistisch an. Aber unter jungen Männern erfreute sich die Prahlerei mit Geld, Autos, Kleidung, Schmuck und Sex immer noch großer Beliebtheit. Das Leben des kleinen Gauners in den Erzählungen der schwarzen Volkskunst hing im wesentlichen immer von seinen sprachlichen Fähigkeiten, sich Frauen zu verschaffen, ab. Um erfolgreich zu sein, mußte er den »Sweet Talk« beherrschen und die prahlerische Selbstdarstellung pflegen. Die Lebensbedingungen der heranwachsenden Generation sahen jedoch anders aus. Die ökonomische Notwendigkeit, sich in einem solchen Milieu zu entwickeln, bestanden nicht länger. Die Unwägbarkeiten im Leben des Akteurs im großen Spiel wurden jetzt zur Metapher für die Probleme des modernen, städtischen Gettolebens. Die Versuche des Spielers, aus einer Position relativer Verletzbarkeit, durch die Verbindung von sprachlichen Fähigkeiten und persönlichem Charisma seine Chancen zu verbessern, verloren nach wie vor für diese Zuhörerschaft nichts an Anziehungskraft. Denn noch immer kämpft man in den Gettos darum, durchzukommen, und kann dabei auf nichts anderes zurückgreifen als auf die eigenen Fähigkeiten und Talente.

Viele Kritiker verstanden die neue Hip Hop-Mode überhaupt nicht und fragten sich, warum Jugendliche nichts Besseres zu tun hatten, als ständig mit Autos, Geld und Mädchen anzugeben. Für sie waren diese sogenannten »Hotel/Motel«-Raps Inbegriff eines reaktionären, stumpfen Machismo. Statt dessen hielten sie die eindeutig politischen »Message«-Raps hoch, die in der Folge der Black Power-Bewegung entstanden waren und die als akzeptabler Ausdruck schwarzen Bewußtseins galten. Das stimmte insofern, als den »Hotel/Motel«-Raps häufig der dichterische Einfallsreichtum der traditionellen Gefängnis-Toasts fehlte. Schließlich plusterte sich der Spieler nur auf, um einer Frau zu gefallen. Auch der Gefängnis-Rap sollte die Zuhörer durch dichterische Fähigkeiten und Brillanz unterhalten, und es ging nicht darum, die stumpfe Behauptung zu wiederholen, man habe wirklich einen goldverzierten Eldorado vor der Tür stehen. Aber die Kritik an den Inhalten, die sich manchmal mit der Bewunderung für das Talent einer neuen Generation von Rappern verband, war etwas kurzsichtig. Warum in aller Welt sollten junge, mittellose Teenager, die auf den Straßen aufgewachsen waren, mit ihrem »unglaublichen Reichtum« prahlen, wenn nicht um zu versuchen, ihre Träume mit Hilfe ihrer einzigen handfesten Fähigkeit, ihrem Talent, Wirklichkeit werden zu lassen?

Für die jungen Frauen, die die Hip Hop-Szene betraten, erwies sich die Übernahme der überholten Klischees des »Life« und die Verwendung solcher Metaphern, die der eigenen Profilierung dienen sollten, als besonders schwierig. So, wie die aufstiegsorientierteren schwarzen Teenager der Fünfziger den bodenständigen, sich oft nur um Sex drehenden R & B-Stil zugunsten der gehobeneren, romantischeren Feinheiten des Doo Wop verschmäht hatten, so suchten auch einige der frühen Girl Rap Crews nach einem eleganteren, mehr ladyliken Stil. Sie wollten nicht wie SEQUENZ oder andere erwachsene Gruppen, wenn auch in etwas gemäßigterer Form als die Männer, mit ihren sexuellen Eroberungen prahlen. [...]

Die Hip Hop-Mädchen, Sängerinnen und Rapperinnen, folgten dem Crossover der Männer zum Mainstream-Pop. RUN DMC, LL Cool J und die BEASTIE BOYS hatten es bereits geschafft, den Hip Hop in die Charts zu bringen, allerdings zumeist dank ihrer Konzessionen an die Rockschiene. Def Jam Records, die von dem Heavy Metal Aficionado Rick Rubin geleitet wurden, führten eine harte Version des Hip Hop in den Mainstream-Rock ein. Die Macho-MCs gesellten sich zu den Macho-Gitarrenhelden, und jedermann fand das amüsant. Aber als nach einer Weile Scharen neuer Bands versuchten, auf den Hip Hop-Rock-Zug aufzuspringen und die Musik immer mehr in eine lange, trostlose Litanei des Machismo verwandelten, verlor die Sache ihren Reiz. In der darauffolgenden, wieder interessanteren, aber auch beängstigend aggressiven Phase wurde der Hip Hop zum Sprachrohr der enormen Frustrationen und der grenzenlosen Wut einer neuen Generation, die im Klima der Reagonomics aufwuchs.

Die weiblichen Vertreter des Hip Hop hielten sich bis heute in Distanz zu dieser Entwicklung. Ob wir auch das »Flygirl« dabei erleben werden, wie sie damit prahlt, einigen Leuten den Kopf mit einer Uzi weggeblasen zu haben, bleibt abzuwarten, obwohl diese Möglichkeit sicher nicht undenkbar ist. Wenigstens auf Platte gab es bisher sehr wenige Beiträge weiblicher Rapper zum Thema »Gun Culture« in den USA. 1986 lieferte Ice Cream Tee einen ungewöhnlich markigen »Antwort«-Rap zu einer Platte des Duos JAZZY JEFF & THE FRESH PRINCE. In »Guys Ain't Nothing But Trouble« erzählt Ice Cream Tee die Geschichte, wie sie einer Bande undurchsichtiger Typen entkam, indem sie eine Waffe auf sie richtete. Dennoch war der Rap alles andere als eine glühende Verherrlichung der Gewalt, es wurde niemand erschossen, und das Hauptaugenmerk der Story lag auf den Feinheiten des Plots und dem amüsanten Geplänkel zwischen der Heldin und ihren aufgeblasenen männlichen Begleitern. Die besondere Attraktion der Platte

aber verdankte sich nicht zuletzt Ice Cream Tees innovativem
Rap-Stil. Während die B-Boys des Hip Hop den Rock
benutzten, um einen Einstieg in den Mainstream zu finden,
bewegten sich die B-Girls eindeutig in die Richtung der Popmusik. Natürlich lauerten im musikalischen Durcheinander,
aus dem sich Hip Hop zusammensetzte, bereits viele Pop-
sounds. Die Mädchen-Crews entwickelten gerade diese Einflüsse weiter. Auf diesem Gebiet wurde ein Duo namens SALT
'N PEPA mit ihrem DJ Spinderella besonders erfolgreich. [...]

Es war ein langer Weg für die Mädchenbands vom Doo
Wop der fünfziger bis zum Hip Hop der achtziger Jahre. In
diesen drei Jahrzehnten haben die Mädchenbands in der
Popmusik Träume für ihre weiblichen Fans gesponnen, die,
wie widersprüchlich sie auch immer ausfielen, den Phantasien von Frauen deutlichen Ausdruck verliehen. Diese
Träume änderten sich gewiß im Zuge der immer wichtiger
werdenden Betonung sexueller und ökonomischer Unabhängigkeit.

Ob diese Träume im Musikgeschäft Wirklichkeit geworden sind, ist jedoch nicht ausgemacht. Heutige Mädchenbands wie SALT 'N PEPA scheinen unter günstigeren Bedingungen zu arbeiten als etwa die CHANTELS – junge Schwarze,
die aus einem ganz ähnlichen Milieu wie ihre Nachfolgerinnen stammten. Wie wenigen anderen gelang es den CHAN-
TELS schon in den Fünfzigern, ihre Karriere einigermaßen
autonom zu bestimmen. Doch ist es schwierig, ihre Situation
richtig einzuschätzen. Die reiferen Frauen, mit denen ich
sprach, konnten sich als Teenagerstars kaum erlauben, in die
Hand zu beißen, die sie füttert. Die meisten von ihnen blieben ihr Leben lang äußerst vorsichtig in allem, was ihre Ge-
schäftsangelegenheiten betrifft. Wie eh und je sind vom Erfolg gekrönte Karrieren wie bei SALT 'N PEPA die Ausnahme.
Unzählige andere Mädchenbands, ohne eine Platinschall-
platte im Rücken, werden mit schöner Regelmäßigkeit, wie
es anfangs auch SALT 'N PEPA erging, gründlich übers Ohr ge-

hauen. Tatsache ist, daß junge Frauen im Musikgeschäft nach wie vor als die Künstler gelten, die in der Vertretung ihrer eigenen Interessen am schwächsten und hilflosesten, zugleich aufgrund ihres Sex-Appeals am leichtesten verkäuflich sind. Die Industrie ist unglaublich skrupellos, sie kauft die Mädchen zu Spottpreisen ein, wann immer es geht, und verschleudert sie zu jedem irgend profitablen Preis.

Dennoch existieren noch heute die Träume, mit denen die Mädchenbands ihre Fans betören. Auch wenn junge weibliche Stars immer noch unmöglich behandelt werden, hat der Publikumsgeschmack der Willkür der Industrie Gott sei Dank ein wenig die Zügel angelegt. Der Markt für Popsingles ist über die Jahre von jungen Frauen bestimmt worden, und die Popmusik griff immer deutlicher die mitunter absurden Vorlieben des weiblichen Publikums auf. Die Mädchenbands waren dazu prädestiniert, den Frauen Wunschträume zu liefern. Zwar mag die Wirklichkeit nicht immer mit diesen Träumen Schritt gehalten haben, aber es gibt eine bedeutende Veränderung. Die Mädchen, die die Platten machten, sind hinaus ins Rampenlicht getreten.

Die Mädchen-Crews im Hip Hop sind heute nicht mehr namen- und gesichtslose Stimmen auf einer Popsingle. Ganz im Stil des Rap verkünden sie ihre Identität laut und deutlich. Sie sprechen nicht nur für sich, sondern stellvertretend für all die schattenhaften, anonymen Wesen aus der Girl Group-Vergangenheit, deren Recht auf Existenz und eine Identität sie nun mit einfordern. Sie haben dafür gesorgt, daß sie selbst am großen Pop-Traum partizipieren, zu dem alle weiblichen Teenager-Fans gehören möchten. Salt faßt das so zusammen:

»Die Jungs sind in uns verliebt, und die Mädchen sind stolz auf uns. Die Jungs denken vielleicht, daß wir sexy sind oder so, aber die Mädchen denken: ›Das sind meine Freundinnen. Das sind meine homegirls!‹ Sie kommen nach den Shows zu uns, nur um uns zu sagen, daß sie uns lieben. Weil sie stolz sind. Sie platzen vor Stolz.«

4
Macht kaputt, was euch kaputt macht

ROBERT SHELTON

Robert Shelton ist Autor der Biographie »Bob Dylan. Sein Leben und seine Musik«. In dem hier abgedruckten Kapitel »Die Broadside-Ballade« blickt Shelton zurück auf den reaktionären Mief der fünfziger Jahre, in denen McCarthys paranoide Angst vor kommunistischer Infiltration die USA regierte. Die künstlerische Opposition sammelte sich in der Beat- und Folkszene. Letztere fand in dem hektographierten Bulletin »Broadside«, in dem auch Bob Dylan seine frühen Texte veröffentlichte, ein erstes Sprachrohr.

Die Broadside-Ballade

Eine Unruhe, die Dylan inspirierte, war das Amerika von 1962, eine Zeit, in der der amerikanische Protest zu einer Massenbewegung wurde und nicht länger eine kleine Splittergruppe linker Ideologen war, die sich in einer Telefonzelle treffen konnten, ohne sich beengt zu fühlen.

Die Wurzeln der »Protesting Sixties« finden sich im Sumpf der Fünfziger, als in der amerikanischen Jugend Konservativismus und Eigeninteresse dominierten. Den »American Way of Life« zu kritisieren war damals nicht nur unmodern, sondern schlicht gefährlich. Eisenhower war im Weißen Haus, und ein besonders fahler Ton bleichte das

amerikanische Temperament. Die Zensur tobte sich aus,
die Orthodoxie .war auf dem Vormarsch. Senator Joseph
R. McCarthy beherrschte, trotz seiner irrwitzigen Suche
nach Kommunisten unter jedem Bett, die nationale Politik.
Die John Birch Society nutzte ihre Propagandamöglichkei-
ten, um anti-linke Stimmungen anzuheizen. Die erzrechten
»Minutemen« bildeten sich auf geheimen Schießbahnen zu
einer bewaffneten Miliz gegen »die unvermeidliche kom-
munistische Machtübernahme in Washington« aus. Wer in
den fünfziger Jahren allzu lautstark (oder überhaupt) wi-
dersprach, konnte mit einiger Sicherheit davon ausgehen,
daß man ihn entweder, wie Pete Seeger, vor den Ausschuß
des Repräsentantenhauses für unamerikanische Aktivitäten
zerrte, oder, wie mich, vor den Unterausschuß des Senats
für Innere Sicherheit.

Der kalte Krieg gegen Linke, Abweichler oder auch nur
unabhängige Liberale in der Kunstwelt hatte die Landschaft
langsam mit einer Eiskruste überzogen. Ende der Vierziger
wandten die Schnüffler sich Hollywood zu und sorgten dafür, daß fast jeder Linke in den Studios entweder auf die
schwarze Liste kam oder sonstwie von der Arbeit ausgeschlossen wurde. Eine Gruppe bekannter Drehbuchauto-
ren, The Hollywood Ten, verbrachte ein Jahr im Gefängnis
wegen ihrer Weigerung, mit dem Ausschuß für unamerikanische Aktivitäten zu kooperieren.

Im Bereich der Folkmusik kam es nacheinander zu
Schmierkampagnen gegen die Organisationen People's Artists und People's Songs, Ableger der radikalen Folksongbe-
wegung der Kriegszeit. Der Hexenjagd gelang es, eine Zeitlang THE WEAVERS zum Schweigen zu bringen, die in den
frühen Fünfzigern einige Hits gehabt hatten. In zunehmen-
dem Maße fanden soziologische Pulsfühler heraus, daß die
Amerikaner der Nachkriegszeit mehr an Sicherheit als an
geistiger Gesundheit interessiert waren, daß sie besorgter
darum waren, den Status quo zu wahren, als darum, die
Mißlichkeit der Lage bloßzustellen.

Künstler verlangen jedoch fast immer Freiheit. Eine Flut von Protestkunst begann in den fünfziger Jahren mit den englischen »zornigen jungen Männern«. Der Dramatiker John Osborne »blickte zurück im Zorn« und fragte sich, was der Sieg im Krieg anderes gebracht habe, als eine eisige, zwecklose Konformität. In den USA kam der Widerspruch von neu auftauchenden Komikern wie Lenny Bruce, Lord Buckley, Mort Sahl und Dick Gregory, die die repressiven Fünfziger mit grimmigem Lachen bloßstellten. Mort Sahl äußerte die Vermutung, die Bürger würden Eisenhower wiederwählen, »damit das Weiße Haus weitere vier Jahre leer« bleibe.

Eine andere Form des Widerspruchs in den Fünfzigern kam von den Beat-Dichtern – Allen Ginsberg, Lawrence Ferlinghetti, Jack Kerouac, Gregory Corso und anderen –, die andere Vorstellungen von Amerika entwickelten. Die Beats zogen sich aus dem amerikanischen Leben zurück und machten das Aussteigen *hip*. Wie Dylan die Beats und Woody Guthrie auf seinem eigenen Highway zusammenbrachte, ist eines der Themen dieses Buches. Während Madison Avenue die Straße der amerikanischen Träume war, begannen einige wenige, Kerouacs offene Landstraße zu begehen. In den Fünfzigern hielten Pete Seeger, People's Artists und People's Songs, vor allem durch das Magazin *Sing Out!*, die aufflackernde Kraft des Protest-Folksongs in Gang. Nichts konnte den schlaksigen Seeger mit seinen Countrystiefeln daran hindern, von einer besseren Welt zu reden und zu singen. In den frühen Sechzigern machte sich Guy Carawan Petes Verkörperung eines folksingenden Johnny Appleseed zu eigen und half mit, die »Freedom Song«-Bewegung, Vorkämpferin für die Rassenintegration in den Südstaaten, populär zu machen. Andere Seeger-Anhänger waren Peter Yarrow, Mary Travers und Gil Turner aus Bridgeport, Connecticut.

Ab Ende 1961 war Gil zwei Jahre lang ein guter Freund von Dylan. Gil, ein behäbiger, kerngesund dreinblickender

Mann Ende Zwanzig, mit offenem Gesicht, Sohn eines früheren Opernsängers, war Baptistenprediger gewesen. Der routinierte Sangesführer seiner Gemeinde verließ die Kirche, als er Seegers weitläufigeres Pastorat entdeckte. Seine Haltung Pete gegenüber ähnelte Dylans Verehrung für Guthrie. Gil hatte einen ausgebildeten warmen Bariton, spielte Gitarre und Banjo und war als Chorleiter ein Zauberer. Im Herbst 1961 wurde er Conférencier im Folk City und lernte alle Sänger und Songwriter kennen, die dort vorbeikamen. Niemand machte auf ihn einen so gewaltigen Eindruck wie Dylan.

Mehrmals pro Woche, nachdem Gerde's gegen Mitternacht schloß, wanderten Gil, Bob und ich hinüber ins West Village zum White Horse in der Nähe der Docks, oder zu Jim und Bertha McGowans Off-Broadway-Bar auf der Greenwich Avenue. Das Horse war ein sagenumwobener Pub im englischen Stil, wo Dylan Thomas in den Tagen seines Niederganges herumgehangen hatte. Richard Burton kam oft vorbei, und in den späten Fünfzigern waren die irischen Folksänger THE CLANCY BROTHERS Stammgäste. Dylan liebte die ständige Partyatmosphäre. Schriftsteller (wie Mike Harrington und Jimmy Baldwin), Matrosen, Hafenarbeiter, Maler, Redselige, Säufer und Mitternachts-Genies ließen die Puppen tanzen. Das Lokal der McGowans war ruhiger, blieb aber bis vier Uhr früh geöffnet. Es war mit Theaterzetteln und Bühnenfotos dekoriert. An der Wand hing ein eingerahmter Brief von Sean O'Casey an die McGowans. Die McGowans mochten Dylan und bezahlten oft seine Sandwiches und Getränke. In einer dieser Nächte dort erzählte Gil Dylan von einem neuen Konzept für eine Zeitschrift; er zog dabei Bob in das *Broadside*-Experiment mit hinein.

Nachdem Seeger 1961 eine Tour durch England gemacht hatte, kehrte er, begeistert über das dortige Gedeihen politischer Songschreiberei, zurück. Er wünschte sich etwas Vergleichbares in den Staaten. Seeger wollte jungen Autoren helfen, damit sie die Arbeit fortsetzen konnten, die er, Malvina (»Little Boxes«) Reynolds, Vern Partlow, Ernie Marrs und andere geleistet hatten. Zu Pete stieß seine alte Freundin Sis Cunningham, lange Zeit tätig in der Arbeiterbewegung des Südens, eine Freundin von Woody aus Oklahoma und Mitglied der ALMANAC SINGERS. Ihr Mann, Gordon Friesen, beschrieb ihre Vorstellungen in der ersten Ausgabe der *Broadside Songs*: »Wie können wir denn wissen, ob nicht gerade jetzt junge Leute überall in Amerika politisch aktuelle Songs schreiben? Wir hören doch nur nichts darüber. Die großen kommerziellen Musikverleger und Plattenfirmen sind an dieser Art Material nicht interessiert. Vielleicht nehmen wir einfach nur an, daß jetzt keine derartigen Lieder geschrieben und gesungen werden. Es gibt weiß Gott nicht viele Möglichkeiten, sie unters Volk zu bringen.«

Bei ihrem ersten Treffen lancierten Pete, Sis und Gordon ein kleines hektographiertes Bulletin für politische Lieder namens *Broadside*, benannt nach den elisabethanischen Lieder- oder Nachrichtenblättern, die zur sofortigen Verteilung gedruckt wurden. Pete hielt seine Bindungen an *Sing Out!* aufrecht, was möglich war, da *Broadside* kein Konkurrenzblatt werden sollte, eher ein kleineres Publikum erreichen wollte. In Gil Turner fanden Pete und Sis den Kristallisationspunkt. Gil warb Dylan an und brachte die intelligentesten jungen Songwriter mit zu den monatlichen Treffen. Zwei junge Musikjournalisten, Josh Dunson und Julius Lester, verdienten sich hier ihre Sporen. Viel später schliff dort der selbsternannte Dylanologe A. J. Weberman seine analytische Axt. Dylan war von Anfang an sehr an *Broadside* interessiert. Er ließ dort seine neuen Songs abdrucken und machte es zum Bestandteil einer Bewegung. Er hörte sich Bänder mit politischen Songs aus dem ganzen Land an, die nun dem Blatt zugeschickt wurden, und versuchte sogar selbst, einige von ihnen aufzubessern. Er hörte auf Seeger und auf das, was Sis und Gordon mit einiger Autorität als »was Woody dazu meinen würde« interpretieren konnten.

Ganz eindeutig stimulierte *Broadside* Dylans Arbeit zwischen 1962 und 1963. In *Broadside Nr. 20* beschrieb Josh Dunson ein typisches lockeres Treffen:

»Der Treffpunkt von *Broadside* war ein winzig kleiner Raum ... Gil Turner packte seine Zwölfsaitige aus und lieh sich ein Plättchen. Sie baute das Mikro für das Tonband auf, und Gil ließ einen Talking Blues los, den er gerade über den Zeitungsstreik geschrieben hatte, und damit brachte er uns alle zum Lachen.«

Turners Song, »The Great New York Newspaper Strike«, ging folgendermaßen (in Auszügen):

So sitz ich hier in der nachrichtenhungrigen Stadt ...
Den Verlegern ist es egal, sie sind gnadenlos ...
Ich finde weder einen Job noch eine Bleibe; wegen
der Aussperrung gibt es keine Annoncen mehr ... Mein
letztes Geld habe ich ausgegeben, eine Zweidollarnote.
Ich bin in ein Folkmusikkonzert gegangen, in der
Carnegie Hall ... Da gab's gute alte
Sänger, auch einen Blues-Picker, einen Cowboy, und
Pete Seeger sang ein oder zwei Lieder. Es kann gut
gewesen sein, vielleicht auch prima, aber verdammt,
ich weiß es nicht ...
ich habe keine »New York Times«, keine Bob-
Shelton-Kritik ... also keine Meinung.

Es geht ein Gerücht, und zwar ziemlich blutrünstig,
ich will's nur schnell weitersagen und meine Story
beenden ...
Es heißt nämlich, letzten Sonntag fing der Dritte
Weltkrieg an, und die ganze Welt war Montagmittag
in die Luft gejagt. Jetzt ist die Erde überall von
Pilzwolken verhüllt, bloß die New Yorker wissen es
noch nicht ... Irgendwann wird dieser Streik mal
vorbei sein ... und das ist dann wirklich das Ende.
Was mich angeht, ich kann nicht so lange warten —
ich muß ein paar Nachrichten erfahren.

Deshalb gehe ich jetzt Kaffeetrinken mit meinem Freund Bob Dylan, der einzigen großen Zeitung in New York, die nicht streikt.

»Dann«, fuhr Dunson fort, »packte Gil seine sechssaitige Gibson aus, reichte sie Bob Dylan und sagte dabei, daß Bobs neues Lied ›Masters of War‹ eines der besten sei, die Bob je geschrieben habe. Ich fand immer noch, daß er einige Songs mit wirklich lyrischer Phantasie geschrieben hatte, wie ›Blowin' in the Wind‹ und ›Hard Rain's Gonna Fall‹, was einen direkt an Lorca denken läßt, und ich wartete auf Bilder von Regen und Donner und Blitz. Aber nein, diesmal war es eine ganz andere Art Lyrik, eine von großem Zorn, anklagend, die ganz direkt zu verstehen gab, wer die Herren des Krieges sind, ohne in der knappen, scharfen und unmittelbaren Intensität den geringsten Kompromiß einzugehen ... Sofort danach, ohne ... auch nur zweimal Luft zu holen, kam Bob mit ›Playboys and Playgirls‹ heraus, einem Gruppenlied, von dem Pete sagte: ›Nächstes Jahr wird es von einer Million Leute gesungen werden.‹ Die Melodie zieht eine große Menschenmenge sofort in Bann, und die Wörter ergeben sich direkt aus dem Feeling ...«

Phil Ochs kam herein, und Happy Traum, ein weiteres Mitglied von Turners Gruppe THE NEW WORLD SINGERS. Pete sagte: »Wißt ihr, in den letzten fünf Monaten habe ich nicht so viele gute Songs und so viel gute Musik gehört wie hier heute abend.« Zusammen mit Paul Krassners *The Realist* sowie *The Village Voice* war *Broadside* wohl einer der Pioniere der Undergroundpresse der Sechziger. 1970 sagte Friesen über diese Treffen 1962: »Da gab es keinen Druck aus dem Bedürfnis nach kommerziellem Erfolg heraus. Uns war klar, daß das ohnehin unwahrscheinlich wäre, bei der Bedeutung, die wir den Protestsongs in *Broadside* gaben ... Ich war bereit zu wetten, daß Columbia-Records niemals Dylans ›Masters of War‹ und ›With God on Our

Side‹ aufnehmen würde.« Columbia wurde das erste größere Label, das die Umwälzungen, ausgelöst durch den politischen Song, begriff. Dank John Hammond nahm Columbia Pete unter Vertrag, und die Musik mit sozialem Bezug begann ein größeres Publikum zu erreichen.

Dylan war nur einer aus einem halben Dutzend regelmäßiger Teilnehmer an den *Broadside*-Treffen im Jahre 1962; aber Pete wußte, daß Bob politische Songs von einer Qualität schrieb, wie man sie seit Woody nicht mehr gehört hatte. Seeger war der erste »etablierte« Sänger, den Dylan beeinflußte. Ab Ende 1962 trat Seeger mit Dylan-Songs auf und hob ihn als den bedeutendsten Songwriter der Gegenwart hervor. Der erste von Dylans Songs, der in *Broadside* gedruckt wurde, war der Text von »Talkin' John Birch Paranoid Blues«, in der ersten Ausgabe vom Februar 1962. »Blowin' in the Wind« war auf dem Umschlag von *Broadside Nr. 6* im Mai 1962. Eineinhalb Jahre lang war *Broadside*, wo Bob als Mitarbeiter aufgeführt wurde, das erste Publikationsorgan für Dylans Songs, noch vor der öffentlichen Aufführung.

Zu den ersten der jungen Sänger und Songwriter, die sich im *Broadside*-Kreis einfanden, gehörte Len Chandler. Peter La Farge, Ochs, Paxton, die kanadische Sängerin Bonnie Dobson und Spoelstra tauchten später auf. Wenn sie in der Stadt war, kam Malvina Reynolds immer vorbei. Gordon sagte:

»Wir betrachteten sie als eine Gesamtheit, als eine neue Richtung von Protestsongschreibern, weniger als individuelle Stars. Bob schien etwas Besonderes zu sein, aber doch nicht so sehr, daß man ihn über Phil oder Len oder die anderen stellen mußte. (Sonst hätten wir weit mehr Bänder von Dylan gemacht und ihn gebeten, auf unserer ersten LP viel mehr zu singen.) Bob wirkte wie ein Kid, ganz nervös, wenn er nicht sang oder spielte, und seine Stiefelspitzen führten ewig einen kleinen Tanz auf, sogar, wenn er saß. Er kam mir ziemlich wortkarg vor; wenn er zu reden versuchte, lösten sich seine Sätze einfach auf. Aber es fand eine unglaubliche Verwandlung statt, wenn er zu spielen und zu singen begann. Man war erstaunt, diesen Drive auf der Gitarre und diese kraftvolle Singstimme von einem Jungen zu hören, dem noch nicht einmal ein Bart wuchs. Ich war ganz ehrlich verblüfft von der Diskrepanz, und eine Zeitlang war ich der Meinung, daß er uns irgendwie auf den Arm nähm, an der Nase herumführte. Ich meinte, einige seiner Songs wären gezielte Karikaturen von Folksongs, Verarschungen. Besonders ein Song kam mir so vor – ›I Will Not Go Down Under the Ground‹. Ich dachte: ›Wen will er damit hochnehmen?‹ Aber aus seinem Gesichtsausdruck war nichts zu schließen. Er sah einen beim Singen nicht an, sondern hielt die Augen auf Gitarre und Hände gerichtet. Ein weiterer Song, von dem ich dachte, er hätte ihn ausgeheckt, um sich allgemein über den Folksong lustig zu machen, war dieser eine über ›Playboys and Playgirls‹. Diesen Argwohn gab ich aber auf, als er ›Masters of War‹ und ›God on Our Side‹ schrieb, die mir als ernsthafte Aussagen erschienen und besser als alles, was Woody je gemacht hatte.«

Sis, Gordon und jene, die sich in ihrem Apartment in den West Nineties von Manhattan sammelten, waren politisch sehr engagiert – aber nicht von der sturen Sorte der *Sing Out!*-Linken. Dennoch betrachteten beide Publikationen einander als Geschwister. *Broadside* war persönlich und menschlich und gab einen perfekten Rahmen für Dylans Scherze ab. Weil er bei Columbia unter Vertrag stand, sang Dylan seine Titel auf dem ersten *Broadside*-Album unter dem Pseudonym »Blind Boy Grunt«.

Friesen, 1970: »Bob betrachtete seine Mitwirkung bei dieser Platte als netten kleinen Ulk. Schließlich gab es dabei nichts zu verdienen, da das Ganze eine Benefizveranstaltung für *Broadside* war ...« Turner brachte die Talente in einem Folkways-Studio zusammen; die Platte erschien im Frühjahr 1963. Moe Asch schoß hundert Dollar für die er-

ste von vier *Broadside*-LPs vor (ein Tochter-Label seines eigenen Folkways). Als *Broadside* ein Jahr alt war (mit Nummer 20 vom Februar 1963), fand sich »Masters of War« auf
Seite eins, mit Illustrationen von Suze, »Playboys and Playgirls« auf Seite zwei, und die Nummer enthielt eine frühe
Fassung von »Don't Think Twice«. (Da letzteres Lied weder politisch noch gegenwartsbezogen ist, war dies als ein
Zeichen für die Flexibilität von *Broadside* zu verstehen.)
Nahezu die Hälfte aller Ausgaben des Jahres 1963 enthielt
entweder einen neuen Dylan-Song oder ein Stück Dylano-
logie. Das setzte sich die ganzen Sechziger hindurch fort,
obwohl Dylan sich ab 1964 von dem Magazin entfernt
hatte.

Später zollte Dylan *Broadside* Tribut, spielte seine Bedeutung aber auch herunter – ein Reflex seiner ewig zwie-
spältigen Haltung gegenüber Hilfeleistungen. Er wollte mit
dem Gefühl einer »moralischen Schuld« nicht konfrontiert
werden. Das *Broadside*-Experiment war von grundlegen-
der Wichtigkeit. Indem das Magazin Songs protegierte, die
einen Bezug zur wirklichen Welt hatten, indem es Songs,
»die etwas zu sagen hatten«, förderte, indem es junge
Songwriter ermutigte, einen neuen Stil gesellschaftlich
bewußter musikalischer Ausdrucksformen zu entwickeln,
hatte *Broadside* Erfolg jenseits aller Vorgaben seines bescheidenen Formats und seiner Leserschaft von nur einigen
hundert Leuten. Durch die Ermutigung von *Broadside* entfaltete Dylan sich, bevor er vom Publikum akzeptiert
wurde, und vervollkommnete sein Handwerk. Die Wurzeln der von Dylan angeführten Revolution in der populären Musik liegen zum Teil in diesen monatlichen Zusam-
menkünften und den schäbig hektographierten Seiten von
Broadside.

ULLI ENGELBRECHT / JÜRGEN BOEBERS

Jürgen Boebers und Ulli Engelbrecht sind freie Autoren in Gelsenkirchen und Bochum. Boebers wird nie das Gesicht seiner Mutter vergessen, als sie fragte, ob der Plattenspieler kaputt sei, während er sich gerade »Echoes« von PINK FLOYD *anhörte, wogegen Engelbrecht sich rühmt, selbst im Schlaf Naturklänge von Sample-Sounds unterscheiden zu können. Politisiert, oder zumindest aufgerüttelt, wurden sie von* TON STEINE SCHERBEN.

Allein machen sie dich ein
Politische Bildung mit Ton Steine Scherben

Keine Ahnung, warum ich ausgerechnet dieses Konzert besuchte. Aber es war das erste Mal überhaupt, daß in der Stadt eine Band mit bekanntem Namen gastierte. Sicher, ich hatte schon mal von denen gehört, also den Namen. Aber was die so machten, davon hatte ich keine Ahnung.

Ich war schon Stunden vorher im Schulzentrum, in dem TON STEINE SCHERBEN am Abend spielen sollten und beobachtete jetzt die zwei Dutzend jungen Leute, Studenten offenbar, die Tapeziertische aufstellten und akkurat Flugblätter, Sticker, Bücher und Broschüren stapelten. Ich blätterte hier und da, verstand aber nichts, weil mich die ganze Atmosphäre aufregte. Ich schaute mir lieber die einzelnen Grüppchen an. Da waren welche von der DKP, vom Spartakus-Bund, von den Marxisten-Leninisten. Gewerkschaftsleute waren da und welche vom SDAJ. Sie entrollten auch Transparente. Von Revolution war da die Rede und

WIR SIND KNECHTE DES KAPITALS.

In der Aula schmückten verschieden große Bettlaken die Wände. Mit roter Farbe und in krakeliger Schrift geschrieben stand da

DAS IST UNSER HAUS
oder
DIE, DIE UNSERE HÄUSER KILLEN,
WOHNEN IN DEN SCHÄRFSTEN VILLEN.

Ich fand die markigen Worte beeindruckend und schlenderte zurück ins Foyer, blieb vor einem Tisch stehen, an dem jemand Platten anbot: FLOH DE COLOGNE, Dieter Süverkrüp, Hannes Wader, Franz Josef Degenhardt, Wolf Biermann, FRANZ K., LOK KREUZBERG. Mir sagte das alles nichts und so kramte ich beiläufig eine SCHERBEN-Platte aus dem Karton, las mir die Texte durch.

Was die da singen ist ja ganz schön frech und aufsässig, stellte ich fest:

»Wenn ich nach Hause komme, sitzt da ein alter Typ. Der sagt, er ist mein Vater und ich glaub nicht, daß er's ist. Wir sehen uns nur manchmal, und dann reden wir nicht viel. Doch wenn wir reden, dann sagt er: Junge, aus dir wird mal nicht viel und so weiter.«

Au Backe, genau *das* kannte ich auch. Wie oft hatte ich schon hören müssen, daß aus mir auch nichts werden würde, da meine schulischen Leistungen nicht besonders waren. »Du kommst zur Müllabfuhr. Zu mehr taugst du sowieso nicht«, hieß es immer, wenn ich mal eine Mathe-Arbeit verrissen hatte und sie meinem Vater zur Unterschrift vorlegen mußte. Und dann wurde mir wieder und wieder vorgehalten, wie fleißig und intelligent doch mein Bruder Klaus sei, der studierte, oder meine Cousine oder mein Cousin. Und dann mußte ich plötzlich daran denken, daß man mit mir immer »Schule« spielte, wenn Onkel Gerd und Tante Annie mit Ulrike und Heiko an Feiertagen zu Besuch kamen. Dann bekam ich ein Blatt Papier und mußte abwechselnd Aufgaben rechnen oder Vokabeln aufschreiben. Und wie sie sich dann alle vergnügten, wenn ich irgendwas nicht wußte. Und daß es mir jedesmal Angst machte, so bloßgestellt zu werden, und daß sich in der

Familie eigentlich keiner dafür interessierte, was mich bedrückte.

Das alles fiel mir jetzt ein, und ich begriff, daß ich mit meinen Problemen nicht allein auf der Welt war. Und daß alle Leute, die heute in der Aula waren, sicherlich ähnliche Gedanken hatten. Aber was ich besonders toll fand: Daß es sogar eine Band gab, die über solche Leiden Lieder machte.

Und dann erinnerte ich mich auch an diese Aktion neulich in der Innenstadt, als sich Studenten, Schüler und Lehrlinge auf die Straße setzten, um ihre Forderungen nach einem kostenlosen Nahverkehr durchzusetzen. Diese Rote-Punkt-Aktion fand ich gut: Weil die sich einfach da hinsetzten und Spaß daran hatten. Es war wie eine kleine Fete. Die hatten Bier dabei und Schnitten und sangen auch Lieder. Die Protestler hielten Passanten an, redeten mit ihnen, sprachen von Benachteiligung und Behördenwillkür, Ausbeutung durch die Unternehmer, mangelhafte Ausbildung, und daß man sich nicht alles gefallen lassen dürfe. Ganz ruhig und ganz bestimmt sagten die das. Das fand ich schön mutig. Ich schaute mir dies eine Weile an und war verwundert, als plötzlich mehrere Mannschaftswagen der Polizei auftauchten, die Beamten im Laufschritt aus den Bussen stoben und die Protestler mit Schlagstöcken auseinandertrieben.

Auf der Bühne rücken die Musiker Verstärker und Stative zurecht – es geht los. Ich spute mich, um in der Menschenmenge einen guten Platz zu bekommen und guckte zu. Und da – da trabt der Sänger ans Mikrofon! Klein und schmächtig ist er, dieser Rio Reiser, der einfach klasse sein soll, wie ich vorhin am Stand der Gewerkschaft aufgeschnappt hatte. Rio sei ein echter Anarchist. Der komme aus Berlin-Kreuzberg, und da würde man einfach leerstehende Häuser besetzen und zum Jugendzentrum erklären. Der Rio solle auch mit mehreren Leuten ein Haus besetzt haben, in dem sie zusammen wohnen, in dem er mit der Band probt.

Das T-Shirt mit dem ummauerten Brandenburger Tor hängt dem Scherben-Sänger aus der abgewetzten Jeans.

Die drei Mitmusiker rocken los und Rio singt: »Ich habe viele Väter, ich habe viele Mütter, ich habe viele Schwestern und ich habe viele Brüder. Meine Väter sind schwarz, meine Mütter sind gelb, meine Brüder sind rot und meine Schwestern sind hell. Ich bin über zehntausend Jahre alt und mein Name ist Mensch.«

Ich stiere mit halbgeöffnetem Mund in Rios Gesicht und denke mir nur: Mit welcher Inbrunst der kleine und schmächtige Mensch da singt.

Ich genieße den harten Rock, die ausgelassene Stimmung, die unerhörten Texte.

»Warum geht es mir so dreckig, was kann ich allein dagegen tun ...

Sklavenhändler, hast du Arbeit für mich, Sklavenhändler, ich tu alles für dich ...«

Die Sprache ist einfach, plakativ, bringt Dinge auf den Punkt.

»Nicht sagen, was ich denke, nicht denken was ich sage. Ich möcht' am liebsten tot sein und von allem nichts mehr seh'n, ich möchte so besoffen sein und von allem nichts mehr seh'n.«

Genau: Sagen, was ich so denke, geht bei mir auch nicht. Denn sage ich mal das, was ich von meiner strebsamen Cousine oder meinem langweiligen Vater halte, schaltet Mutter ihre Ohren auf Durchzug. Sage ich mal was über meinen besten Freund Peter, der mit seinen Eltern prima klarkommt, auch mal laut Musik hören darf, heißt es sofort, daß der sowieso kein Umgang für mich sei. Warum, will ich dann wissen. Doch eine Antwort gibt es nie, nur einen bösen Blick. Das alles geht mir so durch den Kopf, während ich Rio zuhöre und mir ab und an auch das Publikum anschaue. Diese Begeisterung! Da stehen die Jungs, die Mädchen, allesamt kaum älter als ich, klatschen sich die Hände rot. Die Gesichter glühen rosig, die Augen leuchten.

Der nächste Song handelt von einem Typen, den die Freundin nicht 'ranläßt. Und der deshalb erstmal einen saufen geht. Später dann, auf dem Rummelplatz, fährt er beim Auto-Scooter mal 'nen dicken Wagen. An der Losbude hofft er aufs große Los, da er in seinem Leben bislang nur Nieten gezogen habe. Und schließlich, am Schießstand, träumt er davon, alle Schweine abzuschießen, denn: Uns gehört das Land!!! Tosender Jubel in der Aula. Und dann Rio, mit heiserer Stimme: »Die Richter und Staatsanwälte, für wen sind die da? Natürlich für die Kapitalisten und ihren Staat. Sie tun nichts für uns, aber sie leben von uns!!!«

Frenetischer Jubel in der Aula. Und wieder Rio, jetzt mit überschlagender Stimme:

>Wir wissen selber, was zu tun ist,
          unser Kopf ist groß genug!!!«
Und so unerwartet brutal wie ein Hurrikan fegt plötzlich die Refrainzeile durch den Raum und zieht das Publikum von den hinteren Sitzen hin zur Bühne. Und geballte Fäuste fliegen in die Luft und Rio schreit und die Menge schreit:

>Macht kaputt, was euch kaputt macht!!!«
Ungläubig verfolgte ich die Szenerie und fühlte mich hin und her gerissen. Was da gesungen wird, welcher Ärger sich da entlädt! Gespenstisch und faszinierend zugleich. Als ich nach Hause ging, war der Abend für mich noch lange nicht vorbei. Das Konzert hatte mich verunsichert, beeindruckt, aufgerüttelt, erschlagen. In der Nacht konnte ich kaum schlafen, ständig spukten mir Textfetzen von einem Lied im Kopf herum:
>Allein machen sie dich ein, schmeißen sie dich 'raus, lachen sie dich aus. Zu zweit, zu dritt, zu vier'n, wird dir auch nichts anderes passier'n. Sie werden ihre Knüppel holen und uns ganz schön das Kreuz versohlen. Zu hunderten oder zu tausend, kriegen sie langsam Ohrensausen. Sie werden sagen: ›Das ist nicht viel‹, aber tausend sind auch kein Pappenstiel. Und was nicht ist, das kann noch werden, wir können uns ganz schnell vermehren!«

Da war plötzlich ein Gefühl in mir, das neu war, das fremd war. Ich konnte es mir nicht recht erklären. Aber ich wußte eines: Vom nächsten Taschengeld wollte ich mir ganz bestimmt eine SCHERBEN-Platte kaufen.

GIDEON SAMS

Im Alter von vierzehn Jahren schrieb Gideon Sams 1977 seinen Kurzroman »The Punk«. Im darauffolgenden Jahr wurde er in London veröffentlicht und sorgte mit seiner illusionslosen Innenansicht der Punk-Szene für reichlich Wirbel. Sams ließ daraufhin die Schule sausen und half fortan seinem Vater im Gemüseladen. Obwohl er nicht mehr daran glaubt, daß Punk irgend etwas verändern wird, hält er an seinem Berufswunsch fest: Gehirnchirurg.

Der Punk

Es war Samstagabend. Adolph stand in der Shaftesbury Avenue. Er hing da schon ungefähr zehn Minuten rum und wartete auf seine Freunde. Adolph starrte die Leute an; er wollte rauskriegen, ob seine Kumpels schon da waren. Sie waren's nicht, aber Adolph sah ein paar Teds die Straße langgehn. Sie waren ganz schön alt, Ende zwanzig. Sie hatten ihre Freundinnen dabei und waren offensichtlich blau. Adolph sah keine Möglichkeit, sich irgendwo zu verstecken. Es war schon zu spät, einer von den Teds hatte ihn entdeckt. »Guck mal da! Das is ja so'n Arsch von Punk, dem stecken wir 'ne Sicherheitsnadel innen Leib.«

Die andern lachten und eins oder zwei von den Mädchen auch. Eine davon fiel Adolph auf, ein sehr schönes Mädchen, das neben einem irre großen und irre hart aussehenden Ted stand. Das Mädchen sah aus, als ob ihr die Situation fast leid täte. Sie zog ihren Freund zurück; er war so blau, daß er sich rumdrehte und ihr gerade eine scheuern wollte, als sie ausrief:

»Mach das nicht, Ned, bitte laß ihn in Ruhe, er hat dir nichts getan. Und wenn du wieder von den Bullen gegriffen wirst, dann biste im nächsten Knast, bevor du sagen kannst, ›wo is meine Brylcreme‹, und ich will nich auf dich warten müssen, bis du wieder draußen bist.«

Der Ted zog 'nen Flunsch. Ihr Einwand leuchtete ihm offensichtlich ein. Er brummelte:

»Okay, es is zwar schon 'ne Weile her, seit ich 'nen verdammten Punk vermöbelt hab und ich will nich, daß er meint, er kommt ohne was davon, aber wenn du nich willst, daß ich ihm eins auf die Rübe gebe, dann laß ich's halt.«

Die anderen Teds nölten rum, aber ein vorwurfsvoller Blick der Freundin des Großen stopfte ihnen das Maul. Der große Ted war offensichtlich der Chef; das Mädchen dankte dem Ted und gab ihm einen Kuß auf die Backe. Die anderen Teds machten sich über ihn lustig, aber er drehte sich mit einem drohenden Blick um und alle wurden still.

Adolph sah wieder das Mädchen an. Sie war für ein Mädchen ziemlich groß und hatte schwarzes Haar, das auf späte fünfziger oder frühe sechziger Jahre geschnitten und frisiert war. Sie trug eine weiße Baumwollweste mit zwei winzigen blauen Streifen an jedem Ärmelaufschlag und einem großen roten »T«. Unter der Weste trug sie ein tiefausgeschnittenes, geblümtes Kleid mit weißen Trägern und Säumen. Das Muster sah hübsch aus und paßte zu ihrem Gesicht, das leicht gebräunt war; mit ihrer dunklen Haut und ihren tiefroten Lippen sah sie ein bißchen wie eine Zigeunerin aus. Ihre Beine waren so braun wie ihr Gesicht und perfekt geformt. Sie waren nicht dick und auch nicht dünn und sahen in ihren kurzen Socken, die kaum über die Knöchel reichten, sehr glatt und schön aus. Die Schuhe des Mädchens waren viel schlichter und waren eigentlich nur ein Paar teure Turnschuhe mit gelben Streifen auf rosafarbenem Leder.

In diesem Augenblick tauchten Adolphs Freunde auf. Es waren vier besonders gemein aussehende Punks: Sid Sick, Bill Migraine, Johnny Vomit und Vince Violence. Keiner dieser Namen war ihr richtiger, aber die Punks tragen gern seltsame und fiese Namen, das liegt in ihrer Natur.

Die fünf Punks zogen zum »Roxy« los, einem Punk-Rock-Schuppen beim Covent Garden. Als sie ankamen, stellten sie sich in die lange Schlange fantastisch angezogener Leute. Jeder der Typen versuchte ekelhafter und böser auszusehen als der andere. Es gab viele Kämpfe und Reibereien in der Schlange, aber nichts Ernstes. Zu einem der beliebtesten Zeitvertreibe von Adolph und seinen Freunden gehörte es, die normalen Typen anzupöbeln, die an der Schlange vorbeikamen, obwohl auch das nicht halb soviel Spaß machte, wie die reichen und berühmten Stars zu ärgern, die an der Schlange vorbeigingen, um vorne ihren Namen in die Gästeliste einzutragen. Adolph haßte diese Leute, die für ihn nicht mehr waren als ein Haufen von Aufschneidern und plastic people. Adolph verachtete die Rockstars und die berühmten Gruppen wie die WHO oder LED ZEPPELIN. Sie tönten vom Kampf gegen das System und den Kapitalismus und endeten immer als Millionäre und gaben dann der Queen und Elizabeth Taylor Freikarten.

Schließlich hatte sich die Schlange in den ziemlich kahlen Raum reingequält, in dem es praktisch nichts zum Atmen gab. Eine Band spielte gerade, und Adolph drängelte sich durch die schwitzende, pogotanzende Menge, bis er in der Nähe der Verstärker stand, denn der Lärm war fast nicht zu ertragen. Ein paar Kids neben ihm schlugen sich. Einer von ihnen zerschlug eine Flasche an der Bühnenkante und schmiß sie in die Menge, als Warnung für alle, die versuchten, dem anderen Punk zu helfen. Dann schoß der Typ los und rannte seinem Gegner den Kopf in den Bauch. Der andere griff sich die Sicherheitsnadel im Ohr des Punks und riß sie raus. Blut floß unheimlich schnell. Mit dem Ohrring war ein großes Stück vom Ohr mit abgerissen, der Rest schien auch nur noch lose am Kopf zu hängen. Der Junge war ohnmächtig geworden und lag jetzt in einer kleinen Blutlache, die sich um seinen Kopf bildete. Die anderen Punks ignorierten die ganze Chose und hüpften weiter auf und ab, ruderten mit den Armen und stießen andere weg, wie in einem endlosen Kampf um den winzigen Raum, den sie zum Tanzen brauchten.

Die Musik stoppte, und Adolph sah sich um. Die erste Gruppe hatte aufgehört und schmiß nun Abfall und Bierflaschen auf das dichtgedrängte Publikum, das wohl nicht der Überzeugung war, die DEAD DOGS hätten besonders gut gespielt. Überall wurde gebrüllt, und allmählich bildete sich ein Sprechchor. »Sick! Sick!« schrie das Publikum.

Nach fünf Minuten wurden die Leute sauer und fingen an, Bierdosen und Papierbecher auf die Bühne zu schmeißen, wo ein paar häßlich aussehende Punks Instrumente aufbauten. Schließlich war die Band bereit und die Menge brüllte, aber über die krachende Leadgitarre und das rasende Schlagzeug hörte man den Song:

»Gib mir den Tod / will nich leben / gib mir doch den Tod / oder ich mach deine Alte kalt / hab genug von der Wohlfahrt / hab genug vom Leben / ich will den Tod / gib mir doch den Tod / oder ich schlag dir den Schädel ein / dann bist du tot / ich mach Hackfleisch aus dir / und geb es meiner Katze / weil ich den Tod brauche!«

Der Sänger, Johnny Blood, schnappte sich eine Bierflasche und warf sie in die tobende Menge, die so hoch sprang, wie sie nur konnte, und dabei versuchte, Löcher in die kaputte Decke des Clubs zu schlagen. Die Band machte weiter und spielte einen Set von fünfzehn Songs, was für 'ne Punk-Band 'ne ganze Menge ist. Schließlich kam das Publikum wieder runter vom Höhenflug, auf den es abgesaust war, runter aus einer hochexplosiven Wolke voll schweißiger, elektrischer Atmosphäre, wo man sich einen Schlag wegholen konnte.

Adolph Sphitz ging den langen Korridor im 21. Stock des Frellick Tower lang, einem gewaltigen Hochhaus, von dem aus man North Kensington und den Westway überblickt. Die Lichter des Westway zogen sich in Richtung City hin wie 'ne riesige Schlange, die sich durch Abrißflächen und vergammelte Häuser ringelt. Um diese Zeit waren keine Autos mehr auf der Autobahn. Die Straßen waren dunkel. In den ersten Morgenstunden schlief die Stadt. Wenn Adolph lief, machte der Wind, der durch die Spalten und Ritzen der Gebäude fuhr, ein schwaches, heulendes Geräusch.

Obwohl sie erst ein paar Jahre standen, waren die Frellick Towers schon ein finsterer Ort geworden. Die Architekten, die sie geplant hatten, hatten sich nicht besonders viel einfallen lassen. Die Wohnungen waren wie kleine Kisten links und rechts des Korridors aufgereiht.

Schließlich stand Adolph vor seiner Wohnungstür. Seine Mutter schlief, sein Vater hatte Nachtdienst auf der Polizeiwache des Bezirks. Adolph wußte, daß sein Vater die Punks, wie alle anderen jungen Leute auch, haßte. Als Adolph seinen Namen änderte – vorher hatte er David geheißen –, hatte sein Vater versucht, ihn rauszuschmeißen, aber Adolphs Mutter hatte sich darüber so aufgeregt, daß sie beinahe 'nen Nervenzusammenbruch gekriegt hatte, und sein Vater mußte ihn zurückholen. Adolph wohnte nicht gern bei ihnen, aber er hatte weder Geld noch Job, deshalb mußte er erst mal bleiben, wo er war.

Adolph schloß die Tür auf und ging leise in sein Zimmer. Er marschierte gleich zu seinem alten, ausgeleierten Plattenspieler. Er machte den Deckel hoch und setzte die Nadel auf die Platte. Augenblicklich röhrte brandheißer Gitarrenlärm aus den Lautsprechern in jeder Ecke seines Zimmers. Es war »Death«, die neue Single von den SICK. Sie bestand einfach aus einer Wiederholung/Folge von denselben ein oder zwei Riffs und dauerte etwa drei Minuten. Plötzlich stoppte die Nadel. Adolph legte den Tonarm zurück und setzte sich auf sein Bett.

Er verwandelte seine wirren Haare wieder zum ursprünglichen Bürstenschnitt und zog die Sicherheitsnadeln
aus Nase und Ohren. Dann ging er ins Bett.

Adolph wachte spät auf. Er drehte sich um und sah auf
den Wecker, der auf dem kleinen Tisch neben dem Bett
stand. Links war ein Fenster, das den Blick auf die Häuser
unten freigab. Hoch oben in den Wolken, oben in Frellick
Towers, hatte Adolph das Gefühl, daß er auf die Wirklichkeit runtersah. Er war nur ein Beobachter, aber eigentlich
kein Teil des Lebens in den Wohnungen. Der Wecker stand
auf halb eins. Adolph sah zum Himmel. Noch 'n dunkler,
wolkiger Tag. Es sah nach Regen aus. Nach den sonnigen
Tagen hatte Adolph die Tage nicht mehr mitgezählt. Das
Wetter draußen entsprach Adolphs mieser Stimmung. Er
fühlte sich leer und in den letzten paar Monaten sogar verloren.

Adolph quälte sich aus dem Bett und zog sich vergammelte Jeans an, die zerknautscht unter einem Wäschehaufen
am Boden gelegen hatten. Er band sich den schweren Leder-
gürtel um, den er immer trug, und zog ein schwarzes Hemd
über, das über dem Stuhl gehangen hatte. Er knöpfte das
Hemd zu, ließ aber drei Knöpfe oben offen. Adolph zog
sich ein sauberes Paar Socken an und stieg in irgendwelche
Dunlop-Turnschuhe. Er stand auf und ging zu einer kleinen
Anrichte rüber, die in einer Ecke des Zimmers stand. Er
hängte sich einen Ohrring ans linke Ohr. Drauf war ein gol-
denes Hakenkreuz in einem himmelblauen Davidstern.
Adolph steckte sich eine Sicherheitsnadel durch ein Loch im
Nasenflügel und fuhr mit einer letzten Armbewegung
durch sein Haar, damit es wild in alle Richtungen stand.

Bald saß Adolph am Küchentisch. Er las Zeitung und
ignorierte seine Mutter, die rumstand und mit Töpfen und
Pfannen klapperte.

»Ich seh einfach nicht ein, warum du nicht wie jeder andere Junge auch sein kannst. Dein Vater hat seine Schulzeit
auch nicht damit verplempert, daß er rumgerannt ist und

versucht hat, anders zu sein. Warum machst du dich nicht auf die Socken und nimmst den Job, den sie dir auf dem Arbeitsamt angeboten haben? Was ist denn daran so schlimm, Toiletten sauberzumachen?«

»Ich mag keine Scheiße wegputzen! Darum!« schrie Adolph.

»Und ich will keinen Dreck in diesem Haus haben!« bellte seine Mutter, ihr Gesicht wurde faltig und alt, und sie brach in Tränen aus.

»Du bist unser einziges Kind. Warum tust du denn nicht etwas, daß wir stolz auf dich sein können? Dein Vater hat immer gewollt, daß mal ein Polizist aus dir wird, daß du sogar im selben Bezirk mit ihm auf Streife gehst.« Sie hörte auf zu reden und seufzte unter Tränen: »Aber du mußtest immer deinen Kopf durchsetzen und was ganz anderes sein.«

Adolph konnte es nicht mehr hören. Er feuerte die Zeitung auf die Resopalplatte des Tisches. Der schwache Tisch vibrierte, und eine Gabel schepperte auf den Boden.

»Warum hältste nich einfach den Mund! Wenn ich dein wehleidiges Gesabber hörn will, dann frag ich danach!«

Damit stieß er seinen Stuhl vom Tisch weg, stand auf und stürmte raus. Seinen Tee ließ er stehen. (Er hatte sich schon sein rosa Plastikjackett angezogen und das Formular fürs Arbeitsamt eingesteckt.)

Inzwischen war der Himmel noch dunkler geworden und die grauen, dicken Wolken sahen nach Regen aus. Es war kalt und deprimierend; Adolph schlotterte. Vor dem Eingang zum Arbeitsamt stand eine Schlange von zehn oder zwölf Leuten. Ein bürokratisch aussehender Mann sah auf seine Uhr und sah sich um, ob alle auf ihrem Posten waren. Er war stolz auf seinen Job und fing niemals zu früh oder zu spät an. Schließlich stand er mit einem Ruck auf, ging rasch und würdig zur Tür, entfernte das Seil, das vor dem Eingang hing, und ließ die Schlange rein. Die Leute gingen rein und saßen dann schnell vor streng aussehenden Menschen, die auf ihren Schreibtischen zwischen den Zellenwänden kleine Karteikartenstapel liegen hatten. Adolph latschte in eine der Zellen rein und setzte sich auf einen unbequemen Stuhl. Eine strengblickende Frau saß auf der anderen Seite des Tisches. Sie sah ihn über ihre runtergerutschte Brille weg an und fragte:

»Name?«

»Adolph Sphitz.«

»Hmm, schreibt sich das mit ›Z‹?«

Adolph nickte.

»Gut. Tja, da wärn wir nun. Wolln mal sehn. Hatten Sie Glück mit der Liste der freien Stellen, die wir Ihnen gegeben haben?«

»Na ja, ich hab eigentlich nach 'nem etwas bessern Job gesucht, ich hab in Kunst 'ne Eins gehabt, wissen Sie.«

»Ja, das wissen wir, aber ich fürchte, Sie werden zur Zeit keinen besseren Job finden können, mindestens keinen guten. Alle guten Jobs, die wir kriegen, sind in ein paar Stunden weg. So ist das nun mal.«

»Na ja, und was ist der beste Job, den Sie im Moment haben?«

»Sie können Etiketten auf Baked-Beans-Dosen kleben, bei Tesco.«

»Sie machen wohl 'n Witz . . . aber wieviel Kohle würd ich da kriegen?«

»Neunzehn Pfund die Woche.«

»Nee, das ist nich gut genug, dafür krieg ich ja nich mal 'n Paar anständige Jeans.«

Die Dame machte 'ne Pause und schaute in ihre Karteikarten. Sie zog 'ne Karte raus und las sie. Dann sah sie auf und sagte:

»Hier ist noch ein Job, bei dem Sie es probieren können. Ein Job in einem Fischgeschäft.«

»Niemals. Ich werd doch nich den lieben langen Tag stinkende Fische kleinschnippeln.«

»Der Lohn ist vierundzwanzig Pfund die Woche. Das ist sehr gut für den Job.«

»Ja, glaub ich auch. Geben Sie mir die Adresse, ich geh mal hin und seh's mir an.«

Die Frau füllte ein Formular aus, dann machte sie einen Stempel drauf und gab es ihm. Sie gab ihm auch ein Stück Papier, wo die Adresse des Fischhändlers draufstand. Adolph nahm es und verließ die Zelle.

Adolph sprang aus dem Bus und guckte die High Street hoch und runter. Das Fischgeschäft war auf der anderen Straßenseite. Von außen sah es sehr gepflegt und teuer aus. Adolph schlängelte sich durch die Autos, die die Straße entlangkrochen, und öffnete die Ladentür. Er ging bis zum Ende der Theke, hinter der ein gepflegt aussehender Mann mittleren Alters stand. Der Mann trug einen dunkelblauen Nadelstreifenanzug und hatte einen vornehmen Gesichtsausdruck. Sein Haar war schütter und silbrig-grau. Der Mann sah auf, als Adolph ihm gegenüberstand.

»Tach auch, das Arbeitsamt hat mich hergeschickt. Die sagen, ich kann hier 'nen Job kriegen.«

Adolph zog das Formular heraus und gab es dem Mann.

»Schauen Sie mich nicht so an, ich bin nur Assistent, Sie wollen wohl den Chef sprechen. Ich bringe Sie in sein Büro.«

Der Mann sah Adolphs rosa Plastikjackett mißbilligend an und führte ihn zu einer Tür. Er klopfte an, und eine tiefe Stimme sagte: »Reinkommen!« Sie traten ein, und der Mann stellte Adolph dem Manager vor.

»Dieser junge Mann ist uns grade vom Arbeitsamt geschickt worden. Hier ist das Formular, das er mir gegeben hat.«

»In Ordnung, nehmen Sie Platz. Sie können jetzt gehen, Johnson.«

»Natürlich, Sir.«

Der Mann ging raus, und der Manager wandte sich Adolph zu.

»Hallo, mein Name ist Docwaite. Haben Sie früher schon mal bei einem Fischhändler oder Metzger gearbeitet?«

»Nein, aber ich hab mal rote Bete gekocht, bei einem Gemüsehändler.«

»Hmm, nun ja, ich bin nicht sicher, ob das reicht. Wird
Ihnen von Fischköpfen schlecht?«

»Nicht besonders.«

»Na, das ist doch schon was. Wenn Sie hier arbeiten,
werden Sie 'ne unheimliche Menge davon zu sehen kriegen.«

»Heißt das, daß ich den Job kriege?«

»Ja, ich glaube, wir nehmen Sie, aber Sie sollten etwas,
ja, wie soll ich es sagen, etwas Konservativeres anziehen,
wenn Sie die Arbeit antreten. Sie können nächsten Montag anfangen. Sie kommen um acht und arbeiten bis
18 Uhr.«

»Was? Das ist ja nicht zu fassen! Wie lange ist die Mittagspause?«

»Tja, eine halbe Stunde.«

Adolph war drauf und dran, dem Geschäftsführer zu sagen, wo er sich den Job hinstecken könne, aber er nahm sich
zusammen, schließlich brauchte er ja das Geld.

»Okay, ich komme am Montag.«

Adolph verließ die Fischhandlung und ging die belebte
High Street runter.

Ein Polizist starrte ihn an, als er vorbeilief, und Adolph
murmelte leise:

»Oink, Oink.« Der Polizist starrte ihn finster an. Adolph
latschte weiter, mit einem breiten Lachen im Gesicht.

Der Gig war bald vorbei, und eine müde, aber glückliche
Schar von Punks ergoß sich aus dem kleingeschlagenen
»Roxy« auf die angsterfüllte Straße. Adolph blieb mit sei-
nen Freunden zusammen, die nach dem Gig in einer irren
Stimmung waren. Adolph war auch drauf, aber tief drinnen
fühlte er auch noch etwas anderes. Er fragte, wo wohl die
Freundin des Ted war.

Als Adolph an diesem Abend heimkam, war er über-

rascht, daß sein Vater zu Hause war, da er sonst Nacht-
schicht hatte.

Adolphs Vater saß in einem Sessel vor dem Fernsehappa-
rat. Er sah einen Bericht über die Anfänge des Briefmarken-
sammelns. Adolph sah kurz hin und sagte dann voller Verachtung:

»Wie kannst du dir bloß so einen Scheißdreck ansehn?«

Sein Vater sah auf.

»Mäßige deine Ausdrucksweise, junger Mann, du bist
noch immer bei mir zu Hause.«

»Ich muß meine Ausdrucksweise gar nicht mäßigen, du
alter Furz. Guck dir ruhig deinen Scheißbericht an, denn ich
hab 'ne Neuigkeit für dich. Ich bleib nich mehr lange hier.
Ich hab 'nen Job gekriegt, ich bin nich mehr auf dich ange-
wiesen, und ich werd bestimmt nich vor dir im Staub kriechen.«

»Was du brauchst, ist eine anständige Tracht Prügel. Zu
meiner Zeit wurden Leute wie du in die Armee gesteckt.
Nach ein bißchen Exerzieren und harter Arbeit wärst du
nicht mehr so frech. Ich will mit dir mal über die Platten reden, die du da spielst. Sie sind Dreck, der letzte Schund. Ich
dulde sie nicht mehr in meinem Haus. Ich hab in der Zeitung was drüber gelesen.«

»Du glaubst den Käse, den die schreiben? Du mußt
krank sein! Ich schmeiß doch meine Platten nich weg, nee,
ich werd sie gleich jetzt spielen, und morgen haue ich ab, ich
zieh in 'ne Wohnung in Camden.«

Sein Vater drehte sich überrascht um und brüllte dann:

»Das macht mir nun wirklich nichts aus. Was mich angeht, so kannst du auf der Stelle verschwinden.«

»Das könnte dir so passen. Ich zieh erst morgen aus.«

Mit diesen Worten drehte sich Adolph um und rannte aus
der Tür in sein eigenes Zimmer. Augenblicklich war der
Lärm der New Wave zu hören, als Adolph sich mit seinen
Lieblingssongs volldröhnte.

Adolph spielte fast die ganze Nacht seine Platten, und

erst im Morgengrauen legte er die letzte Platte weg und stieg ins Bett.

Es war Mittag, als Adolph aufwachte. Er gähnte, streckte sich und hüpfte aus dem Bett. Er zog sich was an und ging in die Küche. Seine Mutter stand am Herd und kochte das Mittagessen. Adolph sah sie an:

»Kann ich mein Frühstück haben, Speck, Eier und gedünstete Tomaten . . . bitte.«

Seine Mutter sah auf:

»Kannst du es dir denn nicht selbst machen? Ich hab soviel zu tun.«

Adolph seufzte und hievte sich von seinem Stuhl. Er ging zum Schrank und holte eine Bratpfanne raus. Er stellte die Pfanne auf den Herd, dann überlegte er sich's anders:

»Nein, ich glaub, ich eß auswärts.«

»Warum ißt du nicht mit uns zu Mittag, nur dieses eine letzte Mal bitte.«

»Nein.«

Seine Mutter sah ihn zornig an:

»Warum denn nicht, kannst du uns denn nicht die Ehre geben und solange warten, bis du deinem Vater noch Lebewohl gesagt hast?«

»Halt du mir bloß keinen Vortrag über anständiges Benehmen. Wann wart ihr jemals nett zu mir? Ihr seid immer weggegangen und habt mich alleingelassen. Jetzt dreh ich den Spieß um. Jetzt geh ich weg und lasse euch sitzen.«

Adolph stürzte aus dem Zimmer und begann, seine Klamotten in zwei Koffer zu stopfen. Er nahm die Koffer und seine Plattenbox und ging zur Wohnungstür. Seine Mutter stand an der Tür; er sah, daß sie geweint hatte.

»Sieh mal, du mußt doch nich gleich 'nen Anfall kriegen, nur weil ich ausziehe, weißte.«

»Du bist doch unser einziges Kind. Wir haben dich großgezogen. Damals warst du ein Baby, jetzt bist du ein junger Mann. Wir sind traurig, daß du weggehst. Wir lieben dich trotzdem, obwohl du kein Musterknabe bist.«

Mit diesen Worten warf sie sich an ihn ran und umarmte ihn; es schien ewig zu dauern. Adolph seufzte und sagte:

»Na ja, tschüs denn, ich werd dein Frühstück vermissen.«

Er drehte sich rum und ging langsam den Korridor zu den Aufzügen runter. Adolph wartete auf einen der gammeligen Lifts, stieg ein und warf einen Blick auf die gelangweilt aussehenden Leute, die mit ihm zusammen fuhren. Sie sahen völlig leer aus. Der einzige Ausdruck auf den Gesichtern der meisten war Verachtung für Adolph und für alle so wie er. Als der Lift unten ankam, nahm Adolph seine Koffer und trat in die Eingangshalle des Wohnturms. Die paar anderen kamen hinter ihm aus dem Fahrstuhl. Ein alter Mann in einem alten, schwarzen Anzug mit lauter Orden drauf kam auf ihn zu.

»Du verdammter Kommunist, du gehörst ins Kittchen. Du bist ein Verräter an der Queen, das bist du. Warum haust du nicht ab und lebst woanders, wo du die heutige Jugend nicht verderben kannst?«

»Sehn Sie, Meister, ich bin die heutige Jugend, und Sie werden von uns noch viel mehr zu hören kriegen, wenn Sie sich nich in acht nehmen. Es wird sich 'ne Menge verändern in diesem Land, und zwar ziemlich bald. Wäre besser, wenn Sie sich bald drauf einstellen.«

Aber der alte Mann hörte gar nicht zu, er ging in die andere Richtung und brummelte was über die böse Jugend. Adolph seufzte und ging zur Bushaltestelle. Nach ein paar Minuten Warterei hielt ein 31er. Adolph stellte seine Koffer in die Gepäckecke, setzte sich aufs Oberdeck. Der Bus war ganz schön voll. Es war Samstagnachmittag, und viele Leute waren auf dem Weg ins Westend oder die anderen Einkaufsecken. Schließlich kam der Schaffner.

»Zahlen bitte.«

Adolph sah vom Fenster auf und bot dem Schaffner sein Geld an:

»Fünf Pence, bitte sehr.«

»Sie sind kein Fünf-Pence-Fahrer. Ich schmeiß Sie raus, wenn Sie nich aufpassen.«

»Ich kann's beweisen, daß ich billiger fahrn darf. Wolln Sie meinen Paß sehn?«

Der Schaffner dachte nach. Adolph wußte, daß er sein Alter nicht beweisen konnte, weil er nicht mal einen Paß hatte. Der Schaffner war so nett, es ihm zu glauben:

»Ist Ihr Paß da unten in den Koffern?«

»Ja, ich fahr in Urlaub.«

»Na ja, ich lasse Sie für'n Fünfer fahren, ich hab keine Zeit zum Nachsehen.«

Der Schaffner gab ihm den Fahrschein, und Adolph war sehr mit sich zufrieden.

Bald stand Adolph vor der Tür zu seiner neuen Wohnung. Es war eine sehr kleine Wohnung, nur ein Zimmer, Küche und Badezimmer mit 'nem Klo drin. Adolph gefiel sie, weil der Mieter ein Punk war und deshalb die ganze Einrichtung und die Dekoration nach seinem Geschmack war. An einer Wand war ein riesiges Graffiti in fluoreszierendem Sprühdosen-Rosa: »No Elvis, Beatles or Stones in 1977«. Die gegenüberliegende Wand des Zimmers war unten mit Farbe beschmiert und über all dem stand in großen schwarzen Buchstaben »DESTROY!«

Adolph tat es leid, daß er nur für kurze Zeit hierbleiben konnte, denn Tony, der Mieter, saß im Knast, weil er einen von der National Front zusammengeschlagen hatte.

In der Ecke stand 'ne Anlage. Adolph ging rüber und wühlte sich durch einen Stoß LP's, meist New Wave, aber es waren auch ein paar Reggae-Platten dabei. Adolph suchte sich 'ne Scheibe von Bob Marley raus und legte sie auf. Während die Musik aus den Lautsprechern dröhnte, machte er sich 'ne Tasse Tee.

SIMON FRITH

Der Soziologe und Musikjournalist Simon Frith aus Coven-
try – einer der renommiertesten Pop-Schreiber der Insel –
analysiert in seinem 1977 veröffentlichten Beitrag den poli-
tischen Gehalt der aufbrechenden Punk-Bewegung. An dem
oft als »reaktionär und faschistisch« geschmähten Stil zeigt
er wesentliche Möglichkeiten populärer Kultur auf.

Zur Ideologie des Punk

Punk-Ideologie selbst hat drei Ansatzpunkte. Da ist zum
einen die Musik: Punk ist formal gesehen Rock 'n' Roll – er
ist technisch unkompliziert, aufgebaut auf einem einfachen
harten Beat, Ursache und Garant spontaner Freude. Einflüsse auf den Punk-Rock 'n' Roll kommen vom Pub-Rock;
ästhetisch in den Themen wie im Selbstbewußtsein wie in
der musikalischen Herkunft vieler der Musiker. Gruppen
im Übergang, wie die 101ERS oder LONDON SS, sind längst
Heilige des Punk. Noch deutlicher wird der Übergang vom
Pub zum Punk an Stiff Records, im Besitz und wesentlich
beeinflußt von alten Pub-Rockern, die heute ein ungeheures
Potential an Ideen und Möglichkeiten für junge Punker zur
Verfügung stellen. Stiffs erste New-Wave-Gruppe waren
die DAMNED, eine der herkömmlichen Gruppen, und wie
ihr Label drauf aus, Geld zu verdienen und Spaß zu haben.

Was hinter diesem Rock 'n' Roll steht, wissen wir. Es ist
das alte, unbestimmte Aufbegehren, das vergnügt-frische
Motzen gegen das Erwachsenen-Establishment, wie bei den
DAMNED »Red Scabies«, wie die ADVERTS mit »Gary Gil-
more's Eyes« oder die SEX PISTOLS mit *Never Mind The*
Bollocks. Was rauskommt, ist voll Energie, frisch, belebend
und für mich im Moment *die* Musik. Ich höre lieber guten
Punk-Rock 'n' Roll der JAM oder der BOOMTOWN RATS als
alte oder neue Sachen der STONES und WHO. Warum ich mir

das anhöre? Der Grund war immer der gleiche – um mich gut zu fühlen.

• Der zweite Punkt ist die Kritik am Musikbusiness und hat beste Rock 'n' Roll-Tradition: der Grund, warum Teenage-Musik neugemacht werden muß, ist, weil die bekannten Rock 'n' Roller alles langweilige alte Fürze geworden sind, gefangen in Showbiz-Routine, den Bilanzen ihrer Manager, den verlorenen Träumen von Rock als Kunst und den Bequemlichkeiten eines Spießerlebens. Deshalb ist das Zurück zu den Wurzeln des Rock 'n' Roll für sich gesehen schon eine Verneinung der Geschäftspraktiken der großen Plattenkonzerne und in der musikalischen Klarheit des Punk eine politische Überzeugung – die Garagenband ist ein Angriff auf das Starsystem.

Die Einstellung der Punks zum Musikbusiness kommt, ironischerweise, aus der sechziger Gegenkultur. Deutliche Exponenten der Punk-Bewegung sind alte Hippies wie Caroline Coon, die Punksprecherin des *Melody Maker*, und die Geschäfte z. B. der SEX PISTOLS werden hinter den Kulissen von einer Garde alter Rockradikaler gemanagt. Sophie Richmond, Assistentin des PISTOLS-Manager Malcolm McLaren, ist eine erklärte Anarchistin und betont ihren nichtkommerziellen Standpunkt offen wie hier im Magazin *Social Revolution*: »Gut an den SEX PISTOLS ist, daß sie ein bestimmtes Klima erzeugen können, daß sie Gedanken in anderer Leute Köpfe stecken können und daß sie im günstigsten Fall genug power und Enthusiasmus abgeben können, um den Leuten das Gefühl zu geben, mehr zu tun als nur die nächste super-duper-Platte zu kaufen.«

Das Mißtrauen der Punks gegenüber dem Business und den Musikbürokraten kommt jedem bekannt vor, der die Einstellung von Hippie-Bands wie GRATEFUL DEAD oder JEFFERSON AIRPLANE erinnert, und so ist das auch mit dem ständigen Motzen gegen Schiebereien und mit dem nicht eingelösten Versprechen eines ganz-neuen-Weges-die-Sachen-anzupacken. Manchmal kommt es mir so vor, als

warte jeder Punk auf der Insel mit giftgetränkter Feder darauf, seinem Musikmagazin von den neuesten Business-
Schweinereien schreiben zu können.

Neu an diesen Gegenkultur-Streitereien ist ihre Bedeutung für das Interesse der Kids am Rock 'n' Roll – vorher
waren das bloß Eigenarten der Hippiekultur und des Be-
wußtseinsstands im Rock. Heute werden die Plattenkonzerne genau der Praktiken angeklagt, die sie entwickelt haben, als wir das letzte Mal dagegen gekämpft haben. Rock-
und Showbusiness, offizielle Kultur und die Kultur der
Hippies sind heute das gleiche – für die Punks sind erklärte
Rock-Institutionen, sei es *Rolling Stone* oder die ROLLING
STONES, ganz klar und unmißverständlich überflüssig,
Rock-Revolution – vergiß sie!

Der Vehemenz dieser Angriffe wegen ist 1977 das aufre-
gendste Rock-Jahr seit 1967, obwohl für ergraute Hippies
wie mich das Ganze durch liebevollen Zynismus getrübt
wird: wir haben das alles schon mal gehört, und wenn die
Punks meinen, sie hätten all die Antworten, wissen wir, daß
wir immer noch all die Fragen haben. Wie verhindert es die
New Wave, daß ihre Platten, ihre Erfolge, ihre Ideen auch
nur Waren werden, die den Gesetzen eines eingefahrenen
Marktes gehorchen? Schon heute, Anfang 1978, ist Punk
Bestandteil und Umsatzfaktor des Katalogs jeder größeren
Plattenfirma; schon heute hat Punk seine eigenen Stars und
Karrieren und Erfolge. Die Rock-Revolution hat sich wie-
derholt, aber dieses Mal als Farce.

Ich bin mir allerdings nicht sicher, ob mein Zynismus
gerechtfertigt ist. Wenn auch sonst nichts bleibt, so hat
uns Punk daran erinnert, daß Rockmusik Kraft, Ehrlichkeit, power und Phantasie haben kann, unabhängig davon,
wie schnell diese Qualitäten von der Musik-Mafia übernommen, verdünnt und vermarktet werden. Musikalische
Schonkost angetörnter Profis hat es trotz allem nicht geschafft, die kulturelle Bedeutung des Rock zu schmälern.
Und was politisch wichtig am Punk war und was ihn von

der Rock-Revolution der sechziger Jahre unterschied, ist, daß musikalische Energie und Phantasie und Ehrlichkeit etc. im Klassenbewußtsein verwurzelt waren. Der dritte Ansatzpunkt der Punk-Ideologie ist, daß die Korruptheit des Musikbusiness in Sachen Rock 'n' Roll nicht bloß nur Marktgesetzen gehorcht, sondern nur ein Glied in einer langen Kette von Maßnahmen der Klassenherrschaft und Ausbeutung ist.

Aus genau diesem Grund klang Punk für viele wie die Musik der vor dem Arbeitsamt schlangestehenden Kids. Das Zusammentreffen von Punk und hohen Arbeitslosenzahlen bei Jugendlichen in Großbritannien lag für viele auf der Hand, und für eine politisch bewußte Band wie CLASH ist der Zusammenhang folgerichtig. Ihre zornigsten Lieder – »Career Opportunities«, »White Riot«, »London's Burning« – benennen deutlich den Zusammenhang von Teenager / Rock 'n' Roll / Arbeitslosenbewußtsein.

Doch obwohl die Platten der CLASH politisch zu begrüßen sind, so ist doch ihre starke Identifikation mit dem Punk und den Arbeitslosen zweifelhaft. CLASH wie auch die SEX PISTOLS und der Rest der Gruppen sind professionelle Musiker, keine arbeitslosen Jugendlichen, und sie verloren in dem Augenblick ihre Glaubwürdigkeit, die sie sicherlich hatten, als sie sich entschlossen, Plattenverträge zu unterschreiben und Musik für ein Massenpublikum zu machen. Es ist ja so, daß die meisten der Punk-Musiker niemals arbeitslose Jugendliche waren: sie stammen aus dem Kreis der ambitionierten, individualistischen Kunststudenten, der seit jeher Großbritannien mit Rockstars versorgt. CLASH und die PISTOLS haben wohl Sozialen Realismus als Teil der Punk-Ideologie eingeführt, ihre Musik aber war nie »direkter Ausdruck« der Probleme der Arbeiterklasse. Als Beispiel Johnny Rottens Einstellung zur Arbeitslosenunterstützung: »Musik befreit dich von all dem. Da gehts nich darum, wie schlechts dir geht, wenn du nur Unterstützung kriegst. Ich weiß, dasses hart is, aber doch auch nich so schlimm. Ich war auf

Unterstützung und hab Kohle für Nixtun gekriegt. Fand ich tierisch gut. Beste Art aufs System zu scheißen ...«

Das ist genau die Einstellung kleiner Rock-Bohemiens und Spießer und nicht die eines Proletariers. Die Wurzeln seines Ärgers werden in vielen der Interviews klar: »Kannst eigentlich kriegen, was du willst. Nennt sich dann Mühe. Gehört nich viel zu, bloß 'n bißchen Grips. Das scheint wohl den meisten zu fehlen.«

Dieses zeigt, daß Punk keine Volksmusik ist, daß sie keine Punk-Gemeinde hat, der die Gruppen, ideologisch aufgerüstet, entwachsen. Die politische Bedeutung des Punk ist die einer Massenmusik; die Bedeutung liegt nicht in den Absichten der Initiatoren, sondern in der sozialen Lage der Konsumenten. Und das ist der entscheidende politische Punkt: Rock 'n' Roll war als Musik immer Ausdruck der Frustrationen der Teenager, und die Hoffnungen der Vergangenheit sind eher durch eingefahrene Traditionen denn durch musikalische Substanz vereitelt worden. Rockmusik, als Jugendkultur wie als Kunst, war eine wohlfeile Musik, und sogar erklärt proletarische Bands in Großbritannien wie etwa SLADE oder BLACK SABBATH zeigten Stolz, Spaß, Selbstvertrauen, Humor.

Im Gegensatz dazu ist Punk verzagte Verzweiflung und Selbst-Ekel, Langeweile, Zweifel und Zorn. Frustrationen der 78er Teenager kommen nicht von engstirnig-bornierten Eltern, nicht von leicht zu schockenden Erwachsenen, sondern von einer unerträglichen ökonomischen Situation. Das Ergebnis ist keine wie auch immer geartete klare Ideologie, sondern eine bestimmte Stimmung, und aus dieser Stimmung holen die Punker ihre Kraft und ihre Ideen. Diese Stimmung ist erklärtermaßen und dem Empfinden nach kollektiv und klassenbewußt – folglich regen sich linke wie rechte Sekten darüber auf. Die Musiker, schließlich, haben die Aufgabe, diese Stimmung auszudrücken.

Bislang hält sich alles die Waage: einer altmodischen, unerfreulich frauenfeindlichen Gruppe wie den STRANGLERS

zur Seite steht die schwule und aggressive TOM ROBINSON
BAND; zum Ausgleich herkömmlicher und unterhaltsamer
Karrieristen wie der JAM gibt es die wilde, ansteckende
Fröhlichkeit von SHAM 69. Wenn auf sonst nichts, so können die Punks auf ihre höhnischen Ausfälle gegen Faschis-
mus und Rassismus stolz sein; wenn über sonst nichts, so
können Punk-Zuhörer sich freuen, daß der beste Punkrock
meist auch der am klarsten politische ist – in den Sechzigern
war das umgekehrt.

HEINER GOEBBELS

Der Frankfurter Musiker und Komponist Heiner Goebbels
(u. a. Mitbegründer des SOGENANNTEN LINKSRADIKALEN
BLASORCHESTERS *und der Gruppe* CASSIBER*) beschreibt in*
einem persönlich gefärbten Essay von 1983, wie sich im
Durchgang durch den Spiel- und Sprachwitz der »Neuen
Deutschen Welle« politische Haltungen noch popmusikalisch
manifestieren können.

Der Kampf gegen die Phantasie- und Geschmack-
losigkeit als primäre politische Aufgabe

»Ich habe seit Jahren überhaupt keine analytischen Impulse
mehr. Es fällt mir schwer, dafür ein Interesse aufzubringen. In
gewisser Weise ist ja Kunst eine blinde Praxis. Ich sehe da eine
Möglichkeit: Das Theater für ganz kleine Gruppen (für Massen
existiert es ja schon längst nicht mehr) zu benutzen, um Phanta-
sieräume zu produzieren, Freiräume für Phantasie – gegen diesen Imperialismus der Besetzung von Phantasie und der Abtö-
tung von Phantasie durch die vorfabrizierten Klischees und
Standards der Medien. Ich meine, das ist eine primäre politische
Aufgabe, auch wenn die Inhalte überhaupt nichts mit politischen Gegebenheiten zu tun haben.

Es ist zunächst ziemlich gleichgültig, wie oder woraus diese Freiräume für Phantasie gemacht werden, ob die Inhalte nun böse sind
oder gutartig, das ist ziemlich gleichgültig. Es klingt schlimm
und voluntaristisch: Im Moment halte ich es für allein wichtig, daß
überhaupt etwas entsteht in diesen Ordnungsstaaten.«

HEINER MÜLLER

Nach Musik gefragt, die mir gefällt und mich beeinflußt,
fallen mir zur Zeit sehr unterschiedliche Dinge ein; bei ersten Anläufen zu diesem Aufsatz brachte ich das nicht zusammen und fing an, mich für das Gemeinsame zu interessieren, das hinter so verschiedenen Produktionen steht wie
dem experimentellen Dilettantismus der NACHDENKLICHEN
WEHRPFLICHTIGEN, der EINSTÜRZENDEN NEUBAUTEN und
der TÖDLICHEN DORIS etc., zwischen der chaotischen Vita-
lität von RIP, RIG & PANIC und dann wieder scheinbar glat-
ten synthetischen Stücken von SCRITTI POLITTI und Robert
Wyatt. Ich vermute jetzt, daß es eine noch näher zu bestim-
mende Geschmackssicherheit ist, die solchen Stücken eigen
ist und der mein Interesse an solcher Musik gilt. Erste Voraussetzung: daß etwas – sehr vage – stimmig ist, d. h. identisch mit den Machern, ihrer Situation; eine Einheit oder
Reflexion von Mittel und Inhalt.

Natürlich klingt das so zu kurz; Gegenbeispiel: Auch ein
Held der Geschmacklosigkeit wie Joachim Witt, der Herbergsvater aller manierierten Falschsänger (nicht im Sinne
eines falschen Tons, sondern im Sinne von »dem-ist-nichts-
zu-glauben«), reflektiert seine Mittel, aber eben in Richtung
Kommerzialität, was zu hören ist. Es geht mir bei der Kategorie ›stimmig‹ nicht um einen unverfälschten Realismus,
denn auch die Künstlichkeit von Laurie Anderson höre ich
gern. Was ist der Unterschied zwischen ihrer Künstlichkeit
und der von Joachim Witt? Der gute Geschmack, das Niveau der Ästhetik?

»Oh Superman« ist deswegen (u. a.) stimmig, weil die
kühle Synthetik von Laurie Anderson nicht um ihrer selbst

willen oder als modische Attitüde den Song beherrscht, sondern nur sehr reduziert dort die Funktion übernimmt, wo sie allein nicht mehr weiterkommt: Bei einem Konzert in Köln war das sehr deutlich: Sie begann mit dem ostinaten ha ha ha ha ha ha ha ha und ließ das *dann* erst von einem Echo- oder Tonbandgerät übernehmen, als sie zu singen anfing – als Ersatz für ein Schlagzeug/Rhythmusmaschine; dann sang sie live und mittels Vocoder mehrstimmig; der Vocoder war also zwar willkommenes, aber ebenso notwendiges Abfallprodukt ihres Interesses an der schönen Homophonie. Die kann man aber auch 1982 nur mit einem Chor erreichen oder allein mit dem Vocoder – dann bezahlt man aber die Harmonik mit dem Preis kalter Technologie: Ausdruck einer zeitgemäßen, amerikanischen Erzählweise, Vermeidung von Sentimentalität.

Vielleicht stecken die Kriterien im Detail. Ich höre gerade die oben erwähnten SCRITTI POLITTI. Zwei Titel interessieren mich besonders. »Sweetest Girl« und »Rock-A-Boy Blue«. Das ist beides Popmusik im Gefolge der BEATLES und Paul McCartney-Stimme, doch irgendein Detail macht diese kitschigen Lieder nicht regressiv, sondern hält sie auf der Höhe der Zeit: Bei »Sweetest Girl« ist es eine Rhythmusmaschine, die penetrant verhindert, daß das über ihr errichtete romantische Songgebilde im Sumpf untergeht, sozusagen maschineller, technischer Boden, darüber noch einmal der Luxus einer schönen Erinnerung. Bei »Rock-A-Boy Blue« ist es fast umgekehrt, ein Popsong ebenfalls, mit Funk-Klischee, geht straight seine Wege, nur darunter ist es die verschwommene Intonation eines akustischen Basses, die verhindert, daß der Song ins allzu Gewöhnliche abgleitet: weil Jazzbässe in der Popmusik ungewöhnlich sind, weil sie mehr Spielraum für die Phantasie des Hörens haben, nicht so glatt und irreversibel wie oftmals ein E-Baß.

Bevor ich versuche, die Kriterien von Geschmack noch mehr unter die Lupe zu nehmen, möchte ich erst mal zurück an den Ausgangspunkt: das Zitat meines Vornamensvetters Müller, dem ich mich gerne anschließe, wenn ich das, was Heiner Müller über Theater meint, auf Musik beziehe. Vor noch nicht allzu langer Zeit wußte ich noch, wo's politisch langgeht bzw. wo die ästhetischen Aufgaben einer politischen Überlegung liegen können.

1976 die Gründung des sogenannten LINKSRADIKALEN BLASORCHESTERS (und Eisler / Brecht-Bearbeitungen und Vertonungen mit Alfred Harth, später Q-Damm-Nummer etc.). Das hatte zum einen den großen Sinn, das kulturelle Vakuum, wie es als puristische Folge der Studentenbewegung herrschte, mit politisch-bezogener Musik zu füllen; zum anderen ging es uns auch darum, der Musik (und gerade der, die in ihren Mitteln fortgeschritten ist) ihre Beliebigkeit zu nehmen und sie mit außermusikalischen Inhalten zu konfrontieren. Daß wir das im Umkreis der Frankfurter unorganisierten Spontis taten, hatte seine besondere Bewandtnis gegen die Haltlosigkeit derjenigen, die immer die richtigen Lösungen und Linien hatten: die K-Gruppen. Ihr kultureller Ausdruck war geschlossen bis zum Kragen, perfekte Sprechchöre, militante Blaskapellen, uniformierte Musikgruppen in der maoistischen Ecke; moralische Liedermacher und bemitleidenswerte Proletkult-Schalmeikapellen und Mandolinenjugendliche bei den ›Revis‹.

Dagegen bezogen wir uns mehr auf unser eigenes Vergnügen, hatten kein Interesse am langen Üben, waren der Musikgeschichte und etlichen Anlässen gegenüber respektlos und benutzten die musikalische Tradition der Arbeiterbewegung (Eisler) nur da, wo sie in unsere aktuelle Sprache paßte oder sich passend machen ließ.

Das wurde an einem bestimmten Punkt harmlos: nämlich dort, wo weniger wir selbst Bauchnabel unserer politischen Interessen waren, sondern äußere existentielle Gründe unseren ›frisch-frech-folkloristischen‹ Ausdruck unwichtig werden ließen. Vor dem Bauzaun in Brokdorf zu stehen und straßenmusikalisch Stimmung zu machen mit flott bearbeiteten Liedern war ohnmächtig. Was uns da fehlte, waren kraftvolle ernste Mittel; das war neben der Unaussprechlichkeit politischer Rezepte das große ästhetische Problem, das (unter anderem) zur Auflösung des BLASORCHESTERS führte. Die hatten natürlich viele Gründe: Nach dem Zerfallen der politischen Szene, mit der wir Berührung hatten, gab es weniger politisch Konkretes, keine ›Aufträge‹ mehr, keine positive Sprache, und auf der anderen Seite wurden die – wenigen – Anlässe zum musikalischen Eingriff (Hungerstreikdemo, Hausbesetzung, Brokdorf, Gorleben-Demo) existentieller als die Ernsthaftigkeit unserer Mittel. Die Biographien unserer Miglieder wechselten nach und nach den studentischen Charakter, Berufe tauchten auf mit anderen Präferenzen und motivierten Umzügen in andere Städte (der halbe Baß zog nach Nordrhein-Westfalen). Unser Erfolg in abgehobeneren Spielstätten (zuletzt: Berliner Philharmonie bei den Jazztagen) machte uns stutzig und unwillig, die alten Rezepte zu behalten. Auf der Suche nach neuerem Ausdruck, z. B. mit der stärkeren Einbeziehung von Rhythmus, waren wir gescheitert.

Ein Jahr später (81/82) gibt es dann zumindest für das instrumentale Weitermachen folgenden Versuch:

Statt Kunden kamen Demonstranten

Höllenlärm in Frankfurts City

Damit sind 15 leere Ölfässer gemeint, die wir anläßlich einer Startbahn-West-Demonstration durch die Einkaufsstraßen rollten und mit 55 cm langen und ca. 3 cm dicken Fichte-Knüppeln (je Schläger 2 Stück, je Faß 2 Schläger)

schlugen und mit der Fußspitze im Regen weiterkickten.
Viele Passanten, sichtlich gestört, stellten sich uns in den
Weg, wie die sogenannten Gesinnungsgenossen während
der Friedensdemonstration in Bonn: »Warum macht ihr
denn das, was soll denn das« bis zu »Was ihr wollt ist Frie-
den, was ihr macht ist Krieg. Krach ist auch Krieg!« Der
Frieden kommt offensichtlich auf leisen Sohlen, singt Hari
Rama und verteilt Plätzchen.

Wir, ein harter Kern des ehemaligen sogenannten LINKS-
RADIKALEN BLASORCHESTERS und einige befreundete andere harte Kerne, bewaffnen uns nur mit Tonnen, Stöcken,
Stimmen und vielleicht Posaunen, weil uns der alte Ausdruck nicht mehr taugte. Was wir mit den leeren Fässern
suchen, ist ein harter körperlicher Ausdruck, der Aggressionen ab- und anbaut, Eingeschlafenes weckt und aufpaßt,
daß beim kollektiven Rhythmus die Kippe zur meditativen
Bongo-Nudelei auf der Ponte Vecchio in Florenz nicht
überschritten wird. Der Vorteil: das Material: Blech – für
Sentimentalitäten denkbar schlecht geeignet (nichts dagegen, aber besser zu Hause). Von weitem klingen die Fässer
wie »Geschützdonner« (Anwohnerin), von nahem, wie
wenn 20 Leute mit je zwei Knüppeln auf große Ölfässer
schlagen – mit Lust und immenser Anstrengung, blaue
Flecken am Knie, wunde Handgelenke rechts und links;
Leute, denen der Schweiß in die Augen läuft und die aus
dem Takt kommen, wenn der Nebenmann versucht, eine
Synkope zu installieren.

Was steckt ästhetisch dahinter: erst mal nichts, d. h. nicht
nichts, einfach nichts, sondern etwas besonders nicht: nicht
Liederabsingen, keine Ökofolklore, nichts Harmloses,
nichts Dummes-Dumpfes, Perfektes, Glattes, nichts Wi-
schiwaschimäßiges: eigentlich etwas Einfaches, das dadurch,
daß es von vielen gemacht wird, das Gesicht dieser vielen
hat, kräftig wird seine Beliebigkeit variiert und in der – hör-
baren – Haltung dieser vielen etwas über sie erzählt; aggressive Fischer-Chöre der Landstraße vielleicht (ohne Fischer

versteht sich), mit der Kraft, aber ohne den apokalyptischen Touch der EINSTÜRZENDEN NEUBAUTEN.

Aber immer dort, wo uns ästhetische Lösungen einfallen, merken wir auch, daß uns die Verbalisierung unseres politischen Interesses immer schwerer fällt. Auch ein wichtiger Grund für die Auflösung des BLASORCHESTERS. Zwar hatten wir unser Ziel weniger in politischen Texten als in der Musikalisierung des Politischen und in der Politisierung des Musikalischen gesucht, trotzdem war in den ersten Jahren unserer Arbeit klar und aussprechbar, wo, was, wie getan werden könnte. (Über Sprechchöre, die zu den Tonnen passen, können wir uns z. Z. nicht mehr einigen.) Jetzt, bei der Bildung einer neuen Gruppe (mit Alfred Harth, Christoph Anders und Chris Cutler) fallen mir keine Worte mehr ein. Bekennerhafter Moralismus (wie ihn die Friedensbewegung auf die Beine bringt) ist genausowenig mein Bier wie der zeitgenössische Zynismus, für den ich zu jung und der ja auch so einfach ist.

Und noch etwas zur Sprache: Mit der Geschwindigkeit, mit der die Neue Deutsche Welle die deutsche Sprache in der Musik erst möglich und dann kurz darauf schon wieder ausgehöhlt hat, ist kaum mitzuhalten. Ein Beispiel: Vor zwei, drei Jahren merkte ich, wie mir die endlose Wiederholung kurzer Texte und die Reduzierung auf triviale Klischees beim Hören einen großen Phantasiespielraum eröffnet. Während bei längeren komplizierteren Texten der Hörer mit Mühe der semantischen Logik der Worte folgt, mit dem Verständnis ringt und immer dem Vorsprung des Sängers hinterherhechtet, um ihn dann vielleicht beim zweiten- oder drittenmal ›richtig verstanden‹ zu haben, ist das zum Beispiel bei »Metall« (WIRTSCHAFTSWUNDER) ganz anders: Da der Sänger immer nur »Ich liebe Metall« singt, hat man das gleich; man ist schnell schlauer, kann wieder der Musik zuhören, Querverbindungen herstellen, hinter die Zeile sehen, den scheinbar immer gleichen Text in veränderter Umgebung erleben: ein Ausweg aus der intellektuellen

Rezeptionsweise. Die Chance für eine eigene produktive
Phantasie liegt immer dann in kurzen Texten, wenn sie einen Bedeutungshof haben, über den es sich zu assoziieren
lohnt (allen voran der Klassiker »Warm Leatherette«, in
Deutschland dann die Anfänge von PLAN, DAF, WIRT
SCHAFTSWUNDER, FEHLFARBEN). Die kommerzialisierten
Gruppen übernehmen das Prinzip, können es aber nicht
füllen: Wenn also jetzt Joachim Witt fünfzigmal singt: »Ich
bin euer Herbergsvater und sage äh, äh«, werd ich daraus
nicht schlauer, sondern höchstens immer besinnungsloser.
Das Mittel der Repetition ist mit der Aufdringlichkeit und
Präsenz der industriellen NDWler erst mal denunziert. Was
für die Sprache stimmt, gilt auch für viele andere Bestandteile neuerer Rockmusik: So tauchten zum Beispiel
in den letzten Jahren in den Discos Rhythmen auf, denen
man gern eine emanzipatorische Kraft bescheinigen kann:
wenn sich mehrere Rhythmen überlagern, wenn es gerade
die erwarteten Schwerpunkte sind, die fehlen, wenn sie
nicht vollständig sind oder mehr als vollständig: zwischen
den Beats kleinteiliger Überschuß, der hin- und herwirft.
(TALKING HEADS, LIQUID LIQUID, die JAPAN-Kopien wie
»Methods Of Dance« und Yukihiro Takahashis »Glass«,
MATERIAL, MASSACRE etc.)

In den gut beschallten Discos ist auch zu hören, daß die
Aufnahmetechnik der drums oder syn-drums eine der gro
ßen Errungenschaften neuerer recording-Kunst ist; die
Gruppe dahinter, der Schlagzeuger gar, verschwindet aber
dabei völlig, der Sound ist schnell zu haben und wird sich
bald abgenutzt und verbraucht haben.

Ähnliche Entwicklungen hat der Synthesizer mitgemacht
(was der Casio für den möchtegern-kommerziellen Teil der
NDW, war der Korg für ihren experimentellen Flügel).

Generell gilt auch hier: Jede Reduzierung auf eine Ausdrucksebene entleert selbst die eben noch aufgeworfenen
Mittel und verschüttet sie mit weiterem Aufwerfen von
Nummer zu Nummer. Die TÖDLICHE DORIS ist da übri-

gens von vielen Dilettanten-Gruppen eine seltene Ausnahme: viel klangliche Phantasie (vgl. auf ihrer neuen LP
die Stücke: »Wie still es im Wald ist« / »Haare im Mund« /
»Posaunen der Liebe« / »Fliegt schnell laut summend«
etc.) neben schlechten NEUBAUTEN-Klischees. Wenn eine
Gruppe etwas riskiert und sich nicht auf eine Masche reduziert, gewinnt sie:

> *Wie still es im Wald ist, wie still es im Wald ist*
> *nur ein Specht klopft ab und zu an die Stämme*
> *nur ein Specht klopft ab und zu an die Stämme*
> *hier guckt eine tote Trompete aus dem Moos*
> *hier guckt eine tote Trompete aus dem Moos*
> *Liesel faß mich an der Hand, Liesel faß mich an der*
> *Hand*

ist in Text und Musik ähnlich ausdrucksstark wie die
zweite Szene in der Büchner-Oper *Wozzeck* von Alban
Berg (Wozzeck und Andres beim Weidenstöckeschneiden);
weil sie atmosphärisch einen Phantasieraum erstellt, den es
sich einzubilden lohnt – mitsamt der Ängste und Alpträume, die der Sänger leider etwas zu dick vorwegnimmt.

Vom Standpunkt des Produzierens aus gesehen ist diese
Gruppe auch ein gutes Beispiel dafür, wie die *Emanzipation
aller Elemente* ein Kriterium für Unterhaltsamkeit, Abwechslung, Phantasie und Diffenrenziertes wird. Viele der
Gruppen, die musikalisch zu den interessanteren gehören,
weil sie etwas riskieren und konventionelle Standards überschreiten, tun das nur mit *Arbeitsteilung*. James White hatte
einmal mit seinen CONTORTIONS so angefangen, daß wirklich jeder der Musiker trotz (James Whites) solistischer
Ausstrahlung ein Stück am Arbeitsprozeß Freiheit beteiligt
war: Da gab es Aufregendes bei den drums, der slide-gitarre
etc. Jetzt sind die Verhältnisse leider klarer: Eine Begleit-
band mit solidem Hotel-Band-Funk sorgt für gute Laune,
von der sich Arbeitgeber White mit existentiell individuel-
lem Nerv gut abhebt. Arbeitsteilung. Sie ist ein Garant für

die Verständlichkeit (regressive Rhythmusgruppe erlaubt
die kühnsten Ausflipps des Solisten, ohne daß gleich jemand
ungeduldig wird) und eigentlich nichts anderes als die Kehrseite von Hanns Eislers Devise »Fortschritt & Zurücknahme«. Er bezeichnete damit sein kompositorisches Prinzip – gemäß seinem politischen Anspruch auf Allgemeinver-
ständlichkeit – zwischen dem Widerspruch von musikalisch
fortschrittlicher, aber isolierter Kompositionstechnik und
massenhafter musikalischer Dummheit dialektisch zu vermitteln. Das sei nur dadurch möglich, daß man, um einzelne
Elemente der Musik weiterzuentwickeln, andere zurück-
nehmen müsse. Zurücknahme also auf einen gesellschaftlichen Standard, der die Verständlichkeit nicht in Frage stellt
und damit auch die Kommunikation über das Neue in der
Musik garantiert. Danach habe ich auch immer gearbeitet:
Zurücknahme war für uns sowohl die populäre und hand-
liche Besetzung BLASORCHESTER und auch oftmals die Lieder als Vorlagen für unsere Stücke, Fortschritt vielleicht
manchmal die Bearbeitung, die Spielweise, der Zusammenhang. Auch in meiner Duo-Arbeit mit Alfred Harth gibt es
durchsichtigere (früher Klavier-, später auch Synthesizer-)
Strukturen, über denen dann das Saxophon um so freier
agieren kann.
    Die ästhetischen Errungenschaften der letzten Jahre – na-
türlich nicht absolut gesehen, das meiste war in avantgardi-
stischen E-Musik-Kreisen als Material alles schon mal da;
aber in dem Sinne einer dreisten Aneignung Unprofessio-
neller und einer deutlichen Rezeption durch mehr als eine
kleine radikale Minderheit ist Musik erobert worden, die
jenseits des konventionellen Materials ist. Also die Errungenschaften klanglicher, rhythmischer, sprachlicher Art etc.
sind fast alle auch nur um einen solchen Preis (F & Z) er-
kauft: Die RESIDENTS brauchen für ihre abweisend kühlen
Synthesizerbilder den Charme der bearbeiteten Vorlagen
(BEATLES, Glenn Miller, »Old McDonald had a farm« etc.);
die EINSTÜRZENDEN NEUBAUTEN brauchen für ihre har-

ten unnachgiebigen Materialschlachten den körperlichen Rhythmus ebenso wie die FURIOUS PIGS, die a cappella nur noch flüstern und schreien, in einer Mischung aus COMEDIAN HARMONISTS und den balinesischen Monkey-Chants. Und schon ist auch klar, wo der Unterschied zu Eisler ist: Eisler brauchte . . . , die NEUBAUTEN, PIGS etc. brauchen natürlich nicht, sondern wollen den körperlichen Rhythmus, eben nur mit anderen Mitteln, weshalb auch alle experimentierenden Gruppen (besonders die der nichtprofessionellen) nie akademisch klingen.

Das ist eines meiner fast politisch zu nennenden Interessen: daß die Klanglichkeit eines Musikstückes nicht glatt und abgeschlossen ist, sei es aus Gründen akademischer Genauigkeit oder aus Gründen kommerzieller Studio-Glätte. Je fertiger das Gehörte, desto weniger hat dort Phantasie eine Chance, und die Hermetik wird selbst zum Gegenstand der Aufmerksamkeit; denn in der Hierarchie der Bedeutungen rangiert vor dem Inhalt einer Musik ihr Gestus, mit dem sie gemacht ist, die Haltung der Musiker, sofern sie aus der Musik hörbar wird. Deswegen ist es wichtig, die Unbefangenheit gegenüber dem Spielen zu behalten, es ist für mich jedesmal eine große Enttäuschung, wenn Gruppen, die aufregend, manchmal unordentlich, aber überraschend und originell angefangen haben, sich nach anfänglichen Erfolgen ein besseres Studio leisten können und das nicht für ihre Experimente nutzen, sondern für das Ausmerzen aller Ungereimtheiten (2. LP von WIRTSCHAFTSWUNDER, IDEAL; in gewisser Weise, aber aus anderen Gründen die 2. LP von RIP, RIG & PANIC). Ich versuche deswegen die Improvisation als ein Mittel dagegen: als die Auflage, immer etwas Neues entstehen zu lassen, als die Möglichkeit zu ›Fehlern‹ und vor allem aber dazu, daß hörbar wird, wer die Musik macht. Daß leibhaftige Musiker hinter den Produktionen stehen. Ich meine nicht in dem Sinne, daß die Musik nur aus der Selbstpräsentation des Musikers besteht – wie meist beim Jazz – und nur die Tagesform des persönlichen Ausdrucks unterschiedliche Stücke hervor-

bringt. Dazu bin ich zu langweilig, zu wenig chaotisch oder
genial; das ist letztlich zu privat. Privat sind deshalb auch
die Improvisationsformen des Jazz: Entweder gibt es ein
Solo über einer zurückgenommenen Grundlage (Rhythmusgruppe) oder im Free Jazz die Kollektivimprovisation,
bei der mehrere Musiker mit ihren Expressionen konkurrieren: Aber ein öffentliches Interesse, einen außermusikalischen Gegenstand treffen sie damit selten.

Mich interessiert deshalb eine Improvisationsweise, die es
nicht auf Soli, sondern auf Strukturen, Formen anlegt, die
kommunizierbar sind: untereinander unter den Musikern
wie gegenüber dem Publikum, so daß das Beliebige, Zufäl-
lige des Improvisierens verschwindet und Stücke entstehen,
die aber den Charme der Offenheit behalten.

In diesem Sinne und ziemlich jenseits des Jazz haben RIP,
RIG & PANIC mit ihrer ersten Doppel-Maxi *GOD* Großes
geleistet: Sie sind nicht nur frei in der Musik, die sie spielen
oder wie sie sie spielen, sondern haben auch einen völlig
neuen Formbegriff: ganz unsymmetrische Stücke, ohne
Ende oder ohne Anfang, kurze überraschende Wechsel,
dann passiert wieder sehr lange wenig; am Ende einer un-
klaren Improvisation hängt plötzlich ein Song-Teil usw.
Was auf der Platte schon auffiel, ist live um einiges radikaler
und dadurch auch schwieriger: Es gibt praktisch gar keine
Stücke mehr: Es sind nur ein halbes Dutzend gutgelaunter,
unsicherer, offener Leute auf der Bühne; ständig ist irgendwie Musik zu hören und seien es nur die Reste eines ausge-
nudelten Xylophon-Minimals; dann und wann entsteht ein
Rhythmus, alles Folgende hängt davon ab, ob der Bassist
Lust hat mitzuspielen oder nicht, oder ob Gareth Sager
nicht doch lieber einen Witz erzählt, der Schlagzeuger abrupt abbricht, um die Bläser ganz schön in der Luft hängen
zu lassen; der konventionelle Symmetriebegriff der Jazz-
und Rockgeschichte ist über den Haufen geworfen. Also
weder Thema – Solo – Thema – Solo – Thema – Schluß noch
der wiederkehrende Wechsel von Strophen und Refrain.

Stücke (oder weil deren Rändern nämlich Anfänge und Schlüsse fehlen, besser:) Fetzen entstehen nur dann, wenn sich Themenköpfe durchsetzen oder die beiden Frauen statt zu tanzen auch singen. Außer diesen Sängerinnen gibt es praktisch kaum noch (und das ist bei aller Jazz-Nähe sehr unjazzig) Solistisches. Die Bläser bringen nur noch Fragmente (oder Ostinates), die Ahnungen von Soli, nur noch die Schlüsse oder die Ideen von Bläsereinsätzen, nicht mehr – Gott sei Dank – die ganze private Redundanz eines sorgfältig mit allen Verlegenheitsfloskeln, die der Jazz erfunden hat, aufgebauten Solos, sondern nur dessen Höhepunkt. Der große Nachteil der Konzerte gegenüber der Platte: Es fehlt ihnen jegliche Härte des plötzlichen kollektiven Überfalls aufs Publikum, weil das eine Absprache nötig machen würde. So bleibt die gute Stimmung, das Chaotische, Aggressive, aber letzlich nie Harte der R, R & P-Atmosphäre. Ich habe zwei Konzerte gesehen (Paris, im REX; Moers, auf dem Jazzfestival), und beide Konzerte waren ganz gut und ganz schlecht, weil das Risiko, das sie mit ihrer offenen Konzeption eingehen, auch in die Hose gehen kann, wenn mal allen nichts einfällt oder die Abhängigkeit von der Publikumslaune zu wichtig wird. Bei der zweiten Doppel-Maxi ist leider die Schärfe verschwunden: Die Reduzierung auf die gute Stimmung, das Klischee von Afro-Jazz, vor dem auch Don Cherry sie nicht schützen kann, machen glauben, RIP RIG & PANIC wollten jetzt gute Jazzmusiker werden, sonst nichts.

Die Tatsache, daß hörbar ist, wer die Musik macht, ist keine Garantie, lediglich eine mögliche Voraussetzung für die Geschmackssicherheit oder Phantasie. Wenn die Stimme des Sängers mir z. B. hauptsächlich etwas über seine Eitelkeit erzählt, interessieren mich die Texte auch (bzw. gerade) bei einem linken Liedermacher nicht die Bohne. Das ist mit einem Saxophon so viel anders nicht.

Jedenfalls fängt mit der Transparenz einer Musik, die über ihre Herkunft, die Haltung der Musiker usw. erzählt, ganz vorsichtig etwas an, das die Musik (wohlgemerkt nicht die Texte) vor Beliebigkeit retten kann: Außermusikalisches.

WERNER HELSPER

Werner Helsper, Professor am Institut für Pädagogik, Universität Mainz, hat sich schon in seinem Buch »Okkultismus – die neue Jugendreligion« mit »satanischer« Symbolik und ihrer Anziehungskraft auf Jugendliche beschäftigt. In seinem Beitrag zur Heavy-Metal-Kultur ortet Helsper die Faszination der diversen Metal-Spielarten in ihrer Beschwörung des »Ehrlichen« und »Echten«. Die Metal-Welt mit all ihren quasi-religiösen Ritualen und »satanischen« Symbolwelten biete, so Helsper, Jugendlichen eine Art Gemeinschaft, die vor den Fährnissen der (post)modernen Welt schütze.

Das »Echte«, das »Extreme« und die Symbolik des Bösen

Zur Heavy Metal-Kultur

Wie alle anderen Jugendkulturen bleibt auch Heavy Metal nicht von den generellen Trends des letzten Jahrzehnts verschont: einer immer schnelleren Umschlagsgeschwindigkeit jugendlicher Kulturen, einer stärkeren medialen Durchdringung jugendlicher Stile, einer stärkeren Vermischung und milieuspezifischen Entbindung von Jugendkulturen und schließlich einer inneren Pluralisierung in einzelnen jugendkulturellen Stilen selbst. Vor allem der letzte Aspekt verbietet es, verallgemeinernd von *der* Jugendkultur oder auch von einzelnen Jugendkulturen zu reden. Selbst für die von außen scheinbar so homogenen jugendkulturellen Gruppierungen wie Skins oder Hooligans zeigen sich deutlich unterscheidbare stilinterne Differenzierungen und Abgrenzungen. Dies gilt ebenso für »Metaller«: Heavy Metal setzt sich etwa aus Speed-, Trash-, Death- und Black Metal* zusammen, und auch die Zusammensetzung aller Unterabteilungen ergibt noch nicht den »ganzen« Heavy Metal. Zudem besitzt noch jede Unterabteilung ihre extremen und weniger extremen Vertreter: Im Black Metal galten etwa bestimmte norwegische Gruppen als besonders »extrem«, was wiederum zu szeneinternen Abgrenzungen und Kritiken führte.

Eine andere Diagnose ist daneben bedeutsam: Die Jugendkulturen, die ehemals für das Schockende, Aufstörende und für den kulturellen Bruch sowie den Generationen-Konflikt standen, sollen diese Potentialität durch den Einzug des Ekstatischen und Schockenden in die Normal-Kultur und die Medienwirklichkeiten verloren haben. Allerdings sind hier wohl Differenzierungen angebracht. Es scheint vor allem so zu sein, daß Jugendkulturen hauptsächlich das utopisch-visionäre und kulturrevolutionäre Potential verloren haben. Demgegenüber stehen allerdings durchaus aufstörende und Tabus verletzende Haltungen anderer Jugendkulturen, die mit »schweren Zeichen« operieren: nationalsozialistische Embleme, Symbole der Allmacht, der Stärke und des Todes, des Grauens und des Bösen. Diese Jugendkulturen gewinnen ihr aufstörendes und provokatives Potential allerdings nicht aus der innovierenden Durchbrechung erstarrter und verkrusteter kultureller Formen,

---

* Speed-, Trash-, Death- und Black Metal: Die Kategorisierung der Metal-Szene dient in erster Linie der Abgrenzung der unterschiedlichen Fans und wird von den Bands eher abgelehnt, da es auch keine eindeutigen und allgemein anerkannten Richtlinien gibt. Insgesamt unterscheiden sich diese Stilvariationen durch die höhere Geschwindigkeit der Rhythmen und Gitarrensoli (Speed- und Trash Metal) oder auch durch die Beschäftigung mit okkulten Themen wie z. B. Totenkult im Death- und Black Metal. Dort ist auch die Stimmlage des Gesangs deutlich tiefer angelegt.

die sie »zum Tanzen« bringen, sondern gerade aus der gegen kulturelle Rationalisierungen gewendeten Reaktivierung archaisch-regressiver Symboliken: etwa gegen die Wandlungen und Vermischungen der Geschlechterbilder die Inszenierung martialischer Männlichkeit.

In einer kürzlich erschienenen Studie wird zwar deutlich, daß sich lediglich 3,1 Prozent aller Jugendlichen als Heavy Metal-Fans bezeichnen, deutlich weniger als Technos mit 7,2 Prozent. Allerdings polarisiert Heavy Metal: denn 40,6 Prozent aller Jugendlichen lehnen Heavys ab, ähnlich viele wie bei Sprayern, Grufties oder Punks, aber deutlich weniger als bei Skins oder Hooligans, die von über 80 Prozent abgelehnt werden. Heavy Metal scheint damit zu Abgrenzungs- und Gegenpositionen herauszufordern, übrigens nicht nur unter Jugendlichen, sondern auch unter Erwachsenen.

Vielleicht hat diese nach wie vor bestehende Ablehnung der Heavy Metal-Kultur damit zu tun, daß sie ein Ort ist, an dem sich die »Wiederkehr« oder auch die »Renaissance des Bösen« artikuliert. Dabei ist Heavy Metal kein wirklicher Ort des Bösen, vielmehr ein Ort seiner Symbolisierung in Form von Emblemen, Ritualen, Musik und Stil. Diese Symbolisierung bezieht sich auf lebensgeschichtliche und soziokulturelle Spannungen des Verhältnisses von Gut und Böse. Genau diese Spannung ist in der Adoleszenz mit ihren verstärkten Anforderungen sozialer Integration und der gleichzeitigen Reaktualisierung und Intensivierung affektiver Erlebniszustände hoch bedeutsam. In der extremen, harten, »bösen« Musik und Darstellung des Heavy Metal wird diese Spannung artikuliert und erlebt: Das Böse, Dämonische, Grauenhafte, der Tod und die Gewalt als Kehr- und Nachtseite der aufgeklärten, fortschreitenden, rationalen modernen Gesellschaft, die gleichzeitig ihr Pendant erzeugt, das im Heavy Metal gespiegelt wird. Das markiert einen Grenzgang: Ist das Gute das eigentlich Böse und das Böse das Bessernde, die Negation, der verneinende

Geist, der sich nicht abfindet und auf Änderung drängt,
dem scheinbar Guten das Spiegelbild des eigentlich Schrecklichen entgegenhält? Heavy Metal als Artikulation der
Nachtseite des sozial verdrängten Schrecklichen? Und zugleich Heavy Metal als musikalischer und kultureller Ort
der Inszenierung und Artikulation der alltäglichen Erfahrungen des Bösen im Guten und dessen Niederschlag im eigenen Selbst? Könnte also darin die Kraft des Überdauerns
der Heavy Metal-Kultur und ihrer Vorläufer seit nun über
zwei Jahrzehnten als jugendkultureller, musikalischer Ort
des Tanzes auf der Schneide von Gut und Böse beruhen?

Was ist das Faszinierende und Interessante an der Musik, an
Heavy- und Black Metal, das sie zum zentralen Bestandteil
des jugendlichen Alltags und der Freizeit macht?

*»Die Musik hat ein enormes Feeling in sich. Es ist nicht ir-
gendein Computergestammel, weißte, wenn du dir Madonna oder sowas anhörst, da ist eigentlich ... ich weiß
nicht, ob du da was fühlen kannst. Ich kann dabei nichts
fühlen, ja. Aber das gilt auch für den restlichen Teil der
Popszene. Und Heavy Metal und Hardrock das isses. Es
werden mit den Instrumenten und der Art, wie sie benutzt
werden Gefühle ausgedrückt und Aggressivität und die absolute Harmonie eben. Das ist eigentlich das, was in jedem
Menschen drinsteckt, weil niemand ist nur lieb und harmonisch, sondern auch manchmal aggressiv, jeder Mensch. Und
irgendwie muß das dann auch sein und das kann man in der
Musik dann auch ausdrücken.«*

Die Heavy Metal-Musik als Spiegel des Selbst – so
könnte die zentrale Aussage zur Bedeutung von Heavy
Metal zusammengefaßt werden. Gefühle der »absoluten
Harmonie« und der Aggressivität werden mit den Instru-
menten ausgedrückt, wobei die Betonung letztlich eher der
Aggressivität gilt, da niemand »nur lieb« sein kann. Was im
Heavy Metal ausgedrückt wird – etwa Zustände sich stei-

gernder Wut, Außer-Sich-Geraten, Erregung und Ekstase –,
kann im Mitvollziehen der Musik selbst ausgedrückt werden. Kurz: Musik als Möglichkeit, in einem gerahmten Ausschnitt der sozialen Wirklichkeit die eigenen Empfindungen
gespiegelt zu sehen und im Mitvollzug eine Darstellung
»extremer« Selbstzustände inszenieren zu können. Dies erinnert an die Tradition und kulturelle Bedeutung des Festes,
in dessen Ritualen immer wieder eine kurzfristige Aufhebung gesellschaftlicher Tabus erlaubt war, um sie letztlich
genau darin zu bestätigen. Gegenüber der Erfahrung, in alltäglichen Lebensvollzügen von Regeln und Zwängen umgeben zu sein, bietet Heavy Metal, vor allem in Konzerten, einen Raum, in dem die ekstatischen und expressiven
Ausdrucksmöglichkeiten des Selbst auch in ihren extremen
Formen zugelassen sind.

Psychoanalytisch orientierte Interpretationen des Rock
verweisen darauf, daß die Durchdringung des Körpers mit
der lauten und harten Musik zu einer Intensivierung des
Körpererlebens führt, zu einer Intensität des Körper-Selbst,
wobei der harte vibrierende Rhythmus die körpereigenen
Rhythmen wie Herz- und Pulsschlag beeinflußt. Diese
Intensivierung des Körpergefühls bedeutet gerade in den
Verunsicherungen des eigenen Körperempfindens in der
Adoleszenz eine Quelle starker Selbstvergewisserung. Das
»Extreme« des Heavy Metal führt zu einem intensiven
Selbsterleben, das die Gewißheit eigenen Seins in der Inten-
sität des Selbsterlebens ermöglicht.

Zentral ist hierbei auch der Rhythmus des Heavy Metal,
der in der »klassischen« Tradition des harten, schnellen
Rockrhythmus steht, mit seiner letztlich gleichbleibenden,
wenig variierenden Grundstruktur. Diese »repetitive Metrik«, die monotone Wiederkehr, erinnert einerseits an die
lineare progressive Zeit der industriellen Maschinerie. Zum
anderen aber sind es körperliche Rhythmen der gleichbleibenden Wiederkehr, die von der vorgeburtlichen Rhythmik
des mütterlichen Organismus bis zu den organismischen

Prozessen des Herzschlages und des Atmens eine gleichbleibende Metrik grundlegen, die in ihrer Kontinuität ein Kennzeichen der Sicherheit ist. Die monotone Wiederkehr der Körpergeräusche birgt die beruhigende Gewißheit, daß alles in Ordnung ist, während das Rasen oder Aussetzen des Herzens alarmierende Zeichen körperlicher Veränderung sind, aber auch in Momenten ekstatischen Thrills zustande kommen. Im auf Wiederholung angelegten Grundrhythmus des Rock wird Sicherheit suggeriert, eine Entsprechung zum »Verläßlichen« und »Echten« des Heavy Metal: Die Welt hat ein gleichbleibendes Grundmuster, das gestern war, heute ist, morgen sein wird und auch danach überdauert. So wird mitten im Extremen und Ekstatischen zugleich Angst genommen und Sicherheit auf dem »festen Boden« des verläßlichen Grundrhythmus erzeugt.

Im Speed Metal kann man regelrecht von einer Inszenierung der Überwältigung durch die Beschleunigung der technischen Rhythmen sprechen, wobei der Überwältigung aber ihre Bedrohlichkeit genommen ist. Im Speed Metal wird die Geschwindigkeit extrem gesteigert: Von dieser Höchstgeschwindigkeit, dem *Speed*, droht der Hörer und Zuschauer fortgerissen oder hinweggespült zu werden. Diese musikalische Inszenierung des »Rasens« bringt die immer größere Beschleunigung des Sozialen zum Ausdruck, von der der einzelne mitgerissen wird oder aber zurück- und übrigbleibt. Der *Speed* versinnbildlicht die Zunahme der sozialen Geschwindigkeit, in der die Zeitintervalle des Kommens, Bleibens und Vergehens immens verkürzt werden. Aber es wird letztlich keine Überwältigung durch die Geschwindigkeit, denn das Grundmuster bleibt: der Rhythmus des Rock, der durch die sich überstürzende »Melodie« erkennbar bleibt. Die atemberaubende Geschwindigkeit erfolgt somit im altbekannten Rhythmus vom Boden des Vertrauten aus – und damit ist die Überwältigung durch Veränderung gebannt. Und zugleich ist die Inszenierung des *Speed* durch die Band auch Demonstra-

tion der handwerklichen Beherrschung der Schnelligkeit
und Veränderung: Bei aller Zunahme der Geschwindigkeit
kann das vertraute Grundmuster erhalten, hervorgebracht
und mit echter Handarbeit kontrolliert und gemeistert
werden.

Neben diesem Aspekt – daß Heavy Metal der Spiegel
affektiver Selbstzustände, vor allem der aggressiven und
ekstatischen, aber auch gegenteiliger ist – wird von allen
Heavy- und Black Metal-Fans das »Echte« und »Ehrliche«
der Musik hervorgehoben:

> *»Wo ich immer sach, daß Heavy Metal die älteste Musik*
> *überhaupt ist. Da ist nix gekünstelt dran, da ist kein Synthe-*
> *sizer, so'n Rhythmusgerät, da ist wirklich noch ehrlich.«*

Fazit des »Ehrlichen« und »Echten« der Heavy Metal-
Musik ist das Verläßliche: Was man hört, wird zu diesem
Zeitpunkt tatsächlich von der Band gespielt, die auf der
Bühne steht. In einer Zeit, in der Schein und Wirklichkeit
sich immer stärker vermischen und die simulierten Bilder
beginnen, wirklicher als das alltäglich Reale zu werden und
zusätzlich das Modell für den Alltag liefern, scheint Heavy
Metal dieses Unverläßliche der Wirklichkeit nicht mit-
zumachen. Der Ton, der hörbar ist, ist Bruchteile einer
Sekunde vorher in »ehrlicher Handarbeit« entstanden –
Handwerk gegen »Computerzeuchs«. Von daher beinhaltet
die Hochschätzung der Fans ihrer Musik gegenüber eine
fast handwerkliche Haltung gegen die immer weiter fort-
schreitende Automatisierung: Eine Hochschätzung der Musik als »handgemachter« – durch »ehrliche« und authenti-
sche »Handwerker«, die wie die Fans selbst sind – gegenüber einer maschinellen und durch Elektronik erzeugten.

Das »Echte« hat aber noch eine andere Bedeutung: Es ist
die Verläßlichkeit in der Zeit, die Gewißheit, daß etwas, was
heute ist, morgen nicht ganz anders sein kann. Gegen die
sich überschlagenden und ständig beschleunigenden Veränderungen und kulturellen Moden scheint im Heavy Metal

ein Beharrungsvermögen zu liegen, als »ältester Musik überhaupt«. Ein anderer Heavy Metal-Fan zieht etwa eine direkte Linie vom Rock 'n' Roll, der alte Musiktraditionen aufnehme, zum Hardrock und Heavy Metal. In diesem Sinne wird Heavy Metal gleichsam »klassisch«. Angesichts der Auflösung fester Identitäten und Selbstentwürfe, der Aufweichung tradierter Orientierungen und Werte, wird hier eine Beharrungskraft des Selbst im Heavy Metal behauptet: Gegenüber allen Veränderungen, Modetrends, äußeren Zwängen bleibt man sich im Heavy Metal treu – in die schwankenden Bretter der Welt wird der Mast der Heavy Metal-Identität gesetzt.

Heavy Metal ist aber auch deswegen eine ehrliche Musik, weil sie »extreme« Musik ist. Hier verbindet sich das »Echte« und »Extreme« des Heavy Metal mit der Spiegelung eigener exzessiver Selbstzustände – eine Verbindung, die auch auf die Metal-Bands übertragen wird. Darin zeigt sich eine spezifische Problematik für Heavy Metal-Fans, die in Interviews immer wieder auftaucht: In der Identifikation mit »extremer« Musik, mit Gruppen, die in ihren Texten und Auftritten sowie in ihrer Symbolik Furchterregendes und Erschreckendes darstellen, besteht immer auch die Gefahr, genau damit identifiziert zu werden. Denn wenn dies »sein Image« ist, der Heavy Metal-Fan »voll und ganz« hinter der Musik steht und die Kutte das Marken- und Erkennungszeichen wird, dann liegt es nicht fern zu vermuten, daß die bedrohliche Symbolik auch tatsächlich etwas über den Kuttenträger aussagt. Es besteht zumindest die Möglichkeit, daß auch er *so* ist. Wenn man sich mit dem »Extremen« des Heavy Metal identifiziert, dann muß es in der eigenen Person ein Äquivalent dazu geben. Die Äußerungen der Heavy-Fans bewegen sich genau auf diesem Grat – einerseits die Faszination am Extremen, Erschreckenden und Exzessiven nicht zu leugnen und dies als Teil ihrer selbst zu begreifen, andererseits aber nicht gänzlich damit zusammenzufallen. Sie bestehen auf der Differenz von Symbol, Stil, Image und tatsächlichem Handeln und alltäglicher Praxis. Sie stehen zum Extremen, aber in Form der Symbolisierung und eben nicht als vollzogene Praxis. Daneben werden im Konzert- und Musikerleben frühe narzißtische Erlebnisqualitäten aktualisiert: Es kommt zu einem Aufgehen in Gruppenerlebnissen, zu einer Verflüssigung der Ichgrenzen. Im Konzert »umschließen die mit ihrer gewaltigen Lautstärke alles durchdringenden rhythms und sounds die Leiber von Musikern und Zuhörern und verweben sie in einem Sicherheitsnetz« (J. Hoffmann in *Psyche* 11, 1988). Darin entsteht ein kollektives Erleben, eine passagere Aufhebung der Trennung von Innen und Außen, Selbst und Anderem, eine Verbundenheit im Ekstatischen und Expressiven: Obwohl einzeln, fühlt sich der Fan auf Heavy Metal-Konzerten mit allen anderen verbunden »und kann sich dessen mittels seiner physischen und emotionalen Reaktionen vergewissern. Er spürt: ›Aus dieser Welt können wir nicht fallen‹ (...) Das primärnarzißtische Gefühl des Einsseins mit dem Kosmos leugnet nach Freud ›die Gefahr, die das Ich als von der Außenwelt drohend erkennt‹« (ebd.).

Das »ozeanische Gefühl«, das Empfinden der Entgrenzung, ist für Freud aber auch ein Aspekt des religiösen Empfindens. Von daher wäre zu fragen, ob Heavy Metal nicht etwas mit Religion zu tun hat. Dies wird auch durch die folgende Aussage eines Heavy-Mädchens nahegelegt:

»Ihre Lebensart und überhaupt, wie sie zu ihrer Musik stehen, wie soll ich sagen? Musik ist für die ihre Religion. Die sehen das wie Religion.«

Natürlich ist Heavy Metal im substanziellen Sinne keine Religion, denn er kommt gut ohne den Glauben an höhere Wesen, heilige Schriften und Transzendenz aus. Aber vielleicht nimmt der Stil ja für Jugendliche, die mit Religion im engeren Sinne nichts zu schaffen haben, quasi religiöse Funktionen wahr.

Verdeutlichen wir uns beispielsweise den Ablauf eines BLACK SABBATH-Konzertes: Der Saal füllt sich immer mehr. Alle gruppieren sich um die Bühne, das Auftrittspodium, das für alle sichtbar ist. Nach und nach verdunkelt sich der Saal, die Erwartung steigt, ekstatische Rufe mit der Gruppe, die schließlich – bei vollständiger Verdunkelung – verstummen. In die völlige Dunkelheit und die Stille hinein erklingen Orgeltöne, kirchlichen Oratorien nachempfunden – Orgelmusik des Sakralen und Erhabenen, die einen Schauder erzeugt. In den Höhepunkt dieser Musik und in die Dunkelheit hinein das flammende Aufleuchten der Lightshow und Spots, die Bühne in gleißendem Lichtspiel. Die Orgelmusik wird vom harten Rhythmus der Drums abgelöst. Die Songfolge wird von der Fan-Gemeinde aufgenommen: Die Titel sind bekannt, sie werden lautstark begrüßt, bei den »Höhepunkten« gehen im abgedunkelten Zuschauerraum hunderte von Feuerzeugen an. Der Lightshow der Bühne entspricht die Flammenshow der Fans, die ihre kleinen Flammen – ähnlich wie die nach oben gereckten Arme – im Rhythmus des Heavy-Rock bewegen. Dazwischen noch einzelne Spezialeffekte: So taucht etwa unvermittelt aus der Dunkelheit des hinteren Bühnenraumes ein riesiges Lichtkreuz auf, das aufflammt und erlischt, aufflammt und verlischt. Diese knappe Skizze eines Konzertes mag verdeutlichen: wir haben es hier mit einem Ritual, einer Zeremonie zu tun, die Gemeinsamkeit herstellt, eine Zeremonie, zu der sich die Gemeinde der Heavy-Fans zusammenfindet, um ekstatische Riten zu entfalten.

Wenn die zentrale Bedeutung religiöser Riten gerade in der Erzeugung von Gemeinsamkeit beruht, dann stiften solche Konzerte als herausgehobene Zeremonien der Rockkultur jene Gemeinsamkeit der Fans, die im Mitvollzug, in der Flammenbotschaft der Feuerzeuge (die an die Kerzen und Feuerzeichen religiöser Kulte erinnern), in den ekstatischen Körperbewegungen und Gesten und im Mitsingen ihre Bestätigung finden. In diesem Sinne kann von einer quasi-religiösen Funktion des Heavy Metal gesprochen werden.

Er stiftet jenen Zusammenhang in einer Inszenierung, die den jugendlichen Narzißmus entfesselt, in Musik und Symbolik an Vorstellungen von Größe und Omnipotenz appelliert, an das »Feuer der Jugend«, an Ekstase im Gegensatz zur Askese und damit Aufruhr und Aufstand des Jugendlichen anspricht. Es findet dabei eine Verwischung der Grenzen von rein und unrein, sauber und schmutzig, gut und böse statt, eine Umwertung, in der Bilder von Vernichtung, Tod, Stärke und Blut die Metaphern für adoleszenten Neubeginn, Aufstand und Überwindung des Alten abgeben.

Dies bedeutet auch, daß die Jugendlichen in den extremen Formen des Selbsterlebens eine Gemeinschaftserfahrung machen – »spontane Communitas« –, die gegen soziale Isolierung und Individualisierung steht: Die soziale Ordnung mit ihren Hierarchien und Verboten wird im Hier und Jetzt des ekstatischen Erlebens vorübergehend suspendiert. In diesem »Schwellenzustand« werden die Regeln der sozialen Ordnung vorübergehend außer Kraft gesetzt, verkehrt, in Fluß gebracht und in diesen kurzen Zeiträumen wird ein Modell des sozialen Miteinander sichtbar als »unstrukturierte oder rudimentär strukturierte und relativ undifferenzierte (...) Gemeinschaft Gleicher« (J. Turner). Kurz, jugendliche ekstatisch-extreme Gemeinschaft gegen soziale Hierarchie und Reglementierung.

Dieser Zusammenhang mit den Idealen Größe, Stärke und Vollkommenheit von Jugendlichen, die sich in ihrer realen Entwicklung und sozialen Situation doch eher in einem Zwischenstadium vom Kind- zum Erwachsensein befinden und von sozialer Macht und Verfügung über die Lebensumstände eher ausgeschlossen sind, erfordert auch einen Blick auf den sozialen Ort des Heavy- und Black Metal.

Die jugendlichen Heavy-Fans erleben zum einen eine soziale Stigmatisierung ihrer Kultur im Rahmen der Medien, der alltäglichen Öffentlichkeit, aber auch in ihren unmittelbaren persönlichen Kontakten. Die Musiker und Bands, schließlich auch sie selbst, erscheinen als »brutale Typen«, als »Aussätzige«, als »Teufelsanbeter«, vor denen nur gewarnt werden kann.

Diese Stigmatisierungen weisen die Heavy-Fans zurück: Sie fühlen sich weder als brutale Schläger noch als Teufelsanbeter, sondern als Anhänger einer extremen, expressiven Musik, die auch mit extremer Symbolik arbeitet, und letztlich als Vertreter einer Jugendkultur, die etwas »ganz Normales« symbolisiert und damit auch etwas über die »Normalen« aussagt.

Allerdings finden sich im Bereich von Death-, Trash- und Black Metal häufiger Texte, Symbole, Plattencover und auch Bühnenshowelemente, die mit einer »satanistisch-dämonischen« Symbolik des Bösen spielen. Und bei einem Teil der Heavy-Fans finden sich auf den Kutten umgedrehte Pentagramme, umgekehrte Kreuze, die Zahl 666, Todes- und Gewaltsymbole. Wie sehen die Heavy-Fans diese Symbolik des Bösen, Erschreckenden und Grauenvollen, die sie teilweise in ihre Stilbildung übernehmen?

Ein Heavy-Mädchen formuliert für sich die Faszination des Bösen und verdeutlicht, daß sie der sozialen Aufteilung von Gut und Böse mißtraut:

»Ich mein', ich glaube an Satan und genauso, wie ich an Satan glaube, glaube ich auch an Gott. Weil wenn man an den Satan glaubt, muß man auch an Gott glauben. (...) Wenn es den Bösen gibt, muß es ja auch den Guten geben. Und ich sag' aber nicht, daß Satan der Böse ist. Für mich ist er nicht der Böse. (...) Ich hab' noch nicht rausgekriegt, ob er für mich die gute Seite oder die schlechte Seite ist. (...) Ich weiß nur, daß er mich faszinieren kann.«

Die Faszination und Anziehung, die die Symboliken des »Bösen«, des Grauens, des Todes und des Extremen darstellen, beruhen auf sozialen und lebensgeschichtlichen Erfahrungen der Jugendlichen. Zur sozialen Erfahrung, von Regeln und Verordnungen normiert und eingeengt zu werden sowie durch soziale Zwänge bestimmt zu werden, tritt als eine zweite zentrale Erfahrung die der Benachteiligung und ungerechten Behandlung hinzu, die dazu führt, daß die eigene Lebenssituation materiell angespannter wird und sich das Gefühl ausbreitet, die »Kleinen« seien letztlich die Dummen. Diese soziale Erfahrung erinnert stark an die Topoi von »wir hier unten« und »die da oben«. Ein anderer Heavy-Fan sieht die Gesellschaft durch einen gnadenlosen Konkurrenzkampf bestimmt, in dem jeder, um Erfolg zu haben, ein »halber Verbrecher« werden muß:

»*Wenn du heutzutage in der Politik oder sonstwo Erfolg haben willst, da mußte schon ein halber Verbrecher sein, sonst haste gar keine Chance. (. . .) Da mußte intrigieren, da mußte die Leut' übers Ohr hauen, sonst kommste nie nach oben.*«

Insgesamt dominiert bei den Heavy-Fans gegenüber Politikern und Mächtigen ein grundlegendes Gefühl des Mißtrauens, eine tiefreichende Skepsis. Denn wenn nur diejenigen hochkommen und Erfolg haben, die zu skrupellosen Methoden greifen, dann sind die Mächtigen eben die Hochgekommenen und damit zumindest »halbe Verbrecher«. Diese prinzipielle Skepsis den Mächtigen gegenüber verbindet sich zudem mit einem ebenso deutlichen Gefühl eigener Ohnmacht.

Dieses Gefühl der Ohnmacht – »allein machst nix«, wie einer der Heavy-Fans formuliert – und des Mißtrauens wird zusätzlich ergänzt durch den Eindruck der Unübersichtlichkeit und Unsicherheit: Es fehlt am Einblick in die komplexen sozialen Zusammenhänge, die fremd und fern wirken:

»*Also der Mann auf der Straße, der weiß auch net, was abgeht, weil das sind Vorgänge, die sind so weitgreifend und so tief verschlungen, da blickt kein Mensch mehr durch; ich mein der Otto-Normal-Verbraucher.*«

Damit kann als Fazit der sozialen Erfahrungen der Heavy Metal-Fans und ihrer daraus resultierenden Einstellung und Haltung festgehalten werden: Neben die Erfahrung der Reglementierung, Normierung und Kontrolle treten vielfältige Gefühle der Unsicherheit hinsichtlich der Entwicklung von Natur, Gesellschaft, aber auch der eigenen Zukunft. Zu diesen Verunsicherungen kommt die Erfahrung deutlicher sozialer Ungerechtigkeit und Ungleichheit hinzu; das Gefühl, zu den Kleinen »da unten« zu gehören, auf deren Kosten es sich die »da oben« gut gehen lassen. Zu den Gefühlen der Einengung, der Verunsicherung und des Getretenwerdens kommen Haltungen der eigenen Macht- und Einflußlosigkeit, die Haltung eines prinzipiellen Mißtrauens gegenüber den Mächtigen und Einflußreichen, sowie der Eindruck, die Verhältnisse nicht so zu überblicken, um letztlich wirklich kompetent über die gesellschaftlichen Entscheidungen und Entwicklungen urteilen zu können.

Diese soziale Gesamterfahrung mündet in der Haltung, daß letztlich alles »verdreht« sei und damit in der Vorstellung, daß diese soziale Ungerechtigkeit irgendwann »hochkocht« und zum »Platzen« kommt:

»Unsern Staat is verdreht. Unsern Helmut, der hat se net all auf der Tasse, hier irgendwo spinnt der en bißchen. Irgendwo stimmt hier was net. Die ganze Bundesrepublik stimmt net mehr. Das geht soweit, irgendwann platzt das Faß. Das glaub ich schon, daß das so lang nicht mehr weiter geht. Das is die einzich Hoffnung, die ich hab. (. . .) Die Leut wer'n die Unzufriedenheit (. . .) net mehr hinnehme, daß sie ewig was vorgeschriebe kriege. Irgendwann is mal Schluß. Dann wehr'n se sich, irgendwo wehr'n se sich und das ist auch vollkommen korrekt, wenn die sich wehr'n. (. . .) Ich hoff nur, daß es net so blutig ausgeht. Aber ich könnt mir vorstelle, daß die Leut irgendwann mal auf die Straß gehe und dann mal wirklich knallhart dene zeige in Bonn, daß es so net läuft, daß man net hingehn kann und die Leut nur trete.«

Die Kritik der Heavy-Fans an »denen da oben« und die
Phantasien eines sozialen Aufstandes, in denen das »Faß
platzt« und es »denen in Bonn« mal gezeigt wird, werden
im Heavy Metal symbolisch zum Ausdruck gebracht: In
den Texten, in der extremen Musik und in den Emblemen
und Metaphern der Stärke, des Umsturzes und des Schrek-
kens.

Auf diesen Zusammenhang von sozialer Lage und Symbolik des Bösen, der Metaphorik des Destruktiven und
Satanischen hat Baudelaire hingewiesen. In *Die Litaneien
Satans* erscheint »Satan« als letzte Zuflucht der Unterpri-
vilegierten. Wenn der Teufel als kulturelle Symbolisierung
sozialer Verhältnisse begriffen wird, dann wird mit den sa-
tanistischen Emblemen das Aufständische, die Rebellion,
das Ordnungen sprengende und Macht an sich reißende
Moment der gesellschaftlichen Wirklichkeit symbolisiert.
Der Teufel ist die archaische Metapher für den sozialen
Aufstand. In diesem Sinn ist die Symbolik des Bösen, des
Todes und des Extremen im Heavy Metal Ausdruck einer
sozialen Ordnung, die Unterwerfung verlangt, ohne daß
Ungerechtigkeit, Ohnmacht, Gewalt, Elend und Tod getilgt
sind. Und schließlich ist sie die Wiederbelebung einer archaischen religiösen Metapher, die gegen die moderne Ordnung des stummen Diktats der sogenannten Sachzwänge
und die unbeeinflußbaren, fernen Machtorganisationen gesetzt wird.

Satan als Freund und Helfer der Unterdrückten und Ver-
stoßenen, als Trost der Armen und Verurteilten – dies paßt
zum sozialen Ort der jugendlichen Heavy-Fans, an dem die
Faszination an der »extremen« Musik und der Symbolik
des Bösen als Auflehnung gegen die »gute« Ordnung
entsteht: Ein Ort der Machtlosigkeit, der drohenden Armut, des Ausschlusses von Modernisierungsgewinnen. Die
Heavy-Kultur ist – wenn sie auch andere soziale Orte umfaßt – doch im Kontext des sich auflösenden proletarischen
und subproletarischen Milieus angesiedelt, in den subkultu-

rellen Stilbildungen der Arbeiterjugendlichen, den »maskulin orientierten« Subkulturen, die in der Tradition von Halbstarken, Rockern, Fußballfans und Straßencliquen stehen, in denen Rock 'n' Roll und Rock immer schon die militante Melodie des Aufbegehrens gegen eine soziale Ordnung darstellten. Hier stehen die Heavy Metal-Attribute mit ihrer Symbolik von Tod, Macht, Gewalt und männlicher Kraft in einer Kontinuität subkultureller Stile, etwa in der Todes- und Teufelssymbolik der Rockerkultur der 60er Jahre.

PETER KEMPER

Rockmusik war einmal ein Synonym für »Flower Power« und »Make Love Not War«, der Soundtrack für fröhliche Anarchie und Drogenverklärung. Die »Woodstock-Generation« träumte den Traum von weltumspannender Harmonie und einer besseren Welt. 1992 kippte die bis dato gültige Devise der Mod-Rocker THE WHO *in ihr Gegenteil um: »The Kids Are Not Alright« (D. Diederichsen). Im Dunstkreis von Skinheads und Neonazis hatte sich ein explizit rassistischer und antidemokratischer Rechtsrock etabliert. In seinem Artikel deutet der Frankfurter Musikjournalist Peter Kemper diese gewaltbereite Rockmusik als komplexes internationales Phänomen.*

Von Böhsen Onkelz und guten Menschen

Der deutschen Rockmusik droht derzeit ein Rufmord: Seit »Rechts-Rock« in den letzten Wochen zum willfährigen Medienthema avancierte, fürchten Heavy-Metal-Musiker, Konzertagenturen und Plattenfirmen um die Integrität ihres Genres. Als beklemmende Begleitmusik zu ausländerfeindlichen Ausschreitungen nicht allein in den neuen Bundesländern hochgespielt, sieht sich plötzlich eine ganze Stilrichtung der Rockmusik politisch an den Pranger gestellt.

Dabei sind es vorerst nur wenige Bands – sie lassen sich an zehn Fingern aufzählen –, die mit eindeutig neofaschistischen Texten zum Verbot herausfordern. Ihre Namen sind Propaganda und Programm: Sie nennen sich STÖRKRAFT, STURMTRUPPEN, ENDSTUFE, KAHLKOPF, KAHLSCHLAG, VOLKSZORN oder ENDSIEG, haben ihr Fanpotential vor allem in der sogenannten Skinhead-Szene und signalisieren ungeniert Gewaltbereitschaft. Auf den jetzt von der Bonner Bundesprüfstelle für jugendgefährdende Schriften indizierten STÖRKRAFT-Alben *Mann für Mann* und *Dreckig, kahl und hundsgemein* heißt es zum Beispiel im Titel »Terror«: »Wenn wir nicht bald dazwischenschlagen, werden sie uns aus unserem Land verjagen. Uns droht allen die rote Flut, drum wehrt euch gemeinsam gegen die Brut, damit uns ihre Bomben nicht bezwingen, dazu stolz die deutsche Fahne schwingen.« Die dumpfe Mischung aus Nationalismus, Fremdenfeindlichkeit, Angst und Aggression, die hier in Holperreimen zusammengestoppelt wird, scheint heute eine unter Jugendlichen weitverbreitete Stimmungslage auf den Punkt zu bringen. Mehr als zwanzig Prozent aller Jugendlichen in Deutschland, in den neuen Bundesländern sollen es rund fünfunddreißig sein, sympathisieren derzeit nach neuesten Erkenntnissen des Verfassungsschutzes mit rechtsextremen Zielen. Im Vergleich mit diesem fast konsensfähig gewordenen Rechtsradikalismus, der sich in seinem Ausländerhaß und seinem Antiparlamentarismus aus diffusen Zukunftsängsten vor einem vereinten Europa, vor Arbeitslosigkeit, aus Langeweile, Autoritäts- und Werteverlusten speist, sind rechtsextreme Rockbands noch immer die Ausnahme. Die Grundströmung der Rockmusik bleibt trotz solch brauner Wirbel antirassistisch und liberal – man denke nur an die vielen farbigen Bands oder an den anhaltenden Boom von »Worldmusic«-Verbrüderungen.

Bei allem Wunsch nach einer Entdramatisierung des Phänomens »Rechts-Rock« bleibt dennoch ein Unbehagen angesichts der zunehmenden Gewaltsymbolik, des – wenn auch spielerischen – Terrorismus im Heavy-Metal- und im Rap-Bereich zurück. Aus dem Hardrock der sechziger Jahre entstanden, geriet Heavy-Metal-Musik mit ihrer Sehnsucht nach Ursprünglichkeit und kommerzieller Unversöhnlichkeit immer stärker in eine Spiralbewegung der Schockeffekte und Provokationen. Wurde ein Stil wie zum Beispiel Speed- oder Trash-Metal salonfähig, das heißt massenhaft konsumierbar, versuchten Jugendliche ihr Protestpotential gegenüber einer saturierten Erwachsenenwelt in einer noch härteren, noch dreckigeren Variante zu retten:

Death-Metal mit Horror-Visionen und satanischen Szenarien hieß jetzt die Alternative. Omnipotenzphantasien, Gewaltverherrlichung und frauenfeindliche Texte blieben hier keine Seltenheit. Doch auch hier waren die professionellen Tabubrecher bald am Ende. Eine noch brutalere Spielart, genannt Grind Core, mußte her, um die Sucht nach spielerischer Gewalttätigkeit und Perversion noch zu befriedigen. Die bisher letzte Steigerung dieser Stilrichtung nennt sich Noise Core und verspricht einen verletzenden Terror durch Röchel-Texte und Krachstrukturen. Daß sich hier eher eine Gewaltbereitschaft gegen den Rechts-Rock der Skinheads findet, beweist die ehemalige DDR-Band BRUTAL GLÖCKEL TERROR: »Vor mir steht ein Skin, ich tret' ihm unters Kinn – Glatze, Glatze, ich tret' dir in die Fratze ...«

Bei aller Grausamkeit der Texte und Sounds bezogen sich die Angriffe von Heavy-Metal-Bands in der Vergangenheit zuallererst auf Konkurrenten in der eigenen Musikszene, von denen man sich um jeden Preis abgrenzen wollte. All die martialischen Insignien, ob Totenköpfe, Killernieten, Schwerter, Kreuze oder Schlangen, die Plattenhüllen und T-Shirts zieren, sind primär Bestandteile einer Inszenierung. Sie soll vor allem dem Zweck dienen, Eltern und Lehrer zu

erschrecken und zugleich eigene furchterregende Identitäten
auszuprobieren. Man mag zum Heavy-Metal-Stil stehen,
wie man will, man mag seinen Kitsch und seine Geschmack-
losigkeiten widerwärtig finden, rassistische oder gar neona-
zistische Elemente finden sich hier nur selten. Metal-Kon-
zerte sind nicht gewalttätiger als andere Rock-Veranstaltun-
gen, bieten nicht selten eine Möglichkeit zur kontrollierten
Aggressionsabfuhr. »White-Metal«-Bands begreifen sich
gar als Verkünder der christlichen Botschaft.

Daß bis vor kurzem die Selbstkontrolle der Szene noch
funktionierte, beweist nicht allein der Fall der amerikanischen Gruppe SLAYER, die 1986 versucht hatte, in ihrem
Song »Angel of Death« den Greueltaten in deutschen Kon-
zentrationslagern einen triumphierenden Unterton zu verleihen. Die martialische Hymne auf den Todesengel Men-
gele führte lange Zeit zur Stigmatisierung der Band, Konzerte wurden boykottiert, Flugblattaktionen hatten Erfolg.
Schon Anfang der achtziger Jahre wurde auch die aus der
Punk-Skinhead-Bewegung hervorgegangene britische Band
SCREWDRIVER von der Mehrheit ihrer alten Gesinnungsgenossen in der Hausbesetzerszene ausgegrenzt, da sie sich im
Sog einer erstarkenden »National Front« immer rechtslasti-
ger entwickelte.

Doch der Konsens im Rocklager droht zu kippen: In den
Vereinigten Staaten legen es immer mehr Rockbands ganz
bewußt auf Indizierung an, weil solche Warnsticker auf
den Plattenhüllen automatisch zu einem Mehr an Promotion führen und Markenzeichen-Charakter annehmen. Eine
Gruppe wie GWAR beispielsweise, die in ihrem entseelten
Sado-Maso-Mummenschanz die Schreckensbilder aus Hor-
ror-Videos auf der Bühne lebendig werden läßt, fühlt sich
durch jeden Verbotsantrag in ihren anarchistischen Absichten geadelt. Götz Kühnemund, Chefredakteur des Musik-
fachblatts *Rock Hard*, behauptet sogar: »In Amerika scheint
die Indizierungsbehörde mittlerweile Hand in Hand mit
der Plattenindustrie zu arbeiten, die sich aus Publicity-

Gründen wünscht, daß indiziert wird. Auch bestimmten Politikern kommen solche Indizierungskampagnen für ihre Profilierungsabsichten gerade recht. Weil dort kein moralisch verankertes Kulturverständnis mehr besteht, die letzten Tabus vielmehr um jeden Preis vermarktet werden sollen, reicht die große kommerzielle Geschichte vom TV-Prediger bis zum Plattenboß.« Dem fallen auch aktuelle Tanzstile wie Rap oder Hip Hop zum Opfer: Nicht selten durch die anhaltende »Politically-Correct«-Debatte des »MultiCulturalism« ermutigt, predigen Bands wie PUBLIC ENEMY oder SISTER SOULJAH einen schwarzen Separatismus. Rapper wie zum Beispiel Ice-T fordern zum Mord an Polizisten auf, natürlich weißen Ordnungshütern. Offen antisemitische Texte sind in den Rap-Litaneien keine Seltenheit – auch wenn es sich dabei nicht um eine Verteufelung des Judentums aus der Sicht des Dritten Reiches handelt, sondern um die Vorurteile eines Jugendlichen aus dem Hinterhof der Bronx.

Welche modischen Verlockungen in faschistischen Reizvokabeln liegen können, bewies in der Bundesrepublik bereits 1981 die Gruppe DEUTSCH-AMERIKANISCHE FREUNDSCHAFT, als sie in einem Song forderte: »Beweg deine Hüften, geh in die Knie und tanz den Mussolini. Und jetzt den Adolf Hitler . . .« Damals regte sich kaum jemand über diesen Disco-Slogan auf, zu offenkundig war die bloße Provokationsabsicht im Verein mit intellektueller Distanz. Bedenkliche Konzeptkunst verheißt seit Jahren ungeniert auch die Art-Rock-Gruppe LAIBACH, die bereits mehrfach zu Theaterehren gelangte. Zumindest kann ihre »Geburt einer Nation« das völkische Pathos vom Übermenschen nicht verleugnen: »Ein Fleisch, ein Blut, ein wahrer Glaube; eine Rasse und ein Traum, ein starker Wille.«

Von anderem Kaliber waren dann Mitte der Achtziger die Texte der Frankfurter Punk-Band BÖHSE ONKELZ. Anfangs bei den Skinheads, einer abgespaltenen Punk-Fraktion, besonders beliebt, forderten die ONKELZ auf ihrem Album

Der nette Mann mit militantem Ton »Türken raus!« oder »Deutschland den Deutschen«. 1986 wurde die Schallplatte indiziert, die Gruppe galt fortan als »Fascho-Band«. Noch heute kursieren ihre frühen Songs als Kultlieder in Neonazi-Kreisen, werden den Kleinanzeigen von Rock-Magazinen immer wieder in Kopie angeboten und faszinieren aufgrund ihrer anrüchigen Exklusivität nicht wenige Jugendliche, die die ONKELZ heute als entschärfte Hardrock-Formation kennen. Zwar kommt es in ihren wenigen Konzerten immer mal wieder zu Krawallen, zwar wurden aus dieser Angst Auftritte kurzfristig untersagt, doch die ON-KELZ selbst tun derzeit alles, um ihr rechtsradikales Image loszuwerden. In der Tat finden sich auf den letzten Platten dieser selbsternannten Skandaltruppe nur harmlos-hämmernde Hardrock-Lieder. Die Musik ist zum Tanzen, allenfalls zum Fäusterecken und Mitsingen geeignet. Hilflose Beschimpfungen irgendwelcher »Lügner« und »Scheißer« künden zuallererst von gnadenloser Selbststilisierung und egomanischen Zügen. Ein grassierender Relativismus der Werte und Worte artikuliert sich in Zeilen wie: »Was ist verboten, was ist legal, was ist entartet, was ist normal?« Einzig ein neues Lied mit dem Titel »Wir schreiben Geschichte« erinnert an den quälenden Nationalismus der Anfangstage: »Alles in Ordnung, alles wird gut, wir schreiben Geschichte mit unserem Blut.« Spätestens seit 1989 distanzierten sich die BÖHSEN ONKELZ nicht zuletzt aus geschäftlichem Kalkül von der immer rechtsextremistischer werdenden Skinhead-Szene und wurden fortan von den einstigen Gesinnungsgenossen als »linke Schweine« beschimpft. Doch kann man einer Band noch glauben, die innerhalb von zehn Jahren ihre Gesinnung dreimal wie ein Wetterfähnchen in den jeweils herrschenden Wind hängt? Zieht ihr resistentes Image nicht trotz aller Abgrenzungsmanöver ein rechtsradikales Publikum an?

Jedenfalls scheiden sich in der gegenwärtigen Rechts-Rock-Diskussion an den BÖHSEN ONKELZ die Geister, spalten sich in Anhänger und Gegner. Die einstigen Frankfurter Punk-Propheten besitzen derzeit als einzige bekannte Band des rechten Spektrums ein »Crossover-Potential«, das heißt, sie können aufgrund ihrer bundesweiten Popularität und ihrer rockmusikalischen Qualitäten den durchschnittlichen Heavy-Metal-Hörer erreichen. Wer die BÖHSEN ONKELZ undifferenziert mit rechtsradikalen Gruppen wie STÖRKRAFT, SPERRZONE oder KAHLKOPF in Verbindung bringt, läuft Gefahr, solche Außenseiterbands aufzuwerten und für Vorstadtkids erst interessant zu machen. Wo alle Verbote ausgereizt scheinen und nur das politische Extrem als Tabu noch übrigbleibt, kann ein Fünfzehnjähriger auf Identitätssuche mit einem KAHLKOPF-T-Shirt mehr Aufsehen erregen als mit einem weitverbreiteten METALLICA-Hemd. Und doch läßt sich das Rechts-Rock-Phänomen nicht auf bloßes Provokationsbemühen reduzieren. Elke Monssen-Engberding von der Bundesprüfstelle für jugendgefährdende Schriften in Bonn ist davon überzeugt, daß zum Beispiel hinter den STÖRKRAFT-Texten ein konsistentes neofaschistisches Ideologem lauert: »eine Art Männlichkeitswahn, gepaart mit einem Haß auf alles, was anders denkt, andersfarbig und andersgläubig ist«.

Noch muß man die Rechts-Rock-Szene in Westdeutschland als ein Untergrund-Phänomen begreifen. Schallplatten mit Hetztiraden auf Ausländer und Andersdenkende werden ebenso wie T-Shirts mit Aufdrucken wie »Rettet die Rasse« vor allem über den Postversand vertrieben. Oft ist ein spezielles Codewort nötig, um von einschlägigen Firmen wie »Rock-O-Rama« in Brühl oder »Turbo Music« in Geislingen überhaupt beliefert zu werden. Die rechtsradikale Rockszene ist vorsichtig geworden. Zwar begrüßt man sich im Konzert noch ungeniert mit »Sieg Heil!« und fordert lautstark den Nobelpreis für Adolf Hitler, doch wächst die Angst vor Vergeltungsaktionen »autonomer« und linksradikaler Rockfans. Konzerte von einschlägigen Gruppen werden fast nur durch Mund-zu-Mund-Propaganda oder über die sogenannten »Fanzines« – Low-budget-Magazine im Selbstvertrieb – bekanntgegeben. Mit großen Anzeigenaktionen werben die führenden Heavy-Metal-Zeitschriften bereits für einen Boykott rechtsradikaler Musikvertreiber.

Düsterer erscheinen die Perspektiven in den neuen Bundesländern. Nach den Erkenntnissen der Verfassungsschützer sind hier mehr Jugendliche vom geschlossenen Weltbild der Rechten fasziniert. Gewaltbereite Skinheads bilden hier den Kern rechtsextremer Gruppierungen. Jugendliche aus der ehemaligen DDR, die heute neben der wirtschaftlichen Krisensituation einen Verlust ihrer alten Autoritäten auf allen Ebenen zu verkraften haben, auf der anderen Seite aber jahrelang in einer Art Kommando-Kommunikation durch den Staat gedrillt wurden, wittern in rechten Randalegruppen die Chance zu neuem nationalen Selbstbewußtsein. Asylanten, Ausländer, Schwule oder Linke dienen dann als »Blitzableiter« für Sozialneid und aufgestauten Haß gegenüber einem anonymen Staatsapparat. Kenner des Rockgeschäftes behaupten, daß es im Osten mit seiner ehemals »antifaschistischen Kultur« – ohne daß eine Auseinandersetzung mit der eigenen NS-Vergangenheit hier wirklich stattgefunden hätte – ein Riesenpotential für rechtsradikale Rockmusik gebe. »Eine Unmenge von rechtsextremen Bands spielt derzeit dort in irgendwelchen Proberäumen. Man besitzt zwar keine Schallplattenverträge, spielt zuallererst für Skinheads, kann aber auch ein breites Metal-Publikum anziehen«, bekennt Götz Kühnemund. Er sieht die Hauptgefahr darin, daß sich dort ein Mitläufertum bei rockinteressierten Jugendlichen entwickelt, daß Konzerte immer häufiger von militanten Skinheads unterwandert und gesprengt werden. Viele westdeutsche Gruppen haben mittlerweile Angst, in den neuen Bundesländern aufzutreten. Das bestätigt auch Michael Löffler, Geschäftsführer der Frankfurter Konzertagentur »Hammer-Promotion«, die viele Heavy-Metal- und Hardrock-Bands vermittelt: »Erst kürzlich wurden dort Gruppen wie ›Die Goldenen Zitro-

nen‹ von Skinheads verprügelt. Die ›Abstürzenden Brief-
tauben‹ konnten nur durch massiven Einsatz von Sicher-
heitskräften vor Verletzungen geschützt werden.« Kein
Wunder, denn die Nachfrage nach Rechts-Rock-Produkten
stieg nach der Wiedervereinigung in der ehemaligen DDR
um sechzig bis achtzig Prozent. Im Konzert heizt sich die
Atmosphäre unter Alkoholeinfluß auf, Jugendliche fühlen
sich dann gemeinsam stark und suchen nach potentiellen
Opfern in der Nähe.

Nicht allein die hochgradige Vernetzung innerhalb des
rechtsextremen Rock-Kartellls – die Bands konkurrieren
nicht miteinander, sondern zitieren sich zustimmend in
Konzerten und auf Schallplatte – macht eine erfolgreiche
Abwehr dieser bedrohlichen Tendenz derzeit so schwierig.
Es sind vor allem auch die flankierenden Maßnahmen durch
andere Freizeitbereiche. Vor allem fällt hier die Nähe gewaltbereiter Fußballfans, der »Hooligans«, zu Anhängern
von rassistischem Skin-Rock auf. Das vermehrte Auftauchen von Reichskriegsflaggen in den Fußballstadien kündet
von nationalistischem Fanatismus. Schon 1984 spielten beispielsweise die BÖHSEN ONKELZ auf die Krawallmöglich-
keiten während der damaligen Europameisterschaft an. Im
Zentralorgan der Fußballrowdys, der Zeitschrift *Fan-Treff*
mit ihrem beißwütigen Bulldog-Logo, findet ein Austausch
der Randaleerfahrungen regelmäßig statt. Früher schon einmal indiziert, mittlerweile mit einer fünfstelligen Auflage
geschickter geworden, bietet die Zeitung in ihrem Anzei-
genteil auch immer wieder verbotene rechtsextreme Rock-
platten an. Wie unkontrollierbar die Aggression der
deutschen »Hooligans« zu werden droht, prophezeit die
Gruppe STÖRKRAFT in ihrem gleichnamigen, gerade erst in-
diziertem Lied: »Eine Masse voller Haß, voller Wut, die alles
für die Mannschaft tut. Ob mit Fäusten, Knüppeln oder
Stiefeln, es wird das Blut der Gegner fließen. Für die Mannschaft, für das Land erheben die Fans die rechte Hand.«
Texte solchen Kalibers und anhaltende Sympathiebekun-

dungen gewaltbereiter Fußballfans zu neonazistischen Tendenzen lassen den Schluß zu, daß in manchem Fußballstadion mehr Rechtsradikalismus kultiviert wird als in der gesamten Heavy-Metal-Szene.

Peter Wicke

Peter Wicke beschreibt in dem folgenden Text »Popmusik in der DDR« den genauso perfide wie ineffizient organisierten Repressionsapparat der DDR. Unzählige Arbeitsgruppen, Kommissionen, Koordinierungsstellen und Zentralräte hatten es sich zur Aufgabe gemacht, jeden Ton öffentlich aufgeführter »Tanzmusik« zu kontrollieren. Paradoxerweise, so Wicke, eröffnete gerade dieses unentwirrbare Geflecht mit all seinen Kompetenzstreitigkeiten repressionsfreie Räume, die von den Jugendlichen sogleich besetzt wurden.

Die beiden nachfolgenden Dokumente – die »Überprüfung der Diana-Schau-Band« und »In Berlin kein Platz für Schläger« spiegeln den krankhaften Supervisionswahn des DDR-Staatsapparates wider – und zeigen, wie swinging die Sixties in Ost-Berlin waren.

Popmusik in der DDR
Zwischen Anpassung und Widerstand

Auch in der DDR dominierten zu allen Zeiten die über die Westmedien zugänglichen anglo-amerikanischen Produktionen und Trends; die DDR-Popmusik hatte ihren, aber begrenzten, Platz. Die Musiker befanden sich so, von allen systemspezifischen Bedingungen ganz abgesehen, in einer mehrstelligen Abhängigkeitsrelation – abhängig von ihrem jugendlichen Publikum, das sich an den internationalen

Entwicklungstrends orientierte, abhängig von einer Technologie, mit der die internationalen ästhetischen Standards gesetzt wurden und die außerhalb medialer Zusammenhänge nicht zu haben ist, abhängig von den Medien aber auch, weil ohne Medienerfolge Publikums-Akzeptanz in den lokalen Kulturzusammenhängen nur in Ausnahmefällen und auch dann nur sehr begrenzt möglich ist. Unter DDR-spezifischen Bedingungen bedeuteten solche in der Sache liegenden Abhängigkeitsrelationen eine ebenso komplizierte wie risikoreiche Gratwanderung zwischen den Ansprüchen Jugendlicher auf kulturelle und in Grenzen auch politische Selbstbestimmung und den Kontroll- und Instrumentalisierungsabsichten des SED-Apparates. Dem ist mit handlichen Schemata wie angepaßt und alternativ, staatsnah und staatsfern in keiner Weise beizukommen.

Die Jugend war als »Kampfreserve der Partei«, um einen jener militanten Sprüche zu zitieren, der SED-Führung viel zu wichtig, um ihre Musik den Kulturverwaltungen zu überlassen. Die politischen Fäden wurden in den Abteilungen Sicherheit, Jugend und Agitation des ZK gezogen. Es war somit kein homogener politisch-bürokratischer Apparat, der über den Kulturprozessen thronte, sondern ein an unterschiedlichen, oft auch gegensätzlichen Prämissen ausgerichtetes Geflecht von Verwaltungen, Leitungsinstanzen und Kommissionen, nicht selten in einen geradezu erbärmlichen Kleinkrieg gegeneinander verstrickt und allenfalls durch eine weit verbreitete Inkompetenz in der Sache geeinigt.

Um zumindest an markanten Eckpunkten das Geschehen zu rekonstruieren, ist etwas weiter zurückzugreifen. Die erste Schicht der Grundlagen für den Umgang mit Popmusik in der DDR wurde nämlich bereits in den fünfziger Jahren gelegt. Es war der Verband der Komponisten und Musikwissenschaftler der DDR, der sich schon auf seiner Gründungsversammlung im April 1951 des Themas bemächtigte. Daß auch namhafte Komponisten und Musikwissenschaftler mit der These antraten, daß nun die Stunde gekommen sei, aus der Unterhaltung endlich Kunst zu machen, mag man Tradition und Zeitgeist zurechnen. Daß aber schon damals ein rücksichtsloser Aktionismus entfaltet wurde, der kein politisches Argument, und sei es noch so grobschlächtig, ausließ, um es gegen jeden und alles zu wenden, was den ästhetischen Paradigmen der Gralshüter der Musik zuwiderlief – zu einer Zeit, als innerhalb des SED-Apparates selbst derartige Fragen noch überhaupt kein Thema waren –, bleibt unentschuldbar. Elaborate wie das folgende, bezogen auf ein Stück afro-amerikanischen Bebop, haben eine ebenso kunstfremde wie militante Rhetorik hervorgebracht, auf die später nur allzu bereitwillig zurückgegriffen wurde: »Das ist eine Musik, die das Chaos darstellt, die das Chaos ist, die nicht nur Kriegsvorbereitung, sondern der Krieg ist. Das ist ein Versuch, den Krieg in die Hirne der Menschen einzuschmuggeln.«

Die sich in solchen und ähnlichen Sentenzen schon 1951 formierende unheilige Allianz aus ästhetischen Ressentiments und politischem Verdikt hat die populären Musikformen bis 1989 begleitet. Daß sich das Mielke-Ministerium 1984 mit dem Punk-Rock beschäftigte, dem es »Züge der Entartung und Asozialität« bescheinigte, folgt der gleichen Linie. Je größer die ästhetischen Ressentiments, desto höher wurde die staatsgefährdende Wirkung von Popmusik veranschlagt, selbst wenn am Ende der gigantische Spitzelapparat wie im Falle des Punk gerade 900 Anhänger dieser Musik im ganzen Land ausmachte.

Die Aktivitäten des Verbandes der Komponisten und Musikwissenschaftler, der seinen kulturpolitisch-konzeptionellen Führungsanspruch 1952 mit der Gründung der »Arbeitsgruppe Tanzmusik« nachdrücklich geltend machte, mündeten in zwei, damals eher periphere, später sehr bedeutsam gewordene gesetzliche Regelungen. Die »Anordnung über die Befugnis zur Ausübung von Unterhaltungs- und Tanzmusik« vom 27. März 1953 regelte in § 1, Ab-

satz 1, daß »Personen, die ständig oder nichtständig in
Gaststätten oder bei sonstigen Veranstaltungen aller Art
Tanz- oder Unterhaltungsmusik ausführen, [...] Berufs-
musiker sein [müssen.]« Dies war die Grundlage des Er-
laubniswesens, die zwar am 14. Januar 1957 in der entsprechenden Anordnung Nr. 2 flexibilisiert wurde und
unter bestimmten Bedingungen auch Amateuren die Ausübung von Tanz- und Unterhaltungsmusik gestattete, dies
aber von Zulassungskommissionen abhängig machte, die
die berühmte »Musikerpappe« ausgaben, formale Voraussetzung für das Musizieren in öffentlichen Räumen.
Ursprünglich wohl tatsächlich nicht mehr als eine büro-
kratisch-administrative Regelung mit finanz- und steuerrecht-
licher Bedeutung und zudem von dem Gedanken getragen,
durch Kopplung des Musikerberufs an entsprechende Aus-
bildungsvoraussetzungen künstlerisches Niveau zu heben,
wurde in den sechziger Jahren daraus ein überaus rigide ge-
handhabtes Repressionsinstrument.

Die zweite später sehr bedeutsam gewordene Regelung aus dieser Zeit war die Repertoirequotenregelung,
die »Anordnung über die Programmgestaltung bei der
Unterhaltungs- und Tanzmusik« vom 2. Januar 1958, eine
an sich nicht ungewöhnliche und auch in anderen Ländern praktizierte Schutzbestimmung mit einer Begrenzung
des ausländischen Repertoireanteils auf maximal 40 %,
die Ostblockländer ausgenommen. Auch diese sogenannte
60/40-Regelung sollte in ein, und weidlich genutztes, Repressionsinstrument umgewandelt werden, denn die im
Veranstaltungsalltag zwar durchaus üblichen Abweichungen hiervon wurden im Einzelfall immer wieder als Ver-
botsvorwand benutzt.

Was immer vor allem unter der Ägide des Verbandes der
Komponisten und Musikwissenschaftler den populären
Musikformen an Leitlinien, Richtlinien, Maßgaben, Maß-
stäben und Orientierungen verordnet worden war, im September 1963 fegte dies das Kommuniqué des Politbüros des

ZK der SED zur Jugendpolitik unter der Überschrift »Der
Jugend Vertrauen und Verantwortung« vom Tisch. Mit
dem Satz »Die Sozialistische Einheitspartei Deutschlands
hat mit all denen, die unserer Jugend mißtrauen, nichts gemein.« wurde eine erstaunliche Öffnung eingeleitet, die zugleich den jugendpolitischen Anspruch auf alle Fragen der
Entwicklung der Popmusik begründete. Der Komponi-
stenverband hatte seine so eilfertig entwickelte konzeptio-
nelle Zuständigkeit für dieses Gebiet für immer verloren.
Dieses Jugendkommuniqué der SED, mit dem Ulbricht
sich offenkundig nach dem Mauerbau der jungen Generation versichern wollte, da er wohl realistischerweise ein-
schätzte, daß die älteren Generationen dieses Bauwerk nie
verwinden würden, ebnete den BEATLES den Weg auf die
sozialistischen Plattenteller der VEB Deutsche Schallplatten, ließ den in ihrem Gefolge auch in der DDR entstande-
nen zahllosen Beatgruppen zunächst recht große Freiräume
und befreite selbst die Ätherwellen von dem Zwangskor-
sett des Lipsi, einer sozialistischen Tanzmusikkreation, die
1959 auf der Lauchhammer Tanzmusikkonferenz des Verbandes der Komponisten und Musikwissenschaftler das
Licht der Welt erblickt hatte und selbst geschickten Tänzern die Beine verknotete. Die Zahl der Beatgruppen erreichte schnell die Ausmaße wie anderswo auch; musiziert
wurde hauptsächlich instrumental, was das Konfliktpoten-
tial mit der Staatsmacht niedrig hielt. Die FDJ stellte sich
an die Spitze der Bewegung und organisierte Wettbewerbe
der Gitarrengruppen, wie die DDR-Beatgruppen damals
offiziell hießen.

Daß der von Ulbricht eingeschlagene Kurs sehr bald auf
zunehmenden Widerstand in Teilen des Politbüros stieß,
hatte sicher nicht allein mit den neuen Tönen in der Jugendpolitik zu tun. Fakt ist jedoch, daß dieses Feld benutzt
wurde, um dem schwelenden Konflikt Ausdruck zu geben
und ihn auszutragen. Im Frühjahr 1965 begannen die Sicherheitsorgane unter Anleitung von Honecker eine regel-

rechte Wühltätigkeit gegen die jugendlichen Musiker und ihre Anhänger zu entfalten. Mit buchhalterischem Eifer wurde jedes auf dem Tanzsaal zu Bruch gegangene Bierglas registriert und einmal monatlich in peniblen Auflistungen dem Politbüro präsentiert. Die als »Gammlertaxen« berüchtigten Einsatzfahrzeuge der Volkspolizei sammelten selbst bei geringsten Anzeichen von Nonkonformität wie lange Haare, Schlaghosen oder »wildem Tanzen« reihenweise Jugendliche ein, um sie »zur Überprüfung der Personalien« den VP-Dienststellen »zuzuführen«. Im September/ Oktober 1965 ist schließlich in der damaligen Hochburg der ostdeutschen Beatbewegung, in Leipzig, unter Anwendung der erwähnten »Anordnung über die Befugnis zur Ausübung von Unterhaltungs- und Tanzmusik« ein flächendeckendes Verbot der Gitarrengruppen verfügt worden. Als am 31.10.1965 wohl erwartungsgemäß etwa 2 500 Jugendliche ihren Unmut in einer eher schüchternen Demonstration Luft zu machen suchten, liefen sie den bereitgehaltenen und mit äußerster Rücksichtslosigkeit vorgehenden Sicherheitsorganen direkt in die Arme.

1965 führten die angesprochenen Ereignisse zu einem radikalen Kurswechsel, der auf dem berüchtigten 11. Plenum des ZK der SED im Dezember 1965 seinen Niederschlag fand. Daß auf einer Kultur und Ideologie gewidmeten Tagung des ZK mit Honecker der Sicherheitsverantwortliche den Bericht des Politbüros gab, hatte eine weitreichende symbolische Bedeutung. Fortan nämlich gaben die Sicherheitsorgane die ästhetischen Maßstäbe vor. »Harte Rhythmen« waren noch lange Zeit eine staatsgefährdende Übung, selbst als die Rockmusik schon auf breiter Basis gefördert wurde. Da fiel in den siebziger Jahren der Blues unter Verdikt, weil das Publikum der Bluesmusiker als »feindlich negativ« eingestuft worden war. Das gleiche Schicksal teilten New Wave, Punk und Breakdance. Lange Haare hatte Mielkes Apparat als Ausdruck einer »feindlich negativen« Haltung ausgemacht, so daß noch Mitte der siebziger Jah-

re Rockmusiker bei Fernsehaufzeichnungen ihre Mähnen
kunstvoll unter Haarnetzen verbergen mußten.

Doch konnten die Signale von hier auch Gegenteiliges
bewirken. Ende der sechziger Jahre ist das Konfliktpoten-
tial auf dem Beat- und Jugendsektor als so bedrohlich einge-
schätzt worden, daß ein erneuter Kurswechsel eingefordert
wurde. Hintergrund dafür war die Tatsache, daß ungeachtet
aller Repressionen, die sich nach dem 11. Plenum noch erheblich verschärften, die jugendliche Begeisterung für die
Beatmusik nicht zu bremsen war. Jede mit Verbot belegte
Gruppe erstand nach Auflösung durch Neugründungen ihrer ehemaligen Mitglieder gleich vier- oder fünffach wieder
neu. Ende 1969 übernahm die Abteilung Agitation im ZK
der SED die Initiative und startete eine konzertierte Aktion
von Produzenten, Autoren, Komponisten und Musikern im
Rundfunk der DDR, die unter dem Motto »Aktion Rhythmus« eine »jugendgemäße Tanzmusik« hervorbringen
sollte. Dahinter vollzog sich die Defacto-Anerkennung von
Beat- und Rockmusik, sofern denn deutsch gesungen wurde
und bei den öffentlichen Bilanzveranstaltungen die Mähnen
unter Haarnetzen verschwanden. Wenn es sich denn nicht
verhindern läßt, so läßt es sich vielleicht doch instrumentali-
sieren, lautete ganz offenkundig das Credo der Initiatoren.

Flankiert durch die Aktion »Jugendtanzmusik« des Zen-
tralrats der FDJ, die den Amateurbereich bestellte, bildete
sich bis 1973 das später dann nur noch unwesentlich modifi-
zierte System der bürokratischen Umklammerung aller
popmusikalischen Entwicklungen in der DDR heraus. In
sämtlichen administrativen Gliederungen von der Zentrale
bis zu den Kreisen und Städten, im Jugendverband, in der
Gewerkschaft, bei den Abteilungen Kultur der staatlichen
Organe entstanden nun in Form von Kommissionen, Arbeitsgruppen oder eigens eingerichteten Mitarbeiterstellen
Zuständigkeiten für die musikalischen Belange der Jugend.
Gleich mehrere zentrale Arbeitsgruppen zur Koordinierung aller Aktivitäten, die Arbeitsgruppe Tanzmusik beim

Ministerium für Kultur, die Arbeitsgruppe Tanzmusik beim
Verband der Komponisten und Musikwissenschaftler, die
Zentrale Arbeitsgruppe Tanzmusik beim Zentralhaus für
Kulturarbeit, die Arbeitsgruppe Jugendtanzmusik beim
Zentralrat der FDJ, die Arbeitsgruppe Tanzmusik beim
Bundesvorstand des FDGB, die Koordinierungsgruppe der
Aktion »Rhythmus« beim Staatlichen Komitee für Rundfunk, koordinierten sich in der Hauptsache gegenseitig. Die
gleiche Struktur reproduzierte sich noch einmal auf Bezirks-
und Kreisebene. Zur Koordinierung all dieser Koordinie-
rungen – die Formulierung ist keineswegs überhöht, sondern bezieht sich auf die Arbeitsrichtlinien all dieser Gre-
mien – wurde 1973 das Komitee für Unterhaltungskunst
beim Ministerium für Kultur gegründet, 1977 umgestaltet
und in eine eigenständige Behörde umgewandelt, die ver-
bandsähnliche Züge annahm und für alle populären Kunst-
genres zuständig war. In Leistungsschauen, Interpreten-
wettbewerben, Leistungsvergleichen und Werkstattwochen
auf Kreis-, Bezirks- und Zentraler Ebene entäußerte sich der
Apparat. Es wurde gefördert, entwickelt, behindert, gere-
gelt, zensiert, genehmigt, reglementiert, geleitet und einge-
schätzt; dazwischen funkte es gelegentlich aus den Gefilden
des Politbüros in Sachen Sicherheit, Jugendpolitik und Agitation, oder Margot Honeckers Volksbildungsministerium
ließ sich hören, um ebenfalls seine Zuständigkeit für die musikalischen Belange der Jugend zu reklamieren. Die allgemeine Mangelwirtschaft tat das ihre, um Musiker in allen
Belangen ihres Daseins, von der Sprit- und Fahrzeugzuwei-
sung, über die Erteilung von Druckgenehmigungen für Poster, die Papierzuweisung hierfür, über den notwendigen
Telefonanschluß bis hin zur Regelung von Wohnungsfra-
gen, über Reisefragen gar nicht zu reden, von einer aus-
ufernden Genehmigungsbürokratie abhängig zu machen.

    Dabei sollte die gestanzte Rhetorik des bürokratischen
Diskurses, der in den Instanzen obwaltete, nicht darüber
hinwegtäuschen, daß die immer wieder beschworene Einheit

und Geschlossenheit der Partei, ihre Einheitlichkeit im politischen Handeln, eine reine Fiktion war. Da wurden unter der Verantwortung des Ministers für Kultur auf dem AMIGA-Label des VEB Deutsche Schallplatte Produktionen veröffentlicht, für die noch vor ihrer Veröffentlichung ein Sendeverbot von der Abteilung Agitation im ZK an die Medien erging. Was die eine Instanz tolerierte oder sogar förderte, konnte von der nächsten behindert oder auch offen boykottiert werden. Abstruse Lächerlichkeiten wie Haarlänge oder Haarfarbe mündeten ebenso in erbitterte Grabenkriege wie geschmäcklerische Willkür oder die immer wieder beschworene Gefährdung der öffentlichen Ordnung und Sicherheit. Die Koordinierungswut, die in der Einrichtung immer neuer Kommissionen, Arbeitsgruppen und Leitungsgremien mündete, zeugt von der wachsenden Unbeherrschbarkeit des Ganzen.

Schon in den sechziger Jahren haben die massiven Repressionen gegen die Beatmusik nichts wirklich am Lauf der Dinge geändert. Die Jugendlichen entwickelten vielmehr ein ganzes Repertoire von Selbstbehauptungsstrategien, das sie den Apparaten ebenso selbstbewußt wie wirksam entgegensetzten. Zu den wirksamsten dieser Strategien gehörte die formale Anpassung, um Repressionsmaßnahmen nach Möglichkeit ins Leere laufen zu lassen. Ganze Musikergenerationen haben sich beispielsweise eigens für die Zulassungskommissionen ein sozialistisches Scheinrepertoire aufgedrückt, um möglichst unbehelligt an die unerläßliche Spielerlaubnis zu kommen. Auch das jugendliche Publikum entdeckte immer wieder neue Freiräume, um seiner Musikleidenschaft zu frönen, wobei sich oft ein regelrechtes Katz-und-Maus-Spiel mit den Behörden entwickelte, geschickt deren bürokratische Schwerfälligkeit nutzend. Ein flexibles informelles soziales Kommunikationssystem ermöglichte auch eine kurzfristige Ortsverlegung von Veranstaltungen, wenn sich eine Konfrontation mit der Staatsmacht anbahnte. Jeder in der Szene wußte, was wann, wo und mit wem im Lande stattfand, auch ohne öffentliche Ankündigung. Ging zu bestimmten Zeiten und an bestimmten Stellen gar nichts mehr, zog die Szene in die geschützte Öffentlichkeit der Kirchen – die Bluesmessen in den siebziger Jahren, die Punk-Konzerte in den achtziger Jahren –, um irgendwann in dem unüberschaubaren Netz von kultureller Infrastruktur, zumeist irgendwo fernab in der Provinz, wieder aufzutauchen. Zwischen der offiziellen und der subkulturellen Existenzform dieser Prozesse bestand eine in jeder Hinsicht fließende Grenze.

Zu den Selbstbehauptungsstrategien gehörte es auch, Konflikte zwischen den vielfältigen Instanzen und deren Schwachstellen auszunutzen. So fanden in der zweiten Hälfte der sechziger Jahre die Auftritte der Beatgruppen häufig in Dorfgaststätten an der Peripherie der Städte oder direkt auf dem Lande statt, weil die zuständigen Lokalbehörden hier im Unterschied zu den städtischen Schwerpunktregionen mit Reaktionen völlig überfordert waren. Die Entwicklung von Jugendkultur und Rockmusik ist in der DDR von einem untrüglichen Instinkt für die Schwächen des Apparates gekennzeichnet gewesen. Scheinwohnsitze von Bands und Musikern in Berlin, um hier die Lücken im Kompetenzgewirr zwischen den zentralen und lokalen Behörden zu nutzen, gehören ebenso hierher wie die sich herausbildende stillschweigende Übereinkunft zwischen Bands und Publikum, die Instrumentalisierungsabsichten des Apparates dadurch zu unterlaufen, daß der Rahmen einschließlich der wohldosierten Förderung und dazu gehörender Kompromisse angenommen worden ist, darin dann aber gemeinsam dennoch eine ganz andere kulturelle Wirklichkeit produziert wurde als intendiert. Kennzeichnend dafür etwa war, daß der moralisierende Tenor nicht weniger DDR-Rockproduktionen bei der Live-Aufführung buchstäblich weggespielt oder weggetanzt wurde, in der entfesselten Klangsinnlichkeit schlichtweg unterging. Ohnehin gehörte das Unterlaufen der Zensurabsichten durch eine metaphernreiche und bildhafte Sprache in den Songtexten oder durch deren musikalische Umsetzung – Texte waren immer in geschriebener Form zur Bestätigung einzureichen, sinnverwandelnde Schwerpunktsetzungen in der Vertonung entzogen sich der Kontrolle – zu den unerläßlichen Fähigkeiten eines Musikers.

Ein Ausdruck der kulturellen Selbstbehauptungsstrategien Jugendlicher war auch die immer wieder erfolgte allmähliche Umwandlung öffentlicher Räume – oft direkt unter den Augen der Kulturverwaltungen – durch die Macht des Faktischen in landesweite Szenetreffs jugendlicher Gruppenkulturen, wie sie sich mit Blues, Heavy Metal, Punk, New Wave, Hip-Hop, im Süden der DDR sogar mit Country & Western im originalen Cowboy-Outfit verbanden. Die kulturelle Infrastruktur war von einer informellen durchzogen, die der Staatsmacht sehr geschickt auswich, zumal die Tips auf anstehende Kontrollen oder heraufziehenden Ärger in der Regel von wohlwollenden Mitarbeitern aus den Apparaten selbst kamen oder aber dort dem Bedürfnis entsprangen, von der Zentrale möglichst unbehelligt zu bleiben.

So pegelte sich im Verlauf der Entwicklung eine Art Patt-Situation ein, die durch ein hohes Maß an Inkompetenz seitens der Kulturverwaltungen befördert wurde. Als sich das Mielke-Ministerium 1984 mit dem Punk zu beschäftigen begann, reagierte es nicht etwa auf wahrnehmbare Entwicklungen im Lande, die gab es zu diesem Zeitpunkt nämlich noch gar nicht, sondern auf eine wenige Wochen zuvor erfolgte Veröffentlichung im *Spiegel* über die Erscheinungsformen dieser Jugendkultur in der Bundesrepublik. Die ausgespähten Einflüsse waren lächerlich geringfügig, aber der Apparat war um eine Kategorie reicher, unter der zukünftig »negative« Entwicklungen verbucht werden konnten. Dessen ungeachtet traten bis 1989 Funktionäre in der Öffentlichkeit auf, die den Begriff noch immer nicht auszusprechen gelernt hatten, beflissen gegen den »westlichen Punk« wetterten, ohne zu bemerken, daß selbiger inzwischen direkt unter ihrer Nase stattfand, weil sie nicht die geringste Ahnung hatten, wovon sie da redeten.

So wendete sich das ideologiezentrierte Kunstverständnis, mit dem auch in diesem Bereich operiert wurde, gegen seine Urheber selbst. An den kulturellen Differenzierungsprozessen wurde damit ebenso vorbeiverwaltet wie die Fixierung auf die ideologische Reinheit der textlichen Botschaften den Blick dafür verstellte, daß unter der Hand die Kontrolle über die kulturellen Produktionsmittel verlorenging. Das nach und nach entstandene Netz privater Tonstudios versorgte am Schluß nicht nur die Medien – 1988 kamen bereits 80 Prozent der Neuveröffentlichungen aus privaten Musikerstudios –, sondern auch eine alternative Öffentlichkeit in Form des Selbstvertriebs von Musikkassetten. Das unüberschaubare Reglementierungsinstrumentarium war auf Ideologie und Sicherheit ausgerichtet, für derartige Entwicklungen fehlten Regelungen und Zuständigkeiten, ökonomische Zwänge engten den Handlungsspielraum zusätzlich ein.

Am Ende trug die Situation dann alle Züge einer Groteske. Die Medien führten unter der Leitung der Agitationsabteilung im ZK den ideologischen Feldzug mit genau derjenigen Westmusik, die sie aus den »Herzen und Hirnen« der Jugend verdrängen sollten. Die FDJ verpulverte die knappen Staatsdevisen, um mit großen internationalen Stars wie Bob Dylan, Joe Cocker und Bruce Springsteen den Jugendlichen genau das vorzuführen, was sie mit großem Aufwand im Lande zu verhindern versucht hatte. Die Kulturverwaltungen rotierten in Höchstgeschwindigkeit um die eigene Achse, weil eine inzwischen herangewachsene junge Generation von Musikern sich nicht mehr darum scherte, was irgendwo an Maßgaben erging, und das auch nicht brauchte, konnte sie in den privaten Studios ihre Musik doch allemal realisieren. Die DDR-Jugend dagegen berührte das alles kaum noch. Sie hatten sich zu großen Teilen zu diesem Zeitpunkt längst aus der DDR verabschiedet, auch wenn es noch bis zum Sommer 1989 dauerte, daß aus diesem Abschied Wirklichkeit wurde.

Abs.: Rat des Stadtbezirks 113 Berlin-Lichtenberg ⌐

Herrn
Dieter S c h w a r z (Sänger)

__1055 Berlin__
Naugarder Str. 52/53

113 Berlin-Lichtenberg, den 30. 11. 1965
Möllendorff Straße Nr. 6

Ihr Zeichen	Ihre Nachricht vom	Unser Zeichen	Hausanschluß

Betreff Überprüfung der Diana-Schau-Band gemäß Verordnung Nr. 2 am
__25. 11. 1965__

Werter Herr Schwarz!

Am Donnerstag, dem 25. 11. 1965, wurde die von Ihnen geleitete
Diana-Schau-Band gemäß Verordnung Nr. 2 von einer Kommission
der Abteilung Kultur beim Rat des Stadtbezirks Lichtenberg über-
prüft.

Im Anschluß an die Überprüfung erteilt die Kommission Ihrer Kapelle folgende Auflage:

1. Die Diana-Schau-Band erhält mit Wirkung von 29. 11. 1965 bis
   15. 12. 1965 vorläufiges Auftrittsverbot.
   Die Entziehung der Auftrittserlaubnis wird erforderlich, weil
   eine Reihe von Fragen weiterer Klärung bedarf.

2. Die Kapelle reicht bis zum 15. 12. 1965 ihr Repertoire bei der
   Abt. Kultur als Unterlage für die fachliche Überprüfung ein.

3. Die Vorladung zur fachlichen Überprüfung erfolgt bis zum
   15. 12. 1965.

4. Die Kapelle ist verpflichtet, daß gesetzliche Verhältnis 40:60
   einzuhalten und in Zukunft die Phonzahl ihrer Verstärker so
   einzustellen, daß keinerlei Lärmbelästigung innerhalb und
   außerhalb des Raumes entstehen kann.

5. Nach erfolgter fachlicher Überprüfung und Klärung noch offen
   stehender Fragen kann die Spielerlaubnis wieder erteilt werden.

6. Die Mitglieder der Kapelle erscheinen zur fachlichen Überprüfun
   in ihrer Auftrittskleidung.

   Die Mitglieder Ihrer Kapelle sind über die Rechtsmittel belehrt
   worden.

Mit freundlichem Gruß

Günther
Bezirksrat für Kultur

Rowdies vor Gericht

Berlin (EB). Vor der Jugendstrafkammer 219 des Stadtgerichts Mitte begann gestern ein Prozeß gegen acht Rowdies im Alter von 18 bis 19 Jahren. Ihnen werden u. a. Landfriedensbruch, Verstöße gegen die Paßverordnung und Verletzung der Bestimmungen über den Warenverkehr zur Last gelegt. Sie hatten sich in der Nacht zum 26.9. zusammengerottet, Bürger provoziert und niedergeschlagen. (Siehe S. 8)

Berliner Zeitung. 14. Dezember 1965. S. 1.

In Berlin kein Platz für Schläger

Prozeß im Stadtbezirksgericht Mitte begann

Gestern, am ersten Tag der Verhandlung gegen die acht jugendlichen Rowdies vor dem Stadtbezirksgericht Mitte, wurden die Aussagen zur Person aufgenommen. Angeklagt sind Reinhard K. (18), Lothar Sc. (16), Rugerro S. (17), Dieter K. (17), Siegfried Fo. (19), Jürgen Gr. (16), Karl-Heinz Sch. (18) und Antonio Pr. (19). Richterin Tschesno fragte jeden nach seinem Steckenpferd. »Na Musik!« »Und Tanz.« Und das war bei den meisten auch alles. Sie liebten eben nur ganz heiße Musik, die aber nicht wie bei anderen Leuten in die Beine, sondern bei ihnen in die Armmuskeln geht. Sie waren Anhänger des DIANA-QUINTETTS, das die ROLLING STONES imitierte. Und wenn DIANA auf Reisen ging, folgte man ihr, bis nach Leipzig.

Das große Maulwerk können sie auch vor Gericht noch nicht ganz zügeln. Aber sie sind schon wesentlich kleiner geworden. Nur dann und wann mucken sie noch auf, denn das gehört wohl zur Schau, die sie sich gegenseitig schuldig zu sein glauben. Einige von ihnen scheinen den Ernst der Situation nicht zu verstehen. Sie haben eben ein bißchen Rabatz gemacht ... was kann es dafür schon geben?

Siegfried, 19 Jahre alt, der »Erfahrenste« unter ihnen, ist schon einmal vorbestraft wegen Landfriedensbruch und schwerer Notzucht mit Männern, ein anderes Verfahren wegen Diebstahl und Hehlerei läuft außerdem. Auf dem linken Arm trägt der schwarzhaarige, mittelgroße Bursche die Tätowierung: BV (Berufsverbrecher). Gearbeitet hat er kaum, sich bei Eltern, Großeltern, Freunden und Freundinnen »durchgeschlaucht«. Dabei könnte er, aber der Wille fehlt. Sechs von ihnen haben Berufe bzw. stehen im Lehrverhältnis. In der Lehre sind sie pünktlich, fleißig und gewissenhaft.

Reinhard z. B. gehört zur Spitze des Lernaktivs. Aber er neigt gerne zum Widerspruch, und es dauert lange, bis er sein Unrecht einsieht. Er hat das Zeug, ein guter Diesellok-Schlosser zu werden. Seine Mutter bringt ebenfalls keine ins Gewicht fallenden Beschwerden vor. Ein bißchen schwierig war er, das ja, aber besonders schwierig wurde er von einem Zeitpunkt im September an.

Von einem gewissen Zeitpunkt an begann sich auch Jürgen, der junge Bäckergeselle, zu wandeln. »Es haperte bei ihm plötzlich«, sagte sein Meister vor dem Gericht. Der Junge, sonst immer pünktlich und fleißig, wurde nachlässig. Aber er brauchte nur ein wenig die starke Hand zu spüren, dann ging es wieder eine Weile. So und ähnlich waren sie alle, bis auf Antonio und den 16jährigen Lothar, der zu Hause absolut nicht zu bändigen war, nicht im Guten und nicht mit Strenge, wie sein Vater sagte. Sie kennen sich z. T. von der Schulzeit her. Aber miteinander und untereinander bekannt und zur Clique wurden sie im Klubhaus »Freundschaft«. Dorthin kamen auch Antonio und Rugerro. Ru-

gerro, im demokratischen Berlin geboren, wohnt in West-
berlin und hat durch seinen italienischen Vater dessen
Staatsangehörigkeit erworben. Das erlaubt ihm den täglichen Besuch seiner Großmutter und einiger Freunde, die er
von der Schulzeit her kennt.

Am 25. September gab es in Treptow einen Beat-Abend.
Im Rauschen der Gitarrenklänge schwollen der Übermut
und die Muskeln. Zwei Teilnehmern des Beat-Abends, die
versehentlich im Gedränge einen der acht angerempelt
hatten, sich aber sofort entschuldigten, wurde kein Pardon
gegeben. Man schlug sie zusammen. Später auf dem Alexan-
derplatz beschloß man, Männer »aufzuhauen«, wie es in
ihrer Sprache heißt. Mit Männer waren gewisse andere
Männer gemeint. Doch man wartete nicht lange, man
»haute auf«, was eben gerade auf der Straße kam. Es waren
zwei algerische Staatsangehörige. Die Provokation hieß
»Zigaretten bitte«. Wenn nicht, dann ... Man schlug mit
Fäusten und mit einer Latte auf die beiden Algerier ein, von
denen der eine erheblich verletzt wurde. Und weiter zogen
die Rowdies durch die nächtlichen Straßen.

Am Leninplatz warteten Männer und Frauen auf die
Straßenbahn. »Girls in Sicht« war ihr Schlachtruf. Zwei
Männer, die sich schützend vor die Frauen stellten, wurden
von der Meute angefallen. Am Ostbahnhof ging dann ihr
»Siegeszug« zu Ende. Hier wurden sie festgenommen.

Vor dem Gericht haben sich acht junge Menschen zu verantworten. Aber schon der erste Verhandlungstag hat gezeigt, so manche Frage des Gerichts ist nicht nur an die Jugendlichen gerichtet, die sich hier wegen ihrer schweren
nicht zu entschuldigenden Vergehen und Verbrechen zu
verantworten haben, sondern auch an die Eltern und Erzie-
her, die den Anfängen des Abgleitens nicht energisch genug
entgegengetreten sind.

Der Prozeß wird heute fortgesetzt.

Berliner Zeitung. 14. Dezember 1965. S. 8.

5
—— Völker leert die Regale! ——

ULLI ENGELBRECHT / JÜRGEN BOEBERS

Jürgen Boebers und Ulli Engelbrecht sind freie Autoren in Gelsenkirchen und Bochum. Boebers saß bereits als Dreijähriger vor der Nordmende-Musiktruhe seiner Eltern und spielte dort alte Conny-Froboess-Platten. Engelbrecht dagegen spielte auf seiner Melodica fehlerfrei Kirchenlieder sowie Songs von Donovan und den KINKS. Bis heute leiden beide unter ihrer Jugend in den Siebzigern.

Verrückt, Verloren, Vergessen?
Die Seventies in Kurzfassung

Gestern mußte ich mit Heinrich zusammen was besorgen, ist egal, was. Wir hatten schon eine Weile herumgehockt und konnten uns nicht so richtig aufraffen. Bärbel und Frank waren auch da. Wir rührten im kalt gewordenen Kaffee, alberten herum. Plötzlich guckt Heinrich auf seine Uhr, erinnert sich schlagartig, daß wir ja los wollen, springt auf und sagt zu mir:

Are you ready Steve?
Sage ich:
Andy?
Sagen Frank und Bärbel wie aus einem Mund:
Mick? Okay!
Sagen alle:
Alright fellas, let's gooooooo . . .

Und dabei trommeln wir rhythmisch auf dem Tisch herum, als wären wir wildgewordene Stallhasen.

Was will uns diese Episode sagen?

Nun, wenn man zufällig gerade nicht zwischen 1955 und 1965 geboren ist, versteht man die kleine Geschichte vielleicht wirklich nicht. Also: All diese Zitate, die stammen aus dem Song »Ballroom Blitz«, mit dem THE SWEET anno 1973 einen massiven Hit landeten. Das ist lange her, aber das war damals echt komisch. Da fing nämlich eine Platte mal nicht mit Musik an, sondern mit so einem hoppelnden Klopfen auf der Snare-Drum plus Auszählung der Gruppenmitglieder. Der da fragte, war Brian Conolly, der Sänger von SWEET. Und die, die antworteten, waren Steve (Priest, der Bassist), Andy (Scott, der Gitarrist) und Mick (Tucker, der Schlagzeuger). Und nach ihrem heulenden »Let's Gooooo!!!!!!« legten THE SWEET tatsächlich richtig los, nicht gerade wie der geölte Blitz, aber für ihre Verhältnisse schon ganz schön flott. Und überdies ganz schön erfolgreich.

Wenn ich's mir recht überlege, ist »Ballroom Blitz« viel mehr als nur irgendeine alte Platte. Irgendwie ist sie einer der Standardsongs der Seventies geworden: Kürzlich gab's sogar einen gesampelten House-Mix davon. Wer hätte das damals gedacht, daß ausgerechnet »Ballroom Blitz« einmal Kult werden könnte? Kein Mensch.

Ja, ja, die Siebziger. Viele reden wieder von ihnen, aber trotzdem scheint es sich um eine Dekade zu handeln, die von der Zeit vergessen worden ist. Das übellaunige, fröhliche, abstoßende und faszinierende Jahrzehnt. Es bescherte uns die Willy-Wählen-Anstecker und Brandts Rücktritt nach dem Guillaume-Skandal, die Schlachten zwischen der Staatsmacht und aufmüpfigen Demonstranten um die Kernkraftwerke in Brokdorf und anderswo, Mark Spitz mit sieben Goldmedaillen bei der Olympiade 1972 und Raumschiff Enterprise endlich in Farbe.

Die siebziger Jahre waren voller Entführungen und Attentate und voller Berufsverbote und Bespitzelungen. Sie stehen für Sonntagsfahrverbot wegen Benzinknappheit und der ersten Fernsehshow mit Otto Waalkes. Vom Himmelslabor Skylab, vom Waldsterben, Hot Pants, Rennquintett, Smog-Alarm, Lotto am Mittwoch, der Entdeckung der Schwarzen Löcher, Smile-Buttons, der Muppet-Show, den Atomkraft-Nein-Danke-Aufklebern und vom Ford Capri ganz zu schweigen.

Es war irgendwie eine reichlich schläfrige Dekade. Ihre ersten fünf Jahre verbrachte man damit, die Folgen der 60er abzuschütteln, und die letzten fünf mit der Frage, wie wohl die 80er werden würden. Als wir wach wurden, war das Jahrzehnt vorbei.

Mit Sicherheit gibt es keine Ära, deren Ablauf so herbeigesehnt wurde wie der der 70er. Alles an ihnen war zu heftig, zu schrill, zu grell – wie zehn Jahre Überstunden, ohne Pause zwischendurch. Sie waren einerseits verschlafen, andererseits krempelten sie das Leben so radikal um wie kaum eine andere Zeitspanne. Was die 70er hervorbrachten, machten sie gründlich. Sie erfanden die Hochhäuser neu und betonierten damit die Städte, bis man sie nicht mehr wiedererkannte. Sie erfanden die Autobahnen neu und asphaltierten die Republik bis in den letzten Winkel. Sie erfanden die Pauschalreise neu und machten aus Palma de Mallorca ein zweites Oktoberfest. Sie erfanden den Rock 'n' Roll nicht neu, taten aber so, als könne er auf einmal auch gute Unterhaltung, sogar Kunst bedeuten: So kamen wir an all die langweiligen, ereignislosen, aufgeblähten Platten wie *The Lamb Lies Down On Broadway* von GENESIS, die *Windows*-Suite von Eberhard Schoener und DEEP PURPLE, das Dreifach-Album *Yessongs* und *Frampton Comes Alive*.

Was haben uns die 70er Jahre an verrücktem Zeugs beschert! Kork-Sohlen, Plateau-Absätze und Knautschlack-Lederjacken. Clearasil gegen Pickel und Tampax-Tage, die man nicht spürt. Jogging, Digital-Uhren, den Exorzisten, Windsurfing und die Disco-Welle.

Und wie man damals aussah! Noch heute sind in abertausend Fotoalben Aufnahmen konserviert, die modische Irrungen und Wirrungen zeigen: taillierte, schreiend bunte Hemden, Jeans-Hosen mit Schlag, enorm große Halskragen, kurze, dicke Krawatten in den unmöglichsten Mustern, Pullunder und Rollis aus Synthetiks (die Haare standen einem zu Berge), Schlabberjeans und Parka mit der Friedensrune auf dem Oberarm, Fönfrisuren, fette Backenkoteletten und toupierte Haare.

Zu alledem spielte die Pop-Musik ihr Lied und präsentierte ganz neue Gesichter: Daisy Door (»Du lebst in deiner Welt«), MEDICINE HEAD (»One And One Is One«), Gilbert O'Sullivan (»Clair«) und Dan the Banjo Man. Und SLADE und David »Ziggy Stardust« Bowie und T. REX und Gary Glitter. Vor allem Gary, the Glitter, den Erfinder des Glitzer-Rocks.

Es war 1972, als sein »Rock 'n' Roll Part II« zum erstenmal aus dem Radio stampfte. Keine schlechte Platte! Man war ja förmlich alarmiert, schon wenn man dieses Intro hörte: wummernder Baß, donnernde Drums, minutenlang. Dann die Slide-Gitarre, die das Riff 'runterzockt, dann der kehlige Refrain: »Rock 'n' Roll rock, Rock 'n' Roll, Rock 'n' Roll rock, Rock 'n' Roll – Hey!« Die Band, die Glitter-Band, war grotesk ausstaffiert, absolut verrückt, sogar für damalige Verhältnisse: alle in hochhackigen Glitzer-Stiefeln, der Gitarrist mit einer Glitzer-Gitarre, die wie ein Stern aussah, zwei Drummer an glitzernden Schlagzeugen, im Hintergrund Männer in glitzernden Anzügen mit glitzernden Saxofonen vor dem Mund. Und die produzierten diesen stampfenden, trommelnden Sound. Gary selbst stand in der Mitte, hielt das Mikrofon fest und beschränkte sich auf ein paar röhrende »Heys!« oder »Rock 'n' Roll, rocks!« zwischendurch.

Diese verückte Pop-Musik in den 70er Jahren. Echt originell waren die WOMBLES, eine Gruppe von mausähnlichen

Puppen, deren Lieder die Kinder zum Umweltschutz erziehen sollten. Oder die Bay City Rollers mit ihren weißen
Anzügen und karierten Applikationen; die erfolgreichsten
Teen-Stars. Oder KISS in ihrer selten dämlichen Maskerade.
Oder auch Fox, eine Gruppe, die 1975 »Only You Can«
sang. Ihr Aushängeschild war eine tuberkulös aussehende
Sängerin, die angeblich Noosha hieß. Sie hatte wirres Haar,
schläfrige Augen und trug wallende Gewänder. Ihr Gesang
war mehr ein feenhaftes Hauchen: »Only you cahan, aha-
ahaha, only you huhu.« Viel besser war die Rückseite »Out
Of My Body«, eine langsame Nummer, zu der man sehr gut
Blues tanzen und knutschen konnte.

Aaah, all diese erinnerungsträchtigen Feten in den sturm-
freien Buden bei allen möglichen Schulbekanntschaften!
Diese Nachmittage voller hastig gerauchter Zigaretten und
peinlich-nervöser Zwiegespräche (»Ist Dir auch so warm
hier?« »Vielleicht könnten wir ja unsere Pullis auszie-
hen . . .«).

Weniger spirrig als die Noosha, vielmehr kompakt und
echt solide wirkte Suzi Quatro, die 1973 auftauchte. Suzi Q.
aus Detroit, Michigan. Das war ein Erlebnis! Sie sah aus wie
eine Kreuzung aus Motorradbraut und Barbarella; sie war
eingezwängt in einen schwarzen Lederoverall, dessen Reiß-
verschluß bis zum Dekolleté offen stand. Sie hatte meistens
ein Halstuch um, und kam uns auf die ganz harte Tour.
Wüst wie ihr Image waren ihre Hits: »Can the Can«,
»48 Crash«, »Devil Gate Drive«, »Daytona Demon«. Hart,
hart, hart.

Man wußte nie, ob man Suzi nun einfach gern haben
durfte oder doch eher Angst vor ihr haben muß. Daran änderte auch der legendäre Starschnitt in der *Bravo* nichts, der
es möglich machte, daß die wilde Frau in Leder plötzlich in
Originalgröße von der Zimmertür lächelte: 1,58, so klein
wie Jörgs jüngere Schwester . . .

Hits, Hits, Hits. Tausende müssen es gewesen sein. 96
Nummer-1-Hits bescherten die 70er Jahre allein der deut-

schen Hitparade. Los ging's mit »Na Na, Hey Kiss Him Good-Bye« von THE STEAM Anfang Januar 1970. Ihm folgten zehn bunte, lange Jahre voller Musik, Ereignisse, Fakten und Erinnerungen, die heute wie in einem Super-Kaleidoskop durcheinanderpurzeln: Die Klassenfahrt zum Hermannsdenkmal 1971, der Tod von Jimi Hendrix 1970, der erste Kuß 1973, »This Town Ain't Big Enough For Both Of Us« von den SPARKS 1973, das Jahr der Frau 1975, der Sommerurlaub auf Norderney 1974, die Gurtpflicht für Autofahrer 1976, der Führerschein 1979 und 1972 das glorreiche 5:0 von Schalke 04 im Pokal-Finale gegen Kaiserslautern.

Vielleicht sind das alles Nebensächlichkeiten, und vielleicht ist all' das längst vorbei. Vielleicht aber auch nicht.

Apropos: »Maybe« – Vielleicht – hieß auch der Titelsong einer 70er Fernsehserie namens *Der Mann aus den Bergen*. Sie handelte von einem Waldläufer oder Trapper, dessen bester Freund ein ausgewachsener Grizzly war. Immer wenn es ernst wurde für den Mann aus den Wäldern, tauchte Meister Petz auf und machte den Bär: Er stellte sich, vernehmlich brüllend, auf die Hinterbeine und verscheuchte alle Strolche. Das Lied zur Serie sang ein gewisser Thom Paice. Es war Ende Dezember 1979 der letzte Nummer-1-Hit der 70er Jahre.

TOM HOLERT

Tom Holert schreibt regelmäßig für »Spex« und hat zusammen mit Mark Terkessidis den Reader »Mainstream der Minderheiten« herausgegeben. Anläßlich des Mitte der neunziger Jahre aufkommenden Disco-Revivals sondiert Holert in »Instant Replay« die Ursprünge des »Saturday Night Fever«. Dabei geht es vor allem um – für Gegenkulturen essentielle – Stichworte wie Inklusion/Exklusion, Gemeinschaft/Ego und Individuum/Klasse. Disco, resümiert

Holert, war aufgrund seiner Verankerung in der »haute bourgeoisie« nie Gegenkultur und nur bedingt Jugendkultur.

Instant Replay
Über die Rekonstruktion von Disco

Man kann das Thema »Disco« betreten wie den Raum, an dessen Tür »Disco« steht. In beiden Fällen bildet »Disco« eine verwinkelte, weitläufige Architektur mit mehreren Zentren, vielen Nebenräumen, Separées, Kanzeln, Kabinetten, Treppen und Toiletten. Hereinzukommen ist nicht immer einfach. Am Eingang mag ein Bouncer wachen, der eine genaue Vorstellung davon hat, wer hier zugelassen sein könnte und wer nicht. In der New Yorker Türstehersprache zu *Studio 54*-Zeiten wurde diese Auslesetätigkeit »painting a picture« genannt. Überall schienen Künstler am Werk zu sein. Die *discothèque* sollte sich als Gesamtkunstwerk bewähren.

Heute gibt es in einer beliebigen Großraumdiskothek wie dem *Easy* bei Limburg oder dem *Privilège* auf Ibiza keine Türsteher mehr. Nur noch Security, zum Kartenabreißen. Die Trennung der Gäste hat sich ins Innere der Clubs verlagert. Techno-T-Shirts und gestärkte Swingbeat-Blusen verteilen sich auf mehrere Tanzflächen und auf verschiedene Musikstile. Die Grenzen verlaufen an den Linien, die auch draußen die gesellschaftlichen und geschmacklichen Zonen umschließen. Zwar ist das Sozialsystem im Inneren der Großraumdiskothek auf der grünen Wiese keine exakte Übersetzung der Alltagsverhältnisse in die Nacht – ohne entsprechende Überschreitungsangebote und Durchlässigkeiten würde diese Ökonomie nie funktionieren. Aber andererseits fällt auf, wie sehr die (ethnischen) Gemeinschaften und die (jugendkulturellen) Subkulturen unter sich bleiben und auf diese Weise beunruhigende Segregationsmuster bilden.

Wo befindet sich der sozial-musikalische Raum »Disco« heute? Die vielgerühmte Kultur der (»schwarzen«, »schwulen« u. a.) Minderheiten, die Disco einmal war – was ist von ihr geblieben? Wie steht es um das Feindbild »Disco«, wie um die »Utopie Disco«?

Disco war ja immer von Gegnern und Gegenpolen umzingelt. Am innigsten war die Feindschaft mit Punk, am berechenbarsten die Ablehnung durch die Mainstream-Rock-Fraktion, am kompliziertesten das Verhältnis zu Disco-Gegnern aus dem Soul- und Funk-Kontext (allen voran James Brown), und am skurrilsten die Anti-Disco-Kampagnen durch christliche Gruppen von den Zeugen Jehovas bis Jesse Jackson.

Beispiel 1 (Rock-Lobby und Moral Majority vs. Disco): 1979 stürzte sich der Radio-DJ Steve Dahl aus Chicago mit der Parole »Disco Sucks« auf das Phänomen. Zwischen zwei Baseballspielen türmte Dahl in einem Stadion Hunderte von Disco-Platten aufeinander und zündete sie an. Ergebnis: Chaos, Aufruhr, eine demolierte Sportstätte. Schallplattengeschäfte im ganzen Land stellten »Guaranteed No Disco«-Schilder ins Fenster. Für die Moralprediger von PUSH (People United to Save Humanity) war Disco nichts als »Müll und Schmutz, der den Geist und die Moral unserer Jugend korrumpiert«.

Beispiel 2 (Punk vs. Disco): Bereits zu SEX PISTOLS-Zeiten trug Johnny Rotten einen »Death Disco«-Badge, 1979 machte er mit PIL eine Platte gleichen Titels. In der Punk / New-Wave-Welt von New York mußte Disco als Alibi-Zielscheibe für Kryplorassismen herhalten. Als Lester Bangs Ende der siebziger Jahre auf einer Party in New York eine alte Soul-Platte laufen ließ, rief ihm einer seiner Gäste zu: »What're you playing all that nigger disco shit for, Lester?« Ernüchtert schrieb Bangs daraufhin einen furiosen Text über den Rassismus in der CBGB's-Szene (deren Haus-Chronik wiederum, verfaßt von Roman Kozak, bezeichnenderweise *This Ain't No Disco* betitelt war). Noch

1980, als sich Disco nach dem Medien-Overkill schon wieder auf dem Weg zurück in den Underground befand, produzierte David Peel die Platte *Death To Disco*, unterstützt von solchen Größen des US-Punkrock wie Tom Doyle, Wayne Kramer und G. G. Allin. Hatte man in dieser Szene etwa übersehen, daß John Travolta in *Saturday Night Fever* auf die Frage, wie er sich seine berufliche Zukunft vorstelle, wie ein Punk antwortete: »Fuck the future!«?

Beispiel 3 (afro-amerikanische Kulturkritiker vs. Disco): HipHop-Impresario Aaron Fuchs (vgl. *Spex* 6/95) läßt an Disco noch heute kein gutes Haar: »Was Disco tat, um die Rap-Revolution zu begünstigen, war einfach, daß Disco die Schwarzen von traditioneller schwarzer Musik entfremdete.« Auf der gleichen Linie argumentiert Rickey Vincent in seinem Buch *Funk. The Music, the People, and the Rhythm of the One* (1996): »Die Disco-Kultur beutete die Erfahrung schwarzer Musik in selektiver, manipulativer und letztlich rassistischer Weise aus.« Die Musik sei von den Musikern nicht mehr kontrollierbar gewesen. Der Markt hätte sie in erster Linie als »Produkt« und nicht als »Kultur« verstanden.

Damit widerspricht Vincent einer Position, die Disco emphatisch als Kultur behauptet, wenn auch als eine, die sich Marktgesetzmäßigkeiten nicht verschließt. »Disco ist nicht nur Musik. Disco ist ein Lifestyle, ein Kult, eine Stimmung«, schreiben 1976 Carl Maults-By und David C. Todd. Disco ist immer mehr, als man glaubt zu hören und zu sehen: Nicht nur die popgeschichtliche Epoche von ca. 1972–1980, sondern ein viel früher (1962 in *Le Club*?, 1970 im *Sanctuary*?) beginnendes Phänomen, das bis heute und weit über heute hinaus weist (ginge es nach dem Willen einer eingeschworenen Fraktion von Glamour-Enthusiasten und Clublife-Propagandisten); nicht nur eine Sorte Musik, sondern ein soziales Prinzip; nicht nur eine hedonistische Praxis, sondern genauso eine disziplinäre Ordnung. Larry Heard, von klassischer Disco überaus beeinflußter House-

Produzent aus Chicago, weiß zwanzig Jahre später immer noch das gleiche: »Mit Disco hatte man eine Kultur: blühende Clubs, Mode, es gab Gloria Vanderbilt, Chic, die Sergio-Valente-Jeans. Man war einfach in der Lage, es in Kapital umzuwerten.«

Disco, das war keine Gegenkultur und nur bedingt eine Jugendkultur. Wie Tom Smucker schreibt, wurde mit Disco in den Siebzigern »ein neuer Raum für eine öffentliche Bewegung« geschaffen, ohne damit an die Vergemeinschaftungsformen der sechziger Jahre anzuschließen. Der Disco-Lebensstil befahl zwar, auf keinen Fall älter zu werden (die Hauptsorge von Travolta in *Saturday Night Fever*). Ansonsten wurde aber auch das Ideal einer reifen, erwachsenen Eleganz angestrebt, eine ziemlich exakt gezeichnete Vorstellung von Abendgarderobe und High Society ausgelebt. »When you're under-age, getting into clubs is always a hustle«, faßt der Londoner DJ Norman Jay die Alterspolitik im Disco-Kontext zusammen. Er erinnert sich an die Zeit um 1975, als er sich, vor seinem Schlafzimmerspiegel posierend, »wirklich cool und erwachsen« in seinem brandneuen zweireihigen Mohair-Jackett fühlte, aber noch zu jung war, um ohne weiteres an den Türstehern des *100 Club* vorbeizukommen. [...]

Der unfaßbare Erfolg von Disco war als Reaktion auf Woodstock und Watergate, als Entpolitisierung von Popkultur und als Sichtbar-Werden von Minderheiten erklärbar, aber so richtig verstehen wollte man es trotzdem nicht. Disco verlangte nach Interpretation, gerade weil hier nicht viel zu interpretieren schien. So entstand Disco-Literatur. Die Geschichte der Anfänge der Disco-Idee, als Disco noch »Party« hieß, die Legenden von DJ-Urgestein wie Francis Grosso, David C. Todd, Steve D'Aquisto, Michel Cappello oder David Mancuso, die Ende der sechziger, Anfang der siebziger Jahre in New York aktiv waren, wurden wiederholt erzählt, unter anderem von Albert Goldman in seinem Buch *Disco* (1978). Die frühe New Yorker Gay-Loft-Szene

hat ihren unübertroffenen Chronisten in Andrew Holleran
und seinem Roman *Dancer from the Dance* (1978), das heterosexuelle Disco-Milieu in Brooklyn schilderte Nik Cohn
in seiner Kurzgeschichte »Another Saturday Night« (1975),
die als Vorlage zum Film *Saturday Night Fever* von 1977
dienen sollte. Den Versuch, die ganze Bandbreite des Phänomens abzudecken, von den berühmten NY-Glamour-
Discos (*Studio 54, Xenon, Infinity, Hippopotamus, New
York New York*) über einzelne DJs, Clubbetreiber, Produzenten bis hin zu Nähanleitungen für Discomode und de-
taillierten Tanzschrittdiagrammen unternahm Kitty Hanson
in ihrem Buch *Disco Fever* (1978). Die erwähnten Bücher
sorgten also schon recht früh dafür, daß man sich zu Hause
eine ganze Menge von dem anlesen konnte, was eigentlich
die Erfahrung einer Nachtlebens- und Plattenkäuferexi-
stenz voraussetzte. Autoren wie David Toop, Olaf Karnik,
Tom Smucker, Richard Dyer, Walter Hughes, Steven Harvey, Patricia Bates oder Ulf Poschardt setzten die Recherchen auf der Grundlage der genannten Bücher bis in die
Gegenwart fort. Die große, wirklich umfassende Disco-
Monographie allerdings steht noch aus. Vielleicht erscheint
sie ja demnächst – im Zuge von zwei Filmen über die *Studio
54*-Zeit, die dem Vernehmen nach gerade in Hollywood
produziert werden. Fashion-Fotostrecken mit Disco-Klei-
dung im Bianca-Jagger-Stil wurden in diesem Jahr auch
schon gesichtet.

　Die aktuelle musikalische Reorientierung auf Disco hat
ihre Vorläufer. Ein erstes Revival ereignete sich Mitte der
achtziger Jahre. Damals wurden nicht nur »Let No Man Put
Asunder« von FIRST CHOICE, »Love Sensation« von Lole-
atta Holloway, sondern auch »Lost in Music« von SISTER
SLEDGE remixed und neuaufgelegt (mit DURAN DURAN-
Backing Vocals), und Dirk Scheuring schrieb 1985, daß
»Discotheken als Experimentierfelder und Kristallisations-
punkte« die Konzert-Venues verdrängt hätten: »›Disco‹, ein
Wort, das man vor ein paar Jahren noch mit gefletschten

Zähnen aussprach, ist heute zum tragenden Element der Popmusik geworden.« Wie gesagt, das war 1985. Edel-Trash-Spezialisten wie die BEASTIE BOYS wußten damals bereits, was heute längst Lifestyle-Allgemeingut geworden ist. Zitieren wir den missionarischen Ad Rock aus einem *Spex*-Interview vom Mai 1987: »Disco Rap, Sachen wie Bus Stop oder Hustle, Polyesteranzüge, Schlaghosen. Es ist wirklich schade, daß in den siebziger Jahren viele Leute dachten, daß Disco Mist ist, langweilig und so. Und wir werden eben zeigen, daß das Blödsinn ist. Disco, das ist die wichtigste Musik dieses Jahrhunderts.«

Fünf Jahre später kann David Toop im Rahmen einer Disco-Geschichte in *The Face* von den »neo-disco tracks and trackers of the Nineties« erzählen, die sich elegant im Raum zwischen Nostalgie und Futurismus bewegten; gemeint waren Platten wie »Enter Your Fantasy« (als Teil des *Disco Fantasy*-Zyklus) von Joey Negro, »Disco Elements« von DEEP COLLECTIVE, »I Wanna Sing ... Sunshine« von der EAST VILLAGE LOFT SOCIETY, »Soul on Ice« vom DISCO UNIVERSE ORCHESTRA oder »Is This Love Really Real?« von den DISCO BROTHERS und SURE IS PURE.

Mit anderen Worten: Die Disco-Archäologie hörte nie auf, ihre Klappspaten anzusetzen. Es ließe sich eine kontinuierliche Spur ziehen von den frühen Rap-Singles, die auf Disco-Basslines aufbauten, über die Verwaltung des Seventies-Erbes im Disco/House-*Paradise Garage*-Underground nach 1979 (durch Larry Levan, Walter Gibbons, Paul Simpson, Shep Pettibone, Nick Martinelli, François Kervokian und andere) bis zum *Disco*-Remix-Album der PET SHOP BOYS, den Disco-Referenzen bei Frankie Knuckles oder Marshall Jefferson, den H-Muzik-Versionen von Disco.

Diese permanente Rekonstruktionsarbeit ist um so bezeichnender, als Disco von Anfang an eine einzige, riesige Retro-Veranstaltung gewesen ist. Van McCoy, dessen »The Hustle« vom April 1975 über zehn Millionen Mal verkauft wurde und in den USA einen landesweiten Tanzboom aus-

löste (der bis in die Schulen vordrang, wo die Kinder frühzeitig auf Discomania eingestimmt werden sollten), beschrieb Disco als »flashback«, als Musik, die wie ein Spiegel
reflektiert, was zehn Jahre vorher in Detroit passiert
war, nostalgische Kleidung inbegriffen. »Disco ist der
Sound der Sixties, verändert und ausgeschmückt, um den
Eskapismus der Siebziger zu bedienen«, schreiben 1976
Carl L. Maults-By und David C. Todd, letzterer Mitentdecker des »Hustle« (und Anfang der Siebziger DJ im New
Yorker *Adam's Apple*; später, im Disco Underground der
Frühachtziger, wieder als prägender Remixer tätig) in den
Linernotes zu einem der ersten Disco-Sampler (*Disco Express Vol. 1* von RCA).

Disco arbeitete von Anfang an mit musikalischen Klischees. Motown-Hits, Cole-Porter-Schlager, Swing-Klassiker, Gospel-Stücke, Latin-Rhythmen oder auch Klassik
(wie in Bill Murphys Beethoven- und Tschaikowsky-Adaptionen) wurden mit Discobeat und Disco-Basslines ausgestattet. Der Hauptgrund für die Verwendung vorhandener
Musiken liegt auf der Hand. Disco ist per definitionem DJ-
Musik, die »discothèque« eine Schallplattenbücherei, der DJ
ein Bibliothekar, die Platten bilden das plastische Rohmaterial für die Mixes und den epischen, nur vom Drama des Instrumental Breakdown effektvoll unterbrochenen Disco-
Soundtrack. Alles war inkorporierbar, solange das Bild
eines irgendwie üppigen, luxuriösen, eleganten, also sexuell wie materiell attraktiven Lebensstils mittransportiert
wurde. Über diesen hektischen, eklektischen Strom ist viel
gesagt worden. Auch darüber, daß das Songformat sich verflüssigte, während es in die dekomponierende, Anfang und
Ende vermeidende Nicht-Ordnung der Mega-Mixe und
DJ-Sets aufgenommen wurde.

In welcher Verbindung stehen diese musikalischen Verflüssigungstendenzen zu den wechselnden Umwelten von
Disco? Disco bietet sich ja immer wieder als Problemlösungsstrategie und Fluchtlinie an. Disco betreibe eine »Ro-

mantisierung der Flucht«, die auf Dauer weniger idealistisch
als utopisch sei, schreibt David Toop. Die Diskothek als
Ort und Ereignis sei ein »Indikator für die atomisierten
Existenzen in der Stadt«, ein »Theater der neuen urbanen
Speed-Stämme«, aber auch ein »dunkles Refugium, in dem
neue Welten ausprobiert und ans Licht gebracht werden
können« (Toop). Demnach werden gesellschaftliche Härten
in den Disco-Kontext eingespiegelt und dann abgedämpft,
umgewertet, neu geordnet, kompensiert, wenn nicht gleich
ganz vergessen. Das universelle anwendbare, aber immer
mit hohen (sozialen, finanziellen, psychischen) Kosten ver-
bundene Weltverarbeitungsprogramm »Eskapismus« wird
im Medium Disco auf besondere Weise durchgespielt. Mit
Disco steigerte sich die Flucht aus dem Alltag zu einer
Flucht aus den Klassenverhältnissen. Neue Kriterien wurden aufgestellt. »Eine merkwürdige Demokratie, deren einzige Eintrittskarte physische Schönheit ist«, so beschrieb
Andrew Holleran die »strikt klassenlose« homosexuelle
Gesellschaft in den New Yorker Loft-Discos der frühen
Siebziger. »Ihre wahren Leben fingen an, wenn sie durch
diese Tür gingen und auf einen tieferen Glauben getauft
wurden, so als wären sie durch ein wundersames Versinken
zum Leben erweckt worden.«

Die Disco-Zentralperspektive, so wie sie sich den zeitgenössischen Chronisten und den Historikern gleichermaßen
darstellt, hat als Fluchtpunkt den Exzeß. Ausschweifende
Sexualität, Fashion-Eskapaden, Eleganz-Experimente waren an den »redundanten Orten« (Holleran) von Disco die
leitenden Muster für Verhalten und Habitus. Und noch
heute ist es so: Jedesmal, wenn Disco im emphatischen
Sinne angerufen wird, fordert dies dazu auf, Grenzen zu
überschreiten. Die Grenzen des Produktformats, die Grenzen der persönlichen Zeitreserven, die Grenzen der rationalen Kontrolle: Länge, endlose, epische Länge; das Glück im
Mix; der gestaffelte, Spannung akkumulierende Aufbau eines Tracks; das große Warten auf die »zündenden Momente,

die Musik körperlich machen« (Sebastian Zabel), bis zum Breakdown, zur Ohnmacht.

Oftmals wurde Disco – verstanden als Musik, Ökonomie, Soziales, Architektur – zum Spiegel kapitalistischer Verhältnisse stilisiert. Walter Hughes erkannte in den Aufforderungen der Disco-Lyrics und in den Routinen der Disco-Tänzer eine spezielle Technik der Körperkontrolle, die das Arbeitsethos der Berufswelt in die außerberufliche Nacht hineinverlängerte. Der »Respekt für einen urbanen Individualismus« (Tom Smucker), die Zuspitzung der Einsamkeit auf der Tanzfläche und die Disziplin von Travolta, der seine Mittänzer in die Ordnung des Hustle einreiht – entsprach dies der Rede von Disco als »sozialer Revolution«, als »Massenbewegung«, wie sie beispielsweise Ray Caviano von TK Records im Mund führte?

Widersprüchlichkeit ist kilometertief in Disco verankert. Das, was die einen mobilisiert, ihre Sexualität zu befreien, fällt bei den anderen in Sexismus zurück; was bei den einen strategisches Überwinden von Klassengrenzen in Richtung *jeunesse dorée* und *happy few* im Vehikel von »Halston, Gucci, Fiorucci« bedeutet, führt bei den anderen reaktionärerweise dazu, die Klassendifferenz von oben noch bewußter zu genießen; was für die einen das erkämpfte ungestörte Vergnügen in einer Umgebung bedeutet, die sie sich selbst als Reaktion auf gesellschaftliche Ausgrenzung geschaffen haben, ist für die anderen nur eine willkommene Bestätigung ihrer segregationistischen Politik.

Heute, in einem neuartigen Differenzkapitalismus (dem Vernehmen nach demnächst ohne Arbeit und ohne Klassen) übernimmt auch der Club, übernimmt auch die Disco ganz neue Funktionen. Die Disco-BesucherInnen streifen nicht mehr ihre Erwerbsarbeit-Existenz ab und ersetzen sie durch eine souveräne, tanzende Persönlichkeit, die zu ungeahnten Selbstinszenierungen fähig ist – ein Motiv, das die Philosophie des Disco-Hedonismus endlos durchgespielt hat. Nein, jetzt läßt sich nicht mehr übersehen, daß die Leute ihre freiwillig-unfreiwillige Selbständigkeit schon auf die Tanzfläche mitbringen, den Alltag nicht vergessen, sondern ihn mit anderen Mitteln fortsetzen, ihre vieldeutige Flexibilität zelebrierend.

Absurd wäre es allerdings, das Disco-Revival der letzten Monate einfach als Begleitmusik dieser Prozesse abzustempeln. Auch hier verbietet die bekanntlich komplizierte Logik der Popkultur einfache Zuschreibungen. Auf einer ästhetischen Ebene interessieren vor allem das musikalische Material und seine Weiterverarbeitung. Einige DJs werden die neuen und alten Platten stärker in ihre Sets integrieren. Im besten Fall werden sie versuchen, das Überleben der Diva Disco zu sichern, statt sich retrograd an ihrer Leiche zu vergreifen. Im schlimmsten Fall ... ich will es gar nicht wissen.

PETER KEMPER

Die Neue Deutsche Welle, die Anfang der Achtziger durch die Jugendzimmer und Konzerthallen wogte, machte die deutsche Sprache auf breiter Front Rockmusik-tauglich. In seinem 1983 veröffentlichten Artikel analysiert Peter Kemper die kurzlebigen Emanzipationspotentiale dieser Aufbruchbewegung.

Wo geht's lank?
Peter Pank, Schönen Dank!
Abgesang auf die Neue Deutsche Welle

»Wir tanzten bis zum Ende, bis zum Herzschlag der besten Musik – jeden Abend, jeden Tag – wir dachten fast, es wär ein Sieg – das war vor Jahren ...« Galt diese Diagnose der Düsseldorfer Gruppe FEHLFARBEN 1980 noch als Vergangenheitsbewältigung der Rock-Mythen aus den sechziger Jahren, so charakterisiert sie heute die Situation nach jener »Neuen Deutschen Welle«, der sie sich selbst verdankt.

Die »Neue Deutsche Welle« der Rockmusik, kurz: NDW genannt, als griffiges Signum 1979 von einem Hamburger Musikjournalisten für junge Bands wie MALE, HANS-A-PLAST oder MITTAGSPAUSE kreiert und schnell zum werbewirksamen Etikett geworden, ist längst verebbt. Zwar klingt manchem noch ihr Rauschen lautstark in den Ohren, doch die Macht ihrer Bewegung, ihre kulturelle Sogwirkung sind dahin. Restverwerter der Film-, Musik- und Literaturbranche sammeln heute das Strandgut ein, das sie zurückgelassen hat.

Der alte deutsche Schlager erblüht derweil in Neuer Deutscher Peinlichkeit (Andreas Dorau, Markus, Nena und andere), deutscher Mainstream-Rock hat sich wieder einmal etabliert (IDEAL oder SPLIFF), während Experimente wie eh und je von »Randgruppen« (KOWALSKI, ZATOPEK, JA JA JA und QUICK CULTURE) gepflegt werden. Zeit also für eine rückblickende Bestandsaufnahme: »Neu« an der rockmusikalischen Welle, die ab 1978 durch zahllose Konzerte, über Plattenteller und durch die Medien flutete, waren zunächst die deutschen Texte mit ihrem unmittelbaren Sprachgefühl, von schnellen harten Rhythmen getragen.

Wurden die ersten Gehversuche deutscher Gruppen (IHRE KINDER oder TON, STEINE, SCHERBEN) Anfang der siebziger Jahre noch verächtlich als »Krautrock« belächelt, so änderte sich das spätestens mit Udo Lindenbergs Parole »Alles klar auf der Andrea Doria!« Doch Sprücheklopfer Udo (»Die Rock-'n'-Roll-Gespenster sind weg vom Fenster«) blieb, sieht man einmal von Achim Reichel oder Marius Müller-Westernhagen ab, mit seinem deutschen Panik-Programm eine Ausnahme. Seine Kunstsprache, vermeintlich der »Szene« abgelauscht und doch aus allerlei Jargon-Wörtern gedrechselt, präsentierte sich selbstbewußt, ohne es wirklich zu sein. Die kalkuliert provokante Flapsig-

keit seiner Texte war noch immer den Slang-Codes nachempfunden. Die Satzmelodien und Sprachrhythmen mußten wie die anglo-amerikanischen Vorlagen klingen. Vieles
wirkte bemüht und führte jeden umgangssprachlichen Anspruch ad absurdum.

Die ersten Bands der Neuen Deutschen Welle dagegen signalisierten eine neue Unbefangenheit im Umgang mit der
Muttersprache. Einstürzende Neubauten, Wirtschaftswunder, Abwärts, Nachdenkliche Wehrpflichtige,
Mythen in Tüten, Die tödliche Doris, Männer in nas-
sen Kleidern: die neuen Namen schöpften ebenso aus dem
Sprachmüll der Werbung wie aus verdrängter Phantasie. Sie
kombinierten Versatzstücke tagtäglicher Reizüberflutung in
ironischen Reimen und antinomischen Metaphern.

Ähnlich der Beat-Begeisterung in den sechziger Jahren
griffen nun Jugendliche mit unerhörter Ausdruckswut erneut zu Gitarren, Baß und Schlagzeug, vor allem aber zu
den Möglichkeiten elektronischer Instrumente, um sich den
»Frust aus den Knochen zu spielen«. Synthesizer, Sequencer, Rhythmusmaschinchen und Kassettenrecorder reichten
oft schon aus, um im Do-it-yourself-Verfahren die erste
Schallplatte einzuspielen. Nach der passiven Phase des
Konsums hochartifizieller Kulturrockmusik, man denke an
Gruppen wie Yes, Electric Light Orchestra, Gentle
Giant oder Genesis, war jetzt eine Symbiose von »Gefühl
und Härte« gefragt. Hochbezahlte Superstars hatten den Ju-
gendlichen ihre Träume diktiert, jetzt gingen sie selbst zur
Sache, um es den »langweiligen, alten Typen« zu zeigen.

Die Revolution der Mikro-Chips in den Musikinstru-
menten ließen programmierbare Sound-Computer entstehen, die selbst von musikalischen Laien leicht zu bedienen
waren. War die Rockmusik der letzten Dekade von ausgefeilten Harmonien der Gitarre, von warm klingenden Bäs-
sen und komplizierten Schlagzeugrhythmen bestimmt, so
entstand jetzt als Markenzeichen der NDW ein musikalischer »Minimalismus«. In Wahrheit war es ein Reduktio-

nismus, der die Pop-Phantasien auf das vermeintlich Wesentliche zurückführte: körperlich erlebbare Rhythmen, einfache melodische Floskeln, Wechsel von zwei oder drei Akkorden im synthetisch-kalten Elektronik-Design. Auf die Spitze getrieben wurde dieses minimalistische Konzept von Gruppen wie Deutsch Amerikanische Freundschaft (DAF), Die Krupps oder Der Plan. Kurt Dahlke alias Pyrolator avancierte mit seinen beiden Alben *Inland* und *Ausland* zum Prototypen des neuen Klangtüftlers, der, nur mit sich selbst und seinen Maschinen beschäftigt, kinderliedartige Einfachheit mit hochgezüchteter Technik spielerisch kombinierte.

Parallel zur Selfmade-Elektronik im Wohnzimmer oder in Vatis Garage entwickelten sich neue Vertriebswege. Die Kassette als unkomplizierter Tonträger emanzipierte sich gegenüber der Schallplatte – eine regelrechte »Kassetten-Szene« mit täglich neuen Produktionen schoß aus dem Boden. Da die etablierten Schallplattenfirmen der im Ansatz ungehobelten Musik mißtrauten und ihr keine Überlebenschance gaben, nahmen sich kleine »unabhängige Labels« der ersten NDW-Gruppen an, erschienen deren Platten im Selbstverlag. Daneben entdeckten die jungen Musiker fernab der großen Konzerthallen Auftrittsmöglichkeiten in kleineren Lokalitäten.

Es war nicht nur eine überall gegenwärtige Langeweile, welche viele Heranwachsende zur Neuen-Deutschen-Wellen-Bewegtheit zog. »Nichts los in der Stadtmitte / Kids zerstören ein Telefon / Auftraggeber: Aggression / denn sie haben nichts zu tun / Nichts los in der Stadtmitte« (ZK). Die anfänglich monotonen Stücke mit den grellen Verschleifungen, den dumpfen Schlägen und den tonlosen Stimmen wirkten nicht selten wie schlechte Verdoppelungen täglichen Elends. Im unbeholfenen Umgang mit Synthesizern, Gitarren, Saxophon und Schlagzeug verstärkten sich die gleichförmigen Alltagsgeräusche, gegen die man sich zur Wehr setzen wollte. Erstrebt wurde die Ästhetik eines einfachen Designs, ohne lange Soli, ohne die Virtuosität einzelner Instrumentalisten unter Beweis stellen zu wollen. Statt dessen: Energiewellen, pure Ausdrucksstärke. Kategorien wie »schön«, »harmonisch« oder »handwerklich perfekt« versagten vor diesen rohen Entwürfen. Statt dessen setzten sich Qualitätskriterien wie »Heftigkeit«, »Irritation« und »Härte« durch. Selbst »Dilettantismus« blieb ganz in Goethescher Absicht nicht länger ein Schimpfwort. »Mit der endlosen Kette der Verfeinerung und Verkomplizierung von Instrumenten/Aufnahmetechniken, die einen Fortschritt dort aufzeigen wollen, wo Leere sichtbar wird, kann Dilettantismus in provozierender Form einen Schock auslösen, indem er diesen sogenannten Fortschritt – der in seinen Grundgedanken zutiefst überaltert ist – mit Lärm und Krach attackiert« (Wolfgang Müller von den GENIALEN DILLETANTEN).

Zum Aushängeschild der »Genialen Dilletanten« wurden Berliner Gruppen wie DIE TÖDLICHE DORIS oder EINSTÜRZENDE NEUBAUTEN. »Bis zum Kollaps nicht viel Zeit / Unsere Irrfahrten zerstören die Städte / und nächtliches Wandern macht sie dem Erdboden gleich ...« (EINSTÜRZENDE NEUBAUTEN). Blixa Bargeld erläutert die düsteren Prognosen der Gruppe: »Für mich ist jetzt Untergangszeit, die Endzeit – endgültig. Das läuft noch drei oder vier Jahre, dann ist's vorbei. Da gibts bei mir nix. Untergang ist Untergang.« Die Worte werden wie Schreie herausgestoßen, die Sprache schwankt zwischen Ekstase und Erstarrung. Es gibt kaum »Wenns« und »Abers« in den Texten – statt dessen Befehle und Behauptungen (»Alles ist gut!« DAF). Wurden in der »alten« Rockmusik noch Kurzgeschichten, Situationen und Erlebnisse ausgemalt, verzweifelt die Gebrauchslyrik der Neuen Deutschen Welle oft an ihren eigenen Worten. Die Lieder erzählen keine Geschichten mehr, weil das Leben keine mehr schreibt. »Alle Worte tausendmal gesagt / alle Fragen tausendmal gefragt / alle Gefühle tausendmal gefühlt / tiefgefroren – tiefgekühlt / Eiszeit ...«

(IDEAL). Als ein wechselvolles Kaleidoskop von Klischees, Bruchstücken, Frustrationen und Gefühlssignalen wird der Alltag erlebt.

Die Sprache der Neuen Deutschen Welle folgte dieser Stimmung. Schlagwörter wurden jetzt in den Texten serviert. Assoziationsangebote machten die Runde. Splitterartiges fügte sich kaleidoskopartig zu immer neuen Bildern in farbigem Dekor: »Geldschein-Sonnenschein-Parkschein-Totenschein-Jagdschein-Krankenschein-Gutschein-Heiligenschein Heutzutage ist alles nur Schein – am liebsten wär ich scheintot!« (WIRTSCHAFTSWUNDER). Das neue Sprachgefühl, die Unverfrorenheit der Rede, mißtraute der bloßen Mitteilungsfunktion von Sprache. Statt dessen waren Impulse für ein neues Sprach-Denken angesagt. Plastisch breitete es sich auf Leinwänden voller bildlicher Reize aus, kam den Sinnen entgegen, unterhöhlte den Wert von Begriffen. Die vielbeschworene »Sinnkrise« wurde nicht mehr als eine des Systems, sondern als eine des Subjekts erlebt. »Extensive Spielwünsche und radikale Affektivität stellten sich der Perspektivlosigkeit gesellschaftlich angebotener Durchschnittserfahrung in den Weg.« Die Züricher Videowerkstatt formulierte es in ihrem Film *Züri brännt*: »Jetzt verlangt die Innenwelt wirklich zu werden ... Authentisches Leben bricht durch gegen verwaltetes, gegen die Sprach- und Bildschichten auch, die sich darüber gelegt haben.« Die NDW-Bands der ersten Stunden suchten nach Wörtern mit der »Antriebsgeschwindigkeit von Gedanken«. Die deutsche Rockmusik wurde zur Spielwiese von Sprüchen, Gags und Botschaften, die man heute Dreißigjähriger nur schwer, ein Vierzigjähriger kaum noch verstehen kann. Die Sätze »ticken« in einem anderen Rhythmus, gehorchen einer neuen »Grammatik der Realitätserfahrung«. Was an eigenen Begriffen oder besser gemeinsamen Codewörtern kreiert wurde, zeichnet sich vor allem durch Vieldeutigkeit, Offenheit für unterschiedliche Bedeutungen oder aber durch ganz banale Prägnanz aus. »Es ist die Rede von Power, Wider-

stand und Leben, von den Betonfaschisten, den Plastikfres-
sern und den Schweinen. Nicht ist die Rede von Kommu-
nismus oder Sozialismus, auch nicht von Öko-Sozialismus.
Und das A im Kreis ... steht nur einigen für Anarchie,
sonst für Anders oder ›Wir wollen Alles – aber subito!‹ –
›A wie Abschaum, Asozial, Arbeitslos, Ananasmarmelade,
AKW, Autonomie‹ las ich mal auf einer Lederjacke ...
A steht gewiß nicht für Analyse.« Diese Situationsbeschrei-
bung aus der Innenwelt der alternativen Szene von Bänny
Härlin gilt auch für die Sprache der »Neuen Deutschen
Welle«. Auch hier die Parole: »Nonsens statt Konsens«. Ka-
lauernder Wortwitz machte sich zunehmend dort breit, wo
ständige Irritation das Klima einer »Schockkultur« illustrieren sollte. In den besten Texten der NDW deutet sich an,
was Karl Heinz Bohrer für Teile der surrealistischen Literatur geltend gemacht hat: Der »Schock« in der Sprache funktioniert als »erkenntnistheoretischer Witz«, der den Hörer/
Leser in eine Wahrnehmungssituation bringt, in dem vor-
handene Maßstäbe und Wertungen ins Wanken geraten. Die
Provokation liegt in der Unverständlichkeit, im Unbekannten des Gesagten, das Verwirrung stiftet. Es geht nicht allein
um dadaistische Exzentrizität oder puren surrealen Nonsens, vielmehr um die Beunruhigung von noch nicht verar-
beiteten Bewußtseins-Gehalten. Enthistorisiertes Sprachgefühl indiziert in der »Neuen Deutschen Welle« den Verlust
homogener Geschichtserfahrung. Besonders deutlich wird
er als politische Indifferenz bis hin zum völligen Kritik-
Verzicht spürbar. Standortbestimmungen wie »rechts« oder
»links« greifen nicht mehr, weil die Einsicht und die Sensibilität für den historischen Ursprung fehlt. In ihren Songs
verband die DEUTSCH AMERIKANISCHE FREUNDSCHAFT hi-
storisch Unerhörtes und weltanschauliche Klischees mit geradezu fröhlicher Einfalt: »Geh in die Knie. Wackle mit den
Hüften. Klatsch in die Hände. Und tanz den Mussolini,
tanz den Adolf Hitler. Beweg deinen Hintern. Und tanz
den Jesus Christus. Und jetzt den Kommunismus ...«

(DAF). Aufgrund dieser und ähnlicher Songs wurden zahlreiche Gruppen der »Neuen Deutschen Welle« von DAF über BRESLAU bis KOWALSKI alsbald mit dem Faschismus-Vorwurf belegt – als neue »Hitlerjugend« verteufelt. Dabei ist gerade das Kalkül politischer Abgrenzung von »rechts« nach »links« diesem enthistorisierten Bewußtsein völlig unverständlich und gleichgültig.

Der Münchener Universal-Dilettant von eigenen Gnaden »Lorenz, Lorenz« verriet denn auch das Strickmuster für zahlreiche NDW-Songs: Man nehme einige faschistische Reizwörter, kombiniere sie mit beliebigen pornographischen Ausdrücken und schon habe man einen deutschen Punk-Song. Solche Rezepturen lassen sich bekanntlich erst entwickeln, wenn die Mischung tausendfach erprobt ist. In der Tat gibt es unsägliche Texte der »Neuen Deutschen Welle«, die zunächst nach Revolte riechen, in Wahrheit jedoch nur »leere Hülsen« versammeln – vordergründig auf Zeitgeist getrimmt. Die Kehrseite des Geschichtsverlusts ist eine neu erwachte Liebe zu deutschen Landen. Nationalismus gilt vielen Gruppen nicht länger als verpönt. Das Bekenntnis zur eigenen Nation gibt Rückhalt in der allgemeinen Orientierungslosigkeit. »Deutsch sein – niemandem sagen / Nur Angst vor Fragen – Scham für mein Land / Stolz sein ist mir verboten – ich bin hier geboren / Mich trifft keine Schuld – Ich sing ein deutsches Lied / Und will es keiner hör'n – Ich sing ein deutsches Lied« (NICHTS). Dominanter als solcher Bekennermut zeichnete sich jedoch schon bald jener »Jung-schön-stark-und-hart-Sein«-Mythos in der Neuen Deutschen Welle ab, den Gruppen wie die KRUPPS oder DAF pflegen. Die Songs, ihre perfekte Dramatisierung des Rollenspiels in schwarzes Leder gekleideter Macho-Männer wollte mehr sein als bloße Selbstvergewisserung.

Einen ganz anderen Typus von prosaischem Lakonismus propagierte die Düsseldorfer Gruppe DER PLAN. In ihren minimalistischen Texten entlarven sie nicht selten die Tükken immer wiederkehrender Banalität: »Renate muß putzen, die Fenster sind schmutzig, sie schnappt sich die Leiter, den Eimer, Vileda. Sie klettert und klettert (Sie hat keine Hand frei!). Doch Achtung Renate! Die Leiter fällt um! Aua, aua, aua!!!« (DER PLAN). Als ein weiterer Themenschwerpunkt im Gemischtwarenladen der »Neuen Deutschen Welle« entpuppte sich die »Großstadt« mit der Öde ihrer Häuserschluchten, der schimmernden Neon-Romantik und den ständigen Offerten gegenläufiger Phantasie. Ironische Verkehrungen von Szene-Sprüchen nehmen den Liedern ihren dumpfen Appellcharakter. Durch die Alchimie des Wortes verliert die Bedrohung ihren Schrecken: So wird das Leben schön. Gefragt war Gebrauchsmusik, waren Texte als »Stichwortgeber« für die Kassette im Autoradio, für den »Walkman« im Großstadtgewühl. In Parks, Fußgängerzonen, auf den Straßen und in Konzerten stauten sich die »Walkmänner« mit ihren Kopfhörern, ohne sich zu begegnen. Ein jeder blieb in seinem Käfig der Klänge, Geräusche und Wörter gefangen. Man lauschte den Vorlagen industriell vorgefertigter Lebenslust. Das Private, die individuellen Sehnsüchte im »stillen Kämmerlein« wurden in der Rockmusik lange Zeit verdrängt. Statt dessen war öffentliches Problembewußtsein gefragt. Mit der Neuen Deutschen Welle wurden plötzlich in der Muttersprache subjektive Regungen sagbar und klangen sie noch so banal. Trivialitäten des längst totgesagten deutschen Schlagers feierten fröhliche Urständ: »Deine blauen Augen machen mich so sentimental – So blaue Augen! Wenn du mich so anschaust, wird mir alles andere egal. Total egal! . . .« (IDEAL)

Was sich bereits auf der ersten Schallplatte der Berliner Erfolgsgruppe IDEAL andeutete, hat sich heute bewahrheitet: Die »Neue Deutsche Welle« ist zum Tummelplatz von Phrasen, vorgestanzten Gags und Belanglosigkeiten verflacht. Die IDEAL-Karriere scheint symptomatisch für viele NDW-Bands zu sein. Nach dem Durchbruch auf einem kleinen Label wechselte man alsbald zu einem potenten Konzern. Die Schallplattenindustrie, ohnehin in einer Absatzkrise, entdeckte spätestens 1982 die »Neue Deutsche Welle« als Goldgrube. Das witzige TRIO aus Großenkneten landete mit seinem genial-einfachen »Da Da Da«-Einfall prompt den Sommerhit des Jahres 1982. Unter dem Druck der Verwertungsstrategien jugendlichen Überschwangs blieben fortan Spontaneität, Unberechenbarkeiten, musikalische Ekken und Kanten und subversive Sprach-Spielereien zunehmend auf der (Erfolgs-)Strecke. Alle machten jetzt auf Nostalgie mit Blick auf die fünfziger Jahre. Neue Sterne glänzten am Sternenhimmel der Hitparaden.

Es ist die Zeit der Nachlese: Dokumentationen wie *Guter Abzug* archivieren heute das kurze Strohfeuer der »Neuen Deutschen Welle« in Fotos, Fanzines und Texten. Experimentierlust – einst unverzichtbares Moment dieser Musik – ist von harmloser Mittelmäßigkeit wieder einmal an die Ränder abgedrängt. Die Käuferlust an der »Neuen Deutschen Fröhlichkeit« nimmt rapide ab. Schon trauern die Fachblätter dem »warmen Regen« nach, der mit der NDW über ganze Branchen niederging, während heute die Pflänzchen verdorren. Vor diesem Hintergrund klingt das Lied »Tränen am Hafen« der letzten IDEAL-Platte fast wie ein endgültiges Abschiedslied: »Hanns Albers ist tot, die Abenteuer sind vorbei. / Sturm und keine Freiheit und niemand ist mir treu …« Der einstige Schlachtruf »Gefühl und Härte« ist zum »Gewühl bei Hertie« verkümmert. Doch auch hier geht der Winterschlußverkauf bald zu Ende.

SASCHA LAZIMBAT

Neben seiner Arbeit als Musikkritiker (»Spex«, »Frontpage«) versorgte Sascha Lazimbat Adidas mit Informationen aus der Techno- und House-Szene. Nachdem Hunderttausende von Ravern klargestellt hatten, daß sie nur zur

Revolution gehen, wenn es da geile Tops und noch geilere Turnschuhe gibt, hatte sich die Industrie wie verrückt auf die Techno-Szene gestürzt. Als Vorhut schickten Firmen wie Adidas und Camel sogenannte Trendscouts in die Clubs – um ja am »Puls der Zeit« zu bleiben. (Ursprünglich erschien dieser Artikel 1995 in der »taz«.)

Kritische Auseinandersetzung mit der Marke

Ein Donnerstagabend in Köln. Ich stehe vor dem Eingang eines House-Clubs, ein Kamera-Scheinwerfer strahlt in mein Gesicht, und zwei hektische Gestalten huschen um mich herum. Sie heißen Jack und Jack, sind die Moderatoren einer gleichnamigen Jugendsendung in der ARD und wollen mich interviewen. Ihre erste Frage lautet: »Du bist doch Trendspion. Was wird denn im Jahre 2005 in sein?«

Selbst schuld. Wenn man einen Job macht, der die dämliche Bezeichnung »Trendscout« trägt, darf man sich nicht beschweren, wenn einem dermaßen hirnrissige Fragen gestellt werden. Die Erfinder der Bezeichnung, die Agentur Häberlein & Mauerer aus München, sind deshalb auch verzweifelt auf der Suche nach einer etwas weniger spektakulären Wortschöpfung für das, was derzeit in ihren Diensten sieben Leute in den wichtigsten Städten Deutschlands tun. Die Agentur hat einen Kunden, in diesem Falle den Sportartikler Adidas, der festgestellt hat, daß er in der Szene einen regelrechten Kultstatus hat. Entstanden ist diese Popularität aus der Begeisterung für Old-School-Drei-Streifen-Designs aus den Siebzigern, die zwischenzeitlich fast so etwas wie die inoffizielle Uniform von sowohl HipHopern als auch Technos darstellten.

So ein ohne eigenes Zutun entstandener Hype ist natürlich eine tolle Sache für das Image einer Marke, und deshalb ist man daran interessiert, ihn zu stützen und zu verfestigen.

Aber was kann man nicht alles falsch machen, wenn man, ohne die Zusammenhänge zu verstehen, Sponsorgelder in irgendwelche Veranstaltungen pumpt! Wenn man sich auf der dünnen und nur schwer definierbaren Linie zwischen Kommerz und Underground bewegt, die ständiges Thema kontroverser Diskussionen aller Jugendkulturen ist, ist größte Vorsicht angebracht, sonst kann wohlmeinendes Engagement schnell zu kontraproduktiven Effekten führen. Also holt man sich die fachkundige Einschätzung, was noch als cool erachtet wird und was nicht, am besten vorher aus der Szene.

Vor Ort wurden Leute gesucht, die mitten aus der angepeilten Zielgruppe kommen. Gefunden hat man zum Beispiel eine Türsteherin und Künstlerin aus Hamburg, einen Mitarbeiter des Techno-Organs *Frontpage* aus Berlin sowie Clubwear-Vertreiber und DJ-Vermittler aus München und Frankfurt. Auf mich kam man durch Artikel in diversen Musikzeitschriften.

Der entscheidende Grund, erst mal ja zu sagen zu diesem kuriosen Jobangebot, war natürlich das Geld. Eitelkeiten aufgrund der Tatsache, daß man sozusagen als Meinungsführer bestimmter Kreise auserkoren wurde, dürften wohl bei niemandem aufgekommen sein. Obwohl die Techno- und House-Szene momentan mit den Marketing-Strategien der großen Konzerne verquickt ist wie keine Jugendkultur vorher, heißt das nicht, daß man sich über die Auswirkungen solcher Geschäfte keine Gedanken macht oder nicht ab und an Bauchschmerzen hätte. Ob es befreundete DJs sind, die bei irgendwelchen Marlboro-House-Tours auflegen, Produzenten, die bei Major-Plattenfirmen unterschreiben, oder man selbst: Es herrscht ein großes Rechtfertigungsbedürfnis, man spricht gerne mit Leuten, die in ähnlichen Situationen sind. Das Hauptargument für eine Kooperation mit der »bösen« Industrie ist meist dasselbe: Ich benutze die genauso für meine Zwecke wie die mich für die ihrigen. Und konzeptionell reinreden lasse ich mir sowieso nicht!

Für die praktische Arbeit eines Trendscouts bedeutet das etwa folgendes: Man tut nichts anderes als das, was man sonst auch tun würde. Man geht aus, streift einmal wöchentlich durch die Plattenläden, sieht dabei eine Menge Leute und schnappt den einen oder anderen Plan auf, den sich etwa ein Partypromoter zurechtgelegt hat. Einmal im Monat setzt man sich dann an den Computer und schreibt einen kleinen Bericht, in dem man die so gewonnenen Eindrücke festhält. Man weist etwa darauf hin, daß karierte Hosen und weiße Hemden für Jungs das absolute Muß sind, meldet die Sichtung von importierten Lowrider-Fahrrädern auf den Radwegen und erklärt, welche Musikstile momentan bevorzugt werden, welche Clubs gut sind und was dort an Veranstaltungen geplant ist, die eine Sponsorunterstützung verdienen würden. Auf diese Weise entsteht ein »subjektives« Bild der eigenen Stadt, das man, mit Fotos, Flyern und Zeitungsausrissen versehen, zur Post bringt. Die Auswertung erfolgt dann in der Agentur. Dort werden die Berichte komprimiert, es werden Rückfragen gestellt, und schließlich wird das Ganze für den Auftraggeber zusammengefaßt.

Man mag sich fragen, was ein Weltkonzern wie Adidas mit einem solchen Sammelsurium von Informationen denn dann eigentlich anfängt. Im Vergleich zu Zigarettenfirmen wie Camel oder Marlboro nimmt sich das Partysponsoring der Marke mit den drei Streifen zum Beispiel eher mager aus.

Aber die finanzielle Beteiligung an irgendwelchen Raves ist auch nicht der einzige Grund, aus dem man sich das Netz von Szene-Informanten hält. Eine Firma, deren (übrigens sehr junges) Designteam im Stammhaus in Herzogenaurach irgendwo in der Nürnberger Prärie sitzt, braucht natürlich externe Augen und Ohren in den urbanen Zentren, um aufkommende Entwicklungen nicht zu verschlafen. Die Beobachtungen der Scouts dienen den Produktentwicklern also als Inspiration, um etwa den passenden naturfarbenen Leinensneaker zu den angesagten Erdfarben zu entwerfen oder den leuchtendgrünen Skateschuh für die wieder stärker werdende Skaterszene. Auch ein Feedback, wie bestimmte Kollektionsteile letztendlich dann ankommen, ist natürlich wichtig.

Alle paar Monate gibt es dann an immer wechselnden Orten Treffen, auf denen zum einen die Scouts über die neue Kollektion und hauseigene Veranstaltungen wie etwa die Streetball-Cups informiert werden, zum anderen auch ein großes Brainstorming darüber, welche Ideen die Scouts für neue großangelegte Aktionen hätten. Meist sind dies die Momente, in denen man merkt, daß man es mit einer Weltfirma zu tun hat, für die all das Trendmarketing nur ein kleiner Bereich innerhalb ihres riesigen Geschäftsbereichs ist.

Man erfährt etwa, daß die Neuproduktion des Gazelle-Turnschuhs aus den 70ern insgesamt nur ein das Image förderndes Zuschußgeschäft war, obwohl jeder zweite, den man kennt, ein Paar sein eigen nennt. Oder der Vorschlag, die von einem Lizenznehmer in Japan hergestellten Lack-Handtäschchen an ausgewählte Clubwear-Läden in Deutschland zu vertreiben, stößt auf vehemente Bedenken rechtlicher Art. Auch wenn über mögliche Projekte zu »kontroversen« Themen wie etwa Drogen nachgedacht wird, muß ein sorgfältig abgewogener Kompromiß zwischen Glaubwürdigkeit in der Szene und dem Gesamtimage eines Sportartikelherstellers gefunden werden, für den Doping noch eine ganz andere Bedeutung hat. Nach zwei Stunden Diskussion stürzt sich die bunt zusammengewürfelte Truppe aus Marketingexperten, Werbern und Scouts dann ins Nachtleben. Schließlich soll den Adidaslern ja mal vorgeführt werden, wovon eigentlich die ganze Zeit geredet wird.

Zukünftige Meetings sind in London, Barcelona und (das muß aber der Buchhaltung wohl erst noch erklärt werden)

Tokio geplant. Klingt total überkandidelt, aber vielleicht macht es durchaus Sinn, zum Beispiel in der Themse-Metropole, wo Secondhand-Levi's-Jeans nach Jahrgängen sortiert im Laden hängen und im Victoria-&-Albert-Museum eine Ausstellung mit dem Thema »Street Style« sich dem Kleidungsstil der Techno-Szene soziologisch nähert, ein paar hintergründigere Informationen aufzuschnappen und einen Blick in die Zukunft zu werfen.

Allerdings erntet man meist großes Gelächter, wenn man mit solchen Erklärungen versucht, derartige Kurztrips als etwas anderes als Spesenrittertum darzustellen. Wie überhaupt von vielen in der Techno-Szene der ganze Sinn des Trendmarketings angezweifelt wird. Raucht irgend jemand Camel, weil sie sich die Love Parade gekauft haben? Das dahinterstehende Modell, durch Schaffung eines positiven Images in einer bestimmten Gruppe von Trendsettern auf lange Sicht auch den Rest der Bevölkerung, der eben jener Gruppe alles nachmacht, auf seine Seite zu ziehen, ist natürlich letztendlich eine Glaubenssache. Zumindest manchmal scheint es aber recht gut zu funktionieren, sonst stünde das Party-Gesöff »Red Bull« nicht mittlerweile im Kühlregal fast jeder Tankstelle.

Negativere Reaktionen als Zweifel am Sinn des Engagements einer Firma wie Adidas in der Szene bekommt man als Vertreter vor Ort eigentlich nicht zu spüren. Keiner hat bislang ein kostenloses Paar Turnschuhe abgelehnt, und angesichts zunehmend astronomischer DJ-Gagen sind die meisten Veranstalter durchaus erfreut über einen Sponsor, der dezent sein Logo postiert und nicht versucht, den ganzen Club in eine gigantische Werbefläche umzugestalten. Man selbst ist ganz froh, das Geld den Leuten zukommen zu lassen, die es durch ihre innovative Arbeit auch verdienen, anstatt es im Portemonnaie eines besonders geschäftstüchtigen Groß-Rave-Veranstalters enden zu sehen. Und das ist eigentlich das Merkwürdige an dem ganzen Job: Für

Adidas und für die Agentur ist es genauso wichtig wie für einen selbst, daß man immer auf der anderen Seite steht, der des Undergrounds und nicht jener der Werbeindustrie.

Denn In & Out-Listen kann man seitenweise in irgendwelchen Zeitschriften nachlesen – gewünscht ist eine unabhängige, durchaus auch kritische Auseinandersetzung mit der Marke. Und solange das so bleibt, kann ich meinem Job als Trendscout auch mit ruhigem Gewissen weiter nachgehen. Wenn nur dieses dämliche Wortungetüm nicht wäre ...

Tom Holert / Mark Terkessidis

Tom Holert und Mark Terkessidis arbeiten beide regelmäßig für »Spex« und haben den Reader »Mainstream der Minderheiten« herausgegeben. In ihrem hier abgedruckten Vorwort skizzieren sie, wie sich das Verhältnis Subkultur/Mainstream in den Jahren seit NIRVANAS *»Smells Like Teen Spirit« grundlegend verändert hat. Die Industrie, so die Autoren, habe gelernt, Dissidenz als Kaufanreiz einzusetzen. Dissidente Musik- und Lebensstile müßten nicht erst mühsam von allem »Rebellischen« befreit werden, um sie für den Massenmarkt attraktiv zu machen – statt dessen verkaufe die Industrie jetzt »echte« Dissidenz an einen zunehmend segmentierten Massenmarkt.*

Mainstream der Minderheiten

Man braucht nicht zu betonen, daß sich die Welt und auch die Kategoriensysteme, in denen man gewohnt war, sie zu interpretieren, in den letzten Jahren radikal veränderten. Auch im Bereich Pop haben sich die Verhältnisse schwerwiegend gewandelt. Denn die Mythen über Pop, die in den achtziger Jahren tatsächlich noch zu einer politischen Praxis taugten, sind heute mehr als fragwürdig geworden. Selbstverständlich lebte auch der Pop-Mainstream schon immer von diesen Mythen, aber am Ende sah seine Authentizität doch nur aus wie eine goldene Schallplatte. Spätestens jedoch seit NIRVANAS »Smells Like Teen Spirit« aus dem Jahre 1992 riecht der Mainstream nicht länger abgestanden. Die ganze Nation der USA konnte sich plötzlich mit »alternativen« Rebellenkulturen identifizieren und dafür im Reservoir der subkulturell produzierten Zeichen des »Underground« aus dem Vollen schöpfen. »Underground«-Bands gingen zur Industrie, und diese erwartete zum ersten Mal nicht Glättung, sondern kompromißlose Abweichung. Industrie-Bands kamen nun von ganz unten, sprachen von Dissidenz, Purismus und Antikommerzialismus und hatten Angst, vom Mainstream kooptiert zu werden. Lollapalooza, das schlammige Neo-Woodstock der Piercing-Generation, wurde zum feuchten Traum der Aufsichtsräte von Entertainmentkonzernen. Hocherfreut präsentierte sich der Mainstream nun selbst als Minderheit.

Gleichzeitig wurde das Modell dieser Bands verallgemeinert: Die Generation X war geboren. »Die Eigensinnigen«, nannte ein *Spiegel-Spezial* eine Jugend, deren Charakteristikum gerade ihre selbstbewußte Heterogenität sein sollte. Und mit X markierte die Industrie wieder einmal eines ihrer wichtigsten Marktsegmente. »Der Rebell«, schrieb Tom Frank in der linken US-amerikanischen College-Zeitschrift *The Baffler,* »wurde ganz natürlich zum zentralen Bild dieser Konsumkultur. Er symbolisiert unaufhaltsame, richtungslose Veränderung, eine ewige Unzufriedenheit mit dem ›Establishment‹ – oder besser gesagt mit den Waren, die das ›Establishment‹ letztes Jahr zum Kauf empfahl.« Wo sich Dissidenz einmal des Konsums bediente, so bediente sich nun der Konsum der Dissidenz. Alles war zu gebrauchen, was Identität durch Differenz versprach. Die Generation X löste eine Menge Probleme: Sie schweißte die Diversifizierten als Konsumrebellen zusammen und verteilte sie gleichzeitig auf verschiedene Minderheiten. So hatten nun alle die gleichen Werte – bewußt kaufen, Stil erwerben – und konnten je nach minoritärem Gusto zielgruppenoptimiert angesprochen werden. Wer als Kulturschaffender da nicht mehr mitmachen wollte, dem blieb nur die Entfernung aus dem Lande Pop. »›Popular Culture‹ is the enemy; rock 'n' roll is the health of the state«, schrieb Tom Frank 1993, und Kurt Cobain brachte sich um.

Wenig später kam aus England eine Antwort auf Grunge, die die vorgebliche Authentizität des amerikanischen Mainstreams scharf zurückwies. Allerdings restaurierte der sogenannte Brit-Pop um Bands wie BLUR, OASIS oder PULP nur eine eigene Form von Authentizität. Postmoderne Ironie, bewußte Künstlichkeit, Camp, gebrochene Identitäten – alle Elemente, die an »subversivem« englischem Pop Anfang der Achtziger wichtig waren, galten nun als spezifisch britische Substanz und dienten der Abgrenzung gegenüber der US-Hegemonie im Mainstream. Die britische Unterhaltungsindustrie warf ihre kulturellen Mythen im globalen Konkurrenzkampf in die Waagschale. Auf »Buy British« konnten sich Firmen und Musiker mit Verve einigen. Dabei unterschieden sich die britischen Images von den US-amerikanischen letztlich nur durch ihre Codes. Während dort der langhaarige, weiße, mittelständische, männliche, heterosexuelle »Rebel« dominierte, ging es hier um den stilsicheren, weißen, mittelständischen, männlichen und nun ebenfalls heterosexuellen »Lad«. Der »Lad«, der in seinen mannigfaltigen Ausführungen tatsächlich einmal geschlechtliche Ambivalenz audrückte, symbolisierte in seiner neuen androgyn-straighten Ausdeutung durch Brit-Pop auch nur noch die unaufhaltsame, richtungslose Veränderung des perfekten Konsumenten: Die Zeitschrift *The Face* bezeichnete den neuen »Lad« als »changing man, built on shifting sands«.

Aber auch in den deutschen Jugendkulturen kamen in den letzten Jahren große Veränderungen zum Ausdruck.

Für die neunziger Jahre muß man – nicht allein wegen ihres Umfangs, sondern wegen ihrer gesellschaftlichen Wirkung – vor allem zwei nennen: Nazi-Skins und Raver. Diese Jugendkulturen verkauften und verkaufen gleichfalls den Mainstream als Minderheit. Nazi-Skins fühlten sich als Rebellen gegenüber der allzu liberalen, allzu multikulturellen Gesellschaft. Und diese Gesellschaft beeilte sich, so zu tun, als seien sie tatsächlich ein Ergebnis der Durchsetzung des »Denkens von '68«, als seien sie ein Produkt von zuviel Autoritätsverlust, Konfliktpädagogik oder Antinationalismus. Die amerikanische Nation begrüßte ihre »alternativen« Kinder und die britische ihre »subversiven«, während die deutsche Nation kaum verhohlen ihre »Nazi-Kids« instrumentalisierte, um das ungeliebte Asylrecht endlich loszuwerden. Die deutsche Rave-Kultur wiederum hat spätestens mit der monumentalen Love Parade von 1996 bewiesen, daß ihr Hedonismus den neuen gesellschaftlichen Gegebenheiten perfekt entspricht. »Die ›Love Parade‹ ist eine Leistungsschau der Wiedervereinigung«, stellte Cordt Schnibben fest, »ein Triumphmarsch für Helmut Kohl.« Die aus den schwarzen Subkulturen übernommenen Selbstbezeichnungen als »Nation«, »Tribe« oder »Family«, die dort als minoritäre Strategie der Selbstermächtigung dienten, sind nun in einem völlig immunisierten, staatsförmigen Mainstream aufgegangen. Der rebellische, jugendliche Hedonist ist die Verkörperung einer neuen kontrollgesellschaftlichen »Fitneß«.

»Minoritäre« Versuche aus den neunziger Jahren, herrschende Definitionsmonopole zu durchbrechen, wurden mit rasender Geschwindigkeit umgedeutet und in die »neue Dissidenz« integriert. Die relativ junge Bewegung der Riot Grrrls paßte von vorneherein nur begrenzt in das Raster der traditionellen Subkulturen. Denn hier besetzten junge Frauen Formen und Modelle der rockistischen Dissidenz und kritisierten damit nicht nur eine patriarchale Gesellschaft, sondern auch die patriarchale Struktur der Subkultu-

ren selbst. Die Riot Grrrls nahmen Punk-Ethos und Under-
groundorganisation (Netzwerke, Fanzines etc.) auch wieder
auf, um den Spaltungen innerhalb der Subkulturen nachzu-
spüren. Zu einer Zeit, als die Musik der beteiligten Bands in
Deutschland noch kaum bekannt war, stürzten sich bereits
die Medien auf das Phänomen, um es zusammen mit den er-
ratischen Beobachtungen von »Girl«-Mode hauptsächlich
im Umfeld von Techno zum »Girlie« zu verrühren (wiederum nicht umsonst früher eine Bezeichnung für lesbisch).
Die aggressiven Grrrl-Produzentinnen, die mit ihren »politisch korrekten« Ansprüchen und ihren parodistischen
Selbstbezeichnungen immer »Underground« blieben, wurden einfach in die neue mediale Vorstellung von vorgeblich
selbstbewußten, niedlichen Mädchen eingearbeitet. Diese
brauchten sich um die von ihren Müttern durchgesetzte
Gleichberechtigung nicht länger zu kümmern, nein, sie waren gegenüber ihren »emanzipierten« Müttern gerade in ihrer naiven Mädchenhaftigkeit besonders dissident. Der »Rebel«, der von homosexuellen Konnotationen gereinigte
»Lad«, der hedonistische Konsument, sie bekamen das
»Girlie« an ihre Seite. Und in ihrer scheinbaren Dissidenz
stellten sie alle zusammen die gestörte Geschlechterordnung
wieder her.

Derweil organisiert sich der Mainstream auch auf indu-
striell-organisatorischer Ebene immer »minderheitlicher«.
Unter Mainstream verstand man im Feld der Kultur ge-
meinhin eine normalisierende, tendenziell monokulturelle
Form der Warenproduktion. Das beste Beispiel für einen
solchen Mainstream sind die Blockbuster-Medienverbünde
der Filmindustrie, die bei größtmöglichem Wiedererken-
nungswert und geringster Variation an die jeweils erfolgver-
sprechendsten Muster der Kinogeschichte anknüpfen und
nur in der Erweiterung von Distributionsmethoden und
Merchandising den Anspruch auf Innovation erheben. Parallel zu diesem klassischen Mainstream-Prinzip wurde immer auch versucht, den massenkulturellen Markt mit einer

gewissen Produkt-Vielfalt zu erschließen. Lange Zeit dienten diese Versuche allerdings vor allem dazu, neue Produkte in Hinsicht auf ihre spätere »Mainstreamisierung« zu testen. Das totalisierende Moment der ökonomischen Kräfte tendierte weiter dahin, vereinheitlichend auf das kulturelle Warenangebot einzuwirken.

Inzwischen haben sich die Verhältnisse jedoch gewandelt. Die Bedürfnis-Befriedigung der zu Minderheiten zusammengeschweißten »Rebel«- und »Girlie«-Konsumenten der »Generation X« benötigt neue Organisationsformen. Die global operierende Tonträger-Industrie kopiert zur Belieferung eines segmentierten Marktes nun die kleinteiligen Unternehmensstrukturen der Independent-Label. Dabei produziert sie neuartige Arbeitsverhältnisse und Berufsbilder in Popkultur und Unterhaltungsindustrie. Die flexiblen »Rebels« und »Girlies« finden hier flexible Tätigkeitsfelder mit hohem Identifikationsgrad. Das alte Indie-Arbeitsethos der Selbstausbeutung kommt dort, wo sich ökonomische Macht den Anschein frickelnder, alternativer Ohnmacht gibt, den Bilanzen der Unternehmen äußerst gelegen.

Mittlerweile bemüht sich der Mainstream so vehement um das symbolische Kapital von »Minderheiten«, daß man sich fast nach den Zeiten zurücksehnt, als ein Major noch ein richtiger Major war. Denn die schimmernde, flexibilisierte Gesellschaftszustände widerspiegelnde Smoothness der Produkt- und Unternehmensoberflächen kaschiert dramatische Rückschritte in bezug auf organisierte Arbeit und den Verlust erkämpfter sozialer Sicherheiten, aber auch manifeste Einbußen einer realen Chance auf ein affektives »Investment« (Lawrence Grossberg) in Popkultur.

Für die tatsächlich marginalisierten schwarzen Minderheiten in den Vereinigten Staaten wird durch die ideologische Mainstreamisierung minoritärer Konzepte der strategische Raum langsam eng. Denn hier ausprobierte Konzepte gingen von den freiwilligen weißen Minderheiten zu einem Mainstream über, der sich nun selbst als dissident

vorführt. Explizit politische HipHop-Bands wie PUBLIC
ENEMY verfallen in ein beredtes Schweigen. Andere schützen ihre »klandestine« Kommunikation mit der Community, indem sie nach außen hauptsächlich »crazyness« zur
Schau stellen. Als »ill figure« bezeichnete sich A TRIBE
CALLED QUEST-Mitglied Q-Tip auf dem BEASTIE BOYS-Al-
bum *Ill Communication*. Der aus dem WU-TANG CLAN
stammende Ol' Dirty Bastard und EX-LEADERS OF THE
NEW SCHOOL-Rapper Busta Rhymes treiben mit ihren
stammelnden Geräuschen eine Art neuen »Black Dada Ni-
hilismus« (Amiri Baraka) weiter voran.

Unter diesen Bedingungen wird es immer schwieriger, die
Funktion von Popkultur so zu interpretieren, wie es bis vor
kurzem noch üblich und angemessen schien. Der »kreative«
Gebrauch der massenkulturellen Produkte, zentraler Bestandteil der positiven Utopie von Popkultur als »takti-
scher« Konsumption, tritt zugunsten des »kreativen« Ge-
brauchs der Pop-, Jugend-, Subkulturen durch die Massenkultur selbst zurück. Die alte Logik der Inkorporierungen
und Exkorporierungen scheint überhaupt nicht mehr zu
greifen; auch die Rede von den »verwischten Grenzen«
macht einen zunehmend unangemessenen Eindruck. Es hat
jedoch wenig Sinn, all das zum Anlaß zu nehmen, mit den
(sub-)kulturellen Praktiken pseudoradikal abzuschließen.
Damit wäre jegliche Möglichkeit dahin, auf die Verhältnisse
anders als kulturpessimistisch zu reagieren. Denn im neu
organisierten Mainstream existieren am Rand, aber auch in
der Mitte, interessante Fransen und Wucherungen. All die
oben genannten Phänomene – Grunge, Brit-Pop, Rave-
Techno, selbst Nazi-Skinkultur in den vielfältigen anderen
Ausprägungen der Skinkultur – haben solche Fransen. Aber
die Verwicklungen sind andere als früher. Es gibt allerdings
gute Gründe, sich den diversen Selbsttäuschungen über
Subversion und Rebellion von Pop zu verweigern. Denn in
dieser Allgemeinheit dienen sie ausschließlich industriellen
Profitinteressen und der Durchsetzung neuer gesellschaft-

licher Verhältnisse. Es geht vielmehr darum, die immense Rolle von Pop für diese Durchsetzung genau zu analysieren. Warum konnte etwa von Elvis und den Mods, KRAFTWERK und Soul das oben beschriebene Panorama übrig bleiben?

Wenn man heute über Elvis und die Mods nachdenkt, so verkörpern sie jenseits der Mythen tatsächlich einen immensen Fortschritts-Optimismus. Junge Leute aus den unteren Schichten der Gesellschaft verlangten nach dem Zweiten Weltkrieg lautstark sowohl gesellschaftliche Mobilität als auch das Vergnügen, das die Kulturindustrie ihnen permanent versprochen hatte. So fanden plötzlich auf einem Feld schwere gesellschaftliche Auseinandersetzungen statt, das kurz zuvor linke Theoretiker als totalitäre Ergänzung der Disziplinargesellschaft identifiziert hatten.

Im »Kulturindustrie«-Kapitel ihres Buches *Dialektik der Aufklärung* machten Theodor Adorno und Max Horkheimer in den vierziger Jahren darauf aufmerksam, daß die kulturindustrielle Massenproduktion das Supplement eines autoritären Fürsorgeregimes war. Die Individuen wurden »von früh an in ein System von Kirchen, Klubs, Berufsvereinen und sonstigen Beziehungen eingeschlossen, die das empfindsamste Instrument sozialer Kontrolle darstellen. Wer sich nicht ruinieren will, muß dafür sorgen, daß er, nach der Skala dieses Apparats gewogen, nicht zu leicht befunden wird.« Die Welt war im großen und ganzen reglementiert wie die Produktionsabläufe in einer Fabrik: Das dichte Netz von Beziehungen schrieb den Individuen ein streng geordnetes Alltagsleben vor.

Kulturindustrie ergänzte dieses Disziplinarregime, indem sie neben dem Körper auch die »Seele« integrierte. Denn hier durfte sich der in die Produktion eingespannte Körper nach Feierabend im Gehege der »Seele« erholen und sich für den nächsten Tag wiederherstellen. Damit wurde tendenziell auch die Freizeit zur Arbeit, denn der »Freizeitler«

hatte sich an der »Einheit der Produktion« auszurichten. Die Fluchten aus dem Alltag, die Vorstellungen eines anderen und besseren Lebens ließen sich so in ein totalitäres Alltagsleben ohne jedes »Außen« integrieren: »Mit der Flucht aus dem Alltag, welche die Kulturindustrie in allen ihren Zweigen zu besorgen verspricht, ist es bestellt wie mit der Entführung der Tochter im amerikanischen Witzblatt: Der Vater selbst hält im Dunkeln die Leiter. Kulturindustrie bietet als Paradies denselben Alltag wieder an.«

Heute ist man in der Lage, Horkheimers und Adornos Thesen nicht mehr als universelle Beschreibung einer Art überhistorischen Kulturindustrie zu lesen – was sie selbst suggeriert haben und von Linken in ihrem Gefolge gerade in Deutschland gern geglaubt wurde. Man kann erkennen, daß es sich um die Darstellung der Funktion der industriellen Massenproduktion von Kultur in bezug auf einen bestimmten gesellschaftlichen Zustand handelt. Diesen Zustand würde man heute wohl als Höhepunkt der Disziplinargesellschaft bezeichnen. Die fordistischen Kompromisse wie der »New Deal« in den USA hatten es vermocht, das regelmäßige Alltagsleben, das im Vergleich zum unsteten »täglichen Leben« ein Privileg des Bürgertums war, auf immer mehr gesellschaftliche Schichten auszuweiten. Das Alltagsleben stellte die Bedürfnisbefriedigung auf Dauer, wobei der Preis, der für diese »Sicherheit« zu entrichten war, in der scharfen Dressur der Lebensabläufe bestand. An jedem beliebigen Tag und zunehmend auch im gesamten Leben wurde man von einem disziplinierenden »Einschließungsmilieu« (Michel Foucault) zum anderen weitergereicht: Familie, Schule, Universität, Militär, Büro, Fabrik etc. (bei Versagen auch: Gefängnis oder psychiatrische Anstalt). Dieser Welt der körperlichen Disziplinierung diente Kulturindustrie als totalisierendes Supplement: Kultur brachte die »Seele« unter Kontrolle.

Während aber Adorno und Horkheimer in der Kulturindustrie ausschließlich den vereinheitlichenden Apparat sahen, der die vollständige Totalität der bürgerlichen Gesell-

schaft verwirklichte, entwickelten sich Teile dieser Kulturindustrie nach dem Krieg in Verbindung mit der Jugend zu
einem manifesten Medium von gesellschaftlicher Veränderung. Ebenso wie das Alltagsleben entstand auch die Jugend
– verstanden als spezifischer Lebensabschnitt – mit der
Durchsetzung der bürgerlichen Gesellschaft im 19. Jahrhundert. Und ebenso wie das Alltagsleben errang Jugend als soziale Praxis unmittelbar nach dem Zweiten Weltkrieg ihren
größten Grad von Allgemeinheit. Die »Babyboomer« der
USA und Europas, sie waren vielleicht *die* Jugend an sich.
In ihnen verkörperte sich die gesamte Fortschrittsgläubig-
keit des Fordismus, sie repräsentierten eine Zukunft, in der
alles nur noch besser und gleicher und blühender werden
konnte. Aber die Jugend, die nicht mehr wußte, was Mangel
war, wollte auf die strahlende Zukunft nicht warten, sie
wollte sie sofort. Und die Kulturindustrie – und besonders
Pop – wurde zum Medium dieser Forderungen. In der Jugend und ihrer erfolgreichen Artikulation von Protest via
Rock 'n' Roll verkörperte sich ein Bruch in den sozialen Anforderungen der kapitalistischen Gesellschaft. Während der anfängliche Fordismus vor allem einen Ausgleich
zwischen Produktion und Konsum schuf, begann sich
nach dem Krieg etwas zeitversetzt in verschiedenen Ländern eine Dominanz des Konsums herauszukristallisieren.
Zuvor richtete sich die Lebensweise im großen und ganzen
nach den Imperativen der Produktion – Arbeit, Karriere,
Konkurrenz, Leistung, Besitzindividualismus, private Familie und intaktes Heim. Der Massenkonsumismus jedoch
brachte ganz andere Werte ins Zentrum der Gesellschaft:
statt Sparsamkeit Geldausgeben, statt Genügsamkeit Stil,
statt Dauerhaftigkeit Wegwerfprodukte, statt ständigem
Aufschub von Bedürfnissen schnelle Befriedigung. Und
diese Werte verkörperten sich im gerade erfundenen »teenage consumer«.

  Ob sie es wollten oder nicht, die Jugendlichen und ihre Musik wurden zur gesellschaftlichen Avantgarde der

Durchsetzung der neuen Werte des Konsumismus. Sie
wehrten sich vehement gegen die fabrikartig organisierte
Welt ihrer Eltern, gegen die ständige Disziplinierung und
Bedrängung ihrer Körper und verlangten von der Kulturindustrie die Einlösung ihrer Versprechen. Wenn Elvis
mit den Hüften wackelte, dann forderte er zur Flucht
aus dem Gefängnis des reglementierten Alltagslebens auf.
Rock 'n' Roll war selten im traditionellen, d. h. fordistischen Sinne politisch: Es ging nur selten um Parteien oder
Ideologien. Die meisten Songs handelten von erfüllten zwi-
schenmenschlichen Erfahrungen. Aber gerade darin äußerte
sich eine Politik, die Peter Brückner »Umwälzung von All-
täglichkeit« genannt hat, eine Körperpolitik im Hier und
Jetzt. Heute könnte man auch sagen: Es ging um persönliche Betroffenheit. Pop interessierte sich hauptsächlich für
Themen, die sich in Probleme des alltäglichen Lebens übersetzen ließen. Die sozialen Hintergründe des Krieges in
Vietnam waren zumeist wesentlich weniger relevant als die
persönliche Tatsache der Einberufung. Dementsprechend
engagieren sich Popmusiker heute überwiegend für die
Ziele von Greenpeace.

Die Kämpfe der Jugend mit Hilfe von Pop gehörten
ebenso wie antirassistische, feministische, friedensbewegte
oder ökologische Kämpfe zu den neuen sozialen Bewegungen der Nachkriegszeit. Jugendbewegungen enthielten alle
Elemente, die Michel Foucault in seinem späten Aufsatz
»Das Subjekt und die Macht« zusammenstellte, um das Gemeinsame der verschiedenen Formen des Widerstandes gegen die Disziplinargesellschaft zu charakterisieren. Es handelte sich um »transversale«, nicht auf ein bestimmtes Land
beschränkte Kämpfe. Sie zielten direkt auf die unmittelbaren Auswirkungen eines bestimmten Machttypus auf das
konkrete Individuum. Die Jugendlichen bestanden auf Differenz und stellten sich die Frage, wer sie denn eigentlich
seien. Und schließlich kämpften sie gegen Machtwirkungen
an, die an ein elitistisches Wissen gekoppelt waren. Daß der

kulturindustrielle Mainstream gerade durch seine Vereinheitlichung ständig große Massen ansprach, öffnete der Körperpolitik der Jugendlichen dabei ungeahnte, »basisdemokratische« Kanäle. Pop als Massenprodukt sollte sich ja gerade jeder leisten können und jeder verstehen.

In ihrem Kampf gegen die Disziplinierungen des Alltagslebens lehnten sich Popkulturen von vorneherein auf verschiedene Weisen besonders an schwarze Minderheiten an. Sie schlossen ihre Körperpolitik mit der vorgeblichen Körperlichkeit der Marginalisierten kurz und stellten sich damit freiwillig ins Außerhalb. Rock 'n' Roll überquerte als weiße Bearbeitung schwarzer Musik ästhetisch die »Colour-Line«. Schwarze galten ohnehin als das »andere« der Disziplin – als sexuell aufreizend, faul und happy-go-lucky –, insofern waren sie für die weiße Körperpolitik Vorbilder. »Rock bedeutet nicht nur, daß weiße Jungs den Blues singen«, schreibt Lawrence Grossberg, »es ist auch der Sound derjenigen, die in ihrem Alltagsleben gefangen sind und sich seine Negation nicht vorstellen können (und sie eigentlich auch nur mit gemischten Gefühlen wünschen), wenn sie versuchen, die Sounds von denen zu produzieren, die kein Alltagsleben haben.« Dabei war Popmusik kaum einmal »transzendent«: Daß man auf der »anderen« Seite eigentlich nur die eigenen Selbstdefinitionen für die anderen finden konnte, führte selten dazu, das unterdrückerische Wertesystem zu hinterfragen, das zwischen »ihnen« und »uns«, zwischen Schwarz und Weiß unterschied.

Wenn man Jugend- bzw. Popkulturen als spezifische (und erfolgreiche) Widerstandsformen gegen die Disziplinargesellschaft begreift, so kann man verstehen, warum die herkömmliche Betrachtungsweise von Pop heute nicht mehr stimmt und die Popmythen reaktionär wirken. Denn die Disziplinargesellschaft selbst befindet sich im Übergang zu etwas Neuem. Wenn man so will, sind wir heute von dem, was Adorno und Horkheimer an einer Stelle als »aussichtslose Abhängigkeit« der Individuen bezeichneten, unterwegs

zu etwas, was man ihre »aussichtslose Unabhängigkeit«
nennen könnte. Jugend- und Popkultur sind von diesen
neuen gesellschaftlichen Zuständen nicht einfach kooptiert
worden, sie haben wie andere neue soziale Bewegungen auf
eine ambivalente Weise zu deren Herbeiführung maßgeb-
lich beigetragen.

Wie aber äußern sich diese neuen Verhältnisse? Manche
Autoren bezeichnen die heutige kapitalistische Regulations-
weise als Postfordismus. Die traditionelle Fabrik, die an einen bestimmten (nationalen) Standort gebunden war, löst
sich auf in ein global vernetztes Unternehmen, in dem Management, Verwaltung und Fließbänder in ganz verschiedenen Regionen der Erde stehen können. Staatliche Politik
konzentriert sich daher immer weniger auf die allgemeine
Wohlfahrt als vielmehr darauf, einem international agieren-
den Kapital möglichst günstige Standortbedingungen anzu-
bieten. Im scharfen Konkurrenzkampf verwandeln sich Na-
tionen tendenziell selbst in GmbHs. Die ehemals betreuten,
aber eben auch disziplinierten Individuen werden ebenfalls
zunehmend zu freien Unternehmern. Sie sind dabei in jeder Beziehung »befreit«: »frei« von inneren Zwängen,
aber auch »frei« von jeder staatlichen Fürsorge. Da Voll-
beschäftigung wegen der technischen Rationalisierungen
nicht mehr angestrebt wird, fallen immer mehr Individuen
aus allen Auffangsystemen heraus.

Gilles Deleuze hat die neue Formation nach ihrem
Machttypus und in Abgrenzung zur Disziplinargesellschaft
»Kontrollgesellschaft« genannt. Während die Fabrik selbst
ein Körper war und vor allen Dingen auf die Körper ein-
wirkte, so ist das Unternehmen heute eine »Seele«. Während der Arbeiter seine Einspannung in die Produktionsabläufe »seelisch« verneinen konnte, wird heute vom Mitarbeiter volle Identifikation mit dem Unternehmen erwartet.
Die Einschließungsmilieus befinden sich dabei in einer
schweren Krise: Man spricht laufend über die Probleme von
Schulen, Universitäten und sogar der Armee. Ihre Erset-

zung durch eine permanente Kontrolle hat bereits begonnen. »In den Disziplinargesellschaften«, schreibt Deleuze, »hörte man nie auf anzufangen (von der Schule in die Kaserne, von der Kaserne in die Fabrik), während man in den Kontrollgesellschaften nie mit etwas fertig wird: Unternehmen, Weiterbildung, Dienstleistung . . .«

Es liegt auf der Hand, wie Jugendkulturen und Popmusik unabsichtlich bei der Entstehung dieser Kontrollgesellschaft mitgeholfen haben. Die Jugend verneinte mit Hilfe der »seelischen« Paradiese der Kulturindustrie den Körper der Fabrik und verhalf dabei der Kulturindustrie zu einem neuen Platz im Zentrum der Gesellschaft. In Westeuropa, den USA und Japan wird heute mit der industriellen Fertigung von Kultur mehr Geld verdient als mit der von Stahl. In Großbritannien hat Popmusik allein die alte Schlüsselindustrie bereits überholt. Die Jugendlichen protestierten gegen die Einschließung und trugen damit dazu bei, das Leben in einen endlosen Fluß flexibler und immer wieder kontrollierter Fähigkeiten zu verwandeln. Die Werte von Produktions- und Konsumptionssphäre haben sich unwiederbringlich vermischt. Spaß ist nun nicht mehr auf bestimmte Reservate beschränkt, sondern eine endlose Ressource sowohl für Produktion als auch Konsumption. Während in der Disziplinargesellschaft Arbeit und Erholung strikt getrennt waren, sieht Arbeit heute aus wie Freizeit und Freizeit wie Arbeit. Im Unternehmen schuften die Mitarbeiter, als ginge es um ihr persönliches Vergnügen, und in der Freizeit vergnügen sie sich, als ginge es ums Schuften. Die Frage »Wer sind wir?« beantwortet die »corporate identity« des Unternehmens. Hierhin ist die »Seele« gewandert, und der Körper wird in der Freizeit durch Extremsportarten und ähnliches einer strengen Kontrolle unterworfen. Während Pop früher zumindest die Idee einer »anderen« Seite, wie falsch das schon immer gewesen sein mag, aufrechterhielt, findet das neue gesellschaftliche Kon-

trollethos in den Fluchtlinien selbst statt. Die längst einge-
stellte Zeitschrift *Tempo* rief Anfang der Neunziger die sogenannte »Popmoderne« aus. Sie hat recht behalten und
letztlich genau so, wie es ihr lieb war.

Die Jugend wurde schließlich zur Avantgarde ihrer eigenen Abschaffung. Denn je mehr der mit Jugendlichkeit
verkoppelte Konsumismus ins Zentrum der Gesellschaft
rückte, desto mehr wurde die Gesellschaft als ganze durch
ihren Konsum jugendlich. In kaum zwei Jahrzehnten wiesen die zunächst als Abweichler bekämpften Jugendlichen
allen den Weg: Alle sehnen sich heute nach jugendlichem
Lebensstil und jugendlichem Aussehen. Alle sehnen sich
nach der Flexibilität der Jugend. Und so wurde Jugend zu
einem Instrument der ständigen Kontrolle: Sehe ich noch
gut genug aus? Bin ich noch beweglich genug? Bin ich noch
nicht zu alt für einen neuen Job? Habe ich diese Tapete
nicht schon seit Jahren?

Aber auch in einer anderen Hinsicht dient Jugend gegenwärtig als Kontrollinstanz. Je mehr alle Individuen ihre Me-
tamorphose zum Jugendlichen durchliefen, desto mehr repräsentierten die Konflikte der Jugend solche der ganzen
Gesellschaft. Heute wird in den Problemen der Jugend aus-
gehandelt, wer überhaupt noch zur Gesellschaft gehören
darf und wer nicht. Bis weit in die siebziger Jahre beobachtete man an der Jugend hauptsächlich disziplinarische Abweichungen von der Normpersönlichkeit: schmatzendes
Kaugummikauen, Krach, Dreck, lange Haare, bunte Haare
usw. Heute werden, wenn es um das »Schlachtfeld Jugend«
(*Die Welt*) geht, härtere Geschütze aufgefahren: Drogen,
Waffenbesitz, Schlägereien etc. In der Hauptsache dreht es
sich um das »Gewaltproblem«. Obwohl Gewalt in allen
Staaten des Westens eine Richtung hat (in Deutschland handelt es sich hauptsächlich um rassistische Gewalt) oder auf
bestimmte unterprivilegierte Orte beschränkt bleibt (in
Frankreich auf die Vorstädte, in den USA auf die Ghettos),
so gilt Gewalt in Verbindung mit Jugend überall als etwas

hochgradig Allgemeines, Diffuses und Unheimliches. Wenn unsere Kinder gewalttätig sind, so kann Gewalt jedem widerfahren.

Während die Jugend selbst avantgardistisch die Abschaffung der Disziplin ertrotzte, wird sie im jetzigen Gewaltdiskurs als Avantgarde benutzt, um die neuen Unterscheidungskriterien der Kontrollgesellschaft durchzusetzen. Denn, wie erwähnt, kann die Gesellschaft nicht alle ihre freien Unternehmerexistenzen ernähren. Sie präsentiert sich als Nullsummenspiel: Einige »Freie« verdienen immer mehr, einige sehr gut, die meisten weniger und immer mehr überhaupt nichts. Da es kein Interesse an einem geordneten Leben mehr gibt, ist jede Modulation erlaubt – außer dem Verbrechen und der Gewalt. Der Punkt der Auffälligkeit stellt das Individuum dabei ins totale gesellschaftliche Außen: Die Gewalt hat keine Geschichte und keine Folgen außer harter Strafe. Scheitern ist wieder Privatsache. Und die durch die scheinbar allgemeine Bedrohung legitimierte »Sicherheit« bedeutet daher die einfache Verhinderung von Gewalt und Verbrechen durch örtlich begrenzte drakonische Maßnahmen sowie eine Militarisierung des Alltags. In den USA sind aus verschiedenen Städten Ausgangssperren für Jugendliche bekannt; in Frankreich werden noch in diesem Jahr fast 5000 Wehrpflichtige an Schulen eingesetzt, um dort Aufsicht zu führen. Und da heute alle Individuen Jugendliche sind, so muß die Jugend als Alter mit begrenzter Haftung folgerichtig ihren Hut nehmen: In den USA werden zunehmend Jugendliche juristisch wie Erwachsene behandelt, und man denkt darüber nach, auch den gesonderten Jugendstrafvollzug abzuschaffen. Bret Easton Ellis schrieb in dem »popmodernen« neuen Polit-Organ *George* einen Artikel über Gewalt mit dem Titel »Why kids are running America«. Er hat ebenso recht, wie ihm lieb ist.

Nichts scheint dabei verpönter als die politische Kritik an der Kontrollgesellschaft. Der kapitalistische Markt, der momentan in ganz traditionellem Sinne die Reichen immer reicher macht und die Menge der Unbrauchbaren immer größer werden läßt, gilt allgemein als unantastbar. Mehr noch, er gilt als Allheilmittel. Joachim Hirsch sprach bereits von einem »zivilgesellschaftlichen Totalitarismus«, da offenbar im sozialen Leben außer der individuellen Selbstverwandlung in einen »erfolgsadäquaten Apparat« (Adorno/Horkheimer) kein Handlungsentwurf mehr vorgesehen ist. Die Räume für Kritik werden aber aus dem Grund enger, weil mit dem Sieg über die Disziplinargesellschaft das Kategoriensystem gesellschaftlicher Selbstbeschreibung kulturalisiert wurde. Was zuvor noch wirtschaftlich oder politisch interpretiert werden konnte, läßt sich jetzt nur noch durch die Brille der Kultur betrachten. Auch das ein Ergebnis von jugend- und popkulturellen Kämpfen: Soziale Unterschiede gelten heute als konsumistische Stilprobleme, und soziale Auseinandersetzungen können nur noch als symbolische Kämpfe wahrgenommen werden. Rassistische Ausschreitungen mit Todesfolge sind nichts anderes mehr als ein Problem von Generationsunterschieden, Erziehung und Identität. Wenn man betont, es handele sich um Probleme von politischer Rechtlosigkeit und ökonomischer Ausgrenzung, dann hat man damit zu rechnen, daß man einfach nicht mehr ernstgenommen wird. Vielleicht lächelt jemand milde.

Es ist überhaupt kein Wunder, daß der Begriff Pop heute schwer umkämpft ist. Eine Mainstream-Medienmaschine muß sich endgültig eines Begriffs bemächtigt, der für die gesellschaftliche Repräsentation unabdingbar ist. Pop, das klingt immer noch fortschrittlich, bunt, interessant und vielfältig. Pop klingt wie die repräsentative Lüge einer Gesellschaft, die in ihrer scheinbaren Diversifizierung die ungeheuerlichste Kapitalkonzentration erlebt, und die in ihrer scheinbaren Freiheit die scheußlichsten Formen von Ausbeutung und Ausschluß einführt. Die einzelnen Pop-Produkte dienen ebenso wie Architektur, Kunst etc. der ästhetischen Selbstdefinition der Kontrollgesellschaft. Pop ist in diesem Sinne nichts anderes als eine Shopping Mall.

Aber aus dieser Repräsentationsfunktion ergibt sich eine neue Möglichkeit der Abgrenzung innerhalb des Popfeldes. Heute geht es nicht mehr darum, wer gerade im Besitz der vorgeblichen Authentizität von Pop ist, sondern darum, was und wer in bestimmten Spielarten von Pop repräsentiert wird: Konzepte der Affirmation oder solche des Widerstandes; der Mainstream oder die Subalternen. Was bedeutet »repräsentieren«? Repräsentation ist die Vor- und Darstellung einer Sache in einem anderen Medium. Die Mythen von der Dissidenz unterstellten Pop beispielsweise, er repräsentiere Widerstand und Fortschritt. Die Ereignisse der Popmusik wie Gigs, Festivals, Raves etc. verkörperten dabei die kommende Utopie. Ob die dargestellten Konzepte affirmativ oder oppositionell sind, kann oft nur entschieden werden, wenn man untersucht, für wen dort repräsentiert wird. Im Akt des Repräsentierens kann sich also eine Stellvertretung ausdrücken. Populäre Kultur hat sich immer in besonderer Weise dazu geeignet, Gemeinschaften herzustellen. Selbstverständlich waren diese Gemeinschaften nicht beliebig: Der kulturellen Verkörperung von Community ging immer eine zureichende Gemeinsamkeit der sozialen Praxis voraus. Populäre Kultur konnte beispielsweise dazu dienen, in Musik, Architektur oder Literatur die Gemeinschaft der Nation zu repräsentieren. Das setzte jedoch voraus, daß diese Nation als institutionelle Praxis bereits existierte. Popmusik konnte dazu dienen, die Gemeinschaft der Jugend zu repräsentieren. Dazu mußte es jedoch zuvor eine gemeinsame Praxis der »teenage consumer« geben. Tatsächlich hat Popkultur später dazu beigetragen, die mögliche Palette solcher Communities sehr variabel werden zu lassen. Dennoch braucht man sicher nicht zu betonen, daß Death Metal kaum in East L. A. hätte entstehen können. Musik stiftet also eine ästhetisch-sensuelle Übereinkunft, die einer Gemeinschaft einen »körperlichen« Inhalt gibt. Darüber hinaus kann Popmusik auch die Wünsche von Individuen repräsentieren. [...]

Der Weg von Pop als Widerstandsmedium gegen die Disziplinargesellschaft mitten ins Zentrum der Kontrollgesellschaft ist noch nicht abgeschlossen und muß zunächst begriffen werden. Wie sich daraus neue Formen des Widerstands entwickeln können, ist bisher weitgehend unklar. Gilles Deleuze, der den Maulwurf als das Tier der Disziplinargesellschaft und die Schlange als das der Kontrollgesellschaft bezeichnete, schrieb zu Recht: »Die Windungen einer Schlange sind noch viel komplizierter als die Gänge eines Maulwurfsbaus.«

Auf die Analyse, Kritik und Veränderung von Repräsentation wurden in den letzten Jahren sowohl im Bereich minoritärer Politik als auch im Bereich der sogenannten Cultural Studies große Hoffnungen gesetzt. Tatsächlich sind Kämpfe auf dem Feld der Kultur wichtiger denn je, und es lohnt sich definitiv, auch weiter ästhetisch um Repräsentation zu streiten. Allerdings muß man wohl aufgrund der ambivalenten Geschichte von Pop betonen, daß man diesen Kampf immer wieder verlieren wird, wenn es nicht gelingt, an den sozialen und institutionellen Praxen etwas zu verändern. Sonst wird auch die nächste mögliche Offensive minoritären Widerstandes gegen die »Schlange« nur der Veränderung und Immunisierung eines Mainstreams dienen.

6

Mensch bist du schön

HEIKE KLIPPEL / HARTMUT WINKLER

Die Anbetung des Stars, Ikone des »amerikanischen Traums«, gehört zum unverzichtbaren Traditionsbestand der Popgeschichte. Stars handeln stellvertretend für die Fans und ermöglichen durch ihr Identifikationsangebot dem einzelnen erst so etwas wie Selbstinszenierung und -stilisierung. In ihrem Grundsatzartikel entschlüsseln die beiden Frankfurter Medienwissenschaftler Heike Klippel und Hartmut Winkler den Popstar als Platzhalter erträumter Extreme.

Der Star – das Muster

Ständiger Veränderung unterworfen, immer über sich hinausdrängend und im Umbruch, gleicht die Kleidungsästhetik der Subkulturen eher fließendem Wasser als einem Gefüge fester Identitäten. Subtile Übergänge und vielfältige Vermittlungen kennzeichnen ein Gesamtbild, an dem Zehntausende von anonymen Produzenten täglich neu und besessen arbeiten.

Und dennoch herrscht kein Chaos: Zwei konkurrierende Ordnungssysteme machen die Orientierung in diesem Strom möglich, stellen den Fluß der Veränderung immer wieder scheinbar still. Beide sind künstlich und wie jede Ordnung von der eigentlichen Produktion fast unabhängig, beide funktionieren völlig verschieden und scheinen einander dennoch zu brauchen: Das erste System ist das der Bezeichnungen, der Worte, der Etiketten, das zweite das System der Stars.

Das Katalogisierungs- und Etikettierungsbedürfnis der
Medien ist fast schneller als die Produktion der Subkultur
selbst; im Bemühen um Typisierung werden komplexe ästhetische Phänomene auf einige wenige Attribute reduziert,
die Attribute umgekehrt füllen einen Begriff, der nun der
Realität ordnend und mächtig gegenübertritt. Einige Illustrationen oder Photos schließlich belegen: es gibt sie wirklich, die Punks (die Gothics, den flat top).

Das zweite Ordnungssystem ist weniger rigoros, komplexer und wesentlich wichtiger für die Orientierung der Subkultur selbst: Rock- und Popstars sind, offensichtlicher als
die Filmstars, die sie abgelöst haben, jeweils auch Exponenten einer bestimmten Ästhetik.
    In Wechselbeziehung zur jeweiligen Musikrichtung zeigt
diese Ästhetik, an welchen Ort, in welchen subkulturellen
Zusammenhang der Star sich stellt; daneben gewährleistet
sie die persönliche Abgrenzung, die Identifizierbarkeit gegenüber seinen Konkurrenten. Das Outfit des Stars ist ein
Markenzeichen; es assoziiert seinen Namen mit einer bild-
haften Vorstellung, noch bevor sein Gesicht sich dem Publikum eingeprägt hat. Umgekehrt aber, und darauf kommt es
hier an, fixiert der Star eine Ästhetik. Ob erfunden oder aus
dem Strom subkultureller Produktionen entnommen, identifiziert er eine bestimmte Ästhetik mit seinem Namen und
macht sie kommunizierbar, unabhängig davon, ob es vorher
einen Begriff für sie gab oder nicht. Das »Sieht aus wie Boy
George« funktioniert so zuverlässig wie ein Etikett für das
Outfit selbst. Vielleicht sogar zuverlässiger, denn mit dem
Star gerät ein Ganzes in den Blick, das nicht wie ein Etikett
Abstraktion verlangt, sondern konkret-ästhetisch bleibt.
    Orientierung an Stars ist Orientierung am Beispiel; ein
einzelner wird herausgehoben und allgemein angeschaut.
Sicher hat auch dieser Vorgang seine Gesetze, anders als im
Mechanismus verbaler Typisierung aber bleibt das Beispiel
des Stars komplex; das Bild eines Stars erschöpft sich nicht

darin, Beispiel für etwas zu sein, an ihm werden Wechselbe-
ziehungen sichtbar, Querverbindungen, aber auch Sonder-
bares, Fremdes, das noch nicht einzuordnen ist.

Auffällig ist der hohe Grad der Integration gerade der
unerwarteten und verschiedenartigen Image-Bestandteile.
Outfit, Gestik/Mimik, musikalischer Ausdruck und der
Umgang mit dem Publikum sind, obwohl im einzelnen oft
hochgradig fremd und artifiziell, in der Person des Stars zu
einem ›organischen‹ Ganzen verschmolzen, das nur in dem
Maße glaubwürdig ist, wie es nicht völlig zu synthetisieren,
d. h. rational zu kontrollieren ist.

Entsprechend ist der Popstar – anders als der Filmstar
oder der deutsche Schlagerstar mit dem Schwiegersohn-
Image – nicht industriell herstellbar. Wo aber kommen sie
her, die Stars? Wo lernt man, gleichzeitig schrill zu sein und
›authentisch‹?

Simon Frith und Howard Horne weisen (in *Rock Session*
7, 1983) nach, daß ein Großteil derjenigen Rock- und Popstars, die für die englische Subkultur relevant sind, selbst
der Subkultur entstammen. Genauer: einem System von
Subkulturen, das sich im Umkreis der englischen Art-
Schools bildet.

Art-Schools – und das ist zum Thema mehr als bemer-
kenswert – haben nicht das geringste mit Musik zu tun; es
sind Schulen für Design- und Werbetechniken, ihre Orientierung bewegt sich zwischen Kunst und Industrie. Liberale
Zugangsvoraussetzungen auf der einen und miserable Be-
rufsaussichten auf der anderen Seite machen die Art-School
zum »natürlichen Ort ... der Gegenkultur« (Frith/Horne).
Die Musik der Art-School-Bands und ihre Feste bilden eine
eigene ästhetische Öffentlichkeit, Forum einer Stilsuche, die
die eigene Person zum bevorzugten Designobjekt gewählt
hat. »Die Betonung liegt auf Originalität und Stil, auf der
ästhetischen Kombination von Sound und Visualisierung.
Die Präsentation (Kleidung, Haartracht, Gesicht, Persona-
lity, Image-Kontrolle) zählt mehr als das musikalische Kön-

nen . . . Die Art-School-Fans agieren als Kultgemeinde und
Klüngel. Den Zuhörern ist ihr eigener Platz im Raum so
wichtig wie die Musiker. Jeder beim Art-School-Dance ist
Individualist, er ist anderen überlegen, besessen vom Detail.
Jede Wahl ist eine künstlerische Geste« (Frith/Horne).

So betrachtet, ist jeder im Publikum ein Star, und »›Erfolg‹
hängt von der Fähigkeit des einzelnen ab, das gewünschte
Image zu realisieren«. Innerhalb der Art-School also (außerhalb, sobald es um Plattenverträge geht, wird es komplizierter) ist ›Star‹ derjenige, dessen Image-Entwurf gelingt.
Gleichberechtigte, gleichgerichtete Produktion und ihr Umschlag in Hierarchie existieren unmittelbar nebeneinander.

Mit den Art-Schools ist eine Drehscheibe beschrieben,
die die Unterscheidung in Produktion von Mustern auf der
einen und deren Übernahme (Rezeption, Konsumtion) auf
der anderen Seite unmöglich macht. Die Aktivität unzähli-
ger anonymer Produzenten, wie sie das Bild der Straße oder
der Art-School-Feste prägen, ist notwendig, um einen einzigen Entwurf hervorzubringen, der über diesen Rahmen
hinaus Gültigkeit erlangt. Und umgekehrt durchbrechen
bereits Alltagsentscheidungen im Kaufhaus oder vor dem
Kleiderschrank die passive Rolle, insofern sie zu jener ästhetischen Öffentlichkeit beitragen. Frith/Horne folgern,
daß bereits »der Konsumentengeschmack eine kreative Angelegenheit ist«. Der Konsumentengeschmack, das sei hervorgehoben, nicht der Konsum.

»Machen wir uns klar, daß . . . der Star Boy George . . . eine
Erfindung des Menschen George O'Dowd ist« (*Spex* 12,
1983).

George O'Dowd *ist* Boy George. Er ist es, und er ist es
nicht. ›Boy George‹ ist ein Entwurf, ein Kunst-Werk;
O'Dowd hätte auch etwas anderes entwerfen, Möbel bauen
oder Bilder malen können. Er aber bemalt *sich* und stellt
sich aus, er entwirft einen Stil, und besiedelt ihn anschlie-
ßend mit seiner Person.

Während der Entwurf selbst von O'Dowd wegweist in

eine Sphäre der Künstlichkeit, diese Sphäre vielleicht sogar erweitert, wie ein Kunstwerk das erweitert, was bisher Kunst gewesen ist, setzt die Absicht, diesen Entwurf mit der eigenen Person zu besiedeln, dem Spektrum möglicher Entwürfe Grenzen. Aber sie schafft eine ›credibility‹, einen Rückbezug auf den Körper und Alltag des Stars und der Rezipienten, wie ihn ein Kunstwerk nur schwer erreicht. Die Demonstration, daß man diesen Entwurf ›leben‹ kann, nimmt ihm etwas vom Verdacht der Willkür, dem das Kunstwerk ausgesetzt ist; dem Verdacht, es könnte, eben weil ›gemacht‹, auch ganz anders gemacht sein. Der Entwurf eines Stils am eigenen Körper muß dessen Gegebenheiten und Bewegungsanlagen einbeziehen, in gewisser Weise stellt ein solcher Stil in seiner vollkommenen Künstlichkeit nur eine Übertreibung dieser »Naturbasis« dar. Obwohl Teil der Inszenierung, verweisen Körper, Bewegung und Tanz von der Inszenierung auf die Person zurück.

Und *gleichzeitig* ist das Image eine Maske, der Person also *un*verbunden: »Ein namenloser Mann schiebt eine Medienfigur vor sich her, die er ›Blixa Bargeld‹ nennt ... ›Wenn es mir nicht mehr paßt, lasse ich Blixa Bargeld einfach verschwinden‹« (*Spex* 12, 1983). Die Kunstfigur Blixa entsteht durch eine Aufspaltung, durch Inszenierung eines Aspekts, der Übertreibung einer von vielen Möglichkeiten. Die Person, die bisher in der Maske Blixa steckte, kann sie fallenlassen und sich einer neuen zuwenden. Die Maske aber ›lebt‹ nur durch die Person.

Credibility, Glaubwürdigkeit ist eines der zentralen Probleme des Popstars; über sie entscheidet vor allem der Grad der Verschmelzung, sowohl der einzelnen Image-Bestandteile als auch der zwischen Maske und Person. Und doch ist es auffällig, daß nicht alle Rezipientengruppen diese Frage stellen. Dem Heavy-Metal-Kundenkreis scheint die Maske als Maske völlig auszureichen. Gegenbeispiel wäre Bowie, der – hochintegriert – Angestellter *und* Paria, Kunstfigur *und* Künstler ist.

Das Gelingen solch komplexer Balanceakte scheint naturge-
mäß einigen wenigen vorbehalten. Um so verblüffender
scheint deshalb die Reaktion verschiedener Jugendlicher im
Alter von 18 bis 23 Jahren auf die Frage »Wer ist für dich
ein Star?«: Überraschend oft und in völlig unterschiedlichen
Situationen einer privat-improvisierten Tonbandumfrage
kam die Antwort: »Ich«.

Auf Nachfragen ergab sich eine fast einheitliche Konstellation: bisher nicht entdeckt oder im Aufbau – Star also
»bisher nur für mich« –, wird der Sprung auf die Bühne iro-
nisiert, gleichzeitig aber tatsächlich für möglich gehalten.
Star in diesem Zusammenhang heißt immer Popstar, eine
Karriere als Autor hingegen, Filmemacher, Maler oder
Filmschauspieler wird ausgeschlossen. »Ich würde z. B. nie
Schauspieler sein wollen, ... weil ich dann etwas können
muß, ich muß einen Leistungsnachweis erbringen und außerdem lenkt es von dem Bild von mir ab.« Die Rolle als
Popstar erscheint demgegenüber einfach und effektiv; ohne
Umweg – so die Annahme – erlaubt sie die Inszenierung
der eigenen Person. »Die Musik wäre nur noch das I-Tüp-
felchen ... Daß man dazugehört, und daß man eine wahnsinnig wichtige Person ist, habe ich ... – für mich jedenfalls
– immer vorausgesetzt. Wenn ich irgendwo hingegangen
bin, dann habe ich auch erwartet, daß man mich sieht, registriert ... Man geht irgendwo hin und fühlt sich gleich automatisch einem gewissen ... Druck ... ausgesetzt, sich in
einer ganz bestimmten Weise zu geben. Dazu, diesen Druck
überhaupt zu empfinden, gehört natürlich auch, daß man
... sich exponiert sieht ... Ich finde, daß ›Star sein im Alltag‹ sehr schwer ist.«

Es ist die Selbstinszenierung, die den Alltag und die
Bühne verbindet. Verblüffend dabei ist, daß die Bühne nicht
als Steigerung, oder etwa mit Leistung assoziiert erscheint;
der Anstrengung alltäglicher Selbstinszenierung gegenüber
wird die Bühne sogar als *Ent*lastung empfunden, vereindeu-
tigt sie doch die Rollen durch das äußere Setting. Vor allem

der Technik, sowohl der Bühnentechnik als auch der Reproduktionstechnik der Massenmedien wird die Macht zugeschrieben, dem Abgebildeten Aura, mindestens aber Glamour zu verleihen.

Darüber hinaus ist die Vermittlung der Medien attraktiv, insofern sie Distanz gewährleistet. In manchen Äußerungen erscheint die Perspektive, als Star geliebt zu werden, geradezu als Vorkehrung gegen realen Kontakt: »›Triff deinen Star‹ oder so, das ist einfach passé, es geht darum … nicht in Kontakt zu kommen mit diesen Leuten.« »Das ist das, was mich am Leben erhält, das Geliebtwerden … Aber es genügt mir, wenn ich im Auto sitze und dann geht vielleicht jemand über den Zebrastreifen … und ich kann intensiv einen Blick tauschen oder so. Das passiert zwei-, dreimal und dann denke ich ›Mensch bist du schön‹.« Im realen Kontakt scheint es schwer, »… diese Reinheit zu erhalten, die Reinheit dieses Bildes, … die man auf einem Cover hätte«.

»Es geht um die Präsentation; und ich denke, das ist bereits der Höhepunkt … Alles was dann folgt, ist nur noch ein Abstieg. Der Höhepunkt ist der: Man betritt einen Raum, wird gesehen, wird – geliebt und finito.« Geht es wirklich um die ›Präsentation‹? Der punktuelle Charakter dieser Begegnung, der Kurzschluß zwischen ›Dasein‹ und ›Geliebt-sein‹ erinnert sehr an Lacans Spiegelsituation: Das erste Aufblitzen der Selbstgewißheit, die erste Begegnung mit einem ideal-vervollständigten Ich im spiegelnden Blick des anderen.

Vielleicht geht es gar nicht um die Präsentation eines Fertigen, sondern allererst um die Herstellung eines runden Ichs mit Hilfe dieser oder ähnlicher Situationen. Das präsentierte Bild wäre Vorgriff (Ersatz ?), diente primär zur eigenen Vergewisserung.

»Das Problem ist, daß ich mich so oft im Spiegel anschaue und es dennoch nicht weiß, wie ich wirke.« Das Defizit selbst also wird benannt; wie aber leistet der Blick der ande-

ren, was der Spiegel offensichtlich nicht vermag? Sind es
überhaupt reale andere, oder sind diese anderen Teil der
Konstruktion? Ein halluziniertes Publikum, einzig dazu da,
vom inszenierten Ich in Bann geschlagen zu werden?

Von der selbstironisch-reflektierten Komponente abgesehen, hat viel des Gesagten Tagtraum-Charakter. Tagträume
bieten die Lust, die »eigene Person ... groß und ruhmreich,
schön, mächtig und geliebt zu sehen« (Hanns Sachs, *Gemeinsame Tagträume*, 1924). Ein omnipotentes Ich bewegt
sich durch Genüsse und Abenteuer, »der Tagtraum kennt,
von seltenen Ausnahmen abgesehen, nur einen einzigen
Helden, den Tagträumer selbst«.

Auch der Tagtraum vervollständigt das Ich; auch er
schafft jenes runde Bild, das seine Funktion gerade daraus
bezieht, daß ihm (noch?) keine Realität entspricht. Tagträume aber, und das macht ihren schmerzlichen Abstand
zur Realität aus, sind Privatsache; formlos, wie sie sind,
»von Einem für Einen geschaffen« (Sachs), sind sie nicht
kommunizierbar. In den Interviews, die sicher eine bereits gereinigte Fassung der Tagträume präsentieren, taucht
immer wieder die Sorge auf, sich mit dem Gesagten lächerlich zu machen. Die Suche also gilt einer Möglichkeit,
den schmerzlichen Abstand zur Realität zu verringern,
ohne die Tagträume einer direkten Realitätsprüfung auszu-
setzen.

Die psychoanalytische Kunsttheorie, soweit überhaupt
entwickelt, rekonstruiert einen solchen Weg; sie geht von
der These aus, daß die ›asozialen‹ narzißtischen Impulse unter dem Druck der Realität vom Ich selbst abgedrängt werden und dort ›geläutert‹ wieder auftauchen, wo sie kommunizierbar, sozial akzeptiert sind: »Der Narzißmus, der für
die eigene Person unverwertbar geworden ist, ist von ihr
auf das Werk verschoben worden ... Der Wunsch, schön
und mächtig zu sein, wurde umgewandelt in den Wunsch,
dem Werk Schönheit und Macht über die Gemüter der
Menschen zu verleihen« (Sachs).

Den Umweg über das Werk aber, die Perspektive, Maler,
Autor oder Filmemacher zu werden, hatten die Interviewten ausdrücklich ausgeschlossen. Vielleicht ist die Figur des
Popstars gerade deshalb so attraktiv und ›nah‹, weil sie
beide Möglichkeiten, die sekundär-narzißtische Lust am
Werk, in diesem Fall dem Image, und die primär-narzißtische an der eigenen Person, ohne Probleme, wie es scheint,
in sich vereinigt. Beide Aspekte, der Bildcharakter, die Produzierbarkeit des Image auf der einen und die unmittelbare
Präsenz der Person auf der anderen Seite, werden in den
Interviews fast gleichrangig hervorgehoben. Geleugnet aber
wird damit der Widerspruch in dieser Konstruktion; auf
den Einwand: »Du hast gesagt ›um deiner selbst willen geliebt‹, aber ein Bild bist ja nicht du selbst«, kommt zur völligen Verblüffung des Interviewers die Frage: »Sondern?«

Die Notwendigkeit, die Tatsache auszublenden, daß das
›Gemachte‹ am Star von dessen Person wegweist, daß auch
hier die Unmittelbarkeit Schein und die Vermittlung harte
Arbeit ist, macht die Konstruktion labil. Folgerichtig werden
alle Situationen, die eine Prüfung auf die Identität von Image
und Persönlichkeit zuließen, ausgeschlossen; privat: »Lerne
ich nun diese Frau kennen, hege ich die Befürchtung, daß ich
das (Bild) nicht mehr unter Kontrolle halten kann«, wie als
Star: »Ich würde z. B. nie in eine Talkshow gehen.«

Nur unter extrem kontrollierten Bedingungen, so scheint
es, ist das ›runde Bild‹ herstellbar und aufrechtzuerhalten.
Wo die Realität aber solche Bedingungen bereitstellt, etwa
in der visuell orientierten Öffentlichkeit des Nachtlebens
oder auf der Open-air-Bühne der Einkaufspassagen, kann
der Tagtraum in soziale Realität umschlagen.

Überdeutlich dürfte geworden sein, daß das Verhältnis subkultureller Jugendlicher zu Popstars kein Verhältnis einfacher Identifikation ist. Filmstars etwa handelten stellvertretend; souveräne schöne Männer bewegten sich an schönen Orten und eroberten schöne Frauen. Die Dunkelheit des Kinos erlaubte es, sich in die Akteure hineinzuträumen, ihren Blick zu übernehmen und so an ihren Genüssen teilzuhaben. Nahezu unvermittelt standen diese halluzinierte Teilhabe und der bescheidene Alltag der Rezipienten nebeneinander.

Popstars, diejenigen jedenfalls, die hier beschrieben sind, erscheinen demgegenüber nur als Extreme; Extreme einer verbreiteten Alltagspraxis der Selbstinszenierung und Selbststilisierung, die beide Sphären, den Alltag der Rezipienten und die Welt der Stars vermittelt.

Wen aber trifft die Wahl? Worauf beruht die Anerkennung des Stars? Ist diese Anerkennung überhaupt konstitutiv? Erste Voraussetzung, das wurde gesagt, ist das ›Gelingen‹ des Image-Entwurfs. Obwohl dieser vollständig synthetisch ist, mißt sein Gelingen sich an fast konventionellen Kriterien: ein gelungenes Image etwa ist ›schön‹, oder ›authentisch‹; es verblüfft, weil es neu ist, auf irgendeine Weise aber leuchtet es ein.

Und dennoch läßt sich ein (neuer?) Typ von Star beobachten, der keines der genannten Kriterien erfüllt; ein Typus also, der weder auf Identifikation zielt, *noch* einen wie auch immer gelungenen Entwurf repräsentiert. Gemeint sind offensichtlich defizitäre Figuren, häßlich-uninteressante, oder auch solche Stars, deren Gesicht man sich, auch bei bestem Willen, nicht merken kann. In diesen Fällen bleibt der Beobachter ratlos; die Position scheint ganz offensichtlich fehlbesetzt.

Vielleicht aber liegt gerade hier ein Schlüssel zum Verständnis: Gerade wenn nämlich die Position fehlbesetzt ist, gerade wenn eine Ablösung naheliegt, muß diese Konstellation all diejenigen ansprechen, die sich als Star ›bisher nur für mich‹ verstehen. Vielleicht also setzt dieser Typ von Star bereits voraus, daß weite Kreise der Fangemeinde sich weder identifizieren noch Images beurteilen wollen, sondern sich in eine Position direkter Konkurrenz hineinphantasieren.

Das aber hieße, daß die Identifikation ausschließlich noch der *Position* gilt; ihr Inhaber, der Star, wäre nur ein Platzhalter, eine Chiffre für den Mechanismus selbst. Und ›Mechanismus‹ wäre jener lustvolle Blick, der die Mitte dort annehmen darf, wo die eigene Position ist. Narzißtisch und dennoch sozial akzeptiert.

Udo Lindenberg

Mit seiner befreienden Losung »Alles klar auf der Andrea Doria« sorgte Udo Lindenberg 1973 für frischen Wind in der deutschsprachigen Popmusik. Später verflachte sein Panik-Jargon zum bemühten Sprüche-Klischee. In seinem »Nachruf auf Elvis« outet sich der gebürtige Westfale als unbelehrbarer Rock 'n' Roll-Fan und schildert, welche befreiende Kraft einst von den schamlosen Beckenschwüngen des Amerikaners ausging.

Nachruf auf Elvis

Damals, 1957, ich war elf, schoß aus dem Radio Elvis Presley mit »Tutti Frutti«, und die ersten Takte verbannten meine bisherigen Lieblingslieder »Ave Maria«, »Was hat der Hans mit der Grete getan«, »Der lachende Vagabund« und sogar »Marina« schlagartig aus meinem Frischlingsherzen. Worum es ging, verstand ich nicht, aber dieser Schluckaufgesang und die elektrisierende Musik rockten mich durch, und ich rannte in die Küche, schnappte Töpfe und Kochlöffel, trommelte die letzte Minute »Tutti Frutti« mit, und damit war die für mich damals gerade aktuelle Berufsentscheidung zwischen Seefahrer und Trommler gefallen. Elvis Presley hatte mich angezündet, und ich dachte: Jetzt ist Erdbeben.

Bis dahin konnte ich nur zu den deutschen Triefsongs etwas verbogen ins Träumen geraten, aber jetzt wußte ich, wo's langging. Nachdem ich dann auch noch diesen Film gesehen habe, in dem Elvis als ziemlich schmales Kerlchen in einem Klub auf die Bühne springt und den bulligen Klubbesitzer ansingt: »If you're looking for trouble, look straight into my face« (»Wenn du Ärger willst, schau mir direkt ins Gesicht«), verband ich mit dem deutschen Lied- und Schlagergut mehr und mehr Alpträume. Das hat sich bis heute nicht geändert.

Was mit Elvis' Hüften los war, verstand ich damals auch noch nicht so gut, aber die Mädchen, die mit verdrehten Augen von ihm sprachen, stiegen sehr in meiner Achtung, weil sie einen genauso guten Musikgeschmack hatten wie ich. Erst eine Weile später kriegte ich mit, was an Rock 'n' Rollern außer Musik noch wichtig ist. Elvis hatte es drauf: Mit eingebauten Kugellagern in den Gelenken und dem verträumt-trotzig-verletzbaren Erosblick hat er sogar den aufrechten Westfälinnen in meiner kleinen Heimatstadt Gronau in die Unterkleider geguckt.

Er hat uns gegen unsere Eltern, denen ja sonst alles gehörte, etwas Eigenes gegeben. Bis jetzt hatten wir immer nur zu hören bekommen: »Dafür bist du noch zu jung.« Mit Elvis in den Ohren konnten wir zurückbrüllen: »Dafür seid ihr schon zu alt.«

Wo kam dieses Dynamit her? Wo gab's noch mehr davon? So kriegte ich durch Elvis auch Bill Haley mit, den es schon vorher gab, und bald hatte ich eine Sammlung von Platten mit »Amigeheul« und »Negermusik«, und meine Oma fiel in Ohnmacht. Ich weiß auch noch, wie schwierig es war, den Schlacker-Schlotter-Gummibein-Tanz mit Schleuderdame zu lernen. Ich gestehe, daß ich bis heute Elvis' Bravour nicht ganz erreiche.

Gospel-Country-Blues-Elvis. An ihm habe ich mich hochgezogen. Seine schnellen Nummern waren wie schwarzer Pfeffer, und ich konnte nicht genug davon kriegen. Die langsamen Nummern ergriffen mich oft genauso, jedoch nicht alle, manche fand ich zu schnulzig. Was bei den Schwarzen der Gospel-Song war, eindringlich, herzattackierend, aber irgendwie bescheiden, geriet bei Elvis manchmal etwas zu bombastiko und so unecht wie ein Neger im Dirndl, übertrieben wie ein violettbrokates Bischofsgewand.

Ein paar Sachen an ihm sind mir fremd geblieben, vielleicht weil Amerika so weit weg war. Nachdem Elvis dann auch als »guter Amerikaner« sehr brav und sauber in die Herzen der Erwachsenen in seinem Land eingekehrt war, nachdem er in Deutschland vorbildlich seinen Militärdienst abgeleistet hatte und seine Filme bonbonfarben und schlechter wurden als die von James Dean, hörte er auf, die absolute Sensation für mich zu sein. Nicht ganz: Er kriegte seinen guten Platz in der Reihe der Musiker, die ich toll fand, und Rock-Musik an sich wurde für mich zur Sensation. Elvis hat die Startbahn mitgeplant, auf der viele Musiker, und später ich auch, mit ihrem eigenen Jet abhoben.

Nun hat Elvis ihn also endgültig geschafft, den Sprung in die Ewigkeit. Er hat den Preis bezahlt und ist anständigerweise gestorben. Man nahm ihm ja bereits seit einiger Zeit übel, daß er sein eigenes Andenken mit Blaubeerkuchen und Ketchup bekleckerte. Es berührte die Popwelt peinlich, daß er nur noch von seinem Mythos zehrte und sich meistens nur noch ausruhte auf der Kohle und dem Ruhm. So was gönnt man zwar jedem Angestellten, der auf Rente geht, aber ein Star muß immer alles bringen, und wenn er in seinem Metier nichts mehr bringen kann, was dauernd alle umhaut, wird wenigstens erwartet, daß er sich seiner Legende zum großen Showdown stellt und stirbt. Elvis ist gestorben.

Verziehen ist die unförmige Figur, die er in den letzten Jahren gemacht hat; jeder Rockfan, der etwas auf sich hält, würdigt ihn jetzt freigebig. Das leise Unbehagen, das einen beschleicht, wenn man Streifen wie *That's the Way It Was*

sieht, wo ein dicker gezähmter Elvis einem noch dickeren
zahmen Exklusiv-Publikum in Brillanten und Smoking
hauptsächlich kastrierte Popschnulzen vorsingt und bei den
alten Explosivsongs wie »Blue Suede Shoes« den Elvis-the-
Pelvis-Hüftschwung nur noch ironisch andeutet (We all
know – it's all show) – dieses Unbehagen wird bald vergessen sein. Denn jetzt, da er gestorben ist, steht seiner endgül-
tigen Verwandlung in ein »Stück« Zeitgeschichte nichts
mehr im Wege. (Das findet Präsident Carter übrigens auch.)
ALS ROCK 'N' ROLLER KANN MAN EIN SUPERSTAR WERDEN
– ABER NICHT ALT.

Mit Elvis ist auch wieder eine Hoffnung verschwunden,
daß mir einer vormacht, wie man in Ehren zum Rock-Opi
wird. Bei den Jazzern und Bluesern ist das kein Problem,
die werden einfach alt, musizieren immer noch, und das
Publikum steht drauf. Es wurden ja schon siebzigjährige
Blues-Opas mit Krückstock auf die Bühne gesetzt, und
auch wenn die Stimme bröckelte und das Feuer schon ziemlich runtergebrannt war, das Publikum nahm sie mit Zuneigung und einer gewissen Ehrfurcht auf. Bluesmusiker
haben so was Natürliches, Urwüchsiges an sich – sie werden
alt, kriegen einen Haufen Falten und bleiben gut musizie-
rende Menschen. Sie werden zwar auch berühmt, vielleicht
sogar unsterblich, aber sie haben nicht den Lack des Show-
Business an sich, der mit dem Rock 'n' Roll aufgetragen
wurde.

Als Rock 'n' Roller kann man zwar Superstar werden,
dessen gebrauchte Rasierklingen zu Höchstpreisen verstei-
gerbar sind und für den junge Mädchen sich hinmorden.
Man kann so reich werden, daß man Cadillacs verschenkt –
aber alt werden, das kann man nicht. Oder kann sich jemand vorstellen, daß lovely Linda Ronstadt ohne Zähne
mit Quadrathintern und Faltenhals im Jahre 2008 auftritt
und die Rosen noch immer auf die Bühne fliegen, wie das
bei Ella Fitzgerald möglich war?

Oder Mick Jagger mit 60, Gicht und zehnmal durchgelif-

tet (im Vorprogramm BACCARA mit Stützstrümpfen und
»The Bay-City-Rollstuhls«)?

Das Bewährte ist immer noch das gut getimete Ableben.
Vielleicht gehen deshalb viele Rockmusiker mit ihrem Körper so um, als brauchten sie ihn sowieso nur noch zehn
Jahre. Ein leuchtendes Vorbild dafür war der Abgang von
James Dean. Manchmal beschleicht mich die kühne Phantasie, ob nicht vielleicht sein Oberpromotor an den Bremsen
gesägt haben könnte. Oder vielleicht saß ein Double im To-
des-Porsche, und James sitzt heute kichernd mit dem Original Howard Hughes auf der Hideaway-Hazienda in Südamerika und spielt Monopoly?

Aber auch die Art des Ablebens ist nicht unwichtig – und
da sind wir wieder bei Elvis. Für einen als Übermenschen
verkleideten Glamourstar macht es sich natürlich nicht so
gut, an Fettleibigkeit zu sterben. Oder gar: Wie Mama Cass
(zweieinhalb Zentner Lebendgewicht) an einem Schinken-
brot zu ersticken, ist einfach peinlich.

Von Rockstars erwartet man eher exotische Abgänge: auf
der Bühne am Instrument verglühen, mit einem ganz
schnellen Superauto irgendwo zerfetzt werden, an dreifa-
cher Überdosis Heroin sterben (wenn's geht, im Hotelzim-
mer), auf einer atemberaubenden Luxusbraut das Leben
aushauchen. Noch bin ich ja ziemlich jünglich und soll hier
einen Nachruf auf Elvis schreiben. Jetzt überlege ich die
ganze Zeit, was ich ihm nachrufen soll. Also dann: Elvis, du
warst Spitze für deine Zeit. Du warst ein King. Von mir aus
hättest du gerne noch dicker werden und weiterleben können. Schade, daß du tot bist. Vielleicht hätten wir später mal
zusammen das erste Altersheim voller Rock 'n' Roller in
Konstantinopel eingeweiht.

GREIL MARCUS

*Der Vorzeige-Intellektuelle der amerikanischen Rockkritik,
Greil Marcus, nähert sich in seinem Buch »Dead Elvis« dem
Mythos des Meisters/Monsters auf verschlungenen Wegen.
Im hier abgedruckten, gekürzten Kapitel »Elvis: Der
Aschenbecher« enträtselt er das Rock 'n' Roll-Idol als typisch amerikanische Ikone: »Elvis als ausgehöhltes, trium-
phal ausdrucksloses Symbol entwurzelter Identität«. Oder
wie der Meister aus Memphis gesagt hätte: »You ain't
nothing but a hound dog.«*

Elvis: Der Aschenbecher

Ich will auf folgendes hinaus: Elvis war für uns alle zu groß,
zu komplex – viel zuviel –, um ganz aufgenommen, vollständig wahrgenommen und verstanden zu werden. Letztendlich war er zu groß für uns, um mit ihm leben zu können. Um einen Begriff aus der Psychologie zu benutzen: Er
war zu groß, um von uns integriert zu werden. Er bringt
uns durcheinander. Man kann ihm nicht direkt ins Gesicht
sehen, ebensowenig wie der Medusa. Also schauen wir ihn
von der Seite an. Aus einer Perspektive nehmen wir den
jungen Mann wahr, der mit »Good Rockin' Tonight« die
Stränge der amerikanischen Identität entwirrte und wieder
neu zusammenknüpfte; aus einer anderen Perspektive vernehmen wir, wie derselbe junge Mann Kay Starr als seine
Lieblingssängerin bezeichnet ... und dabei betont er, ziemlich maulfaul, daß er mit so einem Abbild amerikanischer
Identität, manipuliert und keimfrei, ganz zufrieden sei. Es
mag sein, daß uns dieser Widerspruch nicht angenehm ist,
aber das, was uns richtig unangenehm ist, wiegt sicherlich
noch schwerer: die Möglichkeit, daß es sich gar nicht um einen Widerspruch handelt. Millionen Menschen haben genau
diesen Widerspruch als etwas sehr Angenehmes empfun-

den: Der Elvis, der Schlägereien vom Zaun brach, der auf
der Bühne mit den Hüften wackelte und »Hound Dog«
zum besten gab, wäre ihnen sonst unangenehm gewesen.
[...]

Es ist beunruhigend: Nie werden wir verstehen. Elvis'
Geschichte ist immer wieder erzählt worden. Die Litanei
seines Erfolges und Scheiterns ist so oft aufgesagt worden,
daß sie uns wie ein alter Segensspruch und ein noch älterer
Fluch anmutet, und die Geschichte erklärt alles, bloß nicht
das, was wir wissen wollen: Wie hat er das gemacht? Warum
habe ich darauf angesprochen? Sigmund Freud hilft uns aus
der Patsche: Etwa in der Mitte seiner Psycho-Biographie
Leonardo da Vincis – nachdem er Leonardos Geierphanta-
sie auf den Grund gegangen ist, nachdem er erklärt hat,
warum Leonardo das malte, was er gemalt hat, und warum
er seine Flugmaschinen entwarf, nachdem er obendrein
noch die Ursachen für *die Art und Weise* erklärt hat, in der
Leonardo seine Gemälde malte und seine Flugmaschinen
entwarf – sagt Freud, daß er sich nun, nach all diesen Dingen, der Frage des Genies zuwende. Anders gesagt: Gemälde, Flugmaschinen, schön und gut ... aber warum diese
Unergründlichkeit? Nun, sagt Freud, jeder weiß, daß Genie
unbegreiflich ist.

Dies ist Teil des Problems mit Elvis. Natürlich war er ein
Genie, allerdings nicht von der Sorte, die wir gewohnt
sind. War er überhaupt ein Künstler? Nicht mal seine
Songs schrieb er selbst. Und so lassen wir uns von Schrift-
stellern und Kommentatoren – den Leuten, die auf dem
Bildschirm auftauchten, als Elvis starb – erzählen, wenn
Elvis nicht die Countrymusik der Weißen mit dem Blues
der Schwarzen verschmolzen und so die Konturen und die
Symbolik Amerikas verändert hätte, wenn er nicht die
Symbole verändert hätte, mit denen wir uns unsere Kultur
erklären – uns erklären, was es bedeutet, ein Amerikaner
zu sein –, dann hätte es eben jemand anders getan. Dafür
sorge schon die innere Dynamik der Geschichte, heißt es.

1954, in dem Jahr, in dem der Oberste Gerichtshof die
Rassentrennung für verfassungswidrig erklärte, habe so
etwas einfach in der Luft gelegen. Hört man sich aber die Ur-
väter des Rockabilly an – die richtig guten, etwa Roy Hall,
der sich eines Tages mit einem schwarzen Freund zusammensetzte, mit ihm »Whole Lotta Shakin' Goin' On« kom-
ponierte und eine der ersten Versionen dieses Songs einspielte –, dann ist das, was man bei Elvis spüren kann, einfach nicht vorhanden; hört man sich Jimmie Rodgers und
Hank Williams an, zwei einzigartige Künstler, von denen
keiner ohne den Blues existiert hätte, ist es auch nicht da; hört
man sich aber den ganz frühen Elvis an, dann ist es da . . . nur
kann man nicht sagen, was es ist. All die soziologischen und
musikwissenschaftlichen Abhandlungen über seine Jugend-
zeit, seinen Background, seinen Geschmack und seinen Lieb-
lingssender im Radio können es nicht erklären. Man kann
die Sache so weit treiben, bis sich alles in Luft auflöst.

Amerika ist nun einmal ein junges und polyglottes Land,
Heimat unterschiedlichster Menschen, entstanden aus einem Zusammenprall der Sprachen, Regionen und Reli-
gionen. Und weil es auf Verbrechen gegründet ist, auf die
Sklaverei, die Vernichtung der Indianer und den bis heute
nicht restlos bewältigten Bürgerkrieg, sind wir verunsichert
angesichts der Frage, was es heißt, ein Amerikaner zu sein
– verunsichert und erpicht auf eine nette, einfache Definition. Es hat eine Menge solcher Definitionen gegeben, manche davon per Gesetz erzwungen, manche in dichterischen
Werken propagiert. Das ist unser großes Thema, doch in
letzter Zeit ist es eingeengt worden, als hätten wir das Problem oder unsere Geschichte über Bord geworfen. Heute
fragen wir, was es heißt, ein schwarzer Amerikaner zu sein
. . . ein weißer Amerikaner aus dem Süden . . . ein Italoame-
rikaner . . . ein jüdischer Amerikaner. Mit solchen Fragen
können wir ganz bequem leben. Doch wenn wir zufällig auf
Gestalten wie Herman Melville, Abraham Lincoln, Emily
Dickinson, William Faulkner, Howlin' Wolf oder Elvis

Presley treffen, dann lassen sie diese einfachen Fragen zerplatzen wie Seifenblasen.

Schon seit einigen Jahren sehe ich Elvis im Zusammenhang mit Bluessängern wie Robert Johnson und Punkbands wie den SEX PISTOLS oder X – jene Band aus Los Angeles, die gerade einen Song mit dem Titel »Back 2 the Base« herausgebracht hat, das beste Lied über Elvis seit Bill Parsons' »The All American Boy« – und ich sehe Elvis im Zusammenhang mit Melville, Lincoln und Faulkner. Einige Leute fanden diese Herangehensweise an Elvis interessant, andere irritierte sie, doch was manche Leute wirklich aufgeregt hat, ist die Behauptung, daß Elvis in die Gesellschaft dieser historischen Persönlichkeiten gehört, weil er sich dessen bewußt war – auf eine Art, die wir nicht genau verstehen. Er wußte, was er tat. Wenn er neu definierte, was es heißt, ein Amerikaner zu sein, dann weil er es wollte. Er hatte Veränderung im Sinn; er wollte in dieser Sache verunsichern, Unruhe stiften und Öl ins Feuer gießen. Strenggenommen war er kein »Folk-Künstler« – RCA bezeichnete ihn einmal so, und die Zaghaften haben ihn seither immer so bezeichnet –, er war keine Verkörperung »des Volkes«. Man betrachte sein Fernsehdebüt 1956 und wie er sich da bewegt. Man achte auf das, was er sagt, und darauf, wie er es sagt: die Absicht, die bewußte Intention, ist unverkennbar. Und dennoch entging das so vielen von uns: Während wir zuschauten, zogen wir einen Schleier über den Mann, der darauf brannte, unverblümt seine Meinung zu sagen.

Es war nicht allein die Vorstellung von einem bewußt Handelnden, die mich dazu brachte, Elvis in eine Reihe mit Lincoln und Melville zu stellen – es war ebensosehr das Fluidum des Rätselhaften, das ihren Reden und Romanen und seiner Musik anhaftet. Niemand kann sagen, wie er die Erhabenheit der Rede Lincolns anläßlich seines zweiten Amtsantritts erklären soll. Niemand kann sagen, wie er die unheimliche Kraft des *Moby Dick*-Kapitels »Die Weiße des Wales« erklären soll. Und niemand kann sagen, wie er die

Musik des von mir gezeigten Videos erklären soll. »Ich begreif' das nicht«, sagte einer meiner Musikerfreunde über Elvis' Gitarrenspiel, als wir uns vor einigen Wochen das Video ansahen. »Diese Akkorde sind so simpel.«

Jedes dieser Beispiele bietet eine Demonstration, eine Inszenierung, ein Wunschbild, eine Darstellung. Nicht dessen, was es heißt, ein Amerikaner zu sein – ein Produkt der Geschichte, Erbe bestimmter Verbrechen, Kriege, Ideen, Landschaften –, sondern vielmehr eine Demonstration, eine Inszenierung, ein Wunschbild der größten und extremsten Möglichkeiten und Gefährdungen unserer nationalen Identität. Wir lesen, wir hören – bei Lincoln lesen wir und stellen uns gleichzeitig vor, daß wir ihm zuhören, damals, an Ort und Stelle –, und wir halten den Atem an. Wir begreifen. Wir fühlen uns erhöht und sind ein wenig oder sehr erschrocken, weil man uns zeigt, was wir sein könnten, weil wir erkennen, was wir sind . . . und was wir nicht sind. Wir schrecken zurück.

Wir können nicht erklären, aber wir können wegerklären. Bis in die zwanziger Jahre wurde wenig über Melville geredet, doch dann wurde er allmählich zu einem ganzen Wissenschaftszweig, und seine besten Bücher haben den seichtesten und hochgestochensten Interpretationen standgehalten. Der *TV Guide*-Eintrag zur *Moby Dick*-Verfilmung liefert die ganze Zusammenfassung, die man braucht: »Amerikanisches Epos, in dem der verrückte Kapitän eines Walfängers einen weißen Wal jagt.« Das genügt schon, um in uns eine Saite zum Schwingen zu bringen. Lincoln ist von dem Moment an, da man ihn zum Märtyrer machte, immer ein Rätsel gewesen, ein Heiliger und ein wandelnder Vorwurf. Faulkner bürdete sich den Fluch des Bürgerkriegs auf und beobachtete seine Romanfiguren bei dem verzweifelten Versuch, diesen Fluch abzuschütteln, auch wenn er das nie zuließ. Und trotzdem sind Lincoln, Melville und Faulkner zurechtgestutzt worden; man hat keine Mühe gescheut, diese Gestalten und ihr Vermächtnis in eine Schablone zu pressen. Melville? Zentralfigur der Renaissance der amerikanischen Literatur des neunzehnten Jahrhunderts. Lincoln? Bewahrer der Seele unserer Nation. Faulkner? Die wahre Stimme Mississippis.

Dasselbe wird mit Elvis geschehen. Es geschieht bereits – der Prozeß ist schon weit vorangeschritten. Das Rätsel wird mit jedem Tag kleiner. Für viele Leute war Elvis nie so etwas wie eine Schöpfergestalt, sondern bloß ein ungebildeter Junge vom Land mit einem schlitzohrigen Manager und einem einfältigen, sensationsgeilen Publikum, das er ausnehmen konnte. Um ihn existiert keine Aura des Genies, der Rätselhaftigkeit – allein schon der Gedanke ist grotesk. Das Fehlen von Genie ist für viele Elvis-Verehrer ebenso entscheidend. Ihr Elvis ist eine Art Unschuldsengel, passiv, ein Idol aufgrund seiner Herkunft und seines Endes. Elvis' Tod überzieht seine Geschichte mit einer Schicht aus Schuld – seiner eigenen Schuld und der Schuld derjenigen, die ihn liebten, aber ihn nicht retten konnten –, und daher ist dieses Bild sehr aussagekräftig: ein geschlossener, implodierender Kreis. Andere Amerikaner sehen in Elvis bloß einen Namen, einen Witz, ein paar Skandale. Oder er ist ein Symbol der Rebellion. Oder er existierte ausschließlich 1954 und 1955, als er hier in Memphis die Aufnahmen für Sun Records einspielte, ehe er vom Big Business und der Massenkultur geschluckt und wieder ausgespuckt wurde. [...]

Im Bewußtsein der Nation ist Elvis eine befremdliche Ikone: als T-Shirt, als Wandbehang aus schwarzem Samt, als Emblem des schlechten Geschmacks der Arbeiterschicht oder der augenzwinkernden Geschmacklosigkeit der Oberschicht, als Aschenbecher, als 200-Dollar-Anziehpuppe mit Porzellankopf (heruntergesetzt auf 125 Dollar), als Erinnerungsteller mit limitierter Stückzahl. Der Nation ist Elvis in der Gestalt gegenwärtig, in der er hingebungsvoll von abertausend Elvis-Imitatoren und von feixenden Imitatoren von Elvis-Imitatoren karikiert wird, etwa dem Fernsehkomiker

Andy Kaufman – der mit seiner Nummer (um zwei Ecken
herum, in der beabsichtigten Parodie einer Parodie, die
nicht weiß, daß sie eine Parodie ist) irgendwie vermitteln
will, daß er Elvis eigentlich mag, daß er tief in seinem Inneren einen Arm dafür hergeben würde, könnte er das empfinden, was Elvis empfunden haben muß, wenn er in
Höchstform sang. Und der, als Komiker im Fernsehen, diesem Ambiente eines mit augenzwinkernder Geschmacklosigkeit überzuckerten schlechten Geschmacks, von Anfang
an keine Chance hat, so etwas zu vermitteln. Der Nation ist
Elvis in der Gestalt gegenwärtig, in der er in Fernsehfilmen
präsentiert wird: noch so ein durchgedrehter Star, ein stink-
normaler Junge mit etwas Talent und einer Spur Unverfrorenheit, der die Orientierung verloren hat. Jemand, mit dem
wir uns alle leicht identifizieren können und von dem wir
uns ebenso leicht abgrenzen können, vor dem wir uns sicher
fühlen können. [. . .]

In einem Artikel über Elvis' Tod sprach der Rockkritiker
Lester Bangs davon, Elvis habe einer ganzen Generation das
Gefühl vermittelt, eine Generation zu sein. Er sagte, diejenigen, die dieses Gefühl einst empfanden, hätten es schon lange
vor Elvis' Tod nicht mehr verspürt. In seinem Artikel heißt
es: »Eins kann ich euch garantieren: So wie wir uns über Elvis
einig waren, werden wir nie wieder über etwas einig sein.«
Heute ist klar, daß Elvis-Fans, also Leute, die aufgrund einer
gewissen Auseinandersetzung mit Elvis ein gewisses Lebensgefühl entwickelt haben, nicht dieselbe Sprache sprechen, und vielleicht verrät uns dies, daß sie – wir – niemals
eine gemeinsame Sprache hatten. Da ist der Elvis, der sich in
Sentimentalität auflöst, ein Elvis, der nichts mit Sex, Drogen,
Elend, Tragödien, Aggressionen oder Ressentiments zu tun
hat, kurzum: ein Bilderbuchmensch. Da ist der Elvis, der sich
in Grauen und Verbrechen auflöst. Da ist der Elvis, der sich
in weitverbreiteten Mythen auflöst, die schon lange vor ihm
existierten und noch lange nach ihm existieren werden. Da ist
der Elvis, dessen Werk durch die harten Realitäten seines Le-

bens zunichte gemacht wird, so wie auch unsere Arbeit durch die harten Realitäten unseres jeweiligen Lebens zunichte gemacht werden kann.

Es gibt eine Möglichkeit, auf all dies einzugehen: Wir müssen uns mit Elvis' Musik auseinandersetzen – der ganzen Musik, häppchenweise – und dabei zusehen, ob wir herausfinden können, was in ihr steckt, was ihr fehlt, wie sie gemacht wurde, warum sie uns anspricht, warum sie es nicht schafft, uns anzusprechen. Wir müssen begreifen, daß nicht aus jedem kleinen Jungen oder Mädchen ein Elvis Presley werden kann. Wenn Elvis eine Verkörperung des American dream ist, dann müssen wir erkennen, daß uns dadurch etwas über die Grenzen des American dream mitgeteilt wird – denn Elvis war einzigartig, auf eine Weise talentiert wie niemand sonst in diesem Jahrhundert, genauso wie Howlin' Wolf, der talentiert war wie niemand sonst in unserer Geschichte, soweit sie uns bekannt ist: Beide sind keine fehlenden Teile einer Formel, sondern zwei Figuren, die dafür sorgten, daß um sie herum alles übrige automatisch seinen Platz fand.

Der englische Kritiker Simon Frith wirft ein Licht auf die Verwirrung, die Elvis mittlerweile umgibt – auf unser Unvermögen, den »Tryin' to Get to You« singenden Elvis von 1968 und den Elvis der Whiskeyflasche miteinander zu vereinbaren. »Wenn wir freudig auf Musik reagieren«, schreibt er, »dann reagieren wir nicht auf Bedeutungen, sondern auf die Erzeugung von Bedeutungen. Diese Reaktion ist mit einer Selbstaufgabe verbunden, denn die Vorstellungen, mit denen wir normalerweise unser Selbst aufbauen und zusammenhalten, schweben plötzlich frei im Raum. Denken Sie an Elvis Presley! Letzten Endes ist dies die einzige Methode, mit der wir uns seine Anziehungskraft erklären können: nicht durch eine Bezugnahme auf das, wofür er stand, gesellschaftlich oder persönlich, sondern durch die Konzentration auf die *Körnung* seiner Stimme. Elvis Presleys Musik war deshalb so aufregend, weil er die Symbole sprengte,

an denen sich das Heranwachsen früher orientiert hatte. Er
zelebrierte den Akt der Symbolbildung an sich – sinnlicher,
aufreizender als jeder andere Rock 'n' Roll-Sänger.«

Gegen Ende stimme ich Frith nicht zu: Elvis sprengte
nicht bloß – oder gar in erster Linie – die Symbole, an denen sich das Heranwachsen orientiert hatte, sondern er
sprengte die Symbole, die Amerika zusammenhielten. Im
weiteren Verlauf seiner Karriere gewannen diese ihre ursprüngliche Gestalt zurück. Sie umzingelten ihn, nahmen
ihn gefangen und machten es uns schwer, ihn überhaupt
sehen zu können, machten es fast unmöglich, in ihm etwas
anderes zu sehen als ein bloßes Symbol all der anderen
Symbole. Doch die Körnung seiner Stimme blieb – dieses
gewisse Etwas in seiner Stimme, das sich an so vielen Dingen, so viele Dinge wund rieb, die wir als unveränder-
bar, abgeschlossen und besiegelt akzeptiert hatten. Dieses
gewisse Etwas erzählte seine eigene Geschichte: Es veränderte sich, es verschwand und tauchte wieder auf, es fuhr
damit fort, Symbole zu produzieren und sich alten Symbo-
len zu unterwerfen, um sie dann wieder über Bord zu werfen. Und wir können immer noch hören, wie es passiert.
Wir haben es heute gehört.

Simon Friths Worte sind bloß ein Anfang. Man hat bis
jetzt nur an der Oberfläche gekratzt, und man hat die Oberfläche zugeschüttet. Sie ist so stark mit Schutt übersät, daß
wir noch nicht einmal die Kratzer sehen können, sie nicht
ertasten können, wenn wir mit den Fingerspitzen über die
alten 45er-Scheiben fahren.

Großbritanniens bekannteste Pop-Kolumnistin Julie Burchill (u. a. in »NME«, »The Face«, »Sunday Times«) gesteht in einem polemischen Nachruf anläßlich des 20. Todestages von Elvis ihre noch immer lebendige Haß-Liebe zum »King of Rock 'n' Roll«. Danach wäre nur der ganz frühe und der ganz späte Elvis seinen Nachruhm wert.

Heartbreak-Trottel

Elvis ist zwanzig Jahre tot und unvergessen: zu Recht?

Angenommen, unser unerschrockenes, zartes Teenager-Ich begegnete eines Tages unserem resignierten, fetten 40jährigen Ich – das Ergebnis wäre ein Entsetzensschrei: »Igitt, was für ein widerlicher menschlicher Trümmerhaufen! Wie kann man nur so auf den Hund kommen?«

Aber mal angenommen, der junge Elvis Presley wäre dem alten Elvis Presley begegnet – einem 120-Kilo-Elvis, der den ganzen Tag verpennt und die ganze Nacht lang »Fool's Gold«-Sandwiches mit 42 000 Kalorien verschlingt; einem Burschen, der sich selbst verstümmelt, um den Ärzten rezeptpflichtige Medikamente abzuluchsen; einem Kerl, der mit seinen gewaltigen Inkontinenz- und Gewichtsproblemen apathisch auf einem runden Drehbett liegt. Es kann sehr gut sein, daß der junge Presley gebrüllt hätte: »Wow, das ist ja ein richtig cooler Typ!« Und dann hätte er ihn eingeladen, mit ihm das erste und einzige Elvis-Duett der Welt aufzunehmen.

Elvis war nämlich nie sonderlich schlau. Er war in gewisser Weise eine Sphinx ohne Rätsel, ohne jeden Ehrgeiz, ohne Antrieb und ohne die emotionale Komplexität, die normalerweise das Schicksal eines Megastars ist, von Marilyn Monroe bis Michael Jackson. Er hatte zufällig zur Musik gefunden, und er tat alles, was ihm sein Manager sagte.

Die Musik, die er machte, war ihm im Grunde genommen egal. So egal, daß die kleinste Unterbrechung seiner Karriere – wie etwa die paar Monate in der Armee – ausreichten, um die zerbrechliche Blüte kaputtzumachen, als die sich Presleys Talent erwies. Es ist doch komisch, daß die Army das Talent von James Stewart, Oliver Stone und zahlreichen anderen Künstlern, die ebenfalls Dienst schoben bei den amerikanischen Streitkräften, nicht ruinierte – und die haben richtig gekämpft und sind nicht den ganzen Tag lang bloß auf Wache herumstolziert.

Nein, was Elvis ruiniert hat, war der Rock 'n' Roll. Sein Pech war, daß er gerade am richtigen Ort und seine Haut hell genug war, als die Nachkriegsjugend aufwachte; als sie Coca-Cola witterte und nach etwas verlangte, das mehr Sex hatte als Guy Mitchell in seinem weißen Sportjackett (samt rosafarbener Nelke); als sie zugleich noch zu rassistisch und tolpatschig war, um sich auf echten Rhythm and Blues einzulassen.

Ursprünglich war Elvis Country-Sänger. Erst Sam Phillips, der Besitzer der legendären Sun Studios, brachte ihn auf den Rock 'n' Roll. (In den Sun Studios hatte Elvis seine ersten Amateuraufnahmen gemacht. Die allererste war, wie sollte es auch anders sein, ein Geburtstagslied für seine Mutter: Unser Elvis war ja schon immer ein kleiner Rebell.) Später animierte ihn sein Manager, der ehemalige Jahrmarktschreier »Colonel« Tom Parker, zu zuckersüßen Balladen, Wegwerffilmen und Las-Vegas-Shows. Elvis tat schön artig alles, was ihm aufgetragen wurde – was die etwas traurige Schlußfolgerung nahelegt, daß ihm die Musik an sich nur wenig bedeutet haben kann außer als Mittel zum Zweck, um sich weiter im Schweinehimmel zu suhlen.

Für den Country-Sänger Elvis sprach einiges. Seine erste Aufnahme bei Sun, »That's All Right Mama«, mit dem Bluegrass-Klassiker »Blue Moon of Kentucky« auf der B-Seite, ist eine wahre Freude; man hört darauf, wie seine Stimme jene Töne hinauszieht, die eine fast existentielle

Sehnsucht wecken – vergleichbar mit dem Pfeifen eines geheimnisvollen Zuges, der durch die Appalachen rast auf dem Weg zu irgendeiner fernen Hütte im Himmel.

Aber nur mit Rockmusik war Geld zu verdienen, und Geld war der Glitzer, hinter dem Tom Parker her war. Elvis wurde auf Rockstar getrimmt, und Rockstars müssen ewig jung, schlank und schön sein. Country-Sänger dagegen dürfen alt und fett werden, ohne je in Gefahr zu kommen, die Zuneigung ihres Publikums zu verlieren.

Es war Sex, der Elvis groß machte; er war der erste weiße Sänger, der sich nicht so bewegte, als hätte er einen Stock verschluckt. Aber die Vorstellungen von Sex ändern sich; wenn wir uns Bilder von Theda Bara aus den zwanziger oder Mae West aus den dreißiger Jahren ansehen, ist es schwer zu glauben, daß diese beiden mal die begehrtesten weiblichen Kurven ihrer Zeit hatten – und daß Männer auf der ganzen Welt, jung und alt, schlaflose Nächte damit verbrachten, diese Namen in ihre Kopfkissen zu flüstern.

Sex war aber auch Elvis' Untergang. Als er in den Fünfzigern berühmt wurde, erinnerte er einerseits an die jungen, leidgeprüften Schauspieler, die in diesem Jahrzehnt Stars geworden waren – James Dean, Marlon Brando, Montgomery Clift –, andererseits machte er sich aber mit seinem dunklen, etwas schmierigen, schwelenden Schlafzimmerblick auch die gängigere Variante weiblicher Begierde zunutze. Er appellierte auch an die finsteren Gelüste weißer Frauen, sich Scheichs oder Latin Lovers hinzugeben: ein Image, das im Kino von so unterschiedlichen Schauspielern wie Rudolph Valentino und Dean Martin benutzt worden ist. Dank dieser Mischung aus verpaßter Rebellion und raffinierter Verführung wäre es für Elvis schon schwer gewesen, nicht sexy zu wirken – verglichen mit Bill Haley und dessen Schmachtlocke oder Guy Mitchell und dessen weißem Sportjackett (samt der bereits erwähnten rosafarbenen Nelke). Doch die Sechziger veränderten alles: besonders die Auffassung davon, was sexy war. Plötzlich war »cool« sexy,

und »hot« peinlich. Auf einmal fanden es nur noch gelang-
weilte Matronen aus Valentinos Zeiten aufreizend, wenn
Elvis sein Becken wie einen brünstigen Chefsessel kreisen
ließ. Dagegen machten die Mädchen der westlichen Welt
plötzlich vor Begeisterung kollektiv in die Hose beim Anblick der coolen, sauberen BEATLES, wie sie ihre Mädchen-
frisuren-Köpfe zusammensteckten und »Oooo!« in ein Mikrofon gurrten. Die BEATLES behaupteten zwar, sie wollten
einem nur die Hand halten, aber diese Aussicht erschien auf
einmal um vieles verlockender als Elvis' Angebot, ihm eine
Kette um den Hals zu legen und ihn überall hinzuführen.

Als 1963 die BEATLES auftauchten, war Elvis Schnee von
gestern; er taugte nur noch für das seelenverschlingende
Pailletten-und-Schweiß-Spektakel von Las Vegas. Im übrigen hatte Elvis noch nie einen besonders festen Platz in der
populären Musik: Schon ein Jahr vor den BEATLES wurde er
vom »High School Pop« in den Schatten gestellt, von Ido-
len, die ebenso sauber und geschlechtslos waren wie die, die
er angeblich einige Jahre zuvor beerdigt hatte. Nun brachten genau diese Typen die Mädchen dazu, kreischend um
deren College-Abzeichen zu betteln.

Die Sache war, daß Elvis sich anscheinend am wohlsten
fühlte, wenn er die Country-Stücke aus seiner Anfangs-
zeit zum besten gab: Wäre er bei seinen Wurzeln, dem
Country-Rock, geblieben, hätte er sich vielleicht wie Roy
Orbison entwickelt. Dieser hatte zwar auf das große Geld
in Las Vegas verzichtet, aber er bewahrte sich den Respekt
nicht nur seiner Zeitgenossen und Fans, sondern auch spä-
terer Generationen von Popstars und Zuhörern. Orbisons
Comeback in den späten Achtzigern – seine TRAVELING
WILBURYS-Arbeit mit Bob Dylan, George Harrison, Tom
Petty und Jeff Lynne sowie das herrliche, erst nach seinem
tödlichen Herzinfarkt veröffentlichte Soloalbum mit Titeln
wie »You Got It« und »She's A Mystery To Me« – war allem ebenbürtig, was er auf dem ersten Höhepunkt seiner
kommerziellen Laufbahn hervorgebracht hatte.

Elvis dagegen hat immer nur Befehle ausgeführt; zumeist die des allgegenwärtigen Tom Parker. Er war ohne jene echte Verbundenheit mit dem Geist des frühen Rock 'n' Roll wie Chuck Berry und Jerry Lee Lewis (beide noch am Leben, und beide respektiert, trotz ihrer vielen Abstürze und Skandale mit Minderjährigen). Elvis wehte es immer dorthin, wo der launenhafte Finger der Mode gerade hinzeigte. Tränenreiche Balladen, eines Johnny Ray würdig (»Crying in the Chapel« – uah!), klebrige, zähe, armselige Auskoppelungen aus zweitklassigen Möchtegern-Reisefilmen (»Viva Las Vegas«, »Rock A Hula Baby«) und Singles, die man nur als Ramschplatten bezeichnen kann (»Wooden Heart«). Überhaupt klingen unheimlich viele von Elvis' »Klassikern« – »Heartbreak Hotel«, »Teddy Bear«, »Don't Be Cruel«, »Jailhouse Rock« – heute wie Ramsch, wegen seines merkwürdigen und unsinnigen Schluckaufstils und der absurden Texte. »Findest du keinen Partner, dann nimm einfach einen Holzstuhl« – also wirklich!

Vor ein paar Jahren stellte die US-Post zwei verschiedene Entwürfe für eine Elvis-Briefmarke vor – eine mit dem jugendlichen, schönen und eine mit dem alten, aufgedunsenen Elvis – und forderte die amerikanische Öffentlichkeit auf, über die Motive abzustimmen. Das war ziemlich amüsant. Tatsächlich aber hat der »häßliche«, von Parker gedemütigte und vom Rockstar-Dasein desillusionierte Elvis viel bessere Platten gemacht als der »schöne«, von sich selbst berauschte Elvis (der produzierte Schwachsinn wie »Wooden Heart«).

Erst von Ende der sechziger Jahre an fand er zu seinen Country-Wurzeln zurück, und plötzlich gelangen Elvis wieder Werke, die wirklich was wert waren – »Suspicious Minds«, »Burning Love«, »In the Ghetto«.

Presley war nicht schlau; anders als bei Marilyn wird man kaum jemals das snobistische Vergnügen haben, ein Foto zu entdecken, auf dem unser Held den »Ulysses« liest. Trotzdem schien er doch dumpf zu ahnen, daß er auf seiner Jagd nach Rockstar-Ruhm etwas eingebüßt hatte. Während sei-

nes Comeback-Konzertes 1968 – sein erster Live-Auftritt
nach acht Jahren, der sofort im Fernsehen gezeigt wurde –
sitzt er mit seiner Gitarre in einem Kreis von sehr gewöhn-
lichen Fans, und sein Gesicht ist völlig verzerrt von der
Mühe, seine Botschaft zu verkünden:

»Ich möchte ein bißchen über die Musik reden ... es hat
in den letzten zehn oder zwölf Jahren große Veränderungen
auf dem Gebiet der Musik gegeben. Ich glaube, es ist alles
besser geworden, der Sound ist besser geworden, und
die Musiker sind besser geworden ... Ich mag viele der
neuen Gruppen, die Beatles und die Byrds ... Ich mag etli-
ches von der neuen Musik ... aber sie ist im Grunde genommen, Rock 'n' Roll ist im Grunde genommen, unsere Musik ist im Grunde genommen Gospelmusik oder
Rhythm and Blues ... sie kommt daher, hat etwas hinzugefügt, Instrumente hinzugefügt, mit ihr experimentiert ...«

An dieser Stelle gibt er seinen Erklärungsversuch auf und
stimmt einen herzzerreißenden Bluesklassiker an: »Sometimes I Feel Like A Motherless Child«.

Und das war er wirklich. Elvis hat sich seiner Mutter –
dem Blues – und seinem Vater – der Country-music – wi-
dersetzt, um das moderne Showbusiness zu gründen. Das
ist ungefähr so, als würde man sich dem Einfluß von Billie
Holliday und Hank Williams entziehen, um Liberace aus-
zubrüten. Hatte die Welt das denn wirklich so dringend
nötig?

Aber das Traurigste an Elvis ist, daß er für andere viele
Freiheiten verkörperte, die er persönlich nie gelebt hat. Er
verkörperte die Jugend – und verhöhnte »Langhaarige« wie
die BEATLES. Er verkörperte Sex – dabei hatte er eine so
krankhafte Angst vor den weiblichen Genitalien, daß er mit
keiner Frau schlafen konnte, die bereits ein Kind geboren
hatte, einschließlich seiner eigenen orchideenhaften Frau. Er
verkörperte »Negermusik« – und war selbst ein so entschie-
dener Verfechter der weißen Vorherrschaft, daß sogar seine
Gospelbegleitung, die JORDANAIRES, Weiße waren. Mehr als

alles andere verkörperte er das Ende der Heuchelei – aber wer wird jemals das Bild von Elvis im Weißen Haus vergessen, wie er sich völlig zugedröhnt Richard Nixon als Drogenfahnder andient?

Im Grunde genommen war Elvis' Problem, daß er zu viel für andere Leute darstellte und zu wenig für sich selbst behielt. Großzügigkeit war immer eine der wenigen angenehmen Charakterzüge des Kings, angefangen beim Jungen aus Tupelo, der all sein Spielzeug verschenkte, bis zum Millionär in Memphis, der gegen Ende seines Lebens seine Villa nur noch verließ, um auf gewaltige, wahllose Einkaufsbummel zu gehen, bei denen er unbekannten Passanten Cadillacs schenkte. Weniger Erfolg hätte aus ihm vielleicht einen besseren Künstler gemacht, ganz bestimmt aber einen glücklicheren Menschen.

20 Jahre nach seinem Tod gehört sein Status als »King of the Internet« zu den traurigen Aspekten seines Nachruhms. Mehr als hundert Web-Seiten sind ihm gewidmet. Einst war er das Sinnbild dafür, das Kühnste, Hellste und Hedonistischste in der westlichen Jugend zu befreien; heute trägt er dazu bei, daß sie von Todessehnsucht, Klatsch und Schund besessen ist. Abgesehen von Albernheiten wie »Elvis Presley verwandelt sich auf dem Morph-Schaubild in Elvis Costello« beschäftigen sich übermäßig viele Seiten mit Elvis-Erscheinungen – viele der Untertanen des Kings wollen einfach nicht glauben, daß er wirklich tot ist.

Natürlich ist er das letztendlich auch nicht; genausowenig wie Marilyn Monroe, James Dean, Jim Morrison oder irgendein anderer von den großen amerikanischen Erfolgsmenschen, die im Tausch für ein kurzes, unglückliches Leben ein Vermächtnis hinterlassen haben, das viel länger andauern wird als irgendein popeliges Leben. Das Beste an Elvis – seine frühe und späte Musik – lebt immer noch; das Schlechteste wird eines Tages vergessen sein. Der King ist tot; es lebe der King.

Thomas Langhoff

Fragt man heute einen Jugendlichen nach einem bestimmten Song, so wird er oft nicht mehr antworten: »Ja, ich habe den Song gehört.« Er wird vielmehr sagen: »Ja, ich habe das Video gesehen« oder »Ja, ich habe den Song gesehen«. Das Musikvideo, dieser artifizielle Bastard aus Kommerz und Avantgardekunst, löst tendenziell den Tonträger als Medium popmusikalischer Imagebildung ab. MTV war der erste Fernsehsender mit einem Non-Stop-Videoclip-Programm. Thomas Langhoff skizziert die Entstehungsbedingungen und die Programmphilosophie dieses globalen Musikfernsehens.

MTV: Subkultur als Werbeclip

Das ist das zwanzigste Jahrhundert! Wenn du ein Dinosaurier sein willst, dann bitte. Wenn du surfen willst, dann mußt du zum Strand gehen. Da gibt's überhaupt nichts zu kritisieren. Hier ist deine Chance, hier ist sie, im Format vier mal drei, und sie sitzt da 24 Stunden am Tag. Nimm sie dir. »MTV ist immer da, es ist wie ein Freund, und es ist immer da als Alternative zu dem, was du im normalen Fernsehen zu sehen bekommst« – mit diesen Worten feiert Brent Hansen, Programmchef von MTV Europe, sein Produkt. 24 Stunden, Tag und Nacht, unablässig, ohne Pause sitzt er da, der kleine Freund, stets hellwach, stets abrufbar, stets verfügbar.

Am 1. August 1981 ruft der MTV-Chef Bob Pittman das Zeitalter des Videoclips aus. Zehn Jahre später sitzt der kleine Freund in 194 Millionen Wohnungen, davon 55 Millionen in den Vereinigten Staaten und 10 Millionen in Deutschland. 450 Millionen Menschen in 70 Ländern können hinschauen und hinhören: von Mitternacht bis Mitternacht 300 Videos, 300 Popsongs – von Reykjavik bis Palermo, von New York bis Los Angeles, von Tel Aviv bis Teheran. Überall, jederzeit. In einem Jahrzehnt steigt MTV vom mißtrauisch beäugten US-Experiment zum weltumspannenden Popmonopol auf. Als 1981 die MTV-Ära anbrach, glaubte – bis auf die Investoren Warner und American Express – kaum jemand an den Erfolg eines Non-Stop-Video-Programms. Popmusik und Fernsehen – das schien nicht zu funktionieren. Schnell langweilten die Bilder, denn eingezwängt auf dem Bildschirm verloren die simulierten Live-Auftritte ihre Aura und Kraft. MTV aber hat Erfolg. Jeden Tag über eine Stunde, fünfmal in der Woche, verbringt der durchschnittliche MTV-Konsument mit dem neuen elektronischen Freund.

MTV kam zum richtigen Zeitpunkt. Die Musikindustrie geriet 1979 tief in die Rezession. Die kleinen, unabhängigen »Independent«-Label, die mit Punk emporkamen, entrissen den großen Plattenfirmen die Kontrolle. Disco wollte niemand mehr hören und Neues war nicht in Sicht. Schnell erkannten die Plattenfirmen die Promotionkraft des neuen Senders und lieferten bereitwillig und kostenlos Videos. Auch Pepsi und Kelloggs sahen ihre Chance, ihre Produkte gezielt an eine jugendliche Klientel zu bringen. MTV bot mit seiner Zielgruppenausrichtung das ideale Umfeld für Werbeclips. Die Programmacher konzipierten ihren Videomarathon vornehmlich für die Altersgruppe der 14- bis 24jährigen.

1987 eröffnete das New Yorker Wunderkind Filialen in Europa und Australien, 1988 in Südamerika, 1990 in Brasilien, 1991 in Asien. Die Musikindustrie und die Werbeagenturen haben ein mächtiges Promotioninstrument, MTV verfügt über billiges Sendematerial, und die Zuschauer in 70 Staaten hängen zufrieden vor dem Bildschirm. »Dies ist kein Fernsehen«, behauptet ein MTV-Slogan in Anlehnung an René Magrittes »Ceci n'est pas une pipe«. MTV ist kein Fernsehen, weil es zuviel Fernsehen ist – der Non-Stop-Bilderfluß ist die radikale Version konventioneller TV-Rhetorik. MTV jagt nur noch Splitter in seinen unendlichen Bilddurchlauf – alle vier Minuten ein neuer Clip, ein neuer Beat. Popvideos plus Moderationsschnipsel gleich MTV. »MTV – trotz der verpfuschten Welt« – mit diesem Slogan bietet sich der Videokanal als Alternativwelt an. Mit Ausnahme spezifischer Rap-, Metal- und Avantgardesparten bleibt der Großteil des Programms möglichst unbestimmt. Alles ist möglich.

Einmal wöchentlich schickt eine neunköpfige Jury die Videos in diverse »Rotationen«. In der »Heavy«-Rotation laufen die Clips etwa 30mal in der Woche. Die Kriterien der Jury sorgen seit 1980 für Aufregung: Kaum Rhythm 'n' Blues, keine Country-Musik und vor allem – fast keine schwarzen Musiker. Mit schwarzen Musikern stößt man in Amerika die kaufkräftige weiße Kundschaft ab. Das Verhältnis hat sich etwas entkrampft und »Yo! MTV Raps« bedient nun die schwarze Rap-Gemeinde. Das Diktat der Einschaltquoten gilt auch für Brent Hansen: »Wir wollen ein großes Publikum, ich muß das Spiel der Einschaltquoten mitmachen. Wir sind nicht da, um elitär zu sein. Wir sind dafür da, unser Angebot so umfassend wie möglich zu machen, für ein Publikum so groß wie möglich.« Ein paar Klatschnotizen, ein paar Scherze, ein paar Informationen zum Star oder zum Video – die Moderatoren halten sich bewußt zurück, niemals überschattet Individualität das Programm. Kein Charakter, sondern eine formale Kupplung zwischen Produkt und Konsument. MTV verzichtet auf alle subtilen Strategien der Zuschauereinbindung, es zählt einzig und allein die direkte und simulierte Zweierbeziehung: »Ich spreche mit dir«, »Ich biete dir an«.

Ausschalten, einschalten, ausschalten, einschalten – wann immer die Fernbedienung das Signal gibt, MTV heißt seine Kunden willkommen. MTV verlangt nichts von seinen Zuschauern – und hierin liegt der eigentliche Grund für den Erfolg. Keine psychologischen Winkelzüge, keine subtilen Charaktere, keine verstrickten Handlungsmuster – man

kann jederzeit einschalten, ohne etwas verpaßt zu haben.
»MTV ist eine Stimmung, keine Show« – dieser Slogan bestimmt das Konzept. Eigentlich funktioniert MTV wie ein
Radiosender – Radio mit Bilderbuch. Und die Bilderwelt
der Videomacher ist eine kleine. Sie reicht im allgemeinen
von schönen kaukasischen Frauen bis zu schönen orientali-
schen Frauen. Als Dekoration: schwere Motorräder, rassige
Cabriolets, schwarzes Leder und rote Miniröcke. Auch Ma-
schinengewehre kommen gut. Oder Blumen. Wenn sie wenig Geld haben: viel Rauch, dann sieht man nicht so viel.
Und Special effects aus der Computertrickkiste. Köpfe, die
in Feuer und Rauch aufgehen. Die Skyline von Manhattan
vor Matterhornkulisse. Alles ist möglich, und vor allem:
Keine Pausen. Keine Einstellung länger als drei Sekun-
den. Einundzwanzig, zweiundzwanzig, dreiundzwanzig.
Schnelle Schnitte. »If it moves they will watch it«, hat Andy
Warhol gesagt. Schneller. Zoom. Großaufnahme. Amerikanische Einstellung. Schneller. Zoom. Schneller.

Ein Video kostet zwischen 10 000 und ein paar Millionen
Mark. Letztere Summe ist den Superstars vorbehalten. Alle
anderen drehen billig und schnell. Ein Tag Denken, ein Tag
Drehen, ein Tag Schneiden. Videos sind kein Spaß, sondern
Geschäft. Und so wähnen die Kritiker hinter dem stets
freundlichen Gesicht des MTV-Moderators die Fratze eines
Totengräbers und sprechen vom »Ende der Subkultur«:
MTV lösche Geschichte, entschärfe Opposition, nivelliere
Geschmack, kommerzialisiere Rebellion und propagiere
Opportunismus – kurz: MTV begrabe all das, wofür Rockmusik und Jungsein einst stand. »Rock is dead«, sagt der
Soziologe Simon Frith: »Man wird weiterhin Rockmusik
spielen, und ich bin mir sicher, daß im Jahr 2064 irgendeine
Kneipen-Band in Frankfurt, London, Moskau oder Singapur Songs von den Sex Pistols spielen wird. Aber das wird
dann so aussehen wie Folk oder Jazz heute. Es kommt nicht
mehr aus einer lebendigen, zeitgenössischen Kultur, sondern es ist Nostalgie.«

Marc Levinson

Marc Levinson ist für »Newsweek« um die halbe Welt gereist, um zu erkunden, wie das ursprünglich für Nordamerika produzierte MTV in den abgelegeneren Regionen der Welt – also in Europa, Asien und Südamerika – funktioniert. Mit besonderem Interesse verfolgt Levinson, wie MTV versucht, global zu operieren und gleichzeitig regionale Märkte zu bedienen. Weil das für den deutschen Markt nicht gelungen ist, müssen deutsche Teenager nun Viva gucken – was auch Levinson mit Mitleid erfüllt.

It's an MTV World
Einmal um die Welt mit dem ultimativen New-Age-Multi

Wie soll man nur die Musik einer Band wie der Fabulosos Cadillacs beschreiben? In ihrer Heimat, Buenos Aires, heißt ihre rockige Melange aus Reggae, Samba und Salsa einfach »música de onda«. In Bogotá sagt man »chévere«. In Mexico City »suave«. Aber wenn ein Fernsehsender die Cadillacs sowohl in Kalifornien als auch in Chile lancieren will, dann braucht er ein Markenzeichen, das überall verstanden wird. Wie wäre es mit: »coolísimo«.

Packen Sie jetzt bitte nicht gleich Ihr Wörterbuch aus. »coolísimo« taucht da sowieso nicht auf – »coolísimo« ist eine Erfindung von MTV Latino. Amerikaner kennen MTV als demonstrativ anstößige Stimme der *next generation*, MTV bringt Heavy Metal und Anti-Helden wie Beavis & Butthead. Gerade diese kalkulierte Hipness hat die Viacom-Tochter zum ultimativen New-Age-Multi aufsteigen lassen. MTV hat in Europa mehr Zuschauer als in den USA, beglückt Japaner und Brasilianer mit Musikvideos und wird noch diese Woche China heimsuchen.

Die Strategie ist einzigartig. McDonalds serviert die gleichen Hamburger überall auf der Welt, und Procter & Gamble verkaufen ein und dieselbe Seife unter verschiedenen Namen. MTV hingegen gelingt es, unter einem Namen überall auf der Welt präsent zu sein, gleichzeitig aber regionale Märkte mit spezifisch regionalen Produkten zu versorgen. »Die Verpackung ist die gleiche«, sagt das Vorstandsmitglied Tom Freston, »nur die Inhalte unterscheiden sich.« Es scheint allerdings, daß sich diese Inhalte noch immer nicht ausreichend unterscheiden – schließlich kann sich die *eine* Welt, die vorgeblich *eine* Sprache spricht, noch nicht einmal auf eine allgemeingültige Version von »cool« einigen. Die MTV-Strategie bietet einerseits anderen global operierenden Medienunternehmen einen genauso interessanten wie ungewöhnlichen Masterplan. Andererseits offenbart sie die Schlaglöcher auf dem Weg zum Erfolg.

Für ein Medienunternehmen, das schnell wachsen will, ist die Eroberung internationaler Märkte die einzige Lösung. In Amerika, wo MTV 60 Millionen Haushalte erreicht, ist das Potential fast ausgeschöpft: Die meisten der 18- bis 24jährigen, die zum MTV-Konsum verleitet werden könnten, schalten schon regelmäßig ein. Auf anderen, noch kaum verkabelten Kontinenten ist das Zuschauerpotential fast unerschöpflich. MTV und die beiden Ableger VH-1 und Nickelodeon haben 28% ihres 852-Millionen-Umsatzes außerhalb Amerikas eingestrichen. Für das Ende des Jahrtausends sagt Freston einen Anteil von 50% voraus. Eine wichtige Rolle spielt dabei Asien: Derzeit haben 44 Millionen Haushalte Kabelanschluß oder Satellitenantenne, im Jahr 2004 werde es 206 Millionen sein, so die Schätzung von Paul Kagan Associates. MTVs neuester Ableger, MTV Mandarin, läuft noch diese Woche in Taiwan an – auf chinesisch. Das in Singapur produzierte, englischsprachige MTV Asia wird am 3. Mai auf Sendung gehen – und von den Philippinen bis nach Indien zu empfangen sein.

Der Mann hinter MTVs globalen Ambitionen heißt William Roedy – ein Vietnamveteran, der vorher Raketenstützpunkte der Nato kommandierte. [...] »Ich mußte zunächst etwas gegen dieses stereotype Image von MTV machen«, klagt er. »Es ist ungeheuer wichtig, einen Regierungschef darauf aufmerksam zu machen, daß MTV nicht nur die Kultur anderer Länder in sein Land bringt, sondern auch die eigene Musik und Kultur in die Welt trägt. Ob er selbst MTV mag oder nicht, ist dabei nebensächlich.« [...]

Für MTV lohnt sich globale Präsenz nur, wenn sich die relativen Produktionskosten senken lassen. Die New Yorker »MTV News« werden deshalb auf dem gleichen Set produziert wie »Semana Rock«, der News-Ableger von MTV Latino. Sobald Tabitha Soren ihre Nachrichten im New Yorker Studio aufgenommen hat, verschwindet das »MTV News«-Logo hinter dem Moderatorentisch, und »Notícias MTV« erscheint. Mit Blick auf das Budget drängt die MTV-Zentrale ihre Produzenten dazu, die Shows so zu gestalten, daß sie sowohl in Lübeck als auch in Los Angeles laufen können. »Wenn wir neue Sendungen entwickeln«, erläutert Programmchef Doug Herzog, »versuchen wir sie so zu produzieren, daß sie auf der ganzen Welt funktionieren.« [...]

In der Londoner Zentrale von MTV Europe geht es schön munter international zu. MTV Europe hat sich an der Camden Road eingenistet, wo Horden vor allem jugendlicher Rucksack-Touristen die Lederjacken- und Dr. Martens-Boutiquen belagern. MTV Europe heuert seine Mitarbeiter aus einer Generation an, für die Englisch so etwas wie eine zweite Muttersprache ist und die nationale Grenzen für Relikte aus grauer Vorzeit hält. Das MTV-Programm mit seinen Musikvideos, Kurznachrichten und Werbespots ist sofort und überall als MTV wiederzuerkennen. Die Sendungen jedoch werden fast alle in London produziert – auch für trendbewußte Zuschauer wie Graciela aus Bukarest, die letztens bei »MTV's Most Wanted« anrief, um den Moderator Ray Cokes zu fragen, wer ihr wohl helfen könne, einen Nasenring zu piercen. »Hier in meiner Heimat geht so etwas nicht«, beklagte sie sich.

Niemand vertritt das Ideal eines vereinten Europas inbrünstiger als MTV Europe – ein einziges Programm für 37 verschiedene Länder. Der Sender muß immer einen gemeinsamen Nenner finden – oder ihn selbst kreieren, wie zuletzt mit einer Kampagne zur Europawahl. Je mehr Zuschauer sich in erster Linie als Europäer verstehen, und nicht als Spanier oder Italiener, desto wahrscheinlicher ist es, daß sie auf MTVs internationalen Chic und englischsprachigen Rock abfahren. Die Moderatoren – VJs (Videojockeys) genannt – wie der 22jährige Mädchenschwarm Enrico Silvestrin mit seinem Ziegenbärtchen und Dreadlocks präsentieren vor der Kamera eine von allen nationalen Eigenschaften befreite Persönlichkeit. Jede beliebige Stadt des Kontinents könnte ihre Heimat sein. Die in Holland geborene Simone Angel, eine hyperkinetische Blondine mit Cockney-Akzent proklamiert triumphierend: »All diese Politiker hocken noch immer in muffigen Büros und schwadronieren darüber, wie sie ein vereintes Europa schaffen können. Wir tun es einfach.«

MTV Europe erzeugt Einheit hauptsächlich dadurch, daß seine VJs Englisch sprechen. Auch in den Musikvideos ist die Sprache der Einheit fast immer Englisch. Genauso wie bei den Nachrichten, den Trailern und den Trickfilmen. Bands vom Kontinent sind durchaus willkommen – allerdings müßten sich Gruppen wie die von MTV Europe in die Charts katapultierten ACE OF BASE mit spärlichen Einsätzen zufriedengeben, würden sie in ihrer Muttersprache singen. Für den Geschmack der »Minderheiten« gibt es einfach nicht genug Raum.

Der Grund ist nicht, daß Viacom die englische Sprache besonders verehren würde. Viacom produziert zum Beispiel VH-1, einen Musikkanal für die über 35jährigen, auf Deutsch. Ein schwedisches VH-1 wird es vielleicht auch bald geben. In Deutschland sendet MTV Europe mittlerweile eigens für den deutschen Markt produzierte Werbespots. Der Neuseeländer Brent Hansen, der früher als Lehrer und jetzt als Creative Director von MTV Europe sein Geld verdient, bezweifelt, daß das junge, international orientierte Zielpublikum von MTV Europe spezifisch nationale Sendungen akzeptieren würde. »Die Leute würden sagen: ›Jetzt habt ihr uns das echte Produkt weggenommen und wollt uns mit einer verwässerten Imitation abspeisen‹«, erklärt er. Diese Wahl des Englischen zur Lingua franca der MTV-Welt ermöglicht scharfsinnigen Konkurrenten, den Markt zu segmentieren. Ein global operierendes Unternehmen tut sich schwer, das nationale Spiel zu spielen. Und genau das macht der deutsche Musikkanal Viva meisterhaft. (Siehe unten.)

Für MTV ist die Sprache nicht das einzige Hindernis, wenn es darum geht, auf bestimmte Kontinente spezialisierte Musikkanäle zu etablieren. Fast ganz Lateinamerika spricht Spanisch (nur MTV Brazil bietet ein portugiesischsprachiges Programm), allerdings sind die musikalischen Traditionen der einzelnen Länder dermaßen verschieden, daß nur wenige Interpreten überregional bekannt sind. So dominieren amerikanische Videos das Programm von MTV Latino. [...]

Während Bill Roedy versucht, ein MTV Russia und ein MTV Middle East zu installieren, geht es in der Zentrale gerade darum, ob man nicht ein MTV Boston oder MTV Pittsburgh braucht, um MTV USA mit lokalen News und Bands zu versorgen. »Bisher ging es bei uns immer um diesen Kunst/Kommerz-Konflikt«, merkt die MTV-Präsidentin Judy McGrath amüsiert an. »Jetzt geht es nur noch um die Frage, wie wir im Großen auch das Kleine berücksichtigen können. Wie können wir als internationales Unternehmen operieren, ohne nur Standardprodukte à la ›one size fits all‹ im Angebot zu haben?« Ein globales Mediennetz aufzubauen, ist schon für sich allein genommen eine große Aufgabe. Globale Märkte zu erschließen, ist eine noch größere Aufgabe.

Gut, gut, alles supergut! – Wenn es eine Antithese zu MTV gibt, dann heißt sie Viva. Viva hat nichts von der eindringlichen Hipness, die MTV auszeichnet. Die Heimat der Viva-Zentrale ist ein Industriepark am Stadtrand von Köln, in direkter Nachbarschaft lagern Baumaterialien. Während die Besucher der Londoner MTV-Zentrale dem Geflimmere einer überdimensionalen Wand aus Bildschirmen ausgesetzt werden, bietet Viva nur ein paar Briefkästen. Das MTV-Studio in der Camden Road ist laut, chaotisch und rauchfrei; das Viva-Studio ist klein, verraucht und höchst effizient. Aber Hipness ist auch nicht jedermanns Sache. Seitdem Viva vor 16 Monaten auf Sendung gegangen ist, hat es mit Erfolg MTV herausgefordert – und sogar das grundsätzliche MTV-Credo »Jugendliche sind und bleiben Jugendliche, egal wo sie leben« in Frage gestellt.

Viva ist ganz dezidiert deutsch. Es widerspricht ganz vehement der These, daß Europa ein und dieselbe Musik hört und ein und dieselbe Sprache spricht. »Es ist cool, drei oder vier Worte auf englisch zu verlieren, es ist nicht cool, alles auf englisch zu sagen«, sagt Programmdirektor Michael Kreissl. »Es ist eine Illusion, anzunehmen, jeder in Europa würde Englisch sprechen.« Nichtsdestotrotz hat amerikanische Musik einen Anteil von etwa 20 Prozent. Um sich einen Hauch Internationalität zu geben, setzt Viva verdächtigerweise auch einen schwarzen VJ ein, den Nigerianer Mola Adebisi. Aber auch er spricht Deutsch.

Viva setzt vor allem auf Technopop, der mit einem pulsierenden Discobeat unterlegt und mit möglichst aussagefreien Worthülsen garniert ist. MTV Europe spielt nur sehr selten Technopop, und der Großteil der europäischen Jugendlichen haßt die synthetischen Sounds und mechanischen, computergenerierten Videos. Deutsche Jugendliche hingegen lieben genau das. Diejenigen, die sich E-ROTICS Techno-Hit »Fred Come to Bed« oder »Supergut« der italienischen Gruppe MO-DO antun wollen (Text: »Gut, gut, alles supergut«), die sind bei Viva richtig. MTV macht sein

Geschäft vor allem mit dem genauso konsumfreudigen wie
trendbewußten studentischen Publikum. Viva hingegen hat
seit seinem Start Ende 1993 die Führung bei Schülern und
Nicht-Akademikern übernommen – genau bei denjenigen,
die am schlechtesten Englisch sprechen. »Wir haben bewiesen, daß es mit diesem globalen Pop-Internationalismus
nicht allzu gut bestellt ist«, behauptet der ehemalige Rock-
Bassist und jetzige Viva-Chef Dieter Gorny.

Viva geht mit einigen großen Nachteilen ins Rennen.
MTV kann seine Shows und Spots auch jenseits des Atlantiks
gewinnbringend einsetzen. Viva kann das nicht. MTV kann
seinen Werbekunden Geschäfte für (fast) die ganze Welt an-
bieten. Viva kann das nicht. Aber Viva ist nicht wehrlos. Der
Großteil der Viva-Anteile liegt bei vier der wichtigsten Pop-
Multis: Sony, EMI, PolyGram und Warner. Im letzten Jahr
hat die MTV-Mutter Viacom eine Klage bei der Europäischen Union eingereicht. Die vier Viva-Teilhaber sollen angeblich MTV Europe Videos vorenthalten haben, um Viva
zu unterstützen. Viva leugnet das. Diejenigen, die glauben,
daß die Viva-Eigentümer nur Werbung für ihre Produkte
machen wollten, liegen falsch – behauptet wenigstens Gorny.
»Wir sprechen über ein audiovisuelles Angebot, das sich zu
einem interaktiven Produkt entwickelt. Viva ist nur die logi-
sche Weiterentwicklung in diese Richtung, genauso wie es
der Kauf von MTV durch Viacom war.«

MTV erwartet noch mehr Vivas auch in anderen europäischen Staaten, schließlich wird die Vernetzung durch Kabel
und Satelliten immer dichter. Gleichzeitig ist Viva genau den
Kräften ausgesetzt, die den Erfolg in Deutschland erst ermöglichten. Neueste Mode ist eine Art »Dialekt-Rock«, mit
süddeutschen Interpreten, die schwäbisch oder bayerisch
singen – Dialekte, auf die Berliner gern verzichten. Auch die
Rockband BAP mit ihrem rheinischen Dialekt taucht regelmäßig auf Viva auf; nicht zu jedermanns Freude: »Ich ver-
stehe kein einziges Wort«, gesteht Kreissl, »wenn die englisch singen würden, könnte ich sie besser verstehen.«

7

——— Leere mit Zeichen angefüllt ———

JOHN CLARKE

*Das CCCS (Centre for Contemporary Cultural Studies) in
Birmingham war 1964 das erste Forschungsinstitut Großbritanniens, das sich im interdisziplinären Spannungsfeld von
Soziologie, Kulturanthropologie und Medienwissenschaft
dem besseren Verständnis des Phänomens »Jugend« wid-
mete. In seinem wegweisenden Aufsatz analysiert John
Clarke, Mitglied der Subkultur-Arbeitsgruppe am CCCS,
die zentralen Zusammenhänge von Stilbildung und Gruppenidentität.*

Stilschöpfung

Um den Prozeß der Stilschöpfung zu schildern, gebrauchen
wir ein wenig eklektisch Lévi-Strauss' Begriff *bricolage*
(Bastelei – die Neuordnung und Rekontextualisierung von
Objekten, um neue Bedeutungen zu kommunizieren, und
zwar innerhalb eines Gesamtsystems von Bedeutungen, das
bereits vorrangig und sedimentierte, den gebrauchten Objekten anhaftende Bedeutungen enthält). Objekt und Bedeutung bilden zusammen ein Zeichen, und in jeder Kultur
werden solche Zeichen immer wieder zu charakteristischen
Diskursformen gruppiert. Wenn aber der *bricoleur* (Bastler)
das signifikante Objekt innerhalb dieses Diskurses in eine
andere Position versetzt, und zwar unter Verwendung des
gleichen Gesamtrepertoires an Zeichen, oder wenn das Objekt in eine andere Gesamtheit von Zeichen versetzt wird,

dann entsteht ein neuer Diskurs, und eine andere Botschaft wird vermittelt.

Lévi-Strauss' Bestimmung des Wesens des ursprünglichen Zeichens und der Beziehung zwischen dem ursprünglichen und dem neuen Zeichen entspricht natürlich den Anforderungen seines Primärmaterials, das hauptsächlich »kleinen« Gesellschaften entstammt, in denen die »ideologische« Kommunikation in Form von Mythen oder totemistischen Systemen institutionalisiert ist. In ihnen ist der Mythos der charakteristische Diskurs, und er besteht als Mythos, weil er so von der ganzen Gesellschaft tradiert und akzeptiert ist: wieviele Varianten auch bestehen mögen, die Grundform ist die der Mythen des Volkes X. Wir aber betrachten hier erst jüngst verbreitete ›Stile‹, bei denen der stilistische Kern (falls es einen gibt) im Ausdruck einer partiellen Opposition zu den Werten der größeren Gesellschaft lokalisiert werden kann.

Und doch gibt es eine grundlegende Diskursform, auf die der subkulturelle *bricoleur* sich beziehen muß, falls die Botschaft kommuniziert werden soll. In unserem Fall ist das der Diskurs der *Mode*. Ähnlich wie Lévi-Strauss' Mythen-*bricoleur* ist auch der Praktiker einer subkulturellen *bricolage* den vorhandenen Bedeutungen der Zeichen innerhalb eines Diskurses unterworfen – die Objekte – das »Rohmaterial«, aus dem ein neuer subkultureller Stil zusammengesetzt wird – müssen nicht nur bereits existieren, sondern sie müssen auch Bedeutungen enthalten, die in einem so kohärenten System organisiert sind, daß die Art, in der sie umgestellt und transformiert werden, auch als *Transformation* begriffen werden kann. Denn es wäre zwecklos, wenn die neue Zusammensetzung genau wie die bereits existierende aussieht und exakt die gleiche Botschaft übermittelt.

Während die Elemente der Mythen*bricolage* vorwiegend natürliche Objekte sind, die der Kontemplation zugänglich sind, werden die Objekte, die der subkulturelle *bricoleur* verwendet, physisch angeeignet, sie werden am Leib getragen und gebraucht, und sie sind Waren, die ursprünglich für spezifische Märkte produziert wurden. D. h., ihre Existenz vor ihrer Transformation beruhte auf der Existenz von anderen Gruppen, zumeist von Untergruppen der herrschenden Klasse, die diese Objektzeichen ursprünglich erwarben, gebrauchten und damit ihren eigenen Lebensstil zum Ausdruck brachten.

Die oppositionelle Bedeutung eines Großteils der subkulturellen *bricolage* – im Unterschied zu ihrer traditionellen Bedeutung, die sie für Lévi-Strauss hat – braucht uns daher nicht zu verwirren. Vorausgesetzt, daß Kapitalismus und Klassenkonflikt für unsere Gesellschaft charakteristisch sind, können oppositionelle Bedeutungen auf zwei Wegen der Transformation erreicht werden, die einander nicht ausschließen. Bedeutungen, die den von der dominanten Kultur bevorzugten entgegengesetzt sind, die in der Erfahrung und im Bewußtsein einer unterdrückten gesellschaftlichen Gruppe entstehen, können an die Oberfläche gelangen und so den ursprünglichen Diskurs transformieren. Diese Transformation beruht auf dem Vorhandensein gegensätzlicher Klassen. Oder aber die Form der Waren selbst kann neue oppositionelle Bedeutungen schaffen. Diese Waren müssen auf dem Markt existieren. Sie müssen für die Stilschöpfer finanziell erreichbar sein, bevor sie gebraucht werden können. Da sie für spezifische Märkte produziert wurden, enthalten sie bereits Bedeutung und Botschaften, die etwas mit der ungleichen Verfügung über Waren zu tun haben und etwas über unterschiedlich bewertete Lebensstile aussagen. Eine Transformation oder Bedeutungsverschiebung, um vorher disqualifizierte Lebensstile aufzuwerten oder um Klassenkonflikte auszudrücken, kann stattfinden, weil Botschaften dieser Art in diesen Waren bereits »eingeschrieben« sind. Die ursprünglichen Objektzeichen beruhten auf einer gespaltenen Gesellschaft, ganz gleich wie sehr ihre bevorzugte Bedeutung diese Realität zu maskieren sucht.

Die Schöpfung kultureller Stile umfaßt also eine differenzierende Selektion aus der Matrix des Bestehenden. Es kommt nicht zu einer Schaffung von Objekten und Bedeutungen aus dem Nichts, sondern vielmehr zu einer *Transformation* und *Umgruppierung* des Gegebenen in ein Muster, das eine neue Bedeutung vermittelt; einer *Übersetzung* des Gegebenen in einen neuen Kontext und seiner *Adaptation*. So z. B. tauchte der »Edwardian Look« (eine von der Oberschicht und den Studenten wiederbelebte Mode), den die Teddy-Boys entlehnten und mit fremden Accessoires wie Kordelschlips und mokassinähnlichen Schuhen kombinierten, mit einer neuen, vordem untypischen Bdeutung wieder auf. Dick Hebdiges Studie über den Mod-Stil schildert eine Transformation, die offenbar nicht so sehr auf die Anklänge des Klassengegensatzes in der ursprünglichen Mode zurückging, bei der aber eine subtile Umgruppierung der Objekte die Bedeutung des daraus resultierenden Symbol-Ensembles gründlich veränderte.

Nach diesen Feststellungen über die Stilschöpfung im allgemeinen müssen wir die Frage stellen, warum eine bestimmte Gruppe bestimmte symbolische Objekte übernimmt und andere nicht. Der entscheidende Punkt ist hier, daß die Gruppe *sich selbst* in den mehr oder minder verdrängten potentiellen Bedeutungen bestimmter symbolischer Objekte *wiedererkennen* muß. Dies verlangt, daß das betreffende Objekt im Spektrum seiner potentiellen Bedeutungen die »objektive Möglichkeit« haben muß, die besonderen Werte und Interessen der betreffenden Gruppen auszudrücken. Auch ist es erforderlich, daß das Selbstbewußtsein der Gruppe ausreichend entwickelt ist, damit die betreffenden Mitglieder sich im Spektrum der vorhandenen symbolischen Objekte wiedererkennen können. Dieses entwickelte Selbstbewußtsein, und zwar entwickelt sowohl hinsichtlich seines Inhalts (Selbstbild der Gruppe) wie auch seiner Orientierung an symbolischen Objekten, ist das Mittel, durch welches der Stil geschaffen wird. Die Selektion der Objekte, durch die der Stil geschaffen wird, richtet sich also nach den *Homologien* zwischen dem Selbstbewußtsein der Gruppe und den möglichen Bedeutungen der vorhandenen Objekte. Die klarste Beschreibung einer solchen homologischen Beziehung zwischen Objekt und Gruppe ist wohl George Mellys berühmte Schilderung des Rock 'n' Roll als »Putz- und Chaosmusik« (»screw and smash«) der Teds.

Paul Willis behauptet, daß, obwohl der frühe Rock 'n' Roll und der »West Coast Rock« formal das Potential enthalten, andere Bedeutungen zu vermitteln und auszudrükken, doch eine deutliche Homologie bestand zwischen dem intensiven Aktivismus und der Körperlichkeit, der Externalisierung von Verhaltenseinstellungen, der Tabuisierung von Introspektion und der Vorliebe für Tempo und Maschinen, die für die Motor-Bike-Boys typisch waren, und der Rock 'n' Roll-Musik, der sie sich ausschließlich verbunden fühlten; ähnlich wie es eine Homologie zwischen der Unstrukturiertheit, Introspektion und lockeren Gruppenbindung seiner Hippie-Gruppe und der von ihr bevorzugten Musik gibt. Gerade dieses objektive Potential der kulturellen Form (in diesem Fall der Musik) und seine Übereinstimmung mit der subjektiven Orientierung der Gruppe ist es, was die Aneignung der ersteren durch letztere ermöglicht, was (manchmal) zu einer Art von stilistischer Fusion zwischen dem Objekt und der Gruppe führt. Doch der schließlich entstehende Stil ist mehr als ein einfaches Amalgam all der einzelnen Elemente – er bezieht seine spezifische symbolische Qualität aus dem Arrangement aller Elemente in einem Ensemble, welches das Selbstbewußtsein der Gruppe verkörpert und zum Ausdruck bringt. [...]

Bislang haben wir die inneren Prozesse behandelt, die an der Selektion und Aneignung verschiedener symbolischer Objekte bei der Entstehung eines Stils beteiligt sind. Jetzt müssen wir unseren Blickwinkel erweitern und untersu-

chen, welche Funktionen der Stil für die Gruppe gegenüber
anderen Gruppierungen erfüllt. Wir sagten schon, daß der
Stil das Selbstbild der Gruppe objektiviert. Nun müssen wir
betonen, daß ihre Selbstidentität nicht nur durch die inneren Prozesse der Gruppe entsteht, sondern auch durch die
Entwicklung der Gruppe im Verhältnis zu ihrer Situation –
einer Situation, die andere signifikante Gruppen einschließt.
Der Prozeß der Entstehung einer Gruppenidentität ist
ebensosehr durch »negative« Reaktionen auf *andere* Gruppen, Ereignisse, Ideen usw. bedingt wie durch positive Reaktionen in bestimmte Richtungen. Eine der wichtigsten
Funktionen eines eigenen subkulturellen Stils ist es, die
Grenzen der Gruppenmitgliedschaft gegenüber anderen
Gruppen zu definieren. Dies stellen wir uns meist als Reaktion auf andere Gruppen innerhalb des subkulturellen Le-
benszusammenhanges der Jugend vor (z. B. Mods contra
Rockers, Skinheads contra Hippies und »Greasers«; usw.).
Es wäre zwar viel Wichtiges über diese Dimension zu sagen, doch das Spektrum der beteiligten Gruppen umfaßt,
zumindest potentiell, sehr viel mehr als nur die »gegneri-
schen« Jugendsubkulturen. Das vielleicht beste Beispiel für
das Spektrum von Gruppen, gegen welche die Subkultur
sich definiert, bietet die Tabelle aus *The Paint House* [einer
Studie über Londoner Jugendgangs von 1972], wo eine
Reihe von Gruppen definiert wird je nach ihrer Zugehörigkeit zum »Regierungssystem«, zu den »Leuten, die uns pie-
sacken« oder zu den »Verrätern«; jede dieser Positionen
enthält eine Vorstellung vom Verhältnis dieser Gruppe zum
Bild der lokalen Gemeinschaft, die eine der wichtigsten or-
ganisierenden Interessen der Skinhead-Subkultur darstellte.
Dies verleiht sowohl dem Gemeinschaftsgefühl – der »Ter-
ritorialität« – und der von den Skinheads empfundenen
»Unterdrückung« eine *konkrete* Dimension. Es bezeichnet
die Ursachen der Angriffe und der Unterdrückung, unter denen die Skinheads litten, wie auch die Zielscheiben
der symbolisch-kollektiven »Verteidigung« dieses Gemein-

schaftsimages durch die Skinheads. Dieses Beispiel wirft eine weitere Frage hinsichtlich der Beziehung der Subkultur zu verschiedenen Außengruppen auf: ihre Reaktion gegen bestimmte Gruppen manifestiert sich nicht *primär* in den *symbolischen* Aspekten des Stils (Kleidung, Musik usw.), sondern zeigt sich in der ganzen Skala von Aktivitäten, Kontexten und Objekten, die zusammen das Stil-Ensemble bilden. So manifestiert sich die Reaktion der Skinheads gegen die Hippies nicht nur in ihrer entgegengesetzten Kleidung und Haartracht, sondern auch in physischen Angriffen auf die Hippies (oft unter dem Vorwand, »Schwule zu verdreschen« oder die »Free Concerts« im Hyde Park zu »überfallen«). Ähnlich tritt ihre »Verteidigung der Gemeinschaft« nicht einfach in einer Vielfalt symbolischer Phänomene (»Arbeits«-Kleidung, Slogans malen usw.) in Erscheinung, sondern wiederum in physischen und gewaltsamen Aktionen (»Pakistanis verdreschen«, »Bandenkämpfe« usw.) wie auch in der »Wiederaneignung« der traditionellen Freizeitinstitutionen der Arbeiterklasse – der Pubs und der Fußballstadien.

Es trifft aber ebenfalls zu, daß die Entwicklung bestimmter Komplexe eines Stils oft in einer Beziehung zu *einer* ganz bestimmten anderen subkulturellen »outgroup« steht. Die Mods und Rockers sind das beste Beispiel für eine solche Entwicklung in unmittelbarer Gegnerschaft. Die Untersuchung von Barker/Little über die Täter von Margate veranschaulicht, wie die beiden Gruppen ihr Selbstbild zum Teil unter Bezug auf ihre Unterschiede zur anderen Gruppe definierten: »Die Mods und Rockers hatten ein positives und ein negatives Bild von sich selbst: das positive zeigte, wie sie sich selber sahen, das negative, wie sie ihre Rivalen sahen. Beide beurteilten sich hauptsächlich anhand der Kleidung, sei es der bekannt glatte Aufzug der Mods, seien es die Lederjacken und die verwaschenen Jeans der Rockers. Die negativen Bilder sind anders geartet. Die Rockers sehen die Mods als effeminiert. ›Die können meinetwegen Röcke tragen, wenn sie wollen, solang ich nicht einen von ihnen als Mädchen anmache‹; dies war eine tolerante Meinung. Die Mods sehen die Rockers als vergammelt und schmutzig: ›Langes fettiges Haar – sie verwenden Schmieröl. Sie stinken nach Auspuffgas‹.«

Ähnliche Aussagen finden sich in allen Berichten über Episoden mit Mods und Rockers. Die Mods machen sich über das grobe, traditionell maskuline Selbstbild der Rocker lustig und halten dieser Grobheit ihre eigene »coole« und verfeinerte Art entgegen; die Rockers beanstanden hauptsächlich die Effeminiertheit des Mod-Stils. Stan Cohens Analyse der gesellschaftlichen Reaktion auf die Mods und Rockers warnt uns aber vor einer allzu simplen Auffassung dieser »gegensätzlichen« Imagebildung. Cohen behauptet, daß es bei den ersten Kämpfen an der Küste um Trennungen nicht zwischen Mods und Rockers, sondern zwischen Einheimischen und Jugendlichen aus London ging (obgleich es gut möglich ist, daß sich die Trennungslinie zwischen den Mods und den Rockers mit der zwischen Einheimischen und Zugereisten teilweise deckte). Doch in den anschließenden Zeitungsberichten wurden diese Kämpfe wie ein an die *West Side Story* erinnerndes Szenario einer Konfrontation zwischen zwei »Superbanden« ausgemalt, wodurch die Trennung im wesentlichen als ein »Kampf zwischen Stilen« fixiert wurde. Murdock nennt die Konsequenzen dieser Perspektive: ». . . Es überrascht nicht, daß diese Symbolik der Polarisation das Selbstbild der Gruppenmitglieder durchdrang, mit dem Ergebnis, daß bislang neutrale Stilelemente zu Brennpunkten von Gegensätzen und Konflikten zwischen den Gruppen wurden. Diese Konflikte wiederum dienten dazu, das ursprüngliche Image zu bestätigen und weiterhin zu verstärken.«

Cohens Analyse warnt uns vor zwei allgemeinen Fehlern: erstens dürfen wir nicht den langen, komplexen Prozeß der Stilentwicklung auf einen allzu kurzen Moment der Analyse einschränken und damit die Art und Weise vernachlässigen, wie gewisse Aspekte in bestimmten Momenten und in bezug auf bestimmte Ereignisse aufgenommen oder mit besonderer Bedeutung ausgestattet werden. Zweitens warnt er uns davor, die Entwicklung des Stils als einen Prozeß aufzufassen, der, einmal in Bewegung gebracht, weitgehend innerhalb der Gruppe abläuft. Die Außenbeziehungen und die strukturierenden Prinzipien, welche die Gruppe in eine spezifische Situation stellen, verschwinden nicht einfach von der Bildfläche, sobald der Gruppenstil ins Leben gerufen ist, sondern bestehen als Teil der determinierenden Umwelt fort, in der die Gruppe sich bewegt und handelt.

Und schließlich müssen wir in diesem Abschnitt die Konsequenzen beleuchten, welche die Existenz des Stils für die Gruppe hat. Bei der Schaffung eines eigenen Stils geht es nicht einfach darum, die Identität und das Selbstimage der Subkultur zu verkörpern. Der Stil erfüllt auch die Funktion, die Grenzen der Gruppe gegenüber den eigenen Mitgliedern und allen Außenstehenden schärfer zu definieren – eine Funktion, die für den Fortbestand der Gruppe besondere Konsequenzen hat. So etwa zeigt Jeffersons Analyse, wie die Schaffung eines eigenen Teddy-Boy-Stils für diese Gruppe eines der wenigen Mittel darstellte, durch das sie einen bestimmten Status erreichen und einige Kontrolle ausüben konnten. Die Konsequenz dessen war, daß das Äußere für die Gruppenmitglieder zum Gegenstand besonderer Aufmerksamkeit wurde. Jefferson meint nun, daß dies ihre Sensibilität und »Überreaktion« gegenüber (eingebildeten oder realen) Beleidigungen durch andere erklärt. In anderer Form illustriert Fletchers Bericht über die Entwicklung einer *gang* in Merseyside im Zusammenhang mit der »Beatmusik«, wie die sich wandelnden Interessen der Gruppe und ihr zunehmendes Engagement für die Musik als zentrales Interesse des Gruppenlebens die Beziehungen der Gruppe veränderte (was dazu führte, daß einige Mitglieder austraten), ihre üblichen Aktivitäten veränderte und jene Kontexte umgestaltete, in denen die Gruppenaktivitäten

normalerweise stattfanden. Die Entwicklung eines eignen
Stils identifiziert die Gruppe, aber nicht zuletzt macht sie
sie auch anfälliger für verschiedene gesellschaftliche Reaktionen. So berichten Rock und Cohen von Beispielen, wo
Tanzlokale und Kinos jedem den Zutritt versagten, der im
»Edwardian Look« gekleidet war; und Cohens Arbeit über
die Mods zeigt, wie die Polizei die »Mods« (d. h. jeden, der
dem öffentlichen Image eines Mods entsprach) aus den Kü-
stenkurorten vertrieb, während die örtlichen Ladenbesitzer
und Vergnügungslokale alle jungen Leute boykottierten,
die wie Mods oder Rockers aussahen. Als die Polizei Ende
der 60er Jahre gegen die Fußballrowdies einschritt, mußten
Jugendliche in Skinhead-Klamotten damit rechnen, von der
Polizei belästigt zu werden, wozu auch gehörte, daß die Polizei ihnen außerhalb des Stadions ihre Stiefel, Koppel und
Gürtel abnahm; und all dies zusätzlich zur üblichen Polizei-
routine – Ausweisung und Verhaftung von Fans im Stadion,
Polizeibegleitung auf dem Weg zum Spiel und zurück. Wir
haben auch Anzeichen dafür, daß die Polizei Diskotheken-
manager unter Druck setzte, schwarzen Jugendlichen, die
nach einem bestimmten »Rudie«-Stil gekleidet waren, keinen Einlaß zu gewähren, selbst wenn die betreffenden Diskotheken für ihr Reggae- und »Soul«-Repertoire bekannt
waren.

Kurz, die Entstehung eines Stils hat Konsequenzen, für
die Gruppe selbst wie auch für die Art, wie die Gruppe von
anderen gesehen und definiert wird und wie diese auf sie
reagieren. Subkulturelle Stile sind das wichtigste Mittel der
Massenmedien geworden, um »Jugend« anschaulich zu machen und über sie zu berichten. Richter, Polizisten und Sozialarbeiter arbeiten mit von Aussehen und Kleidung ab-
hängigen Stereotypen, um die Gruppen zu etikettieren und
sie mit bestimmten, typischen Verhaltensweisen in Verbindung zu bringen. Aspekte der Kleidung, des Stils und der
Erscheinung spielen daher eine wichtige Rolle bei der Stigmatisierung von Gruppen und mithin auch bei der Wir-

kungsweise und Eskalation der gesellschaftlichen Reaktion. Auch wenn es über den Rahmen unseres Beitrags hinausführt, müssen wir hier anmerken, daß solche, durch das Vorhandensein eines identifizierbaren Stils bei verschiedenen Gruppen geweckte Reaktionen zwangsläufig Konsequenzen für die Einstellung der Gruppe gegenüber dem von ihr entwickelten Stil haben. Ob dies ihr Engagement zu vermehrter Gruppensolidarität steigert oder diese auf eine neue Ebene hebt oder ob es letztlich der gesellschaftlichen Reaktion gelingt, derart identifizierte Gruppenmitglieder von ihren Intentionen abzubringen, ist eine empirische Frage, die präziser geklärt werden müßte. Jeffersons Ausführungen über die Teds zeigen aber, daß die Reaktion der Öffentlichkeit auf deren ursprüngliche Aneignung des edwardianischen Kleidungsstils dazu führte, daß die Teds ihre eigenen Akzentuierungen und Adaptationen des ursprünglichen Anzugs entwickelten. Er behauptet, daß die Entscheidung für diese Uniform anfangs »ein Versuch war, Status zu erwerben (denn diese Anzüge wurden ursprünglich von Dandys der Oberschicht getragen), worauf alsbald, nachdem eine harte Reaktion der Gesellschaft diese Absicht vereitelte, . . . der Versuch folgte, einen eigenen Stil zu kreieren . . .«

Die Diskussion über die Ausbreitung von Stilformen enthält mancherlei Fallstricke: zu leichtfertig konzipierte Images, Allerweltsformeln, die alles erklären, »Erklärungen«, die sich ausschließlich auf Medien/Werbung oder die kommerzielle Manipulation stützen, oder Erklärungen mit natürlicher »epidemischer« Ansteckung. Dagegen möchten wir betonen: 1. die relative Offenheit der Prozesse der Stilaneignung und 2. die wichtige Rolle der Widersprüche, die den Versuchen innewohnen, innerhalb der dominanten Kultur originäre subkulturelle Stile auszubeuten. Ein solcher Widerspruch zeigt sich in der kommerziellen Entwicklung zwischen dem Bedürfnis nach Marktneuheiten, dem

raschen Wechsel der Moden, der Trendabhängigkeit und
Diskontinuität auf der einen Seite und dem Bedürfnis der
Produktion nach Standardisierung, Reibungslosigkeit und
Wirtschaftlichkeit auf der anderen Seite. Auf einer anderen
Ebene zeigt die Ausbeutung der subkulturellen Stilformen
durch die dominante Kultur zwei gegensätzliche Aspekte;
auf der positiven Seite massive kommerzielle Investitionen
in den Sektor der Jugendmoden und -trends und auf der negativen Seite die dauernde Zuhilfenahme von Stil-Charakte-
risierungen als bequemen Stereotypen, um Gruppen, die
nach herrschender Meinung als »antisozial« gelten, zu identifizieren und womöglich zu isolieren. Bei diesem letzten
Manöver ist die »Offenheit« der Prozesse besonders wichtig, da die verwendeten selektiven Charakterisierungen
(z. B. Mods = Gewalttätigkeit/Drogen; Hippies = Drogen/
Unmoral; Skinheads = plumpe Gewalt) selber Symbolisierungen sind und mithin einer potentiellen Diskontinuität
zwischen der dominanten »Chiffrierung« der Botschaft und
der von den Empfängern praktizierten ›Dechiffrierung‹ un-
terliegen.

Als Beispiel für die hier wirksamen komplexen Prozesse
können wir die Ausbreitung des Skinhead-Stils heranzie-
hen, der zunächst einmal den Mechanismus der Ausbreitung durch unmittelbar persönlichen Kontakt illustrieren
kann. Da die »Kurven« der Fußball-Stadien bereits gut organisiert waren, bevor der Skinhead-Stil in Erscheinung
trat, und da die Skinheads den Fußball als eine ihrer wichtigen sozialen Bühnen ausersehen hatten, kam es häufig und
geographisch weit verstreut zu Begegnungen zwischen verschiedenen Gruppen innerhalb eines strukturierten Rah-
mens. Auch wenn diese Begegnungen kurz und relativ
gewaltsamer Art waren, konnte der Stil sich von seinen
Schöpfern auf andere Gruppen übertragen, die darin zumindest eine gemeinsame Bedeutung erkennen konnten.
Hier müssen wir aber wiederum festhalten, daß dieser Kontakt ein selektives »Verständnis« des ursprünglichen Stils

auf seiten derer hervorbringt, die ihn übernehmen und ihn sich anpassen.

Zweitens wählen die Nachrichtenmedien zur Publikation solche Aspekte des Stils aus, die nach den Vorstellungen der dominanten Kultur signifikant sind. Im Fall der Skinheads wie auch in anderen Fällen wird das Image dem Publikum mit gänzlich negativen Konnotationen präsentiert. Diejenigen, die die Anschauungen der dominanten Kultur teilen, werden diese »Chiffrierung« ohne ernsthafte Entstellung »dechiffrieren« können. Aber es sind auch »deviante« Lesarten möglich, und zwar durch Gruppen von Heranwachsenden, die *bereits* am Fußball-Vandalismus beteiligt sind. So können Medienberichte über Gruppen, die ein ähnliches Engagement haben, sich aber in ihrer Kleidung und in ihrer Haartracht unterscheiden, den »stillosen« Fußballanhängern ein Mittel zum Eintritt in den voll entwickelten subkulturellen Stil bieten. Ihre eigenen Bezugssysteme (Fußball, Gewalt, Gruppenmitgliedschaft) gestatten es ihnen, die Nachrichten über Skinhead-Banden positiv zu interpretieren und potentielle Verbindungen zwischen dem Stil und ihren eigenen Aktivitäten herauszulesen. Dies sind jedoch nur *potentielle* Verbindungen, und wenn wir so etwas wie einen »kulturellen Raum« zugestehen, in dem die vorher Stil-losen die bereits doppelschichtige symbolische Darstellung (»ursprüngliche« Skinheadgruppen + Medienvermittlung) zum eigenen Lebensstil ihrer Gruppe umformen können, dann vermögen wir die zwischen verschiedenen, geographisch bedingten Versionen des Stils auftretenden Variationen besser zu erklären.

In diesem Beispiel kam es uns auf die Nachrichten-orientierte Darstellung in den Medien sowie auf die negative Seite der Ausbeutung des subkulturellen Stils durch die dominante Kultur an. Zumindest aber ein Punkt in dieser Analyse ist ebenso relevant für die Diskussion der positiven kommerziellen Ausbeutung für Zwecke der Unterhaltung. Wo die Nachrichtenmedien den ursprünglichen Stil ausplündern und dislozieren, um ihre eigene symbolische (abwertende) Kommunikation zu schaffen, erweitern sie vielleicht tatsächlich den »kulturellen Raum«, der die selektive Umarbeitung und Wiederaneignung des Stils durch geographisch verstreute Gruppen erlaubt. Ähnlich bewirken die Motivationen des Marketing eine Generalisierung und Reduzierung des ursprünglichen Subkulturstils; symbolische Elemente verlieren ihre anfänglich integrale Beziehung zu einem spezifischen Lebenskontext und werden offener für Variationen bei der Übernahme durch andere Gruppen, deren Aktivitäten, Selbstbilder und zentrale Anliegen nicht dieselben sind.

Diese »spontane« Umstrukturierung, die *außerhalb* der kommerziellen Mechanismen selbst geschieht, muß hervorgehoben werden, denn sie wird leicht durch parallele Erscheinungen verdeckt, die sich aus den Widersprüchen zwischen den Anforderungen von Produktion und Marketing ergeben. Bei großen kommerziellen Unternehmungen läßt sich der Widerspruch zwischen der Tendenz zu ökonomischer Produktstandardisierung und der Tendenz zur verkäuflichen Novität zum Teil dadurch ausgleichen, daß eine »Formel« für den jeweiligen Trend entwickelt wird und daß sie bis zum letzten ausgebeutet wird, wie z. B. bei der hektischen Suche nach möglichst vielen Gruppen mit Liverpool-Flair im Anschluß an den Erfolg der BEATLES. Doch auch dieser Ausweg unterliegt den Erfordernissen der Produktion, und die Standardisierung eines Trends widerspricht der durchs Marketing bestimmten Notwendigkeit, *neue* Trends zu produzieren, die die alten ersetzen sollen. Trotz wagemutiger (und zumindest finanziell gewinnträchtiger) Bemühungen in dieser Richtung mußten sich die Musik- und die Modeindustrie in der Regel auf die Bearbeitung von »Variationen über ein Thema« beschränken, und meist wurden die tatsächlichen, auf einen spezifischen lokalen Komplex von Aktivitäten und Interpretationen abgestimmten, subkulturellen Variationen eines Stils nur allzu leicht unter diesen kommerziell vorteilhaften Prozeß subsumiert.

Außerdem gingen die wichtigsten Entwicklungen der kommerziellen Jugendkultur von Innovationen aus, deren Ursprung außerhalb der kommerziellen Welt, sozusagen »bei den Graswurzeln« lag. Um erfolgreich zu sein, muß ein Impetus dieser Art sich aus lokalen Kontexten und Interaktionen heraus entwickeln und lokale »Bedürfnisse« befriedigen, bevor er für ein stärkeres kommerzielles Engagement attraktiv wird (vgl. Hermans Analyse des »Mersey Sound«). Wiederum haben wir es mit einer komplexen Reihe von parallelen Erscheinungen und Interpretationen zu tun. Soweit die Interessen der Jugendindustrie betroffen sind, existieren die Stilformen als potentieller Tauschwert auf dem Jugendmarkt nur, falls sie ausreichend verallgemeinert werden können, um ähnliche »Bedürfnisse« ihrer Konsumenten in weiterem Maßstab zu befriedigen. Doch die Rolle der Jugendlichen selbst bei diesem Verbreitungsprozeß darf nicht übersehen werden. Einstmals beschäftigten die Schallplattenfirmen regelmäßig junge Musiker aus nicht mehr bestehenden Gruppen und halfen ihnen, neue musikalische Trends zu definieren, vorzutesten und falls möglich zu antizipieren – manchmal sogar den – erfolglosen – Versuch zu unternehmen, diese selber zu schaffen. In den Sparten Kleidung, Mode und Kosmetik wie auch bei der »Fabrikation« und Vermarktung eines spezifischen »Jugend-Looks« spielen junge Unternehmer, die in enger Verbindung mit ihren Märkten stehen, eine Schlüsselrolle. Solche Modeunternehmen und Initiativen wie etwa kleine Platten-Labels antizipieren Trends und explorieren Märkte – oft in kleinem Maßstab und bei relativ geringen Investitionen –, bevor die Unternehmen der Massenproduktion einsteigen.

Die Ausbreitung von Jugend-Stilen aus den Subkulturen auf den Modemarkt ist also nicht einfach ein »kultureller Prozeß«, sondern ein echtes Netzwerk, eine Infrastruktur neuer Formen von »kommerziellen und ökonomischen In-

stitutionen. Die kleinen Plattenläden, Aufnahmestudios, die
Boutiquen und Ein- oder Zweifrauen-Modeunternehmen –
diese Spielarten des Handwerkskapitalismus, und weniger
die allgemeineren und unspezifischen Phänomene, bestimmen die Dialektik der kommerziellen »Manipulation«. Jene
Explosion des »swinging London«, Mitte der sechziger
Jahre, beruhte auf der massiven kommerziellen Verbreitung
dessen, was ursprünglich Mod-Stilformen waren, die über
solche Netzwerke vermittelt und schließlich zu einem massenkulturellen und kommerziellen Phänomen wurden. Die
BEATLES-Ära ist eines der bemerkenswertesten Beispiele dafür, wie ein ursprünglich subkultureller Stil durch zunehmend kommerzielle Organisation und modische Ausbeutung in einen reinen »Markt«- oder »Konsumenten«-Stil
verwandelt wurde.

Abgesehen von der stets bestehenden Möglichkeit einer
subkulturellen Umdefinition oder Wiederaneignung lassen
sich also zwei »Massen«-Prozesse feststellen. Der eine ist
das Gegenteil einer echten Wiederaneignung »bei den Graswurzeln«: die kommerzielle Entschärfung eines bestimmten
Stils, um ihn allgemein vermarktbar zu machen. Der andere
ist damit verbunden: die Entstehung der Idee einer genera-
tionsspezifischen Jugendkultur. Beiden Prozessen gelingt es,
sich den konkreten Realitäten der Klasse zu entziehen.

Unter »Auflösung« verstehen wir, daß ein bestimmter
Stil aus dem Kontext und der Gruppe, die ihn schuf, dislo-
ziert und neu aufgegriffen wird – unter Betonung jener Elemente, die ihn zu einem »kommerziellen Angebot« machen,
besonders ihrer Neuheit. Vom Standpunkt der Subkultur
betrachtet, die den Stil schuf, existiert er als *totaler Lebensstil*; durch den kommerziellen Nexus wird er in einen neuen
Konsumstil verwandelt. Dabei werden typischerweise die
»akzeptableren« Elemente in den Vordergrund gestellt, andere verdrängt. Hermans Kommentar zu *Ready, Steady,
Go!* und Mod-Stil ist ein perfektes Beispiel für diesen Pro-

zeß: »*Ready, Steady, Go!* war eine ungemein beliebte Pop-sendung in der Art der früheren Sendungen *6.5 Special*, mit Publikum *live* aus dem Studio übertragen und mit Gruppen, die zu ihren Schallplatten mimten. Sie war Teil jener gewaltigen Publicity-Maschine, die den Produzenten von Mod-Style-Waren Profite sicherte. Jedes Mitglied des Publikums erhielt einen höflich abgefaßten Brief, der ihn oder sie ermahnte, sich ›stylish‹ zu kleiden, nach Kräften zu tanzen, nicht zu rauchen und sich überhaupt während der Show so zu benehmen, daß es der britischen Jugend zur Ehre ge-reichte ... Mehr als alles andere machte das Programm be-reits existierende Trends publik, mehr als einmal machte RSG sich für eine Art kastrierten Mod stark, ohne Pillen, ohne Schlägereien, nur das Nette, Saubere. RSG war einer der vielen Fälle, wo Mod ›durch partielle Vereinnahmung restringiert‹ wurde; die unangenehmeren Aspekte mußten ignoriert werden, wenn den Mods erlaubt werden sollte, vor der Kamera zu tanzen.«

Die symbolischen Elemente, typischerweise Kleidung und Musik, werden aus dem Kontext der sozialen Bezie-hungen herausgenommen, denn diese Elemente sind es, die sich für die »Promotion« auf der breiteren Basis des Ju-gendmarktes eignen. Und gerade diese Kommerzialisierung ist die wichtigste Dimension, aufgrund deren die Existenz einer einzigartigen Generationskultur postuliert wurde. Der Markt, an dem der Konsumstil sich ausrichtet, wird als Markt einer *Generation* begriffen – die Identität der ver-kauften Objekte wird als »Jugendlichkeit« definiert; es wird darin keine *Klassen*basis erkannt. Dieser Prozeß ist weniger eine Verschwörung der Produzenten und Verkäufer, son-dern vielmehr eine »natürliche« Funktion von Prozessen der bourgeoisen Waren- und Ideologieproduktion. Die Produktion für einen spezifisch jugendlichen Markt war auf das Bild einer zur »Klassenlosigkeit« sich entwickelnden Gesellschaft abgestellt. Diese Definition ging spezifisch in die Vorstellung von einer »Kluft zwischen den Generatio-

nen« und vom zunehmenden Wohlstand der Jugend ein.
Diese marktorientierten Definitionen förderten eine ganze
Reihe von Prozessen »junger Produktion«, die noch durch
die »verallgemeinernde« Natur der bourgeoisen Warenproduktion als ganzer intensiviert wurden. Diese Prozesse wiederum »belegten« die Existenz einer generationsspezifi-
schen Jugendkultur, indem sie jene Artefakte *lieferten*, die
deren Unterschied von der Erwachsenen-Kultur zu bezeichnen schienen. Die wie auch immer erreichten kommerziellen Stilformen dienten ihrerseits dazu, den sich wandelnden Inhalt der »Jugendkultur« unabhängig von den
Stilformen der unterschiedlich lokalisierten Gruppen zu
definieren.

DICK HEBDIGE

Dick Hebdige zählt zu den bedeutendsten Kulturtheoreti-
kern, die sich mit Pop beschäftigt haben. Sein 1979 erschie-
nenes Buch »Subculture. The Meaning of Style« ist mittler-
weile das Standardwerk der Pop-Semiotik. In den hier vor-
gestellten Auszügen seziert Hebdige die Stile verschiedener
Subkulturen. Dabei steht für Hebdige die Bricolage – das
bewußte Verdrehen und Unterwandern scheinbar »natura-
lisierter« Stilelemente – im Zentrum subkultureller Stra-
tegien. Diese These wird am Beispiel des Punk näher er-
läutert.

Stil als absichtliche Kommunikation

Der Zyklus von Opposition zu Entschärfung, von Widerstand zu Vereinnahmung betrifft jede der aufeinanderfol-
genden Subkulturen. [...] Wir müssen uns jetzt der Subkultur selbst zuwenden, um genau herauszufinden, wie und

was Subkulturen mitteilen. Wir müssen zwei Fragen stellen, die zusammengesehen uns mit so etwas wie einem Paradox konfrontieren: Wodurch bekommt eine Subkultur für ihre eigenen Mitglieder ihren Sinn? Wie kommt es, daß sie Unordnung signalisieren kann? Um diese Fragen zu beantworten, müssen wir die Bedeutung von Stil genauer bestimmen. [...]

Die Stilzusammensetzungen von Subkulturen – jene entschiedenen Kombinationen von Kleidung, Tänzen, Jargon, Musik etc. – stehen in etwa derselben Beziehung zu den konventionelleren Formen (normale Anzüge und Krawatten, Freizeitkluft, Twin-Sets etc.), wie das Werbungsbild zu den weniger bewußt gestalteten Zeitungsfotos.

Natürlich muß eine Bedeutung oder Aussage nicht beabsichtigt sein, wie die Semiologen wiederholt betont haben. Umberto Eco schreibt: »Nicht nur das ausdrücklich beabsichtigte Kommunikations-Objekt ... sondern jedes Objekt kann als ein Zeichen gesehen werden.« Die normale, durchschnittliche Straßenkleidung wird beispielsweise von Männern wie Frauen innerhalb ihrer bestimmten Einschränkungen (wie Geldbeutel, Geschmack, Vorliebe) ausgewählt, und diese Auswahl ist unzweifelhaft bedeutungsvoll. Jede Kleidung hat ihren Platz in einem internen Unterscheidungssystem (der konventionellen Kleidersprache), und die Unterschiede dieses Systems haben ihre Entsprechungen in einer Reihe sozialer Rollen und Möglichkeiten. Somit beinhaltet die Wahl der Kleidung eine ganze Reihe von Botschaften, die sich durch eine genaue Rangfolge ineinandergreifender Gegebenheiten mitteilen: Klasse und Status, Selbstbild und Attraktivität etc. Letztlich drücken sie zumindest das »Normalsein« im Gegensatz zur »Abweichung« aus, das heißt, sie geben sich durch ihre relative Unauffälligkeit, ihre Angepaßtheit, ihre Natürlichkeit zu erkennen. Die absichtliche Kommunikation folgt jedoch einer anderen Ordnung. Sie steht abseits – eine sichtbare Konstruktion, eine mit Be-

deutung beladene Wahl. Sie zieht die Aufmerksamkeit auf
sich. Sie will gelesen werden.

Das ist es, was die visuellen Zusammenstellungen auffälliger Subkulturen von der vorherrschenden Kleidung der sie
umgebenden Kultur absetzen. Sie sind *offensichtlich* künstlich hergestellt (sogar die Mods, die so unsicher zwischen
der Welt der Normalen und der Abweichenden standen, erklärten sich schließlich als anders, als sie sich in Gruppen
vor Diskotheken und an Badestränden tummelten). Sie stellen ihre eigenen Kodes *zur Schau* (beispielsweise die zerrissenen Punk-T-Shirts) oder demonstrieren zumindest, daß
man Kodes gebrauchen und mißbrauchen kann (das heißt,
man hat sich darüber Gedanken gemacht und sie nicht
wahllos zusammengeworfen). Damit schwimmen sie gegen
den Strom der Hauptkultur. Denn deren prinzipielle Art
der Festlegung ist – nach Barthes – gekennzeichnet durch
die Tendenz, sich als Natur zu maskieren, normalisierte
Formen an die Stelle von historischen zu setzen und die
Wirklichkeit der Welt in ein Bild von der Welt zu verwandeln, das sich seinerseits präsentiert, als sei es entsprechend
den »offenbaren Gesetzen einer natürlichen Ordnung« zustande gekommen.

Man kann sagen, daß Subkulturen die Gesetze der »zweiten Natur« des Menschen überschreiten. Indem sie die Waren anders einsetzen und in einen anderen Zusammenhang
bringen, indem sie ihren konventionellen Gebrauch unter-
graben und neue Gebräuche erfinden, bezichtigen die Stilisten der Subkultur die von Althusser so genannte »Offen-
sichtlichkeit des alltäglichen Lebens« der Lüge. Sie öffnen
die Welt der Objekte für neue und offen gegensätzliche Lesarten. Damit steckt hinter den Stilen aller auffälligen
Subkulturen der primäre Sinn, einen bedeutungsvollen *Unterschied* (und parallel dazu eine Gruppenidentität) mitzuteilen. Alle anderen Bedeutungen und Aussagen sind dem
untergeordnet: es ist die Botschaft, durch die alle anderen
Botschaften sich mitteilen. Wie ein Stil erzeugt und verbrei-

tet wird, das bestimmt in erster Linie diese absichtlich signalisierte Unterscheidung, von der alles andere ausgeht. Erst wenn man das erkannt hat, kann man sich genauer der internen Struktur einzelner Subkulturen widmen. Um zu unserer früheren Analogie zurückzukehren: wenn die auffällige Subkultur absichtliche Kommunikation ist, wenn sie – um einen Begriff aus der Linguistik zu borgen – »motiviert« ist, was genau wird dann mitgeteilt und ausgestellt?

Stil als Bricolage

»Es ist normalerweise üblich, jede Vermischung mißtönender Elemente ›Monster‹ zu nennen ... Ich nenne ›Monster‹ jede originelle, unerschöpfliche Schönheit« (Alfred Jarry).

Die Subkulturen unserer Untersuchung haben – außer der Tatsache, daß sie alle vorwiegend aus der Arbeiterklasse stammen – ein gemeinsames Merkmal. Es sind, wie wir gesehen haben, Kulturen mit auffälliger Konsumhaltung, auch wenn sie – wie die Skinheads und Punks – bestimmte Konsumarten entschieden ablehnen. Und eben durch diese deutlichen Konsumrituale enthüllen die Subkulturen ihre geheime Identität und teilen zur gleichen Zeit ihre verbotenen Bedeutungen mit. Im Grunde ist es also die Art und Weise, wie die Subkulturen Waren benutzen, durch die sie sich von den orthodoxeren Kulturformen absetzen.

Bestimmte Entdeckungen aus der Anthropologie können hier hilfreich sein. Für unseren Fall läßt sich mit dem Konzept Bricolage ganz gut erklären, wie Stile der Subkultur aufgebaut sind. In *Das wilde Denken* beschreibt Claude Lévi-Strauss, daß die von primitiven Völkern benutzten magischen Formen (Aberglaube, Hexerei, Mythos) als verborgene Systeme gesehen werden können, die – obwohl sie nach außen hin verwirrend scheinen – ihren Benutzern die Dinge in einen Zusammenhang setzen und sie damit befähigen, ihre eigene Welt zu »denken«. Diese magischen Verbindungssysteme haben ein gemeinsames Merkmal: sie las-

sen sich endlos erweitern, da ihre Grundelemente in einer
Vielzahl improvisierter Kombinationen verwendet werden
können, die ihnen neue Bedeutungen eingeben. Bricolage
ist daher in einer neuen Definition (die ihre ursprüngliche
anthropologische Bedeutung klarstellt) als Wissenschaft des
Konkreten bezeichnet worden: »(Bricolage) bezeichnet die
Art und Weise, mit der das nichtgebildete, nicht technische
Denken der sogenannten ›primitiven‹ Menschen auf die
Welt um sich herum reagiert. Der Vorgang umfaßt eine
›Wissenschaft des Konkreten‹ (im Gegensatz zu unserer ›zi-
vilisierten‹ Wissenschaft des ›Abstrakten‹), die mit einer
ausgefeilten inneren Logik (einer Logik, die anders als unsere ist) die kleinsten Einzelheiten der physischen Welt in
ihrer ganzen Fülle sorgfältig ordnet, einteilt und zu Strukturen zusammenstellt. Diese spontanen, improvisiert zustande gekommenen Antworten auf die Umwelt dienen
dann dazu, Homologien (Übereinstimmung) und Analo-
gien zwischen der Ordnung der Natur und der Ordnung
der Gesellschaft aufzustellen und so die Welt befriedigend
zu ›erklären‹ und bewohnbar zu machen« (T. Hawkes).
    Die möglichen Bedeutungen strukturierter Bricolage-Im-
provisationen für eine Theorie der auffälligen Strukturen
(als Kommunikationssysteme) sind bereits erforscht worden. John Clarke hat zum Beispiel beschrieben, wie her-
vorstechende Diskurs-Formen (speziell Mode) durch den
Subkultur-Bricoleur radikal umgestellt, unterminiert und
erweitert werden [...]. Auf diese Weise kann man zum Beispiel als Bricolage bezeichnen, daß die Teds den Edwardianischen Stil (den die Modemacher der Savile Row in den
frühen fünfziger Jahren für junge, wohlhabende Städter
wiederbelebt hatten) für ihre Zwecke stahlen. Und ähnlich
könnte man auch die Mods als Bricoleurs bezeichnen, da
auch sie eine Reihe von Gebrauchsgütern beschlagnahmten
und einer symbolischen Ordnung einfügten, die ihre ursprünglichen Biedermann-Bedeutungen auslöschte oder un-
tergrub. So funktionierten sie Pillen, die ursprünglich gegen

neurotische Erkrankungen verschrieben worden waren, zu ihren eigenen Zwecken um, und den Motorroller, ursprünglich ein äußerst respektables Transportmittel, verwandelten sie in ein bedrohliches Symbol ihrer Gruppensolidarität. Rasiermesserscharf geschliffene Metallkämme, in ihren Händen zu improvisierten Waffen geworden, machten den Narzißmus zu einer gefährlichen, angriffslustigen Haltung. Die britische Flagge prangte auf der Rückseite schmuddeliger Parkas oder verwandelte sich in schick geschneiderte Jacketts. Subtileres passierte mit den konventionellen Insignien der Geschäftswelt: Anzug, Hemd, Krawatte und kurze Haare wurden ihrer ursprünglichen Konnotationen beraubt (Effektivität, Ehrgeiz, Einhalten der Hierarchie) und in leere Fetische verwandelt, in Objekte, die in ihrem eigenen Recht begehrt, gehätschelt und geschätzt werden konnten. Auf die Gefahr hin, melodramatisch zu klingen, könnten wir diese subversiven Praktiken mit Umberto Ecos Ausdruck als »semiotischen Guerillakrieg« beschreiben. Zwar mag dieser Krieg unterhalb der Bewußtseinsebene der einzelnen Mitglieder auffälliger Subkulturen stattfinden (und auf einer anderen Ebene bleibt die Subkultur auch dann absichtliche Kommunikation), aber mit dem Auftauchen solcher Gruppen »wird auf einer Welt der Oberflächen ein Krieg entfesselt – und es ist der Krieg des Surrealismus« (Annette Michelson). [...]

Offensichtlich ist Bricolage eine natürliche Parallelerscheinung zu diesen Praktiken. Der Bricoleur der Subkultur veranstaltet die gleiche typische »Gegenüberstellung von zwei scheinbar unvereinbaren Realitäten (wie der Macher der surrealistischen Collage: Flagge – Jackett, Löcher – T-Shirt, Kamm – Waffe) auf einer scheinbar unpassenden Skala ... und genau dort findet der explosive Zusammenschluß statt« (Max Ernst). Der Punk-Stil veranschaulicht am deutlichsten die subkulturelle Anwendung dieser anarchischen Formen. Auch die Punks versuchten ja, Bedeutungen durch »Verwirrung und Verunstaltung« zu zerstören und

neu zu bilden. Auch sie suchten den »explosiven Zusammenschluß«. Aber was wollten wir mit diesen subversiven
Praktiken aussagen? Wie sollen wir sie lesen? Indem wir
uns den Punk genauer vornehmen, können wir etwas näher
an die Probleme einer Deutung von Subkultur-Stilen heran-
kommen.

Stil als Empörung: empörender Stil

»Nichts war uns heilig. Unsere Bewegung war weder my-
stisch, kommunistisch, noch anarchistisch. Alle diese Bewegungen hatten eine Art Programm, aber unseres war vollkommen nihilistisch. Wir spuckten auf alles, uns eingeschlossen. Unser Symbol war das Nichts, ein Vakuum, eine
Leere« (George Grosz über Dada).

»We-re so pretty, oh so pretty . . . vac-unt« (die SEX PIS-
TOLS).

Obwohl der Punk-Stil oft direkt offensiv (mit Schimpfwörtern bedeckte T-Shirts) und bedrohlich auftrat (Terrori-
sten-/Guerilla-Montur), sprach aus ihm in erster Linie die
Gewalt seiner Cut-up-Collage. Wie in Marcel Duchamps
Ready Mades (Massenartikel, die zu Kunstobjekten wurden, weil er sie dazu erwählte) konnten die unbedeutend-
sten und unpassendsten Dinge – Nadeln, Wäscheklammern,
Elektronikteile, Rasierklingen, Tampons – in den Bereich
der Punk-(Un-)Mode geraten. Solange nur der Bruch zwischen »natürlichem« und konstruiertem Zusammenhang
klar sichtbar blieb, konnte jedes sinnlose oder sinnvolle
Ding zum Teil der Konfrontationskleidung der Punks werden. Die Regel schien nur zu lauten: Wenn die Mütze nicht
paßt, setz sie auf!

Objekte aus den ekligsten und banalsten Bereichen fanden ihren Platz im Punk-Ensemble: Lokusketten spannten
sich in kunstvollen Bögen auf müllsack-bespannten Ober-
körpern; Sicherheitsnadeln, aus ihrem häuslichen Zweckzu-
sammenhang befreit, stachen als makabre Ornamente durch

Wangen, Ohren und Lippen. Billige Ramschtextilien (PVC, Plastik, Lurex) mit vulgärem Design (falsches Leoparden- muster) und grellen Farben, die die bessere Modeindustrie längst als veralteten Kitsch über Bord geworfen hatte, wurden von den Punks geborgen und wieder zu Kleidungs- stücken gemacht, die selbstbewußte Kommentare zu den üblichen Geschmacks- und Modevorstellungen boten. Kon- ventionelle Schönheitsvorstellungen und Make-up-Regeln wurden gemeinsam auf den Müllhaufen geschickt. Gegen den Rat sämtlicher Frauenmagazine trugen Männer wie Frauen Schminke, die nicht dezent sein, sondern gesehen werden wollte. Gesichter wurden zu abstrakten Porträts: zu scharf beobachteten und genau einstudierten Bildern der Entfremdung. Die Haare trug man offensichtlich gefärbt (wasserstoffblond, blauschwarz oder leuchtorange mit grü- nen Tupfern oder eingebleichten Fragezeichen), und T- Shirts und Hosen erzählten die Geschichte ihres eigenen Zustandekommens mit tausend Reißverschlüssen und zur Schau gestellten Nähten. Ähnlich wurden Teilstücke aus Schuluniformen (weiße Nyltest-Hemden, Schulkrawatten) symbolisch geschändet (die Hemden mit Graffiti oder fal- schem Blut bedeckt, die Krawatten ungebunden) und mit engen Lederhosen oder schockrosa Mohair-Oberteilen ge- kontert. Das Perverse und Anormale an sich war sehr beliebt. Besonders die verbotene Bildersprache sexueller Fetischismen setzte man kalkulierbar effektvoll ein. Frauen- schändermasken und Gummidress, Lederzeug und Netz- strümpfe, unglaublich spitze und hohe Pfennigabsätze, das ganze Sado-Maso-Zubehör – Riemen, Strapse und Ketten –, all diese Utensilien wurden aus Geheimfächern und Por- nofilmen exhumiert und auf die Straße gebracht, wo sie ihre verbotenen Konnotationen entfalten konnten. Einige Punks streiften sich gar den schmutzigen Regenmantel über – dieses alltäglichste Symbol sexueller »Abartigkeit« – und drückten so ihre Abweichung in angemessenem Proletenstil aus.

Natürlich begnügten sich die Punks nicht damit, die bürgerliche Garderobe umzukippen. Sie unterminierten jeden relevanten Diskurs. Daher verwandelten sie auch den Tanz, der ja sonst in der britischen Rock- und Pop-Kultur ein engagiertes und ausdrucksvolles Medium war, in eine leere Pantomime roboterhafter Bewegungen. Die Punk-Tänze hatten absolut keine Beziehung zu den zwanglosen Kontaktspielchen, die Geoff Mungham als wesentliche Form der Samstagnachtrituale der normalen Arbeiterjugendlichen bezeichnet. Tatsächlich straften die Punks jedes offene Zurschaustellen heterosexueller Interessen mit Verachtung und Mißtrauen (»Wer hat den langweiligen alten Knacker / den Schleimi hier reingelassen?«). Und Tänze wie Pogo, Pose und Robot ließen den üblichen Werbungsritualen keinen Platz auf der Tanzfläche. Der Pose erlaubte zwar ein Mindestmaß an Geselligkeit (es konnten zwei Leute mitmachen), aber meistens tanzte ihn ein gleichgeschlechtliches Paar, und physischer Kontakt schloß sich ohnehin aus, weil die im Pose dargestellte Beziehung rein »professioneller« Natur war. Der eine Partner nahm gewöhnlich eine entsprechende klischeehafte Modepose ein, während der andere in den klassischen Bailey-Crouch fiel (nach dem Fotografen David Bailey, der bei seiner Arbeit immer in die Hocke ging) und ein imaginäres Foto schoß. Der Pogo schloß sogar dieses minimale Zusammenspiel aus, obwohl natürlich vor der Bühne immer männlich-kräftig gerempelt wurde. Der Pogo war in der Tat eine reine Karikatur, die alle Solo-Tanzstile der Rockmusik ad absurdum führte. Er hatte Ähnlichkeit mit dem Anti-Tanz der »Leapniks« (Hüpflinge), die George Melly im Zusammenhang mit dem Boom des Trad Jazz beschrieb. Die Pogo-Tänzer machten die immer gleichen, abgehackten Bewegungen (Luftsprünge, Arme in die Seiten geklemmt, einen imaginären Ball köpfend) und wiederholten sie im Einklang mit den streng mechanischen Rhythmen der Musik. Im Gegensatz zur weit ausladenden, freien Tanzform der Hippies und zum Idioten-Tanz der Heavy-Metal-Rocker machte der Pogo jede Improvisation überflüssig: nur wenn sich das Musiktempo änderte, veränderte sich auch der Tanz – schnelle Stücke interpretierte man mit manischer Hingabe als fickeriges Auf-der-Stelle-Bolzen, während die langsameren mit an Starrkrampf grenzender Selbstvergessenheit gehopst wurden. Der Robot – eine Verfeinerung, die man nur auf den exklusivsten Punk-Treffs beobachten konnte – war innerhalb der sehr engen Spannweite, die solche Begriffe im Punk haben konnten, weniger spontan, gleichzeitig aber ausdrucksvoller. Er bestand aus kaum wahrnehmbaren Hand- und Kopfzuckungen und etwas ausladenderem Rucken und Schlingern, die aufs Geratewohl abrupt gestoppt wurden. In der so erreichten Stellung hielt man für einige Momente – manchmal sogar Minuten – inne und nahm die ganze Sequenz genauso plötzlich wieder auf und spielte sie genauso willkürlich wieder durch. Einige besonders eifrige Punks trieben die ganze Sache noch ein paar Zacken schärfer und choreographierten ganze Abende – verwandelten sich für ein paar Stunden in Automaten, in lebende Skulpturen.

Auch die Musik unterschied sich ähnlich vom breiten Durchschnitt der Rock- und Popmusik. Sie sprach – ob durch Mangel an Können oder absichtlich – die Leute durchgehend sehr einfach und direkt an. Und aus dem Nicht-Können machte man meistens noch eine Tugend (»Wir wollen Amateure sein« – Johnny Rotten). Typisch war ein mit allen Höhen auf volle Lautstärke gedrehtes Gitarrensperrfeuer, das in Begleitung gelegentlicher Saxophonstöße erbarmungslos (un-)melodische Klangfolgen über einen Hintergrund aus Schreistimme und mißklingendem Schlagzeug schoß. Johnny Rotten definierte die Ansicht der Punks über Harmonien treffend so: »Wir stehen auf Chaos, nicht auf Musik.«

Die Namen der Gruppen (THE UNWANTED, THE REJECTS, THE SEX PISTOLS, THE CLASH, THE WORST) und die Titel der Songs (»Belsen Was a Gas«, »If You Don't Want to

Fuck Me, Fuck You«, »I Wanna Be Sick on You«) reflektierten den für die ganze Punk-Bewegung typischen Hang zu absichtlichen Schändungs- und Entweihungsaktionen und den freiwillig angenommenen Ausgestoßenen-Status der Punks. Solche Taktiken waren bestens geeignet – um mit Lévi-Strauss' berühmten Worten zu sprechen – »die Haare der Mütter ergrauen zu lassen«. Zumindest in der Frühzeit des Punk ließen diese Garagen-Bands alle musikalischen Ansprüche unter den Tisch fallen; im alten romantischen Sinne ersetzten sie Technik durch Leidenschaft, die esoterische Haltung der bestehenden Elite durch die Sprache des kleinen Mannes und die bürgerlichen Vorstellungen von Unterhaltung beziehungsweise die klassische Auffassung von »hoher Kunst« durch das heute schon wieder gewöhnliche Arsenal von Frontalangriffen.

Doch die stärkste Bedrohung für Ruhe und Ordnung brachten die Punks mit ihren Auftritten. Es gelang ihnen mit Leichtigkeit, alle bestehenden Konzert- und Nightclub-Konventionen über den Haufen zu werfen. Natürlich hatte die Rockmusik diese Kategorien schon immer in Frage gestellt, und Rockauftritte hatten häufig alle möglichen Tumulte und Schlägereien mit sich gebracht – von zertrümmernden Teds über hysterische BEATLE-Fans bis zu den Happenings und Festivals der Hippies, wo sich Freiheit weniger aggressiv in Nacktheit, Drogenkonsum und allgemeiner Spontaneität ausdrückte. Aber die Punk-Musik stellte auch hier einen neuen Aufbruch dar. Am entscheidendsten war dabei wohl, daß die Punks sowohl körperlich als auch in ihren Texten und ihrem Lebensstil näher auf ihr Publikum zuzurücken versuchten. Das ist sicher auch außerhalb von Jugendsubkulturen nichts Einzigartiges, denn in revolutionären Ästhetiken (Brecht, die Surrealisten, Dada, Marcuse) stellte die Trennung zwischen Künstler und Publikum oft nur eine Metapher für jene größeren und unüberschreitbaren Barrieren dar, die Traum und Kunst von der Wirklichkeit des Lebens im Kapitalismus trennen.

Regelmäßig überschwemmten Horden von Punks die Bühnen der Auftrittsorte, die sicher genug waren für New Wave-Bands. Und wenn die Leitung des Hauses so eine krasse Mißachtung der Veranstaltungsvorschriften dann nicht dulden wollte, schlossen sich Band und Anhänger in gemeinsamen Kotz- und Beschimpfungsorgien noch enger zusammen. Als die CLASH im Mai 1977 im Rainbow Theatre »White Riot« spielten, wurden Stühle aus der Verankerung gerissen und auf die Bühne geworfen. Mittlerweile war jeder noch so apokalyptische Auftritt ein greifbarer Beweis, daß die Dinge sich ändern konnten und sich auch tatsächlich änderten, ja, daß der Auftritt selbst eine Möglichkeit bot, die kein Punk mißachten durfte. Die Musikpresse war voll mit Beispielen gewöhnlicher Fans, die den symbolischen Schritt von der Tanzfläche zur Bühne gebracht hatten: Siouxsie von SIOUXSIE AND THE BANSHEES, Sid Vicious von den SEX PISTOLS, Mark P von SNIFFIN GLUE und Jordan von den ANTS. Und sogar die bescheideneren Positionen der Rock-Hierarchie konnten noch eine attraktive Alternative zu einer arbeitslos verbrachten Jugend, zur stumpfsinnigen Plackerei in der Fabrik und zur Öde von Bürojobs bieten. So munkelte man zum Beispiel, die STRANGLERS hätten irgendwann mal die FINCHLEY BOYS vom Fußballplatz geholt und sie als Roadies eingestellt.

Wenn diese Erfolgsstories auch (wie wir gesehen haben) zum Teil das Resultat gewisser sensationsgeiler Interpretationen der Presse gewesen sein mögen, so gab es doch Neuerungen auf anderen Gebieten, die eine Gegenbewegung gegen vorherrschende Festlegungen ermöglichten. Vor allem versuchte man – zum erstenmal in einer vorherrschend aus der Arbeiterklasse stammenden Jugendkultur – innerhalb der Subkultur selbst einen alternativen kritischen Freiraum zu schaffen, um der feindlichen oder zumindest verzerrten Berichterstattung der Medien über die Punks entgegenzusteuern. Die Existenz einer alternativen Punk-Presse bewies, daß aus den begrenzt zur Verfügung stehenden Mitteln nicht nur Kleidung und Musik schnell und billig hergestellt werden konnten. Fanzines wie *Sniffin Glue* (Klebstoffschnüffler) und *Ripped and Torn* (Zerfetzt und Abgerissen) waren von einer Gruppe oder einer Einzelperson herausgegebene Zeitschriften, die aus Kritiken, Artikeln und Interviews mit bekannten Punks bestanden, so billig wie möglich in kleiner Auflage produziert, zusammengeheftet und durch eine kleine Zahl sympathisierender Verkaufsstellen vertrieben wurden.

Die verschiedenen Blätter redeten in wild entschlossener »Arbeiter«-Sprache (das heißt, sie waren locker mit Schimpfwörtern gepfeffert). Tippfehler, grammatische Schnitzer, Rechtschreibungsfehler und durcheinandergebrachte Seitenzahlen ließ man bei der Schlußredaktion so stehen, wie sie gerade kamen. Und wenn Korrekturen oder Streichungen vorgenommen wurden, kamen sie mit ins Heft, und die Leser durften sich ans Enträtseln machen. So entstand der unwiderstehliche Eindruck von Dringlichkeit und Direktheit, von in ungebührlicher Hast zusammengehauenen Blättern, von Notizen aus vorderster Front.

Das brachte unweigerlich eine schrille, zupackende Schreibe mit sich, die man sich – genau wie die von ihr beschriebene Musik – nur schwer in Mengen »reinziehen« konnte. Gelegentlich mochte sich auch mal ein geistreicheres, abstrakteres Stück einschleichen – das was Harvey Garfinkel (der US-Ethnomethodologe) vielleicht als »Hilfestellung für schwerfällige Phantasie« bezeichnen würde. *Sniffin Glue* zum Beispiel, das erste und auch auflagenstärkste Fanzine, brachte den wohl hervorragendsten und einfallsreichsten Propaganda-Slogan der Punk-Subkultur – das definitive Statement ihrer Do-it-yourself-Philosophie –, eine Zeichnung mit drei Fingerstellungen auf einem Gitarrenhals, und darunter den Spruch: »Hier hast du einen Akkord, da noch zwei, jetzt mach 'ne eigene Band auf.«

Sogar die Graphiken und Schriften von Plattenhüllen und Fanzines stimmten mit dem unterirdischen und anarchi-

schen Punk-Stil überein. Es gab zwei typische Grund-
modelle: aus Graffitis übernommene und in fließende Linien umgesetzte Sprühdosenschrift, und die aus anonymen
Erpresserbriefen bekannte Schrift, die mit verschiedenen
Druckbuchstaben mit verschiedenen Typen aus unterschiedlichsten Quellen zusammengeklebt war. Die Platten-
hülle von »God Save the Queen« von den Sex Pistols etwa
(später auch auf T-Shirts und Posters gedruckt) verkörperte beide Stilarten: die grob zusammengesetzte Aufschrift
klebte man über Augen und Mund der Queen, die man zusätzlich mit solchen schwarzen Balken unkenntlich gemacht
hatte, wie sie sonst (mit der Konnotation Skandal oder Verbrechen) aus Zeitungen und Illustrierten bekannt sind. Und
schließlich erstreckte sich die für die Punk-Subkultur charakteristische Selbsterniedrigung auch auf den Namen
»Punk« (zu deutsch: Schund, Mist, Knülch, Hure) selbst,
den der harte Kern der Subkulturmitglieder – wegen seiner
lächerlich-verächtlichen Konnotationen gemein und nieder-
trächtig, verdorben und wertlos – im allgemeinen dem neu-
traleren New Wave vorzog.

Stil als Homologie

Die Punk-Subkultur signalisierte also Chaos auf jeder
Ebene. Aber das war nur möglich, weil der Stil selbst so
durchgängig geordnet war. Das Chaos hing als ein geschlos-
senes Ganzes in sich zusammen. Unter Bezug auf ein anderes ursprünglich von Claude Lévi-Strauss verwendetes
Konzept, der Homologie, können wir versuchen, dieses Pa-
radoxon aufzuschlüsseln.

Paul Willis hat den Begriff Homologie in seinem Buch
Profane Culture, einer Untersuchung über Hippies und
Motorrad-Gangs, zum erstenmal auf Subkulturen übertragen. Er verwendete ihn, um die symbolische Stimmigkeit
zwischen den Werten und dem Lebensstil einer Gruppe,
zwischen den subjektiven Erfahrungen und den Musikfor-

men zu beschreiben, mit denen sie ihre zentralen Anliegen
ausdrückt oder verstärkt. Im Gegensatz zu den gängigen
Mythen, die Subkulturen als Formen ohne Gesetze und
Regeln beschreiben, ist die interne Struktur einer jeden Subkultur – wie Willis sagt – durch extreme Ordentlichkeit gekennzeichnet: Jeder Teil steht in einer organischen Beziehung zum anderen. Und eben durch diese Stimmigkeit zwischen den Einzelteilen erfahren die Subkulturmitglieder die
Welt als sinnvoll. So machte beispielsweise die Homologie
zwischen einem alternativen Wertsystem (»Tune in, turn on,
drop out«), halluzinogenen Drogen und Acid Rock die
Hippie-Kultur für den einzelnen Hippie zu einer zusam-
menhängenden ganzen Lebensweise.

In *Resistance Through Rituals* kreuzten Stuart Hall und
andere Autoren die Konzepte Homologie und Bricolage
miteinander, um eine systematische Erklärung für die Anziehungskraft eines bestimmten Subkultur-Stils auf eine bestimmte Gruppe von Leuten zu liefern. Die Autoren stellten die Frage: »Was speziell bedeutet ein Subkultur-Stil für
die Mitglieder einer Subkultur?« Die Antwort: Die angeeig-
neten und in subkulturellen Stilensembles wieder zusam-
mengesetzten Objekte »dienten dazu, ... Aspekte des
Gruppenlebens widerzuspiegeln, auszudrücken und wider-
klingen zu lassen«. Die ausgewählten Objekte waren schon
an sich oder in ihrer verwendeten Form mit den zentralen
Anliegen und Aktivitäten, der Gruppenstruktur und dem
kollektiven Selbstbild der Subkultur homolog: »Objekte, in
denen (die Subkulturmitglieder) ihre zentralen Werte enthalten oder widergespiegelt fanden.« Zur Veranschauli-
chung dieses Prinzips führten die Autoren die Skinheads an.
Deren Stiefel, Hosenträger und Bürstenschnitte wurden nur
als angemessen – und daher sinnvoll – empfunden, weil sie
die erwünschten Eigenschaften signalisierten: Härte, Männlichkeit, Prolethaftigkeit. Auf diese Art »ergaben die symbolischen Objekte – Kleidung, Auftreten, Sprache, rituelle
Treffen, Interaktions- und Musikstile – mit den Beziehun-

gen, Situationen und Erfahrungen der Gruppe eine Einheit«.

Die Punks liefern sicherlich die beste Bestätigung dieser These. Die Subkultur war alles andere als uneinheitlich. Homologe Beziehungen gab es sowohl zwischen den billigen Cut-up-Klamotten und den Stachel-Haaren wie zwischen Pogo und Speed-Tabletten, Rotzen, Kotzen, Aufmachung der Fanzines, den Revoluzzerposen und der seelenlosen, fieberhaft peitschenden Musik. Der zerfetzte Aufzug der Punks war das Kleidungsäquivalent zu ihren Schimpfwörtern: Sie fluchten mit kalkuliertem Effekt Obszönitäten auf Plattenaufdrucken und in Publicity-Sprüchen, in Interviews und in Love-Songs. Gekleidet in Chaos, produzierten sie in der still orchestrierten Krise des Alltagslebens in den späten siebziger Jahren ungebührlichen Lärm – einen Lärm, der auf genau dieselbe Weise und in genau demselben Ausmaß wie ein Stück Avantgarde-Musik (keinen) Sinn ergab. Wenn wir eine Grabinschrift für die Punk-Subkultur entwerfen sollten, könnten wir am besten Poly Styrenes berühmten Spruch wiederholen: »O Bondage, Up Yours!« (zu deutsch etwa: Ach, Fesseln, leckt mich!). Oder etwas exakter: Das Verbotene ist erlaubt, aber genauso gibt es nichts, nicht einmal diese verbotenen Zeichen (Sado-Maso-Zeug, Sicherheitsnadeln, Ketten, Haarfarbe), das heilig und festgelegt wäre.

Diese Abwesenheit beständig geheiligter Zeichen (Ikonen) stellt den Semiotiker vor gewisse Probleme. Wie können wir irgendwelche positiven Werte in Objekten widergespiegelt entdecken, die man nur aussucht, um sie dann zu verwerfen? Wir können zum Beispiel sagen, daß die frühen Punk-Zusammensetzungen auf die Modernität und Prolethaftigkeit des Bedeuteten verwiesen. Die Sicherheitsnadeln und Müllsäcke signalisierten eine entweder direkt erfahrene und übertriebene oder sympathisierend übernommene materielle Armut, die wiederum für den spirituellen Mangel des Alltagslebens stehen sollte. Mit anderen Worten stellten die Sicherheitsnadeln jenen Übergang von realem zu symbolischem Mangel dar, den Paul Piccone in *From Youth Culture to Political Praxis* beschrieben hat als Bewegung von »leeren Mägen« zu »leerem Geist – und daher zu einem leeren Leben trotz aller Chrom- und Plastikdinge des Lebensstils der bürgerlichen Gesellschaft«.

Wir könnten noch weitergehen und sagen, daß sogar die Armut parodiert wurde, daß die Ironie unleugbar ihre Haken hatte; daß unter dem clownhaften Make-up das unakzeptierte und entstellte Gesicht des Kapitalismus lauerte; daß jenseits der Horrorzirkus-Posten eine geteilte und ungleiche Gesellschaft beredt verdammt wurde. Wenn wir uns allerdings noch weiter vorwagen und die Punk-Musik als den »Sound der Stadtautobahnen« und den Pogo als »hüpfenden Hochhäusertango« bezeichnen, bewegen wir uns auf weniger sicherem Boden. Solche Deutungen sind zu direkt und zu spekulativ zugleich. Sie berufen sich auf die eigene erstaunliche Rhetorik der Subkultur, und Rhetorik erklärt sich nicht von selbst: vielleicht sagt sie, was sie meint, aber sie bedeutet nicht, was sie sagt. Sie ist mit anderen Worten undurchsichtig: ihre Kategorien sind Teil ihrer Publicity. Um noch einmal auf J. Mephan zurückzukommen: »Der wahre Text wird nicht durch stückweises Entschlüsseln rekonstruiert, sondern indem man die ihn hervorbringenden ideologischen Kategorien und deren Ersetzung durch andere identifiziert.«

Um den wahren Text der Punk-Subkultur zu rekonstruieren, um die Quelle ihrer subversiven Praktiken aufzuspüren, müssen wir also zunächst die für die exotischen Schaustücke der Subkultur verantwortlichen »hervorbringenden ideologischen Kategorien« aufspüren. Gewisse semiotische Tatsachen sind unleugbar. So konstruierte sich die Punk-Subkultur – wie jede andere Jugendkultur – in einer Serie spektakulärer Umwandlungen einer ganzen Reihe von Waren, Werten, normaler Haltungen. Erst mit diesen umgewandelten Formen konnten gewisse Teile der vorwiegend aus der Unterschicht stammenden Jugend ihren Widerstand gegen herrschende Werte und Institutionen neu darstellen. Wenn wir uns allerdings auf besondere Einzelheiten einzustellen versuchen, gibt es sofort Probleme. Was sollte zum Beispiel das Hakenkreuz bedeuten?

Klar ist uns, wie das Symbol für die Punks zugänglich wurde: durch die Berlin-Phase von David Bowie und Lou Reed. Es spiegelte eindeutig das Interesse der Punks an einem dekadenten Deutschland – einem Deutschland, das »no future« hatte. Es rief eine Periode wach, die von dem Hauch einer machtvollen Mythologie umgeben war. Was die Briten betraf, so bedeutete das Hakenkreuz traditionell »Feind«. Nichtsdestotrotz verlor das Symbol in der Verwendung der Punks seine ursprüngliche faschistische Bedeutung. Die Punks sympathisierten im allgemeinen nicht mit den Parteien der extremen Rechten. Im Gegenteil: der Konflikt mit den wiederbelebten Teddy Boys und die Unterstützung für die antifaschistische Bewegung (zum Beispiel Rock Against Racism) schienen darauf hinzuweisen, daß die Punk-Subkultur zum Teil als antithetische Antwort auf den Mitte der siebziger Jahre wiederauftauchenden Rassismus zustande kam. Daher müssen wir zu der offensichtlichsten Erklärung Zuflucht nehmen: das Hakenkreuz wurde getragen, weil es garantiert schockierte. (Eine Punkerin antwortete in *Time Out* auf die Frage, warum sie das Hakenkreuz trage: »Punks wollen eben gehaßt werden.«) Das stellte mehr als eine einfache Umkehrung oder Beugung der gewöhnlich mit einem Objekt verbundenen Bedeutungen dar. Der Bedeutungsträger, das Bedeutende (das Hakenkreuz), war vorsätzlich von dem normalerweise bedeutenden Konzept (Nazismus) gelöst worden, und obwohl er in einem anderen subkulturellen Kontext stand, leiteten sich sein hauptsächlicher Wert und seine stärkste Anziehungskraft genau aus seinem Mangel an Bedeutung ab: aus seinem Täuschungs-Potential. Der Bedeutungsträger wurde als leerer Effekt ausgebeutet. Damit drängt sich als

Schlußfolgerung auf, daß der zentrale im Hakenkreuz »ent-
haltene und widergespiegelte« Wert das signalisierte Fehlen
irgendwelcher so identifizierbarer Werte war. Letzten Endes war das Symbol genauso stumm wie die von ihm pro-
vozierte Wut. Der Schlüssel zum Punk-Stil bleibt damit
weiterhin verborgen. Statt an den Punkt zu gelangen, wo
wir den Stil zu begreifen anfangen, finden wir uns an einer
Stelle, wo die Bedeutung als solche sich verflüchtigt.

Stil als bedeutende Praxis

Wie es scheint, sind die mit der traditionellen Semiotik operierenden Herangehensweisen an Subkulturen nicht in der
Lage, uns Einlaß in den schwierigen und widersprüchlichen
Text des Punk-Stils zu verschaffen. Die traditionelle Semiotik hat ja ihren Ausgangspunkt in der Vorstellung einer in
einem Zeichen mitgeteilten Botschaft. Der Teil des Zeichens, den man sinnlich erfassen kann (also im obigen Fall
das Hakenkreuz), wird das Bedeutende genannt (in der
Linguistik der Signifikant oder das Bezeichnende). Der Teil,
auf den das Bedeutende hinweist, den es also bedeutet,
heißt das Bedeutete (Signifikat, das Bezeichnete). Die Beziehung zwischen den beiden Teilen des Zeichens ist dann
die Bedeutung oder eben die mitgeteilte Botschaft. Und
diese Botschaft sieht man als eine Kombination von Elementen, die eindeutig auf eine feste Zahl von Bedeuteten
hinweisen, also eine zweifelsfreie Aussage.

Bei der Punk-Subkultur scheinen wir mit einer so festen
Zuordnung falsch zu liegen. Jeder Versuch, aus dem hier zu
findenden, scheinbar unbegrenzten und oft anscheinend
willkürlichen Spiel der Zeichen eine endgültige Gruppe von
Bedeutungen herauszuziehen, ist offenbar zum Scheitern
verurteilt.

Aber seit einiger Zeit hat sich ein Zweig der Semiotik
entwickelt, der sich genau dieser Probleme annimmt. Die
einfache Vorstellung von Deutung als Enthüllung einer fe-

sten Zahl verborgener Bedeutungen wird von diesem Ansatz zu Gunsten des sogenannten Polysemie-Konzepts verworfen, nach dem ein Text eine potentiell unbegrenzte Spannweite von Bedeutungen hervorbringt. Folglich wird die Aufmerksamkeit auf den Punkt – genauer: auf die Ebene – eines gegebenen Textes gerichtet, wo das Prinzip von Bedeutung selbst am zweifelhaftesten scheint. Eine solche Herangehensweise legt also weniger Wert auf die Vorrangstellung von Struktur und System der Sprache (langue) und mehr auf die Stellung des sprechenden Subjekts in der Rede (parole). Sie beschäftigt sich vor allem mit dem *Prozeß* der Bedeutungsschaffung und weniger mit dem Endprodukt.

Dieser Ansatz sieht Sprache als eine aktive, transitive (gerichtete) Kraft, die das Subjekt (Leser, Sprecher, Schreiber) formt und ihm seine Stellung zuweist, während sie selbst immer »in Bewegung« und zu unbegrenzter Anpassung fähig bleibt. Dieses Betonen der *bedeutenden Praxis* unterstützen die neuen Semiotiker mit der polemisch vorgebrachten Auffassung, daß Kunst der Triumph von Prozeß über Fixiertheit, von Unterbrechung über Einheit, von Kollision über Verbindung, also der Triumph des Bedeutenden über das Bedeutet (des Signifikanten über das Signifikat) ist.

Wir können uns jetzt das Verhältnis zwischen Erfahrung, Ausdruck und Bedeutung in Subkulturen genauer ansehen, also auch die gesamte Stilfrage und unsere Stildeutungen. Wir haben gesehen, wie der Punk-Stil genau durch seinen Mangel an Festigkeit homolog zusammenpaßte, also dadurch, daß er sich nicht um leicht identifizierbare zentrale Werte herum zusammenschloß. Statt dessen erhielt er seinen Zusammenhang *elliptisch*, durch eine Kette auffälliger Fehlstellen. Seine Haupteigenschaft war das Fehl-am-Platz-Sein, seine Ausdruckslosigkeit. Und in diesem Punkt kann der Punk-Stil dem der Skinheads gegenübergestellt werden.

Während die Skinheads ihre Klassenstellung theoretisierten und fetischisierten, um eine magische Rückkehr zu einer eingebildeten Vergangenheit zu erreichen, entfernten sich

die Punks von der Elternkultur und stellten sich selbst ins
Abseits: jenseits der Begriffsmöglichkeiten der Leute von
der Straße, in eine Science-Fiction-Zukunft. Sie spielten ihr
Anderssein hoch und kreuzten in der Welt als unergründ-
liche Fremdlinge wieder auf. Obwohl die Punks Rituale,
Wertsetzungen und Objekte absichtlich einsetzten, um so
etwas wie arbeitermäßiges Aussehen zu signalisieren, ver-
bargen die einzelnen Punks ihre Herkunft hinter Schminke,
Masken und Pseudonymen, die anscheinend – wie Bretons
Kunst – als Tricks benutzt wurden, um »dem Prinzip der
Identität zu entfliehen« (André Breton).

Dieser Arbeiter-Look behielt daher im allgemeinen sogar
in der Praxis, sogar in seiner konkretisierten Form die Dimension einer bloßen Idee. Es war eine abstrakte, körper-
lose, aus dem Zusammenhang gerissene Form. Bar aller
notwendigen Einzelheiten – ohne Namen, Heimat und Geschichte – entzog sie sich allen Deutungen, ließ sich weder
auf ihre Grundlagen zurückführen noch in ihrer Geschichte
nachlesen. Sie stand in gewaltsamem Widerspruch zu dem
anderen großen Punk-Signal: sexueller Abartigkeit. In ihrer
Gegenüberstellung hinterließen diese beiden Formen (sexueller und sozialer) Abweichung den Eindruck vielfacher
Entstellung, der garantiert die liberalsten Beobachter ver-
stören und die zungenfertigen Beteuerungen radikalster Soziologen auf die Probe stellen mußte. Obwohl die Punks
sich also ständig auf die Realitäten, wie Schule, Arbeit, Familie und Klasse bezogen, waren diese Anspielungen so gut
wie sinnlos: nachdem sie einmal den gebrochenen Schalt-
kreis des Punk-Stils passiert hatten, tauchten sie nur noch
als Lärm, als Störung, als Chaos wieder auf.

Mit anderen Worten: die Punks spiegelten zwar sehr
selbstbewußt Kategorien der bürgerlichen Gesellschaft wie
Ungleichheit, Machtlosigkeit und Entfremdung wider, aber
das gelang ihnen nur, weil sie in ihrem Stil nicht nur mit der
Elternkultur entschlossen gebrochen hatten, sondern auch
mit ihrer eigenen erfahrenen Stellung in der Gesellschaft. Die

im Punk-Stil verkörperten bedeutenden Praktiken trugen den Stempel dieses Bruches und dienten dazu, ihn vor der Welt zur Schau zu stellen. So wollten die Stilzusammensetzungen der Punks weniger magische Lösungen erfahrener Widersprüche bieten, als vielmehr die Erfahrung von Widersprüchen selbst in Form visueller Wortspiele darstellen (Sado-Maso-Rüstung, zerrissene T-Shirts). Es trifft also zwar zu, daß die symbolischen Objekte der Punks (Sicherheitsnadeln, Pogo, Stachelhaare) »mit den Beziehungen, Situationen und Erfahrungen der Gruppe eine *Einheit* ergaben«, aber diese Einheit war brüchig und ausdrucksvoll zugleich, oder genauer: sie drückte sich eben durch ihre Brüchigkeit aus.

Das soll natürlich nicht heißen, daß sich alle Punks über die ihrem Stil letztlich zugrundeliegende Trennung zwischen Erfahrung und Bedeutung gleich stark bewußt waren. Zweifellos hatte der Stil für die erste Welle selbstbewußter Neuerer auf einer Ebene seinen Sinn, die den erst später (als Punk schon ein öffentliches Phänomen war) dazugekommenen Punks verschlossen blieb. Darin ist die Punk-Bewegung ja auch kein Einzelfall. In Subkulturen ist die Unterscheidung zwischen Vorreitern und Nachfolgern immer sehr wichtig. Und oft wird sie auch verbalisiert: in abfälligen Bezeichnungen wie Plastik-Punks oder Safety-Pin-People, Burrhead Rastas (Klettenkopf-Rastas), Rasta Bandwagon (Rasta-Trittbrettfahrer) und Freizeit-Hippies, gegenüber den authentischen Leuten.

Die Mods zum Beispiel hatten ein ausgefeiltes Einteilungssystem, mit dem die Köpfe und Stilisten des ursprünglichen Zirkels sich gegen die einfallslose Mehrheit absetzten – gegen das Fußvolk der kids und Scooter Boys, denen Trivialisierung und Abnutzung des kostbaren Mod-Stils vorgeworfen wurde.

Darüber hinaus engagieren sich die einzelnen Jugendlichen auch verschieden stark in einer Subkultur. Ihr Engagement kann eines der wichtigsten Momente ihres Lebens sein – ein angesichts der Familie errichteter Angelpunkt, um den sich eine geheime und makellose Identität herausbildet –, oder es kann nicht mehr als eine Ablenkung darstellen, ein bißchen Erleichterung von den monotonen, aber trotzdem übergeordneten Realitäten von Schule, Zuhause und Arbeit. Es kann als Fluchtmittel benutzt werden, als völlige Ablösung von Gesellschaft und Familie genommen werden, aber es kann auch ein bloßes Mittel sein, an einem Wochenende mal kurz Dampf abzulassen, um sich danach wieder einzufinden und häuslich einzurichten. In den meisten Fällen soll mit einer Beteiligung an einer Subkultur sogar beides erreicht werden. Allerdings müssen die Mitglieder einer Subkultur – trotz dieser individuellen Unterschiede – eine gemeinsame Sprache sprechen. Und wenn ein Stil wirklich zündend sein und wirklich populär werden will, dann muß er die richtigen Sachen in der richtigen Art und zur richtigen Zeit sagen. Er muß eine Stimmung vorausahnen oder ein bestimmtes Moment in sich tragen. Er muß eine Sensibilität verkörpern – und die im Punk-Stil verkörperte Sensibilität war im wesentlichen aus der Bahn geworfen, war ironisch und sich selbst gewiß.

Genau wie einzelne Mitglieder derselben Subkultur sich der Art und Weise, wie sie in ihrem Stil etwas sagen und was sie sagen, mal mehr, mal weniger bewußt sein können, genauso zeigen verschiedene Subkulturstile verschiedene Grade von Brüchigkeit. Die offensichtlich abgerissenen, ungesunden Punks stachen aus der gewohnten Landschaft moralisierter Formen in aufregenderer Weise hervor, als die in einer Zeitung bezeichnend als »blitzsauber, flott und ordentlich« beschriebenen Mods, und das, obwohl die beiden Gruppen ja die gleiche *bedeutende Praxis* angewandt hatten (das heißt selbstbewußt subversive Bricolage). [...]

Stil ist Kultur. Aber ist Stil auch Kunst?

Wie sollen wir abschließend den Stil von Subkulturen auffassen? Eine der offensichtlicheren Möglichkeiten wäre, ihn in orthodoxen ästhetischen Begriffen zu schätzen. Viele der

Arbeiten über Pop-Kultur haben genau das getan. Zwar sind sie oft in kämpferischem Geist abgefaßt, um der oberflächlichen Behandlung ihres Gegenstandes durch konservative Kritiker entgegenzutreten, aber an einem bestimmten Punkt verlieren sie ihre rebellierende Schärfe und nehmen statt dessen Zuflucht zu jener herkömmlichen Verteidigungsmethode, daß Pop-Musik und die entsprechenden Stile schließlich »mindestens so gut sind wie die hohe Kunst«. Einige Leute gehen noch weiter: »Die ganze Teenagerentwicklung hat nur wenige Dinge hervorgebracht, die mehr Schönheit haben als verzierte Rocker-Jacken. Der kreative Impuls kommt in ihnen am reinsten und erfinderischsten zum Vorschein. Ohne jede Sentimentalität kann man sagen, daß sie hochgradige Kunst darstellen – symmetrisch, rituell, mit einer bizarren metallischen Brillanz und einer starken fetischistischen Kraft« (J. Nuttall). Man kann sich des Gefühls nicht erwehren, daß dies die Sache nicht trifft. Subkulturen sind in dem Sinne nicht kulturell, und die mit ihnen identifizierten Stile lassen sich weder angemessen noch sinnvoll als »hochgradige Kunst« bezeichnen. In ihnen manifestiert sich Kultur eher in einem weiteren Sinn: als Mitteilungssystem, als Ausdrucksform und Darstellung. Sie entsprechen der Definition der strukturalistischen Anthropologie als »verschlüsselter Austausch gegenseitiger Botschaften«. In dem Sinn haben sie tatsächlich die Eigenschaft von Kunst, aber von Kunst innerhalb bestimmter Zusammenhänge; nicht als zeitlose, mit unveränderlichen Kriterien zu bewertende Objekte, sondern als Aneignung, als Diebstahl, als subversive Umwandlung, als *Bewegung*.

Wir haben gesehen, wie diese Stile als Formen bedeutender Praktiken beschrieben werden können. [...] Unter den strukturalistisch ausgerichteten Wissenschaftlern gibt es allgemeine Übereinstimmung, daß sowohl künstlerischer Ausdruck als auch ästhetisches Vergnügen mit dem Zerstören existierender Kodes und dem Formulieren neuer zu-

sammenhängt: »... ästhetischer Ausdruck zielt darauf ab,
Vorstellungen, Subtilitäten und Komplexitäten mitzuteilen,
die bisher noch nicht formuliert worden sind, und daher
neigen Kunstwerke dazu, sobald eine ästhetische Ordnung
generell als Kode (als Ausdrucksweise bereits formulierter
Vorstellungen) empfunden wird, diesen Kode zu überschreiten und seine möglichen Veränderungen und Erweiterungen zu erforschen ... Kunstwerke sind zum großen Teil
wegen der Art und Weise reizvoll, wie sie von ihnen scheinbar benutzte Kodes erforschen und abwandeln« (J. Culler).

Subkulturstile werden durch eine Dialektik, wie sie Culler hier beschreibt, zunächst geschaffen, dann angepaßt und
schließlich abgelöst. Und tatsächlich kann die Abfolge der
Nachkriegsjugendstile auf der formalen Ebene als eine
Reihe von Umwandlungen einer anfänglichen Menge bestimmter Dinge wie Kleidung, Tanz, Musik und Jargon gesehen werden, die sich durch interne Polaritäten (Mod –
Rocker, Skinhead – Greaser, Skinhead – Hippie, Punk –
Hippie, Ted – Punk, Skinhead – Punk) entfaltete und gegen
eine parallele Reihe normaler Umwandlungen (Haute Cou-
ture, Durchschnittsmode) absetzte. Jede Subkultur durch-
läuft einen Zirkel von Widerstand und Entschärfung, und
wir haben gesehen, wo innerhalb der größeren kulturellen
und kommerziellen Formkräfte dieser Zirkel steht. Subkulturelle Abweichung wird von Schulen, Gerichten und Medien gleichzeitig erklärt und bedeutungslos gemacht, während im selben Moment die geheimen Objekte der Subkulturstile in allen Plattenläden der Einkaufsstraßen und allen
Ladenketten in die Schaufenster gestellt werden. Von seinen
ungesunden Konnotationen befreit, wird der Stil reif für
den öffentlichen Konsum. André Masson hat beschrieben,
wie der gleiche Prozeß zum Niedergang des Surrealismus
beitrug: »Diese Begegnung eines Schirms und einer Näh-
maschine auf dem Operationstisch passierte nur einmal.
Aufgespürt und wieder und wieder nachgemacht vulgari-
siert sich das Ungewöhnliche von selbst ... In den Schau-

fenstern der Geschäfte ist eine peinliche Phantasie zu betrachten.«

Cut-ups und Collagen, so bizarr sie auch sein mögen, verändern die Dinge nicht, sie stellen sie bloß um. Und es braucht wohl nicht erwähnt zu werden, daß der explosive Zusammenschluß niemals zustande kommt: kein noch so machtvoller stilistischer Zauberbann kann die unterdrückerische Produktionsweise der in Subkulturen verwendeten Waren verändern. Und trotzdem hat der Stil sein wirkungsvolles Moment: sein kurzes schockierendes Spektakel. Und in unserer Untersuchung von Subkulturstilen sollten wir uns auf dieses Moment konzentrieren – also weniger auf die Objekte selbst, als auf den Akt der Umwandlung. Wenn wir uns die Rocker-Jacken noch mal vornehmen, dann können wir Nuttall in einem Punkt zustimmen: es sind tatsächlich »Objekte mit einer starken fetischistischen Kraft«. Wir sollten allerdings versuchen, sie nicht zu sehr aus dem Zusammenhang abheben zu lassen, in dem sie produziert und getragen werden. Wenn wir uns überhaupt auf formale Begriffe einlassen wollen, so sind Subkulturstile sinnvoller als Abwandlungen und Erweiterungen bestehender Kodes und nicht so sehr als reiner Ausdruck kreativer Impulse, vor allem aber als *bedeutungsvolle* Abwandlungen, zu sehen. Manchmal werden diese Formen entstellt und sind entstellend. In diesem Fall trifft das zweifellos zu. Sie sind ein Gegenmodell zur symbolischen Ordnung strukturierter Erscheinungsformen jener Syntax, die den Produzenten über oder gegen das von ihm oder ihr Produzierte stellt. Angesichts einer solchen Ordnung müssen sie unweigerlich von Fall zu Fall monströse und unnatürliche Züge annehmen.

Vieles in meiner Argumentation stützt sich auf die Annahme, daß die zwei Positionen Neger und weiße Arbeiterjugend gleichgesetzt werden können. Diese Gleichsetzung kann ohne Zweifel angefochten werden – sie läßt sich mit den üblichen soziologischen Methoden nicht überprüfen.

Obwohl sie in der Gesellschaft unleugbar vorhanden ist, gibt es sie doch nur als eine versunkene, immanente Möglichkeit, als eine existentielle Option; und eine existentielle Option läßt sich wissenschaftlich nicht belegen – entweder man sieht sie, oder man sieht sie nicht.

Aber es ließen sich auch noch andere Einwände vorbringen. Zuviel Betonung auf die Verbindung zwischen den beiden Gruppen zu legen, erweist einer schwarzen Gemeinschaft einen schlechten Dienst, die von Jahrhunderten der Unterdrückung geprägt ist: einer Kultur, die auf Gedeih und Verderb den Stempel einer einzigartigen Geschichte trägt, zumal sie auf dem Wege ist, sich von ihrem »Master« zu befreien und sich zu einer geschlossenen ethnischen Identität zusammenzufinden. Als Folge sind natürlich die Beziehungen zwischen Jung und Alt, zwischen Eltern und Kindern in der weißen und der schwarzen Kultur verschieden strukturiert. Der Reggae ist nicht nur Musik für junge Schwarze, und obwohl die erwachsenen Westinder zweifellos leichtere Rhythmen mit weniger afrikanischem Einschlag vorziehen, sind Junge wie Alte doch beide Teil desselben aus der Verteidigung heraus organisierten Kollektivs, sind durch die gleichen geringen Chancen, die gleiche begrenzte Mobilität miteinander verbunden.

So werden die Jugendlichen aus der weißen Arbeiterschaft zwar aller Wahrscheinlichkeit nach ihr Leben lang Arbeiter bleiben, aber wenn sie einmal erwachsen sind, werden sie sich schließlich, vielleicht nicht gerade an einem Platz an der Sonne, aber zumindest im gesellschaftlichen Konsens niederlassen. Die Schwarzen dagegen werden niemals die Benachteiligungen abschütteln können, die sie in unserer Gesellschaft allein wegen ihrer Hautfarbe erfahren. Sie werden wahrscheinlich zumindest in absehbarer Zukunft auf der untersten Sprosse der Leiter bleiben. Trotzdem darf man annehmen, daß diese Unterschiede sich nach und nach verwischen, während sich die Schwarzen in unserer Gesellschaft immer mehr etablieren (es gibt bereits An-

zeichen eines wachsenden Generationsbewußtseins unter
schwarzen Jugendlichen), und solange wir die beiden Positionen nicht als völlig identisch zusammenwerfen, kann sich
ein Vergleich zwischen schwarzen und weißen Subkulturen
als sehr aufschlußreich erweisen. So haben wir beispielsweise gesehen, wie Jugendkulturen beider Rassen bei Justiz
und Presse ähnliche Reaktionen hervorrufen. Der Reggae
kann genausogut wie der Punk Rock als Unsinn oder über-
flüssige Ablenkung von den wichtigeren Dingen des zeitgenössischen Lebens abgetan werden. Andere Leute wiederum können beide Formen als degeneriert bezeichnen
oder einfach als nettes, harmloses Vergnügen ansehen. Aber
wie wir erkannt haben, gibt es zwischen ihnen einen tiefer-
gehenden Austausch: sowohl Reggae wie Punk Rock entstehen innerhalb von Subkulturen, die selbst wiederum als
Antworten auf bestimmte historische Bedingungen aufkommen. In diesen Antworten verkörpert sich Verweigerung: sie haben ihren Anfang in einer den Konsens verlas-
senden Bewegung (und in westlichen Demokratien ist der
Konsens etwas Heiliges). Sie stellen eine unwillkommene
Offenbarung von Unterschieden dar, mit der die Mitglieder
einer Subkultur Feindschaft, Spott und Hohn und »stummen weißen Zorn« auf sich ziehen.

Subkulturen sind also ausdrucksvolle Formen, in denen –
zumindest in letzter Konsequenz – die grundlegende Spannung zwischen den Mächtigen und den zu untergeordnetem
Leben zweiter Klasse Verdammten zum Ausdruck kommt.

Diese Spannung wird in den Formen der Subkulturstile
bildlich ausgedrückt, und es scheint angemessen, auch hier
in unserer letzten Definition von Subkultur eine Metapher
sprechen zu lassen. In einem seiner einflußreichsten Essays
beschreibt Louis Althusser, wie die verschiedenen Teile der
gesellschaftlichen Bildung – Familie, Erziehung, Massenmedien, kulturelle und politische Institutionen – gemeinsam
die Aufrechterhaltung der Unterwerfung unter die herrschende Ideologie zustande bringen. Diese Einrichtungen

vollziehen ihre Funktion jedoch nicht, indem sie die herrschenden Ideen direkt übermitteln. Vielmehr arbeiten
sie sich gegenseitig in (wie Althusser es nennt) »zähneknirschender Harmonie« zu und reproduzieren die herrschende Ideologie »genau in ihren Widersprüchen«. Nach
meiner durchgängigen Interpretation sind Subkulturen Widerstandsformen, die erfahrene Widersprüche und Einwände gegen die vorherrschende Ideologie in ihrem Stil verzerrt zur Darstellung kommen lassen. Ich habe besonders
das Wort »Lärm« benutzt, um die Herausforderung an die
symbolische Ordnung zu beschreiben, als die solche Stile
aufgenommen werden. Aber es wäre vielleicht treffender
und aufschlußreicher, sich diesen Lärm als die B-Seite von
Althussers »zähneknirschender Harmonie« vorzustellen.

STEFANIE FLAMM

*Früher vertrieb sich Stefanie Flamm ihre Zeit mit Oster-
märschen, Südafrika-Aktionen und Anti-Atomkraft-De-
mos. Heute hört sie ABBA, ißt tiefgekühlte Fischstäbchen
und meidet die Toscana-Landwein-Fraktion. Früher, da
lohnte es sich noch, »politisch« zu leben – denn früher gab es
noch richtige Feinde und richtige Utopien. Heute dagegen:
Fehlanzeige. Und deshalb, so Stefanie Flamm, bleibt ihr
und ihrer Generation nur der Lifestyle.*

Lifestyle ist alles, was uns bleibt

Als Ulrich Greiner die gesammelten Kritiken zu Botho
Strauß' *Wohnen Dämmern Lügen* durchsah, dachte er sich,
so selbstgefällig, so unengagiert, das sind die Meinen nicht,
das müssen die 89er sein.[1] Damit wurden wir ex negativo

geschaffen, als identitätsstiftender Kontrapunkt zu den ja
bekanntlich sehr engagierten, gegen Macht, Staat und
Rechts sich einsetzenden 68ern. Folglich sind wir selbst-
herrlich, unpolitisch und karriereorientiert: postmodern
eben. Der Herbst '89, der den 68er-Ideen den Todesstoß
versetzte, soll nun unser prägendes Erlebnis gewesen sein.
Aber ihr meßt uns an euren Idealen, nicht an eurer links-
liberalen Weicheierei, denn dann würdet ihr merken, daß
unsere Praxis die eure ist.

In den frühen Achtzigern habt ihr sie nicht bemerkt, die
Scharen adrett gekleideter junger Menschen mit schlechtem
Geschmack, die mit ihren Bundfaltenhosen, Lederkrawat-
ten, hellgelben Pullis, Aktenkoffern und einem fast manisch
zu nennenden »Man-muß-doch-auch-mal-das-Positive-se-
hen« euren Weltverbesserungsplänen eine Absage erteilten
und sich unterdessen anschickten, die Meinungsführerschaft
in (West-)Deutschlands Klassenzimmern zu erreichen.
Heute sind sie hinter den Spiegelfassaden der Banken und
Versicherungshäuser verschwunden und können folglich
den Generationendiskurs nicht mehr bestimmen. Vielen
von uns, die damals noch resistent waren, geht es heute
nicht anders. Aber wir wollen nur das, was ihr 68er längst
habt: unseren Platz in der Gesellschaft, die wir sowieso
nicht verändern können. Wir sind genauso verzweifelt wie
ihr und können doch nicht anders. Ein Generationenkonflikt ist das nicht.

Um die Jahrhundertwende, als die Frauen sich noch fast
ausschließlich und mit aller Leidenschaft auf die Ehe vorbe-
reiteten, legten sich junge Männer schwarze Gehröcke und
einen gemächlichen Gang zu, fraßen sich ein Bäuchlein an,
trugen mächtige Backenbärte und setzten goldene Brillen
auf, um bei den Alten Eindruck zu schinden.[2] Wollt ihr
etwa, daß wir mit euren alten Turnschuhen, speckigen Parkas, selbstgestrickten Pullis, indischen Gewändern und fet-
tigen Haaren gegen die freiheitlich-demokratische Grund-
ordnung in den Kampf ziehen, auf die ihr selbst euch heute

mit demokratischem Pathos und Verfassungspatriotismus beruft? Keine Angst. Wir gehen wählen, trennen Müll, kaufen Kaffee aus Nicaragua, sind erzürnt über die Abschaffung des Asylrechts. Mehr aber auch nicht. Wofür soll man sich einsetzen, wenn jeder Reformansatz sofort affirmativ aufgegriffen wird? Irgendwann wird auch das letzte Reformpotential der Grünen erschöpft sein, steckengeblieben im Matsch der Institutionen, wie so vieles vorher. Was einer Generation jenseits aller Utopien bleibt, ist Lifestyle.

Die einen scheren sich eine Glatze und jagen Metall durch Oberlippen, Nasenflügel und Augenbrauen, um zu zeigen, wer sie sind. Die anderen versuchen es mit Gouvernantenkleidern und Hüten aus der Jahrhundertwende, silbernen BHs zu Trainingshosen, feuerroten Rattenschwänzen, grasgrünen Plateauschuhen oder Lederjacken aus dem Altkleiderbestand des Roten Kreuzes. Tausend kleine Ich-bin-Ichs, die dem Zwang zur Individualisierung erliegen und sich gleichzeitig uniformieren. Denn jedes Outfit setzt Zeichen, suggeriert irgendeine Form von Gruppenzugehörigkeit. Daraus entstehen die Klischees, an denen man sich orientiert und die doch nie stimmen. Letztlich ist alles nur eine Geschmacksfrage.

Doch das ist noch nicht lange so. Eine Pubertät in den frühen Achtzigern hinterläßt ihre Spuren: Ostermärsche, Anti-Atomkraft-Bewegung, sozialistische Alternative, ihr Nachbeben hat uns noch erreicht. Zumindest kannten wir jemanden, der in Brokdorf mit Steinen nach den Bullen geworfen hatte. Papa versuchten wir zu überreden, den Volkszählungsbogen nicht auszufüllen, ohne Erfolg, versteht sich. Als die Grünen im Bundestag strickend die Republik in Aufregung versetzten, strickten wir im Deutschunterricht, lasen *Die Unfähigkeit zu trauern*[3] und bewältigten Vergangenheit. Heute trägt wirklich kaum mehr jemand Selbstgestricktes, außer vielleicht ein paar spießige Sozialdemokraten und verklemmte Wertkonservative. In lila gefärbten Bundeswehrunterhemden beklebten wir heimlich Plakatwände mit unserem Beitrag zur Weltverbesserung: Kauft kein Obst aus Südafrika! Jetzt lächeln wir über die Peace-Zeichen auf dem alten Federmäppchen und das Palästinensertuch, das nur noch aus Pietätsgründen am Kleiderhaken hängt. Die Apartheid gibt es zumindest auf dem Papier nicht mehr, und der palästinensisch-israelische Konflikt ist sowieso Gegenstand der öffentlichen Diskussion. Was sollen wir da sagen?

In manch einer Kleiderkiste findet sich wohl noch das alte Che-Guevara-T-Shirt irgendwo zwischen ehrlich verwaschenen Jeans und den schwarzen Rollis aus der pseudoexistentialistischen Phase. Lange diente es als Unterhemd, bis es dann völlig in der Versenkung verschwand. Und eigentlich hat niemand etwas dagegen, daß Robert Altman das Gesicht des Helden von einst in *Prêt-à-Porter* seinem Anarcho-Designer wieder aufs Hemd druckte. Idole werden nicht vom Sockel gestürzt, sondern im Wachsfigurenkabinett der Erinnerung neutralisiert, kommerzialisiert.

Wir waren zu jung, als daß diese Zeit uns nachhaltig hätte prägen können, und konnten sie schnell begraben. Wir trauern dem Glauben an Ziele nicht nach, die sich nicht haben verwirklichen lassen. Und die Nostalgiker der Friedensbewegung haben wir auch durchschaut: sie sehnen sich nach der Bewegung, nicht nach Frieden.

Wir suchen Zuflucht in abbruchreifen Altbauten, nicht aus Protest gegen Miethaie und Baulöwen, sondern weil uns der Charme von abblätterndem Putz fasziniert. Wir lieben hohe Stuckdecken und alte Holzfußböden, auch wenn diese Wohnungen prinzipiell nicht zu heizen sind. Hier sind wir sicher vor dem Einbruch der protzigen Postmoderne mit ihren Erkerchen und Winkeln, die an jedem größeren Platz der Republik ein Exempel für die allgemeine Einfallslosigkeit der selbstbewußten Nation statuieren. Schön sind die alten gelben Telefonhäuschen, in denen man diese lästigen Karten noch nicht braucht. Und was sind schon zeitgemäße Einkaufspassagen in penetrantem Pastell gegen eine

Tankstelle aus den fünfziger Jahren? Unsere Nostalgien sind rein ästhetischer Natur. Niemand, der über der Badewanne ein großes Poster mit dem Bruderkuß von Erich Honecker und Leonid Breschnew hängen hat, will zurück in die FDJ.

Nur in kleinen Dosen ertragen wir die gemütliche Toscana-Landwein-Kultur. Verdrossen über das super teure und immer gleiche politisch korrekte Einerlei der Bioläden essen wir Tiefkühl-Fischstäbchen, Spaghetti mit Ketch-up oder Schokoküsse (wer Negerküsse sagt, ist unten durch), obwohl jeder weiß, daß ein Großeinkauf im Supermarkt den Einzelhandel schädigt. Den kurdisch-türkischen Gemüsehändler um die Ecke unterstützen wir natürlich, in erster Linie aber, weil das Ambiente so nett ist. Als jüngst eine Fachschafts-Ini ihre Plakate für die Wahlen zum Studentenparlament mit Sesamstraßenmotiven verzierte, wurde es sogar der Professorriege zu bunt. Unpolitische Spinner oder Totalverweigerer? Pippi-Langstrumpf-Anarchismus? Die Stars der Berliner Hausbesetzer-Punk-Rock-Szene nennen sich »Bertz Rache«.

Wohngemeinschaften sind keine Kommunen mehr, kein Mikrokosmos einer besseren Welt, sondern Zweckgemeinschaften. Getrennte Haushaltskassen sind die Regel. Zu viel Miteinander und Rücksichtnahme beeinträchtigt die persönliche Freiheit, zu lange Diskussionen am Küchentisch stehlen Zeit für Wichtigeres. Das gute alte Hochbett, einst Kennzeichen jeder zweiten Studentenbude, hat ausgedient. An ihm haftet der Ludergeruch einer anderer Zeit, es erinnert an Batikbettwäsche, Räucherkerzen, Früchtetee und Haferflockenpresse. Müsli essen macht die Welt nicht gerechter.

Wir wollen Individuen sein. Alles, was wir in unsere Wohnung stellen, muß einen persönlichen Stempel tragen. Deshalb gehen wir immer noch gerne zum Trödler und auf den Flohmarkt. Dort gibt es ja selten etwas doppelt. Wir mögen Sachlichkeit, karge Wände, keine überflüssigen Möbel. Die Zeiten sind vorbei, wo man seine Wände mit Agit-Prop bemalte oder die Mitbringsel von sämtlichen Asien- und Südamerika-Trips ausstellte. Trotzdem lieben wir Schnickschnack: eine Plastikleuchtgans am Bett, fette Putten oder Gartenzwerge auf dem Bücherregal, Eierbecher aus DDR-Zeiten, ein Nierentischchen oder rote Plastiksessel. Hauptsache, das hat nicht jeder, und das ist schon alles, was wir damit unter Beweis stellen wollen: individuell-undogmatische Ästhetik.

Funktionalität ist erlaubt, aber abgeschabt muß sie sein. Perfektion riecht nach Eigenheim, Einbauküche und Haustürschild aus Messing mit eingraviertem Namen. Computer, Telefon und vielleicht sogar Fernseher aber brauchen wir dringend. Gewandt kommunizieren wir im Internet, schicken E-Mails rund um die Welt und erliegen der Faszination der perfekten Illusion eines Jurassic Parc. Doch unser Herz schlägt für *Raumpatrouille*, die dilettantische deutsche Version von *Raumschiff Enterprise*. Hier wird keine totale Perfektion erreicht, alles ist, wohl unbeabsichtigt, noch nachvollziehbar. Man ist gerührt wie beim Anblick eines Dampfradios oder eines mechanischen Handmixgerätes, sehnt sich heimlich nach den Zeiten, als ein einziger falscher Befehl noch nicht ein Tagespensum am Computer unwiederbringlich verschwinden lassen konnte. Das Tolle an den alten AɃBA-Platten ist, daß man noch keinen CD-Player brauchte. »Als Willy Brandt Bundeskanzler war . . .«, trällert Funny van Dannen[4], und wir verstehen ihn. Ruf nach Ganzheitlichkeit? Im Gegenteil, alles Esoterische lehnen wir entschieden ab. Wir haben uns damit abgefunden, unsere Mitte nicht zu finden, und stehen dazu. Denn wir haben uns mit sehr vielem abgefunden, und dann auch wieder nicht.

Ärgerlich sind diese zukünftigen Gattinnen, die schon Mitte zwanzig in gediegenen Jackenkleidern aussehen, als wollten sie die Errungenschaften der Frauenbewegung mit Perlenketten strangulieren und in ihrem Handtäschchen zu

Grabe tragen. Das geht zu weit. Aber sie sind nicht genera-
tionsspezifisch, es hat sie immer gegeben, nur werden sie
leider ständig mehr. Die meisten von uns sind mehr oder
weniger Lippenstift-Emanzen[5], die es leid sind, bei jeder
Gelegenheit einen theoretischen Disput über Tripel-Op-
pression[6] anzuzetteln. Wir versuchen, uns in der Männerge-
sellschaft zu nehmen, was wir kriegen können. Manchmal
ist das schwierig. Eins aber haben die Girlies in ihren post-
feministischen kindlich-erotischen Mädchenkleidern mit Sicherheit gebracht. Frech können sie den Mackern wie den
verbiesterten Veteraninnen der Frauenbewegung entgegen-
schreien: Ein kurzer Rock ist keine Einladung, mich zu ver-
gewaltigen. Nicht jeder Mann ist ein potentieller Täter, unangenehm sind nur diese Jungmänner, die in Anzug und
frisch gebügeltem Streifenhemd durch die Mensa flanieren,
als gingen sie zu einer Aufsichtsratssitzung. Sie verkörpern
die besserwissenden altklugen Nachkömmlinge des Patriar-
chats und sehen, ob mit oder ohne Krawatte, sehr seriös
aus. Aber noch fehlt etwas zu der asketisch-dynamischen
Gestalt eines Edzard Reuter oder der pummeligen Gedie-
genheit eines Frank Schirrmacher. Doch sie arbeiten hart
und wissen im Gegensatz zu uns ganz genau wofür. In ihren Blicken liegt stets ein herablassendes »Kind-was-soll-
aus-dir-nur-mal-werden«, das wir am elterlichen Mittags-
tisch oft genug gehört haben.

Aber sie verstehen uns falsch. Etwas werden wollen wir
alle, und weil sich Leistung wieder lohnt, wird geleistet. Ein
abgerissenes Outfit ist insofern Selbstbetrug, Markenzeichen einer nicht vorhandenen Opposition. Das gilt für die
rasta-gelockte Hausbesetzerin, die bei 27 Grad im Schatten
in bis zu den Waden geschnürten Doc Martens und klas-
sisch-autonomem schwarzen Kapuzenshirt in dem Spät-
kaufladen am Prenzlauer Berg bedient und nebenher Autos
nach Afrika verschiebt, wie für den angehenden Modephi-
losophen, dessen halblanges Haar weich auf die Schulter-
klappen seines immer offen wallenden Mantels fällt. Natür-

lich gibt es unterschiedliche Interessen, einen unterschiedlichen Way of life. Daran klammern wir uns. Entweder man steigt prinzipiell nicht in die Techno-Gruft, oder man findet alles andere gestrig. Entweder man mag Subkultur und improvisierte Hinterhofkneipen, in denen niemand auf die Idee käme, sein Bier aus dem Glas zu trinken, und die Musik oft so laut ist, daß man sein eigenes Wort nicht versteht, oder man unterhält sich gepflegt in einem dieser perfekten Cafés mit orangegetünchten Wänden und ausgesucht freundlicher Bedienung.

Aber weil wir ja nicht mehr dogmatisch sind, schauen wir doch gerne mal bei den anderen vorbei. Und wenn es dann noch gelingt, den Männern von der Müllabfuhr eine ihrer chiquen Signaljacken abzuschwatzen, fällt niemand im »Tresor«[7] mehr übel auf. Mit der Wollmütze von dem letzten großen Rave[8] und einem verschlissenen Cordjackett liegt man dann auch in Hausbesetzerläden immer richtig. Etwas nervig ist zwar deren verzweifeltes Bemühen um totale Politisierung des Alltags, aber dafür kostet das Bier ja auch nur 2.50.

Kriegen wir überhaupt noch mit, was um uns vorgeht? Als H. D. Genscher 1989 (!) verlauten ließ, »nichts wird wieder werden, wie es einmal war«, lachten wir über so viel sibyllinischen Tiefsinn. Dann kamen Rostock, Mölln und Solingen. Warum fällt uns nichts Besseres ein, als an diesen scheinheiligen Lichterprozessionen durch die Fußgängerzone teilzunehmen, die nur der Bundesregierung helfen, ihr Image im Ausland zu retten? Alles, was wir sagen könnten, ist von offizieller Seite immer schon gesagt. Politiker fordern uns auf, zum Rock-gegen-Rechts-Konzert zu gehen, und es herrscht kollektive Betroffenheit. Also heften wir still den »destroy fascism«-Button ans Revers, als zeitgeistiges Symbol unserer Sprachlosigkeit.

Aber wir sind nicht angepaßt. Man paßt sich an uns an, um uns zu vereinnahmen. So wird alles, was einst von Protest oder zumindest Abgrenzung signalisierte, mit einem

offiziellen Stempel versehen zur Mode. Techno, bis vor kurzem noch als die dumpfeste Entartungserscheinung jeglicher Kultur geschmäht oder als krasseste Verweigerung
der überkommenen demokratischen Diskursformen beargw-
wöhnt, trifft heute auf Zuspruch in jedem guten Feuilleton.
Und schließlich wird die Love-Parade, der einzige Tag im
Jahr, an dem die Berliner Techno-Fans aus ihren Bunkern
kriechen und den Kurfürstendamm beschallen, als politische
Demonstration im Sinne des Artikels 8 GG, genehmigt.
Anstatt dem Protest der Geschäftsleute nachzugeben, die
wenig Verständnis für das allen Konventionen widerspre-
chende Lebensgefühl dieser jungen Menschen bekunden,
hielt der Senat es für opportun, die Krachparty als »Signal
positiver Lebensfreude aus Berlin«[9] zu vermarkten. Näch-
stens findet sie sich wahrscheinlich unter der Rubrik »Spaß
& Freizeit« in jedem Reiseprospekt. Spätestens dann müssen wir uns etwas Neues einfallen lassen, damit »Jugend«
nicht gänzlich zu einem Synonym für Altersunterschied
verkommt. Wir, deren Aufstand gegen die Väter und Mütter ohnehin nur noch metaphorisch ist.

Anmerkungen

1 Siehe *Die Zeit* vom 16. 9. 1994, S. 68.
2 Siehe Stefan Zweig: *Die Welt von Gestern. Erinnerungen eines
  Europäers*, Frankfurt am Main 1970, S. 50 f.
3 Alexander und Margarete Mitscherlich: *Die Unfähigkeit zu trauern*, Frankfurt am Main 1967.
4 Berliner Szene-Star.
5 Die Girly/Schlampe Courtney Love in einem Gespräch: »Nennt
  mich Lippenstift-Emanze.«
6 Sexismus-Faschismus-Rassismus.
7 Bekannteste Techno-Disco in Berlin.
8 Techno-Großveranstaltung.
9 Siehe *Tagesspiegel* vom 26. 5. 1995, S. 9.

Textnachweise

Mit einem Sternchen versehene Titel* wurden von den Herausgebern formuliert oder sind den abgedruckten Texten entnommen.

ARNE ANDERSEN

»Elvis Presley gegen meinen Vater« 17

A. A.: Der Traum vom guten Leben. Alltags- und Konsumgeschichten vom Wirtschaftswunder bis heute. Frankfurt a. M. / New York: Campus Verlag, 1997. S. 213–221. [Auszug.] – Copyright Campus Verlag, Frankfurt / New York.

GINA ARNOLD

Good to Go (Bin ich froh, daß ich nicht tot bin)* 116

G. A.: Route 666. On the Road to Nirvana. New York: St. Martin's Press, 1993. S. 3–5. [Übers. von Thomas Langhoff.]

Begegnung im D-Zug 126

Der Dom. Paderborn. Nr. 3. 1950. Abdr. nach: Udo Lindenberg. Rock 'n' Roll und Rebellion. Frankfurt a. M.: Syndikat Verlag, 1981. S. 56.

JULIE BURCHILL

Heartbreak-Trottel. Elvis ist zwanzig Jahre tot und unvergessen – zu Recht? 357

Der Spiegel – Kultur Extra. Heft 8. August 1997. S. 9–13. [Übers. von Daniel Bullinger.] – Copyright © 1997 Julie Burchill, London. Mit Genehmigung von »Der Spiegel«, Hamburg, und von Daniel Bullinger, Hamburg.

JOHN CLARKE

Stilschöpfung* 375

J. C. [u. a.]: Jugendkultur als Widerstand. Milieus, Rituale, Provokationen. Hrsg. von Axel Honneth [u. a.] Dt. von Thomas Lindquist

und Susi Büttel. Frankfurt a. M.: Syndikat Verlag, 1979. S. 136–144,
146–153. [Der Text wurde geschrieben unter Mitarbeit von Stuart
Hall, Tony Jefferson, Rachel Powell und Brian Roberts.]

Julian Cope

J. C.: KrautRockSampler. One Head's Guide to the Große Kosmi-
sche Musik. Dt. von Clara Drechsler. Löhrbach: Werner Pieper's
MedienXperimente, 1996. (Der Grüne Zweig. 186.) S. 17–25. –
Copyright Werner Pieper's MedienXperimente, Löhrbach.

George Paul Csicsery

Berkeley Tribe. 12.–19. Dezember 1969. S. 1, 5. [Übers. von Thomas
Langhoff.]

F. C. Delius

F. C. D.: Ein Bankier auf der Flucht. Gedichte und Reisebilder. Berlin: Rotbuch Verlag, 1975. S. 14 f. – Copyright © 1975 Rotbuch Verlag, Berlin.

Ulli Engelbrecht / Jürgen Boebers

U. E. / J. B.: Licht aus – Spot an! Musik aus den 70er Jahren. Essen:
Klartext Verlag, 1995. S. 101–105 (1), 9–13 (2). – Copyright
Klartext Verlagsgesellschaft mbH, Essen.

KLAUS FARIN / EBERHARD SEIDEL-PIELEN

»Eigentlich ein Männerding.« Gespräche mit Skins* . . . 165

K. F. / E. S.-P.: Skinheads. München: Beck, 1993. (Beck'sche Reihe. 1003.) S. 138–151. – Copyright C. H. Beck'sche Verlagsbuchhandlung, München.

STEFANIE FLAMM

Lifestyle ist alles, was uns bleibt 420

Kursbuch 121: Der Generationenbruch. Hrsg. von Karl Markus Michel und Tilman Spengler. Berlin: Rowohlt, 1995. S. 20–25. – Mit Genehmigung von Stefanie Flamm, Berlin.

SIMON FRITH

Zur Ideologie des Punk 226

Rock Session 2. Magazin der populären Musik. Hrsg. von Jörg Gülden und Klaus Humann. Reinbek bei Hamburg: Rowohlt, 1978. S. 27–31. [Auszug. Übers. von Klaus Humann.]

HEINER GOEBBELS

Der Kampf gegen die Phantasie- und Geschmacklosigkeit als primäre politische Aufgabe 231

Rock Session 7. Das Magazin der populären Musik. Thema: Schwarze Musik. Zsgest. und hrsg. von Klaus Frederking und Klaus Humann. Reinbek bei Hamburg: Rowohlt, 1983. S. 103–111. – Mit Genehmigung von Heiner Goebbels, Frankfurt a. M.

ANDREW GOODWIN

Sample and Hold. Popmusik im Zeitalter ihrer digitalen Reproduktion 105

Simon Frith / Andrew Goodwin (eds.): On Record. Rock, Pop, and the Written Word. London: Routledge, 1990. S. 258–273. [Auszug. Übers. von Thomas Langhoff.] – Copyright © 1990 by Simon Frith and Andrew Goodwin. Reprinted by permission of Pantheon Books, a division of Random House, Inc.

Ch. G.: Will You Still Love Me Tomorrow? Mädchenbands von den
50er Jahren bis heute. Dt. von Markus Schröder. Reinbek bei Hamburg: Rowohlt, 1991. S. 225–235, 239, 242–244, 257–260, 263–265, 270 f., 281 f. [Auszug.]

Schocker. Stile und Moden der Subkultur. Von Diedrich Diederichsen, Dick Hebdige, Olaph-Dante Marx [u. a.]. Reinbek bei Hamburg: Rowohlt, 1983. S. 92–100, 102–112, 114–118. [Auszug. Übers. von Michael Kadereit.] – Engl. Originalausgabe: Dick Hebdige: Subculture. The Meaning of Style. London: Methuen, 1979. Mit Genehmigung von Routledge Ltd., London.

SPoKK [Arbeitsgruppe für Symbolische Politik, Kultur und Kommunikation] (Hrsg.): Kursbuch JugendKultur. Stile, Szenen und Identitäten vor der Jahrtausendwende. Mannheim: Bollmann, 1997. S. 116–128. – Copyright Bollmann Verlag GmbH, Köln.

Erstveröffentlichung in: Spex. September 1996. S. 22–25. Für den vorliegenden Band überarbeitete Fassung. – Mit Genehmigung von Tom Holert, Köln.

TOM HOLERT / MARK TERKESSIDIS

Mainstream der Minderheiten* 314

Mainstream der Minderheiten. Pop in der Kontrollgesellschaft.
Hrsg. von T. H. und M. T. Berlin/Amsterdam: Edition ID-Archiv,
1996. S. 5–19. – Copyright ID Verlag, Berlin.

GÜNTHER JACOB

Let's Talk About Sex and Violence 80

G. J.: Agit-Pop. Schwarze Musik und weiße Hörer. Berlin/Amster-
dam: Edition ID-Archiv, 1993. S. 122–126. [Auszug.] – Mit Genehmigung von Günther Jacob, Berlin.

DIETER JAENICKE

Parkbankpetting* 126

D. J.: Bewegungen. Versuch, die eigene Geschichte zu begreifen.
Berlin: Verlag Ästhetik & Kommunikation, 1980. S. 20.

PETER KEMPER

(1) Von Böhsen Onkelz und guten Menschen* 259
(2) Wo geht's lank? Peter Pank, Schönen Dank! Abgesang
    auf die Neue Deutsche Welle 299

Frankfurter Allgemeine Zeitung. 14. November 1992. S. 29 (1).
Frankfurter Allgemeine Zeitung. 26. März 1983. Beilage: Bilder und
    Zeiten. Nr. 72 (2).
Mit Genehmigung von Peter Kemper, Schwalbach.

HEIKE KLIPPEL / HARTMUT WINKLER

Der Star – das Muster 333

Schock und Schöpfung. Jugendästhetik im 20. Jahrhundert. Hrsg.:
Deutscher Werkbund e. V. und Württembergischer Kunstverein
Stuttgart. Darmstadt/Neuwied: Luchterhand, 1986. S. 75–79. – Mit
Genehmigung von Heike Klippel und Hartmut Winkler, Frank-
furt a. M.

Jürgen Laarmann

The Raving Society 138

Philipp Anz / Patrick Walder (Hrsg.): Techno. Zürich: Bilger, 1995. S. 217–219. [Leicht gekürzt; Erstveröffentlichung in: Frontpage. Mai 1994.] – Copyright Ricco Bilger Verlag, Zürich.

Thomas Langhoff

MTV: Subkultur als Werbeclip 364

Originalbeitrag. – Mit Genehmigung von Thomas Langhoff, Hamburg.

Sascha Lazimbat

Kritische Auseinandersetzung mit der Marke 308

die tageszeitung. 10. März 1995. S. 15. – Mit Genehmigung von Sascha Lazimbat, Berlin.

Let It Bleed. Die Rolling Stones in Altamont 54

Let It Bleed. Die Rolling Stones in Altamont. Berichte und Photos. Hrsg. und mit einem Nachw. von Siegfried Schober. Aus dem Amerikan. von Veith von Fürstenberg und Siegfried Schober. München: Hanser, 1970. S. 5–8, 13–17. – Copyright © 1970 Carl Hanser Verlag, München – Wien.

Marc Levinson

It's an MTV World. Einmal um die Welt mit dem ultimativen New-Age-Multi 368

Newsweek. 24. April 1995. S. 44–49. [Auszug. Übers. von Thomas Langhoff.]

Udo Lindenberg

Nachruf auf Elvis 343

U. L.: Rock 'n' Roll und Rebellion. Ein panisches Panorama. München: Heyne, 1984. S. 67–69.

GREIL MARCUS

G. M.: Dead Elvis – Meister, Mythos, Monster. Aus dem Engl. von Friedrich Schneider. Hamburg: Rogner & Bernhard bei Zweitausendeins, 1993. S. 48–54, 56, 61–63. [Auszug.] – Copyright © 1993 by Rogner & Bernhard GmbH & Co. Verlags KG, Hamburg.

RALF NIEMCZYK

Philipp Anz / Patrick Walder (Hrsg.): Techno. Zürich: Bilger, 1995. S. 220 f., 224 f. [Auszug.] – Copyright Ricco Bilger Verlag, Zürich.

ULF POSCHARDT

U. P.: DJ Culture. Hamburg: Rogner & Bernhard bei Zweitausendeins, 1995. S. 185–191. [Auszug.] – Copyright © 1995 by Rogner & Bernhard GmbH & Co. Verlags KG, Hamburg.

GIDEON SAMS

Rock Session 2. Magazin der populären Musik. Hrsg. von Jörg Gülden und Klaus Humann. Reinbek bei Hamburg: Rowohlt, 1978. S. 218–228. [Übers. von Walle Bengs.]

INGEBORG SCHOBER

Rock Session 4. Magazin der populären Musik. Hrsg. von Klaus Humann und Carl-Ludwig Reichert. Reinbek bei Hamburg: Rowohlt, 1980. S. 89–93. [Auszug.] – Mit Genehmigung von Ingeborg Schober, München.

TOM SCHROEDER / MANFRED MILLER

Schock und Schöpfung. Jugendästhetik im 20. Jahrhundert. Hrsg.: Deutscher Werkbund e. V. und Württembergischer Kunstverein Stuttgart. Darmstadt/Neuwied: Luchterhand, 1986. S. 224–232. [Auszug.] – Mit Genehmigung von Tom Schroeder und Manfred Miller, Mainz.

ROBERT SHELTON

R. Sh.: Bob Dylan. Sein Leben und seine Musik. München: Goldmann, 1986. S. 197–205. – Alle Rechte an der deutschsprachigen Ausgabe beim Wilhelm Goldmann Verlag, München.

EGBERT SOUSÉ

Berkeley Tribe. 12.–19. Juni 1970. S. 24 f. [Übers. von Thomas Langhoff.]

DAVID TOOP

D. T.: Rap Attack. Dt. von Diedrich Diederichsen. St. Andrä-Wördern: Hannibal Verlag, 1992. S. 195–199, 201–213. [Auszug.] – Copyright Hannibal Verlag Robert Azderball, St. Andrä-Wördern.

PATRICK WALDER

Philipp Anz / Patrick Walder (Hrsg.): Techno. Zürich: Bilger, 1995. S. 192–197. – Copyright Ricco Bilger Verlag, Zürich.

PETER WICKE

Gekürzte Fassung eines für die Enquete-Kommission »Deutsche Einheit« des Deutschen Bundestags verfaßten Beitrags.

PAUL WILLIAMS

P. W.: Dieses großartige Rock and Roll Gefühl. 30 Jahre Crawdaddy Magazine. Dt. von Sharon Levinson. Löhrbach: Werner Pieper's MedienXperimente, 1997. (Der Grüne Zweig. 191.) S. 120–128, 131, 135–137, 140–142, 147 f., 150. [Auszug.] – Copyright Werner Pieper's MedienXperimente, Löhrbach.

THOMAS WINKLER

die tageszeitung. 24. März 1995. S. 10. [Auszug.] – Mit Genehmigung von Thomas Winkler, Oranienburg.

THOMAS ZIEHE

Schock und Schöpfung. Jugendästhetik im 20. Jahrhundert. Hrsg.: Deutscher Werkbund e. V. und Württembergischer Kunstverein Stuttgart. Darmstadt/Neuwied: Luchterhand, 1986. S. 17–20. [Auszug.] – Mit Genehmigung von Thomas Ziehe, Hannover.

Der Verlag Philipp Reclam jun. dankt für die Nachdruckgenehmigung den Rechteinhabern, die durch den Textnachweis und einen folgenden Genehmigungs- oder Copyrightvermerk bezeichnet sind. In einigen Fällen waren die Inhaber der Rechte nicht festzustellen. Hier ist der Verlag bereit, nach Anforderung rechtmäßige Ansprüche abzugelten.

Die Herausgeber

PETER KEMPER, geb. 1950, sammelte Mitte der Sechziger erste rockmusikalische Erfahrungen in einer Beat-Band, die u. a. als Vorgruppe von »Dave Dee, Dozy, Beaky, Mick and Tich« auftrat. Nach dem Studium der Philosophie, Germanistik und Sozialwissenschaften in Marburg promovierte er mit einer Arbeit über die Sprachphilosophie G. W. F. Hegels. Seit 1981 musikjournalistische Arbeiten für die »Frankfurter Allgemeine Zeitung«, im selben Jahr Volontariat beim Hessischen Rundfunk, Frankfurt. 1986 übernahm er die geisteswissenschaftliche Redaktion des »Abendstudios« im hr und ist mittlerweile auch als Redakteur für das »Funkkolleg« zuständig. Veröffentlichte zahlreiche Beiträge und Artikel in Sammelbänden und Zeitschriften zu Themen der Popmusik und Alltagskultur. Von ihm erschienen als Herausgeber Bücher u. a. zur Postmoderne, zu Martin Heidegger, Hannah Arendt und Fragen der Erlebnisgesellschaft. Bei allem Theorieinteresse vertraut er noch immer der Einsicht: »It's only Rock 'n' Roll but I like it!«

THOMAS LANGHOFF, geb. 1963, studierte Publizistik, Volkswirtschaft und Filmwissenschaft in Berlin, Madrid und London. Während des Studiums arbeitete er für die taz, den SFB, den hr und Premiere. Er schrieb über Pierre Cardin und jüdische Flüchtlingskinder, über MTV und die Borussenfront. Nach dem Studium Volontariat in der Kulturredaktion des Hörfunks im hr. Danach wechselte er alsbald zum Fernsehen und machte Filme über Trendscouts, renitente Teenager und die Diktatur der Fit-for-Fun-Prediger. Seine erste musikalische Sozialisation erfuhr er in Dortmunder Partykellern mit den Doors, Jimi Hendrix und Led Zeppelin. Schließlich elektronifizierten Public Enemy und Afrika Bambaataa den *Planet Rock*. Favoriten der Jetztzeit sind Techno, Elektro und Drum 'n' Bass. Thomas Langhoff lebt als freier Fernseh- und Radioautor in Hamburg.

ULRICH SONNENSCHEIN, geb. 1961, studierte Germanistik in Essen und promovierte dort über Arno Schmidt. Nach einem Jahr als Lektor an der Universität Limerick, Irland, entschloß er sich, den Wissenschaftsbetrieb zu verlassen, und arbeitet seit 1989 als Autor, Moderator und Redakteur beim Hessischen Rundfunk, Frankfurt, in der Redaktion »Kultur Aktuell«. Neben seinen Schwerpunkten, Film und Literatur – besonders aus dem anglo-amerikanischen Raum –, beschäftigt er sich immer wieder mit Themen der Alltagskultur und der Popmusik. Schon während der Schulzeit in einem Internat nahe Hannover genoß er die laute Musik aus den Nebenzimmern und lernte noch vor dem Revival in den Neunzigern die großen Helden der sechziger Jahre kennen. Dann kam Punk, und alles wurde möglich. Heute steht die Gitarre zwar nur noch in der Ecke, doch Musik ist ihm deshalb nicht weniger wichtig.